# A book for You
# 赤本バックナンバーの

## 赤本バックナンバーを1年単位で印刷製本しお届けし

弊社発行の「**高校別入試対策シリーズ(赤本)**」の収録から外れた古い年度の過去問を1年単位でご購入いただくことができます。
「**赤本バックナンバー**」はamazon(アマゾン)の***プリント・オン・デマンドサービス**によりご提供いたします。
定評のあるくわしい解答解説はもちろん赤本そのまま,解答用紙も付けてあります。
志望校の受験対策をさらに万全なものにするために,「**赤本バックナンバー**」をぜひご活用ください。

⚠*プリント・オン・デマンドサービスとは,ご注文に応じて1冊から印刷製本し,お客様にお届けするサービスです。

## ご購入の流れ

① 英俊社のウェブサイト https://book.eisyun.jp/ にアクセス
② トップページの「高校受験」 赤本バックナンバー をクリック
③ ご希望の学校・年度をクリックすると,amazon(アマゾン)のウェブサイトの該当書籍のページにジャンプ
④ amazon(アマゾン)のウェブサイトでご購入

⚠ 納期や配送,お支払い等,購入に関するお問い合わせは,amazon(アマゾン)のウェブサイトにてご確認ください。
⚠ 書籍の内容についてのお問い合わせは英俊社(06−7712−4373)まで。

## 国私立高校・高専 バックナンバー

⚠表中の×印の学校・年度は,著作権上の事情等により発刊いたしません。あしからずご了承ください。

(アイウエオ順)

※価格はすべて税込表示

| 学校名 | 2019年 実施問題 | 2018年 実施問題 | 2017年 実施問題 | 2016年 実施問題 | 2015年 実施問題 | 2014年 実施問題 | 2013年 実施問題 | 2012年 実施問題 | 2011年 実施問題 | 2010年 実施問題 | 2009年 実施問題 | 2008年 実施問題 | 2007年 実施問題 | 2006年 実施問題 | 2005年 実施問題 | 2004年 実施問題 | 2003年 実施問題 |
|---|---|---|---|---|---|---|---|---|---|---|---|---|---|---|---|---|---|
| 大阪教育大附高池田校舎 | 1,540円 66頁 | 1,430円 60頁 | 1,430円 62頁 | 1,430円 60頁 | 1,430円 60頁 | 1,430円 58頁 | 1,430円 58頁 | 1,430円 60頁 | 1,430円 58頁 | 1,430円 56頁 | 1,430円 54頁 | 1,320円 50頁 | 1,320円 52頁 | 1,320円 52頁 | 1,320円 48頁 | 1,320円 48頁 | |
| 大阪星光学院高 | 1,320円 48頁 | 1,320円 44頁 | 1,210円 42頁 | 1,210円 34頁 | × | 1,210円 36頁 | 1,210円 30頁 | 1,210円 32頁 | 1,650円 88頁 | 1,650円 84頁 | 1,650円 84頁 | 1,650円 80頁 | 1,650円 86頁 | 1,650円 80頁 | 1,650円 82頁 | 1,320円 52頁 | 1,430円 54頁 |
| 大阪桐蔭高 | 1,540円 74頁 | 1,540円 66頁 | 1,540円 68頁 | 1,540円 66頁 | 1,540円 66頁 | 1,430円 64頁 | 1,540円 68頁 | 1,430円 62頁 | 1,430円 62頁 | 1,540円 68頁 | 1,430円 62頁 | 1,430円 62頁 | 1,430円 60頁 | 1,430円 62頁 | 1,430円 58頁 | | |
| 関西大学高 | 1,430円 56頁 | 1,430円 56頁 | 1,430円 58頁 | 1,430円 54頁 | 1,320円 52頁 | 1,320円 52頁 | 1,430円 54頁 | 1,320円 50頁 | 1,320円 52頁 | 1,320円 50頁 | | | | | | | |
| 関西大学第一高 | 1,540円 66頁 | 1,430円 64頁 | 1,430円 64頁 | 1,430円 56頁 | 1,430円 62頁 | 1,430円 54頁 | 1,320円 48頁 | 1,430円 56頁 | 1,430円 56頁 | 1,430円 56頁 | 1,430円 56頁 | 1,320円 52頁 | 1,320円 52頁 | 1,320円 50頁 | 1,320円 46頁 | 1,320円 52頁 | |
| 関西大学北陽高 | 1,540円 68頁 | 1,540円 72頁 | 1,540円 70頁 | 1,430円 64頁 | 1,430円 62頁 | 1,430円 60頁 | 1,430円 60頁 | 1,430円 58頁 | 1,430円 58頁 | 1,430円 58頁 | 1,430円 56頁 | 1,430円 54頁 | | | | | |
| 関西学院高 | 1,210円 36頁 | 1,210円 36頁 | 1,210円 34頁 | 1,210円 34頁 | 1,210円 32頁 | 1,210円 32頁 | 1,210円 32頁 | 1,210円 32頁 | 1,210円 28頁 | 1,210円 30頁 | 1,210円 28頁 | 1,210円 30頁 | × | 1,210円 30頁 | 1,210円 28頁 | × | 1,210円 26頁 |
| 京都女子高 | 1,540円 66頁 | 1,430円 62頁 | 1,430円 60頁 | 1,430円 60頁 | 1,430円 60頁 | 1,430円 54頁 | 1,430円 56頁 | 1,430円 56頁 | 1,430円 56頁 | 1,430円 56頁 | 1,430円 56頁 | 1,430円 54頁 | 1,430円 54頁 | 1,320円 50頁 | 1,320円 50頁 | 1,320円 48頁 | |
| 近畿大学附属高 | 1,540円 72頁 | 1,540円 68頁 | 1,540円 68頁 | 1,540円 66頁 | 1,430円 64頁 | 1,430円 62頁 | 1,430円 58頁 | 1,430円 60頁 | 1,430円 58頁 | 1,430円 60頁 | 1,430円 54頁 | 1,430円 58頁 | 1,430円 56頁 | 1,430円 54頁 | 1,430円 56頁 | 1,320円 52頁 | |
| 久留米大学附設高 | 1,430円 64頁 | 1,430円 62頁 | 1,430円 58頁 | 1,430円 60頁 | 1,430円 58頁 | 1,430円 58頁 | 1,430円 58頁 | 1,430円 58頁 | 1,430円 56頁 | 1,430円 58頁 | 1,430円 54頁 | × | 1,430円 54頁 | 1,430円 54頁 | | | |
| 四天王寺高 | 1,540円 74頁 | 1,430円 62頁 | 1,430円 64頁 | 1,540円 66頁 | 1,210円 40頁 | 1,210円 40頁 | 1,430円 64頁 | 1,430円 64頁 | 1,430円 58頁 | 1,430円 62頁 | 1,430円 60頁 | 1,430円 60頁 | 1,430円 64頁 | 1,430円 58頁 | 1,430円 62頁 | 1,430円 58頁 | |
| 須磨学園高 | 1,210円 40頁 | 1,210円 40頁 | 1,210円 36頁 | 1,210円 42頁 | 1,210円 40頁 | 1,210円 40頁 | 1,210円 38頁 | 1,210円 38頁 | 1,320円 44頁 | 1,320円 48頁 | 1,320円 46頁 | 1,320円 48頁 | 1,320円 46頁 | 1,320円 44頁 | 1,210円 42頁 | | |
| 清教学園高 | 1,540円 66頁 | 1,540円 66頁 | 1,430円 64頁 | 1,430円 56頁 | 1,320円 52頁 | 1,320円 50頁 | 1,320円 52頁 | 1,320円 48頁 | 1,320円 52頁 | 1,320円 50頁 | 1,320円 50頁 | 1,320円 46頁 | | | | | |
| 西南学院高 | 1,870円 102頁 | 1,760円 98頁 | 1,650円 82頁 | 1,980円 116頁 | 1,980円 112頁 | 1,980円 112頁 | 1,870円 110頁 | 1,870円 112頁 | 1,870円 106頁 | 1,540円 76頁 | 1,540円 76頁 | 1,540円 72頁 | 1,540円 72頁 | 1,540円 70頁 | | | |
| 清風高 | 1,430円 58頁 | 1,430円 54頁 | 1,430円 60頁 | 1,430円 60頁 | 1,430円 60頁 | 1,430円 60頁 | 1,430円 60頁 | 1,430円 60頁 | 1,430円 56頁 | 1,430円 58頁 | × | 1,430円 56頁 | 1,430円 58頁 | 1,430円 54頁 | 1,430円 54頁 | | |

※価格はすべて税込表示

| 学校名 | 2019年<br>実施問題 | 2018年<br>実施問題 | 2017年<br>実施問題 | 2016年<br>実施問題 | 2015年<br>実施問題 | 2014年<br>実施問題 | 2013年<br>実施問題 | 2012年<br>実施問題 | 2011年<br>実施問題 | 2010年<br>実施問題 | 2009年<br>実施問題 | 2008年<br>実施問題 | 2007年<br>実施問題 | 2006年<br>実施問題 | 2005年<br>実施問題 | 2004年<br>実施問題 | 2003年<br>実施問題 |
|---|---|---|---|---|---|---|---|---|---|---|---|---|---|---|---|---|---|
| 清風南海高 | 1,430円<br>64頁 | 1,430円<br>64頁 | 1,430円<br>62頁 | 1,430円<br>60頁 | 1,430円<br>60頁 | 1,430円<br>58頁 | 1,430円<br>58頁 | 1,430円<br>60頁 | 1,430円<br>56頁 | 1,430円<br>56頁 | 1,430円<br>56頁 | 1,430円<br>56頁 | 1,430円<br>58頁 | 1,430円<br>58頁 | 1,320円<br>52頁 | 1,430円<br>54頁 | |
| 智辯学園和歌山高 | 1,320円<br>44頁 | 1,210円<br>42頁 | 1,210円<br>40頁 | 1,210円<br>40頁 | 1,210円<br>38頁 | 1,210円<br>38頁 | 1,210円<br>40頁 | 1,210円<br>38頁 | 1,210円<br>38頁 | 1,210円<br>40頁 | 1,210円<br>40頁 | 1,210円<br>38頁 | 1,210円<br>38頁 | 1,210円<br>38頁 | 1,210円<br>38頁 | 1,210円<br>38頁 | |
| 同志社高 | 1,430円<br>56頁 | 1,430円<br>56頁 | 1,430円<br>54頁 | 1,430円<br>54頁 | 1,430円<br>56頁 | 1,430円<br>54頁 | 1,320円<br>52頁 | 1,320円<br>52頁 | 1,320円<br>50頁 | 1,320円<br>48頁 | 1,320円<br>50頁 | 1,320円<br>50頁 | 1,320円<br>46頁 | 1,320円<br>48頁 | 1,320円<br>44頁 | 1,320円<br>48頁 | 1,320円<br>46頁 |
| 灘高 | 1,320円<br>52頁 | 1,320円<br>46頁 | 1,320円<br>48頁 | 1,320円<br>46頁 | 1,320円<br>46頁 | 1,320円<br>48頁 | 1,210円<br>42頁 | 1,320円<br>44頁 | 1,320円<br>50頁 | 1,320円<br>48頁 | 1,320円<br>46頁 | 1,320円<br>48頁 | 1,320円<br>48頁 | 1,320円<br>46頁 | 1,320円<br>44頁 | 1,320円<br>46頁 | 1,320円<br>46頁 |
| 西大和学園高 | 1,760円<br>98頁 | 1,760円<br>96頁 | 1,760円<br>90頁 | 1,540円<br>68頁 | 1,540円<br>66頁 | 1,430円<br>62頁 | 1,430円<br>62頁 | 1,430円<br>62頁 | 1,430円<br>64頁 | 1,430円<br>64頁 | 1,430円<br>62頁 | 1,430円<br>64頁 | 1,430円<br>64頁 | 1,430円<br>62頁 | 1,430円<br>60頁 | 1,430円<br>56頁 | 1,430円<br>58頁 |
| 福岡大学附属大濠高 | 2,310円<br>152頁 | 2,310円<br>148頁 | 2,200円<br>142頁 | 2,200円<br>144頁 | 2,090円<br>134頁 | 2,090円<br>132頁 | 2,090円<br>128頁 | 1,760円<br>96頁 | 1,760円<br>94頁 | 1,650円<br>88頁 | 1,650円<br>84頁 | 1,760円<br>88頁 | 1,760円<br>90頁 | 1,760円<br>92頁 | | | |
| 明星高 | 1,540円<br>76頁 | 1,540円<br>74頁 | 1,540円<br>68頁 | 1,430円<br>62頁 | 1,430円<br>62頁 | 1,430円<br>64頁 | 1,430円<br>64頁 | 1,430円<br>60頁 | 1,430円<br>58頁 | 1,430円<br>56頁 | 1,430円<br>56頁 | 1,430円<br>54頁 | 1,430円<br>54頁 | 1,430円<br>54頁 | 1,320円<br>52頁 | 1,320円<br>52頁 | |
| 桃山学院高 | 1,430円<br>64頁 | 1,430円<br>64頁 | 1,430円<br>62頁 | 1,430円<br>60頁 | 1,430円<br>58頁 | 1,430円<br>54頁 | 1,430円<br>56頁 | 1,430円<br>54頁 | 1,430円<br>58頁 | 1,430円<br>58頁 | 1,430円<br>56頁 | 1,320円<br>52頁 | 1,320円<br>52頁 | 1,320円<br>48頁 | 1,320円<br>46頁 | 1,320円<br>50頁 | 1,320円<br>50頁 |
| 洛南高 | 1,540円<br>66頁 | 1,430円<br>64頁 | 1,540円<br>66頁 | 1,540円<br>66頁 | 1,430円<br>62頁 | 1,430円<br>64頁 | 1,430円<br>62頁 | 1,430円<br>62頁 | 1,430円<br>62頁 | 1,430円<br>60頁 | 1,430円<br>58頁 | 1,430円<br>64頁 | 1,430円<br>60頁 | 1,430円<br>62頁 | 1,430円<br>58頁 | 1,430円<br>58頁 | 1,430円<br>60頁 |
| ラ・サール高 | 1,540円<br>70頁 | 1,540円<br>66頁 | 1,430円<br>60頁 | 1,430円<br>62頁 | 1,430円<br>60頁 | 1,430円<br>58頁 | 1,430円<br>60頁 | 1,430円<br>60頁 | 1,430円<br>58頁 | 1,430円<br>54頁 | 1,430円<br>60頁 | 1,430円<br>54頁 | 1,430円<br>56頁 | 1,320円<br>50頁 | | | |
| 立命館高 | 1,760円<br>96頁 | 1,760円<br>94頁 | 1,870円<br>100頁 | 1,760円<br>96頁 | 1,870円<br>104頁 | 1,870円<br>102頁 | 1,870円<br>100頁 | 1,760円<br>92頁 | 1,650円<br>88頁 | 1,760円<br>94頁 | 1,650円<br>88頁 | 1,650円<br>86頁 | 1,320円<br>48頁 | 1,650円<br>80頁 | 1,430円<br>54頁 | | |
| 立命館宇治高 | 1,430円<br>62頁 | 1,430円<br>60頁 | 1,430円<br>58頁 | 1,430円<br>58頁 | 1,430円<br>56頁 | 1,430円<br>54頁 | 1,430円<br>54頁 | 1,320円<br>52頁 | 1,320円<br>52頁 | 1,430円<br>54頁 | 1,430円<br>56頁 | 1,320円<br>52頁 | | | | | |
| 国立高専 | 1,650円<br>78頁 | 1,540円<br>74頁 | 1,540円<br>66頁 | 1,430円<br>64頁 | 1,430円<br>62頁 | 1,430円<br>62頁 | 1,430円<br>62頁 | 1,540円<br>68頁 | 1,540円<br>70頁 | 1,430円<br>64頁 | 1,430円<br>62頁 | 1,430円<br>62頁 | 1,430円<br>60頁 | 1,430円<br>58頁 | 1,430円<br>60頁 | 1,430円<br>56頁 | 1,430円<br>60頁 |

## 公立高校 バックナンバー

※価格はすべて税込表示

| 府県名・学校名 | 2019年<br>実施問題 | 2018年<br>実施問題 | 2017年<br>実施問題 | 2016年<br>実施問題 | 2015年<br>実施問題 | 2014年<br>実施問題 | 2013年<br>実施問題 | 2012年<br>実施問題 | 2011年<br>実施問題 | 2010年<br>実施問題 | 2009年<br>実施問題 | 2008年<br>実施問題 | 2007年<br>実施問題 | 2006年<br>実施問題 | 2005年<br>実施問題 | 2004年<br>実施問題 | 2003年<br>実施問題 |
|---|---|---|---|---|---|---|---|---|---|---|---|---|---|---|---|---|---|
| 岐阜県公立高 | 990円<br>64頁 | 990円<br>60頁 | 990円<br>60頁 | 990円<br>60頁 | 990円<br>58頁 | 990円<br>56頁 | 990円<br>58頁 | 990円<br>52頁 | 990円<br>54頁 | 990円<br>52頁 | 990円<br>52頁 | 990円<br>48頁 | 990円<br>50頁 | 990円<br>52頁 | | | |
| 静岡県公立高 | 990円<br>62頁 | 990円<br>58頁 | 990円<br>58頁 | 990円<br>60頁 | 990円<br>60頁 | 990円<br>56頁 | 990円<br>58頁 | 990円<br>58頁 | 990円<br>56頁 | 990円<br>54頁 | 990円<br>52頁 | 990円<br>54頁 | 990円<br>52頁 | 990円<br>52頁 | | | |
| 愛知県公立高 | 990円<br>126頁 | 990円<br>120頁 | 990円<br>114頁 | 990円<br>114頁 | 990円<br>114頁 | 990円<br>110頁 | 990円<br>112頁 | 990円<br>108頁 | 990円<br>108頁 | 990円<br>110頁 | 990円<br>102頁 | 990円<br>102頁 | 990円<br>102頁 | 990円<br>100頁 | 990円<br>100頁 | 990円<br>96頁 | 990円<br>96頁 |
| 三重県公立高 | 990円<br>72頁 | 990円<br>66頁 | 990円<br>66頁 | 990円<br>64頁 | 990円<br>66頁 | 990円<br>64頁 | 990円<br>66頁 | 990円<br>64頁 | 990円<br>62頁 | 990円<br>62頁 | 990円<br>58頁 | 990円<br>58頁 | 990円<br>52頁 | 990円<br>54頁 | | | |
| 滋賀県公立高 | 990円<br>66頁 | 990円<br>62頁 | 990円<br>60頁 | 990円<br>62頁 | 990円<br>62頁 | 990円<br>46頁 | 990円<br>48頁 | 990円<br>46頁 | 990円<br>48頁 | 990円<br>44頁 | 990円<br>44頁 | 990円<br>44頁 | 990円<br>46頁 | 990円<br>44頁 | 990円<br>44頁 | 990円<br>40頁 | 990円<br>42頁 |
| 京都府公立高(中期) | 990円<br>60頁 | 990円<br>56頁 | 990円<br>54頁 | 990円<br>54頁 | 990円<br>56頁 | 990円<br>54頁 | 990円<br>56頁 | 990円<br>54頁 | 990円<br>56頁 | 990円<br>54頁 | 990円<br>52頁 | 990円<br>50頁 | 990円<br>50頁 | 990円<br>50頁 | 990円<br>46頁 | 990円<br>46頁 | 990円<br>48頁 |
| 京都府公立高(前期) | 990円<br>40頁 | 990円<br>38頁 | 990円<br>40頁 | 990円<br>38頁 | 990円<br>38頁 | 990円<br>36頁 | | | | | | | | | | | |
| 京都市立堀川高<br>探究学科群 | 1,430円<br>64頁 | 1,540円<br>68頁 | 1,430円<br>60頁 | 1,430円<br>62頁 | 1,430円<br>64頁 | 1,430円<br>60頁 | 1,430円<br>60頁 | 1,430円<br>58頁 | 1,430円<br>58頁 | 1,430円<br>64頁 | 1,430円<br>54頁 | 1,320円<br>48頁 | 1,210円<br>42頁 | 1,210円<br>38頁 | 1,210円<br>36頁 | 1,210円<br>40頁 | |
| 京都市立西京高<br>エンタープライジング科 | 1,650円<br>82頁 | 1,540円<br>76頁 | 1,650円<br>80頁 | 1,540円<br>72頁 | 1,540円<br>72頁 | 1,540円<br>70頁 | 1,320円<br>46頁 | 1,320円<br>50頁 | 1,320円<br>46頁 | 1,320円<br>44頁 | 1,210円<br>42頁 | 1,210円<br>42頁 | 1,210円<br>38頁 | 1,210円<br>38頁 | 1,210円<br>40頁 | 1,210円<br>34頁 | |
| 京都府立嵯峨野高<br>京都こすもす科 | 1,540円<br>68頁 | 1,540円<br>66頁 | 1,540円<br>68頁 | 1,430円<br>64頁 | 1,430円<br>64頁 | 1,430円<br>62頁 | 1,210円<br>42頁 | 1,210円<br>42頁 | 1,320円<br>46頁 | 1,320円<br>44頁 | 1,210円<br>42頁 | 1,210円<br>40頁 | 1,210円<br>40頁 | 1,210円<br>36頁 | 1,210円<br>36頁 | 1,210円<br>34頁 | |
| 京都府立桃山高<br>自然科学科 | 1,320円<br>46頁 | 1,320円<br>46頁 | 1,210円<br>42頁 | 1,320円<br>44頁 | 1,320円<br>46頁 | 1,320円<br>44頁 | 1,210円<br>42頁 | 1,210円<br>38頁 | 1,210円<br>42頁 | 1,210円<br>40頁 | 1,210円<br>40頁 | 1,210円<br>38頁 | 1,210円<br>34頁 | 1,210円<br>34頁 | | | |

※価格はすべて税込表示

| 府県名·学校名 | 2019年<br>実施問題 | 2018年<br>実施問題 | 2017年<br>実施問題 | 2016年<br>実施問題 | 2015年<br>実施問題 | 2014年<br>実施問題 | 2013年<br>実施問題 | 2012年<br>実施問題 | 2011年<br>実施問題 | 2010年<br>実施問題 | 2009年<br>実施問題 | 2008年<br>実施問題 | 2007年<br>実施問題 | 2006年<br>実施問題 | 2005年<br>実施問題 | 2004年<br>実施問題 | 2003年<br>実施問題 |
|---|---|---|---|---|---|---|---|---|---|---|---|---|---|---|---|---|---|
| 大阪府公立高(一般) | 990円<br>148頁 | 990円<br>140頁 | 990円<br>140頁 | 990円<br>122頁 | | | | | | | | | | | | | |
| 大阪府公立高(特別) | 990円<br>78頁 | 990円<br>78頁 | 990円<br>74頁 | 990円<br>72頁 | | | | | | | | | | | | | |
| 大阪府公立高(前期) | | | | | 990円<br>70頁 | 990円<br>68頁 | 990円<br>66頁 | 990円<br>72頁 | 990円<br>70頁 | 990円<br>60頁 | 990円<br>58頁 | 990円<br>56頁 | 990円<br>56頁 | 990円<br>54頁 | 990円<br>52頁 | 990円<br>52頁 | 990円<br>48頁 |
| 大阪府公立高(後期) | | | | | 990円<br>82頁 | 990円<br>76頁 | 990円<br>72頁 | 990円<br>64頁 | 990円<br>64頁 | 990円<br>64頁 | 990円<br>62頁 | 990円<br>62頁 | 990円<br>62頁 | 990円<br>58頁 | 990円<br>56頁 | 990円<br>58頁 | 990円<br>56頁 |
| 兵庫県公立高 | 990円<br>74頁 | 990円<br>78頁 | 990円<br>74頁 | 990円<br>74頁 | 990円<br>74頁 | 990円<br>68頁 | 990円<br>66頁 | 990円<br>64頁 | 990円<br>60頁 | 990円<br>56頁 | 990円<br>58頁 | 990円<br>56頁 | 990円<br>58頁 | 990円<br>56頁 | 990円<br>56頁 | 990円<br>54頁 | 990円<br>52頁 |
| 奈良県公立高(一般) | 990円<br>62頁 | 990円<br>50頁 | 990円<br>50頁 | 990円<br>52頁 | 990円<br>50頁 | 990円<br>52頁 | 990円<br>50頁 | 990円<br>48頁 | 990円<br>48頁 | 990円<br>48頁 | 990円<br>48頁 | 990円<br>48頁 | × | 990円<br>44頁 | 990円<br>46頁 | 990円<br>42頁 | 990円<br>44頁 |
| 奈良県公立高(特色) | 990円<br>30頁 | 990円<br>38頁 | 990円<br>44頁 | 990円<br>46頁 | 990円<br>46頁 | 990円<br>44頁 | 990円<br>40頁 | 990円<br>40頁 | 990円<br>32頁 | 990円<br>32頁 | 990円<br>32頁 | 990円<br>32頁 | 990円<br>28頁 | 990円<br>28頁 | | | |
| 和歌山県公立高 | 990円<br>76頁 | 990円<br>70頁 | 990円<br>68頁 | 990円<br>64頁 | 990円<br>66頁 | 990円<br>64頁 | 990円<br>64頁 | 990円<br>62頁 | 990円<br>66頁 | 990円<br>62頁 | 990円<br>60頁 | 990円<br>60頁 | 990円<br>58頁 | 990円<br>56頁 | 990円<br>56頁 | 990円<br>56頁 | 990円<br>52頁 |
| 岡山県公立高(一般) | 990円<br>66頁 | 990円<br>60頁 | 990円<br>58頁 | 990円<br>56頁 | 990円<br>58頁 | 990円<br>56頁 | 990円<br>58頁 | 990円<br>60頁 | 990円<br>56頁 | 990円<br>56頁 | 990円<br>52頁 | 990円<br>52頁 | 990円<br>50頁 | | | | |
| 岡山県公立高(特別) | 990円<br>38頁 | 990円<br>36頁 | 990円<br>34頁 | 990円<br>34頁 | 990円<br>34頁 | 990円<br>32頁 | | | | | | | | | | | |
| 広島県公立高 | 990円<br>68頁 | 990円<br>70頁 | 990円<br>74頁 | 990円<br>68頁 | 990円<br>60頁 | 990円<br>58頁 | 990円<br>54頁 | 990円<br>46頁 | 990円<br>48頁 | 990円<br>46頁 | 990円<br>46頁 | 990円<br>46頁 | 990円<br>44頁 | 990円<br>46頁 | 990円<br>44頁 | 990円<br>44頁 | 990円<br>44頁 |
| 山口県公立高 | 990円<br>86頁 | 990円<br>80頁 | 990円<br>82頁 | 990円<br>84頁 | 990円<br>76頁 | 990円<br>78頁 | 990円<br>76頁 | 990円<br>64頁 | 990円<br>62頁 | 990円<br>58頁 | 990円<br>58頁 | 990円<br>60頁 | 990円<br>56頁 | | | | |
| 徳島県公立高 | 990円<br>88頁 | 990円<br>78頁 | 990円<br>86頁 | 990円<br>74頁 | 990円<br>76頁 | 990円<br>80頁 | 990円<br>64頁 | 990円<br>62頁 | 990円<br>60頁 | 990円<br>58頁 | 990円<br>60頁 | 990円<br>54頁 | 990円<br>52頁 | | | | |
| 香川県公立高 | 990円<br>76頁 | 990円<br>74頁 | 990円<br>72頁 | 990円<br>74頁 | 990円<br>72頁 | 990円<br>68頁 | 990円<br>68頁 | 990円<br>66頁 | 990円<br>66頁 | 990円<br>62頁 | 990円<br>62頁 | 990円<br>60頁 | 990円<br>62頁 | | | | |
| 愛媛県公立高 | 990円<br>72頁 | 990円<br>68頁 | 990円<br>66頁 | 990円<br>64頁 | 990円<br>68頁 | 990円<br>64頁 | 990円<br>62頁 | 990円<br>60頁 | 990円<br>62頁 | 990円<br>56頁 | 990円<br>58頁 | 990円<br>56頁 | 990円<br>54頁 | | | | |
| 福岡県公立高 | 990円<br>66頁 | 990円<br>68頁 | 990円<br>68頁 | 990円<br>66頁 | 990円<br>60頁 | 990円<br>56頁 | 990円<br>56頁 | 990円<br>54頁 | 990円<br>56頁 | 990円<br>58頁 | 990円<br>52頁 | 990円<br>54頁 | 990円<br>52頁 | 990円<br>48頁 | | | |
| 長崎県公立高 | 990円<br>90頁 | 990円<br>86頁 | 990円<br>84頁 | 990円<br>84頁 | 990円<br>82頁 | 990円<br>80頁 | 990円<br>80頁 | 990円<br>82頁 | 990円<br>80頁 | 990円<br>80頁 | 990円<br>80頁 | 990円<br>78頁 | 990円<br>76頁 | | | | |
| 熊本県公立高 | 990円<br>98頁 | 990円<br>92頁 | 990円<br>92頁 | 990円<br>92頁 | 990円<br>94頁 | 990円<br>74頁 | 990円<br>72頁 | 990円<br>70頁 | 990円<br>70頁 | 990円<br>68頁 | 990円<br>68頁 | 990円<br>64頁 | 990円<br>68頁 | | | | |
| 大分県公立高 | 990円<br>84頁 | 990円<br>78頁 | 990円<br>80頁 | 990円<br>76頁 | 990円<br>80頁 | 990円<br>66頁 | 990円<br>62頁 | 990円<br>62頁 | 990円<br>62頁 | 990円<br>58頁 | 990円<br>58頁 | 990円<br>56頁 | 990円<br>58頁 | | | | |
| 鹿児島県公立高 | 990円<br>66頁 | 990円<br>62頁 | 990円<br>60頁 | 990円<br>60頁 | 990円<br>60頁 | 990円<br>60頁 | 990円<br>60頁 | 990円<br>60頁 | 990円<br>60頁 | 990円<br>58頁 | 990円<br>58頁 | 990円<br>54頁 | 990円<br>58頁 | | | | |

# 英語リスニング音声データのご案内

## 英語リスニング問題の音声データについて

**赤本収録年度の音声データ**　弊社発行の**「高校別入試対策シリーズ（赤本）」に収録している年度**の音声データは,以下の一覧の学校分を提供しています。希望の音声データをダウンロードし，赤本に掲載されている問題に取り組んでください。

**赤本収録年度より古い年度の音声データ**　**「高校別入試対策シリーズ（赤本）」に収録している年度よりも古い年度**の音声データは,6ページの国私立高と公立高を提供しています。赤本バックナンバー（1～3ページに掲載）と音声データの両方をご購入いただき，問題に取り組んでください。

## ご購入の流れ

① 英俊社のウェブサイト https://book.eisyun.jp/ にアクセス
② トップページの「高校受験」 リスニング音声データ をクリック
③ ご希望の学校・年度をクリックすると，オーディオブック（audiobook.jp）のウェブサイトの該当ページにジャンプ
④ オーディオブック（audiobook.jp）のウェブサイトでご購入。※初回のみ会員登録（無料）が必要です。

⚠ ダウンロード方法やお支払い等,購入に関するお問い合わせは,オーディオブック（audiobook.jp）のウェブサイトにてご確認ください。

## 音声データを入手できる学校と年度

### 赤本収録年度の音声データ

ご希望の年度を1年分ずつ,もしくは赤本に収録している年度をすべてまとめてセットでご購入いただくことができます。セットでご購入いただくと,1年分の単価がお得になります。

⚠ ×印の年度は音声データをご提供しておりません。あしからずご了承ください。

国私立高（アイウエオ順）

※価格は税込表示

| 学校名 | 税込価格 | | | | |
|---|---|---|---|---|---|
| | 2020年 | 2021年 | 2022年 | 2023年 | 2024年 |
| アサンプション国際高 | ¥550 | ¥550 | ¥550 | ¥550 | ¥550 |
| 5か年セット | ¥2,200 | | | | |
| 育英西高 | ¥550 | ¥550 | ¥550 | ¥550 | ¥550 |
| 5か年セット | ¥2,200 | | | | |
| 大阪教育大附高池田校 | ¥550 | ¥550 | ¥550 | ¥550 | ¥550 |
| 5か年セット | ¥2,200 | | | | |
| 大阪薫英女学院高 | ¥550 | ¥550 | ¥550 | ¥550 | × |
| 4か年セット | ¥1,760 | | | | |
| 大阪国際高 | ¥550 | ¥550 | ¥550 | ¥550 | ¥550 |
| 5か年セット | ¥2,200 | | | | |
| 大阪信愛学院高 | ¥550 | ¥550 | ¥550 | ¥550 | ¥550 |
| 5か年セット | ¥2,200 | | | | |
| 大阪星光学院高 | ¥550 | ¥550 | ¥550 | ¥550 | ¥550 |
| 5か年セット | ¥2,200 | | | | |
| 大阪桐蔭高 | ¥550 | ¥550 | ¥550 | ¥550 | ¥550 |
| 5か年セット | ¥2,200 | | | | |
| 大谷高 | × | × | × | ¥550 | ¥550 |
| 2か年セット | ¥880 | | | | |
| 関西創価高 | ¥550 | ¥550 | ¥550 | ¥550 | ¥550 |
| 5か年セット | ¥2,200 | | | | |
| 京都先端科学大附高（特進・進学） | ¥550 | ¥550 | ¥550 | ¥550 | ¥550 |
| 5か年セット | ¥2,200 | | | | |

※価格は税込表示

| 学校名 | 税込価格 | | | | |
|---|---|---|---|---|---|
| | 2020年 | 2021年 | 2022年 | 2023年 | 2024年 |
| 京都先端科学大附高（国際） | ¥550 | ¥550 | ¥550 | ¥550 | ¥550 |
| 5か年セット | ¥2,200 | | | | |
| 京都橘高 | ¥550 | × | ¥550 | ¥550 | ¥550 |
| 4か年セット | ¥1,760 | | | | |
| 京都両洋高 | ¥550 | ¥550 | ¥550 | ¥550 | ¥550 |
| 5か年セット | ¥2,200 | | | | |
| 久留米大附設高 | × | ¥550 | ¥550 | ¥550 | ¥550 |
| 4か年セット | ¥1,760 | | | | |
| 神戸星城高 | ¥550 | ¥550 | ¥550 | ¥550 | ¥550 |
| 5か年セット | ¥2,200 | | | | |
| 神戸山手グローバル高 | × | × | × | ¥550 | ¥550 |
| 2か年セット | ¥880 | | | | |
| 神戸龍谷高 | ¥550 | ¥550 | ¥550 | ¥550 | ¥550 |
| 5か年セット | ¥2,200 | | | | |
| 香里ヌヴェール学院高 | ¥550 | ¥550 | ¥550 | ¥550 | ¥550 |
| 5か年セット | ¥2,200 | | | | |
| 三田学園高 | ¥550 | ¥550 | ¥550 | ¥550 | ¥550 |
| 5か年セット | ¥2,200 | | | | |
| 滋賀学園高 | ¥550 | ¥550 | ¥550 | ¥550 | ¥550 |
| 5か年セット | ¥2,200 | | | | |
| 滋賀短期大学附高 | ¥550 | ¥550 | ¥550 | ¥550 | ¥550 |
| 5か年セット | ¥2,200 | | | | |

**国私立高**（アイウエオ順）

※価格は税込表示

| 学校名 | 税込価格 | | | | |
|---|---|---|---|---|---|
| | 2020年 | 2021年 | 2022年 | 2023年 | 2024年 |
| 樟蔭高 | ¥550 | ¥550 | ¥550 | ¥550 | ¥550 |
| 5か年セット | ¥2,200 | | | | |
| 常翔学園高 | ¥550 | ¥550 | ¥550 | ¥550 | ¥550 |
| 5か年セット | ¥2,200 | | | | |
| 清教学園高 | ¥550 | ¥550 | ¥550 | ¥550 | ¥550 |
| 5か年セット | ¥2,200 | | | | |
| 西南学院高(専願) | ¥550 | ¥550 | ¥550 | ¥550 | ¥550 |
| 5か年セット | ¥2,200 | | | | |
| 西南学院高(前期) | ¥550 | ¥550 | ¥550 | ¥550 | ¥550 |
| 5か年セット | ¥2,200 | | | | |
| 園田学園高 | ¥550 | ¥550 | ¥550 | ¥550 | ¥550 |
| 5か年セット | ¥2,200 | | | | |
| 筑陽学園高(専願) | ¥550 | ¥550 | ¥550 | ¥550 | ¥550 |
| 5か年セット | ¥2,200 | | | | |
| 筑陽学園高(前期) | ¥550 | ¥550 | ¥550 | ¥550 | ¥550 |
| 5か年セット | ¥2,200 | | | | |
| 智辯学園高 | ¥550 | ¥550 | ¥550 | ¥550 | ¥550 |
| 5か年セット | ¥2,200 | | | | |
| 帝塚山高 | ¥550 | ¥550 | ¥550 | ¥550 | ¥550 |
| 5か年セット | ¥2,200 | | | | |
| 東海大付大阪仰星高 | ¥550 | ¥550 | ¥550 | ¥550 | ¥550 |
| 5か年セット | ¥2,200 | | | | |
| 同志社高 | ¥550 | ¥550 | ¥550 | ¥550 | ¥550 |
| 5か年セット | ¥2,200 | | | | |
| 中村学園女子高(前期) | × | ¥550 | ¥550 | ¥550 | ¥550 |
| 4か年セット | ¥1,760 | | | | |
| 灘高 | ¥550 | ¥550 | ¥550 | ¥550 | ¥550 |
| 5か年セット | ¥2,200 | | | | |
| 奈良育英高 | ¥550 | ¥550 | ¥550 | ¥550 | ¥550 |
| 5か年セット | ¥2,200 | | | | |
| 奈良学園高 | ¥550 | ¥550 | ¥550 | ¥550 | ¥550 |
| 5か年セット | ¥2,200 | | | | |
| 奈良大附高 | ¥550 | ¥550 | ¥550 | ¥550 | ¥550 |
| 5か年セット | ¥2,200 | | | | |

※価格は税込表示

| 学校名 | 税込価格 | | | | |
|---|---|---|---|---|---|
| | 2020年 | 2021年 | 2022年 | 2023年 | 2024年 |
| 西大和学園高 | ¥550 | ¥550 | ¥550 | ¥550 | ¥550 |
| 5か年セット | ¥2,200 | | | | |
| 梅花高 | ¥550 | ¥550 | ¥550 | ¥550 | ¥550 |
| 5か年セット | ¥2,200 | | | | |
| 白陵高 | ¥550 | ¥550 | ¥550 | ¥550 | ¥550 |
| 5か年セット | ¥2,200 | | | | |
| 初芝立命館高 | × | × | × | × | ¥550 |
| 東大谷高 | × | × | ¥550 | ¥550 | ¥550 |
| 3か年セット | ¥1,320 | | | | |
| 東山高 | × | × | × | × | ¥550 |
| 雲雀丘学園高 | ¥550 | ¥550 | ¥550 | ¥550 | ¥550 |
| 5か年セット | ¥2,200 | | | | |
| 福岡大附大濠高(専願) | ¥550 | ¥550 | ¥550 | ¥550 | ¥550 |
| 5か年セット | ¥2,200 | | | | |
| 福岡大附大濠高(前期) | ¥550 | ¥550 | ¥550 | ¥550 | ¥550 |
| 5か年セット | ¥2,200 | | | | |
| 福岡大附大濠高(後期) | ¥550 | ¥550 | ¥550 | ¥550 | ¥550 |
| 5か年セット | ¥2,200 | | | | |
| 武庫川女子大附高 | × | × | ¥550 | ¥550 | ¥550 |
| 3か年セット | ¥1,320 | | | | |
| 明星高 | ¥550 | ¥550 | ¥550 | ¥550 | ¥550 |
| 5か年セット | ¥2,200 | | | | |
| 和歌山信愛高 | ¥550 | ¥550 | ¥550 | ¥550 | ¥550 |
| 5か年セット | ¥2,200 | | | | |

**公立高**

※価格は税込表示

| 学校名 | 税込価格 | | | | |
|---|---|---|---|---|---|
| | 2020年 | 2021年 | 2022年 | 2023年 | 2024年 |
| 京都市立西京高（エンタープライジング科） | ¥550 | ¥550 | ¥550 | ¥550 | ¥550 |
| 5か年セット | ¥2,200 | | | | |
| 京都市立堀川高（探究学科群） | ¥550 | ¥550 | ¥550 | ¥550 | ¥550 |
| 5か年セット | ¥2,200 | | | | |
| 京都府立嵯峨野高（京都こすもす科） | ¥550 | ¥550 | ¥550 | ¥550 | ¥550 |
| 5か年セット | ¥2,200 | | | | |

## 赤本収録年度より古い年度の音声データ

以下の音声データは,赤本に収録以前の年度ですので,赤本バックナンバー(P.1～3に掲載)と合わせてご購入ください。
赤本バックナンバーは1年分が1冊の本になっていますので,音声データも1年分ずつの販売となります。

※価格は税込表示

国私立高 (アイウエオ順)

| 学校名 | 税込価格 | | | | | | | | | | | | | | | | |
|---|---|---|---|---|---|---|---|---|---|---|---|---|---|---|---|---|---|
| | 2003年 | 2004年 | 2005年 | 2006年 | 2007年 | 2008年 | 2009年 | 2010年 | 2011年 | 2012年 | 2013年 | 2014年 | 2015年 | 2016年 | 2017年 | 2018年 | 2019年 |
| 大阪教育大附高池田校 | | ¥550 | ¥550 | ¥550 | ¥550 | ¥550 | ¥550 | ¥550 | ¥550 | ¥550 | ¥550 | ¥550 | ¥550 | ¥550 | ¥550 | ¥550 | ¥550 |
| 大阪星光学院高(1次) | ¥550 | ¥550 | ¥550 | ¥550 | ¥550 | ¥550 | ¥550 | ¥550 | ¥550 | ¥550 | × | ¥550 | × | ¥550 | ¥550 | ¥550 | ¥550 |
| 大阪星光学院高(1.5次) | | | ¥550 | ¥550 | ¥550 | ¥550 | ¥550 | ¥550 | × | × | × | × | × | × | × | × | × |
| 大阪桐蔭高 | | | | | | ¥550 | ¥550 | ¥550 | ¥550 | ¥550 | ¥550 | ¥550 | ¥550 | ¥550 | ¥550 | ¥550 | ¥550 |
| 久留米大附設高 | | | | ¥550 | ¥550 | × | ¥550 | ¥550 | ¥550 | ¥550 | ¥550 | ¥550 | ¥550 | ¥550 | ¥550 | ¥550 | ¥550 |
| 清教学園高 | | | | | | | | | | | | | | ¥550 | ¥550 | ¥550 | ¥550 |
| 同志社高 | | | | | | ¥550 | ¥550 | ¥550 | ¥550 | ¥550 | ¥550 | ¥550 | ¥550 | ¥550 | ¥550 | ¥550 | ¥550 |
| 灘高 | | | | | | | | | | | | | | | | ¥550 | ¥550 |
| 西大和学園高 | | | | ¥550 | ¥550 | ¥550 | ¥550 | ¥550 | ¥550 | ¥550 | ¥550 | ¥550 | ¥550 | ¥550 | ¥550 | ¥550 | ¥550 |
| 福岡大附大濠高(専願) | | | | | | | | | | | ¥550 | ¥550 | ¥550 | ¥550 | ¥550 | ¥550 | ¥550 |
| 福岡大附大濠高(前期) | | | | ¥550 | ¥550 | ¥550 | ¥550 | ¥550 | ¥550 | ¥550 | ¥550 | ¥550 | ¥550 | ¥550 | ¥550 | ¥550 | ¥550 |
| 福岡大附大濠高(後期) | | | | ¥550 | ¥550 | ¥550 | ¥550 | ¥550 | ¥550 | ¥550 | ¥550 | ¥550 | ¥550 | ¥550 | ¥550 | ¥550 | ¥550 |
| 明星高 | | | | | | | | | | | | | | | ¥550 | ¥550 | ¥550 |
| 立命館高(前期) | | | | | | ¥550 | ¥550 | ¥550 | ¥550 | ¥550 | ¥550 | ¥550 | ¥550 | × | × | × | × |
| 立命館高(後期) | | | | | | ¥550 | ¥550 | ¥550 | ¥550 | ¥550 | ¥550 | ¥550 | ¥550 | × | × | × | × |
| 立命館宇治高 | | | | | | | | | | ¥550 | ¥550 | ¥550 | ¥550 | ¥550 | ¥550 | ¥550 | × |

※価格は税込表示

公立高 (府県順)

| 府県名・学校名 | 税込価格 | | | | | | | | | | | | | | | | |
|---|---|---|---|---|---|---|---|---|---|---|---|---|---|---|---|---|---|
| | 2003年 | 2004年 | 2005年 | 2006年 | 2007年 | 2008年 | 2009年 | 2010年 | 2011年 | 2012年 | 2013年 | 2014年 | 2015年 | 2016年 | 2017年 | 2018年 | 2019年 |
| 岐阜県公立高 | | | | ¥550 | ¥550 | ¥550 | ¥550 | ¥550 | ¥550 | ¥550 | ¥550 | ¥550 | ¥550 | ¥550 | ¥550 | ¥550 | ¥550 |
| 静岡県公立高 | | | | ¥550 | ¥550 | ¥550 | ¥550 | ¥550 | ¥550 | ¥550 | ¥550 | ¥550 | ¥550 | ¥550 | ¥550 | ¥550 | ¥550 |
| 愛知県公立高(Aグループ) | ¥550 | ¥550 | ¥550 | ¥550 | ¥550 | ¥550 | ¥550 | ¥550 | ¥550 | ¥550 | ¥550 | ¥550 | ¥550 | ¥550 | ¥550 | ¥550 | ¥550 |
| 愛知県公立高(Bグループ) | ¥550 | ¥550 | ¥550 | ¥550 | ¥550 | ¥550 | ¥550 | ¥550 | ¥550 | ¥550 | ¥550 | ¥550 | ¥550 | ¥550 | ¥550 | ¥550 | ¥550 |
| 三重県公立高 | | | | ¥550 | ¥550 | ¥550 | ¥550 | ¥550 | ¥550 | ¥550 | ¥550 | ¥550 | ¥550 | ¥550 | ¥550 | ¥550 | ¥550 |
| 滋賀県公立高 | ¥550 | ¥550 | ¥550 | ¥550 | ¥550 | ¥550 | ¥550 | ¥550 | ¥550 | ¥550 | ¥550 | ¥550 | ¥550 | ¥550 | ¥550 | ¥550 | ¥550 |
| 京都府公立高(中期選抜) | ¥550 | ¥550 | ¥550 | ¥550 | ¥550 | ¥550 | ¥550 | ¥550 | ¥550 | ¥550 | ¥550 | ¥550 | ¥550 | ¥550 | ¥550 | ¥550 | ¥550 |
| 京都府公立高(前期選抜 共通学力検査) | | | | | | | | | | | | ¥550 | ¥550 | ¥550 | ¥550 | ¥550 | ¥550 |
| 京都市立西京高 (エンタープライジング科) | | ¥550 | ¥550 | ¥550 | ¥550 | ¥550 | ¥550 | ¥550 | ¥550 | ¥550 | ¥550 | ¥550 | ¥550 | ¥550 | ¥550 | ¥550 | ¥550 |
| 京都市立堀川高 (探究学科群) | | | | | | | | | | | | ¥550 | ¥550 | ¥550 | ¥550 | ¥550 | ¥550 |
| 京都府立嵯峨野高(京都こすもす科) | | ¥550 | ¥550 | ¥550 | ¥550 | ¥550 | ¥550 | ¥550 | ¥550 | ¥550 | ¥550 | ¥550 | ¥550 | ¥550 | ¥550 | ¥550 | ¥550 |
| 大阪府公立高(一般選抜) | | | | | | | | | | | | | | ¥550 | ¥550 | ¥550 | ¥550 |
| 大阪府公立高(特別選抜) | | | | | | | | | | | | | | ¥550 | ¥550 | ¥550 | ¥550 |
| 大阪府公立高(後期選抜) | ¥550 | ¥550 | ¥550 | ¥550 | ¥550 | ¥550 | ¥550 | ¥550 | ¥550 | ¥550 | ¥550 | ¥550 | ¥550 | × | × | × | × |
| 大阪府公立高(前期選抜) | ¥550 | ¥550 | ¥550 | ¥550 | ¥550 | ¥550 | ¥550 | ¥550 | ¥550 | ¥550 | ¥550 | ¥550 | ¥550 | × | × | × | × |
| 兵庫県公立高 | ¥550 | ¥550 | ¥550 | ¥550 | ¥550 | ¥550 | ¥550 | ¥550 | ¥550 | ¥550 | ¥550 | ¥550 | ¥550 | ¥550 | ¥550 | ¥550 | ¥550 |
| 奈良県公立高(一般選抜) | ¥550 | ¥550 | ¥550 | ¥550 | × | ¥550 | ¥550 | ¥550 | ¥550 | ¥550 | ¥550 | ¥550 | ¥550 | ¥550 | ¥550 | ¥550 | ¥550 |
| 奈良県公立高(特色選抜) | | | | ¥550 | ¥550 | ¥550 | ¥550 | ¥550 | ¥550 | ¥550 | ¥550 | ¥550 | ¥550 | ¥550 | ¥550 | ¥550 | ¥550 |
| 和歌山県公立高 | ¥550 | ¥550 | ¥550 | ¥550 | ¥550 | ¥550 | ¥550 | ¥550 | ¥550 | ¥550 | ¥550 | ¥550 | ¥550 | ¥550 | ¥550 | ¥550 | ¥550 |
| 岡山県公立高(一般選抜) | | | | | ¥550 | ¥550 | ¥550 | ¥550 | ¥550 | ¥550 | ¥550 | ¥550 | ¥550 | ¥550 | ¥550 | ¥550 | ¥550 |
| 岡山県公立高(特別選抜) | | | | | | | | | | | | ¥550 | ¥550 | ¥550 | ¥550 | ¥550 | ¥550 |
| 広島県公立高 | ¥550 | ¥550 | ¥550 | ¥550 | ¥550 | ¥550 | ¥550 | ¥550 | ¥550 | ¥550 | ¥550 | ¥550 | ¥550 | ¥550 | ¥550 | ¥550 | ¥550 |
| 山口県公立高 | | | | | ¥550 | ¥550 | ¥550 | ¥550 | ¥550 | ¥550 | ¥550 | ¥550 | ¥550 | ¥550 | ¥550 | ¥550 | ¥550 |
| 香川県公立高 | | | | | ¥550 | ¥550 | ¥550 | ¥550 | ¥550 | ¥550 | ¥550 | ¥550 | ¥550 | ¥550 | ¥550 | ¥550 | ¥550 |
| 愛媛県公立高 | | | | | ¥550 | ¥550 | ¥550 | ¥550 | ¥550 | ¥550 | ¥550 | ¥550 | ¥550 | ¥550 | ¥550 | ¥550 | ¥550 |
| 福岡県公立高 | | | | ¥550 | ¥550 | ¥550 | ¥550 | ¥550 | ¥550 | ¥550 | ¥550 | ¥550 | ¥550 | ¥550 | ¥550 | ¥550 | ¥550 |
| 長崎県公立高 | | | | | ¥550 | ¥550 | ¥550 | ¥550 | ¥550 | ¥550 | ¥550 | ¥550 | ¥550 | ¥550 | ¥550 | ¥550 | ¥550 |
| 熊本県公立高(選択問題A) | | | | | | | | | | | | | ¥550 | ¥550 | ¥550 | ¥550 | ¥550 |
| 熊本県公立高(選択問題B) | | | | | | | | | | | | | ¥550 | ¥550 | ¥550 | ¥550 | ¥550 |
| 熊本県公立高(共通) | | | | | ¥550 | ¥550 | ¥550 | ¥550 | ¥550 | ¥550 | ¥550 | ¥550 | × | × | × | × | × |
| 大分県公立高 | | | | | ¥550 | ¥550 | ¥550 | ¥550 | ¥550 | ¥550 | ¥550 | ¥550 | ¥550 | ¥550 | ¥550 | ¥550 | ¥550 |
| 鹿児島県公立高 | | | | | ¥550 | ¥550 | ¥550 | ¥550 | ¥550 | ¥550 | ¥550 | ¥550 | ¥550 | ¥550 | ¥550 | ¥550 | ¥550 |

# 受験生のみなさんへ

## 英俊社の高校入試対策問題集

各書籍のくわしい内容はこちら→

### 近畿の高校入試シリーズ

最新の近畿の入試問題から良問を精選。
私立・公立どちらにも対応できる定評ある問題集です。

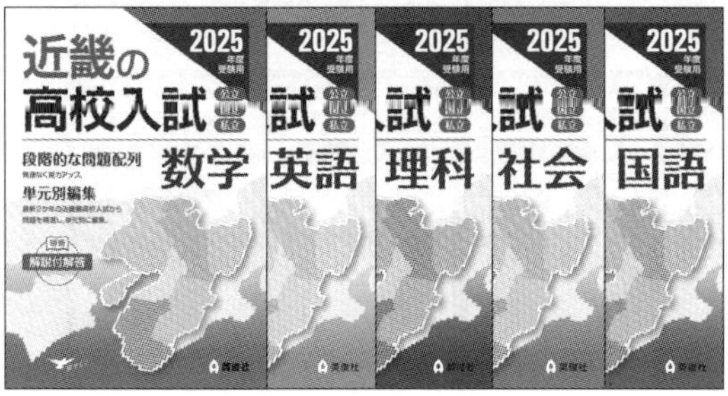


### 近畿の高校入試シリーズ

中1·2の復習

近畿の入試問題から1・2年生までの範囲で解ける良問を精選。
高校入試の基礎固めに最適な問題集です。

### 最難関高校シリーズ

最難関高校を志望する受験生諸君におすすめのハイレベル問題集。
灘、洛南、西大和学園、久留米大学附設、ラ・サールの最新7か年入試問題を単元別に分類して収録しています。

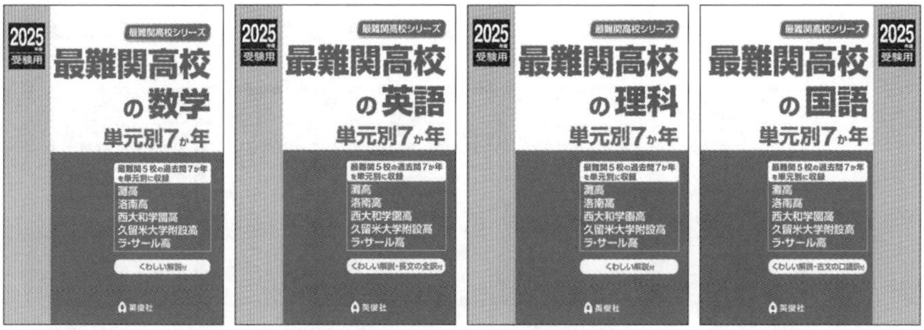


### ニューウイングシリーズ　出題率

入試での出題率を徹底分析。出題率の高い単元、問題に集中して効率よく学習できます。

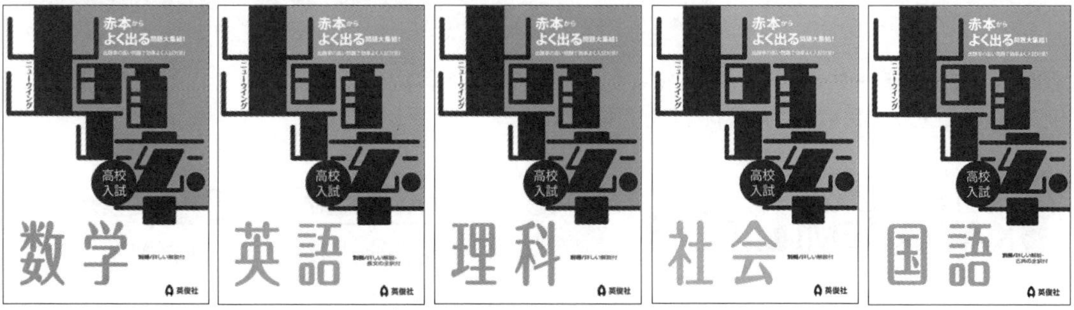

## 近道問題シリーズ

重要ポイントに絞ったコンパクトな問題集。苦手分野の集中トレーニングに最適です！

**数学5分冊**

01 式と計算
02 方程式・確率・資料の活用
03 関数とグラフ
04 図形〈1・2年分野〉
05 図形〈3年分野〉

**英語6分冊**

06 単語・連語・会話表現
07 英文法
08 文の書きかえ・英作文
09 長文基礎
10 長文実践
11 リスニング

**理科6分冊**

12 物理
13 化学
14 生物・地学
15 理科計算
16 理科記述
17 理科知識

**社会4分冊**

18 地理
19 歴史
20 公民
21 社会の応用問題 ―資料読解・記述―

**国語5分冊**

22 漢字・ことばの知識
23 文法
24 長文読解 ―攻略法の基本―
25 長文読解 ―攻略法の実践―
26 古典

## 学校・塾の指導者の先生方へ

**赤本収録**の**入試問題データベース**を利用して、**オリジナルプリント教材**を作成していただけるサービスが登場!! 生徒**ひとりひとりに合わせた**教材作りが可能です。

プリント教材作成システム
KAWASEMI Lite

くわしくは KAWASEMI Lite 検索 で検索！
まずは**無料体験版**をぜひお試しください。

※指導者の先生方向けの専用サービスです。受験生など個人の方はご利用いただけませんので、ご注意ください。

公立高校入試対策シリーズ 3022

# もくじ

●公立入試はこうだ！
全日制公立高校の入学者選抜について …… 2
2024年度入学者選抜　入試データ …… 6
数学の傾向と対策 …… 11
英語の傾向と対策 …… 12
社会の傾向と対策 …… 14
理科の傾向と対策 …… 16
国語の傾向と対策 …… 17

●過去５か年の公立高入試問題
2024年度入学試験問題 …… 2～55
2023年度入学試験問題 …… 2～53
2022年度入学試験問題 …… 2～51
2021年度入学試験問題 …… 2～52
2020年度入学試験問題 …… 2～52
〈**英語長文**の全訳，**古文**の口語訳を付けてある〉
解答用紙 …… 別冊

（注）　著作権の都合により，実際に使用された写真と異なる場合があります。　（編集部）

2020～2024年度のリスニング音声（書籍収録分すべて）は
英俊社ウェブサイト「**リスもん**」から再生できます。
https://book.eisyun.jp/products/listening/index/

再生の際に必要な入力コード→ **59438267**
（コードの使用期限：2025年７月末日）

スマホはこちら ——→

※音声は英俊社で作成したものです。

# ❖全日制公立高校の入学者選抜について（前年度参考）

※以下の内容は，2024年度（前年度）に実施された入学者選抜の概要です。2025年度の受検にあたっては，2025年度入学者選抜資料を必ず確認してください。

**★一般選抜**　1回の選抜の中に，県共通の方法による**共通枠**と，各学校が独自に定める**学校裁量枠**という2つの選抜枠を設け，一般選抜として実施する。学校裁量枠は，原則として募集定員の50％以下の範囲内の人数で，学校・学科（科）別に設定する。

1　学校裁量枠の選抜方法について

学校裁量枠では，原則として募集定員の50％以下の範囲内の人数で，学校・学科(科)別に設定する。中学校における学習，文化的・体育的活動，特別活動等，学科への適性，探究活動，地域貢献への意欲を重視する観点として選抜が行われる。選抜資料として，調査書，学力検査，面接の他に学校が独自に選抜資料を設ける場合がある。

選抜の手順は，

① 学校裁量枠

② 学校裁量枠による合格者を除いたすべての志願者を対象とした共通枠

となる。

一般的な例としては，次に例示するように希望者を対象とする文化的・体育的活動を重視した選抜がある。また，重視する観点を複数設定する場合がある。

●選抜枠の設定（例：定員が280人の高校）

| | | | 選抜資料 |
|---|---|---|---|
| 学校裁量枠Ⅰ | 希望 20%（56人） | 【重視する観点】<br>文化的・体育的活動 | 学力検査・<br>調査書・面接<br>＋実技検査 |
| 学校裁量枠Ⅱ | 希望 30%（84人） | 【重視する観点】<br>中学校における学習<br>（9教科の学習成績） | 学力検査・<br>調査書・<br>面接 |
| 共通枠 | 50%（140人） | 共通の選抜手順で実施 | |

▼学校によっては，次に例示するように特定の学科について志願者全員を対象とし，学科への適性を重視した選抜を行う。

●選抜枠の設定（例：定員が40人の学科）

| | | | 選抜資料 |
|---|---|---|---|
| 学校裁量枠 | 全員 30%（12人） | 【重視する観点】<br>学科への適性 | 学力検査・<br>調査書・面接<br>＋適応力検査 |
| 共通枠 | 70%（28人） | 共通選抜の手順で実施 | 学力検査・<br>調査書・<br>面接 |

## 2　共通枠の選抜方法について

共通枠は，全県共通の選抜方法で実施する。学力検査・調査書・面接の３つの選抜資料を用い，３段階の選抜手順により合格者を決定する。

〈選抜資料〉

●学力検査

国語，社会，数学，理科，英語（放送による問題を含む）の５教科で実施。（各教科50分・50点満点，計250点満点）

●調査書

各教科の評定(9教科45点満点)，観点別学習状況，特別活動の記録，諸活動の記録などを評価する。

●面　接

集団面接，個人面接(自己表現などを含む)，グループ面接（グループによる討論など）の中から各高校が選択して実施する。

※前年度（2024年度）入試において，共通枠で「**傾斜配点及び特色ある面接**」を実施した学校は，５ページを参照。

〈選抜手順〉

●第１段階

次の①，②の手順で合格者を決定する。

①　調査書の学習の記録における９教科の評定合計の上位から共通枠定員までの者（同点者を含む）を対象者と決める。

②　①で決めた対象者のうち，学力検査５教科の得点合計上位75％程度を合格者とする。

※ただし，調査書の学習の記録以外の記載事項，面接の結果等により，合格者から除外される場合がある。

●第２段階

第１段階による合格者を除いたすべての受検者を対象とし，調査書の学習の記録以外の記載事項及び面接の結果により，共通枠定員の10％程度の者を合格者とする。

※ただし，調査書の学習の記録，学力検査の結果等により，合格者から除外される場合がある。

●第３段階

第１段階及び第２段階による合格者を除いたすべての受検者を対象とし，調査書の記載事項，学力検査及び面接の結果を総合的に審査して，共通枠定員の15％程度の者を合格者とする。調査書の学習の記録における「観点別学習状況」については，第３段階で評価の対象とする。

☆第１段階・第２段階で合格者とする割合の「程度」は，前後10％の範囲とする。（75％程度＝65％～85％）

★特別選抜

特別選抜は，特定の学校で実施する選抜である。一般選抜との併願は不可。

●海外帰国生徒選抜

海外帰国生徒を対象とした選抜。学力検査，調査書及び面接により，総合的に審査して選抜する。

●外国人生徒選抜

県内に居住する外国人生徒を対象とした選抜。調査書，日本語基礎力検査（基礎的な学力を測る問題を含む），面接などにより，総合的に審査して選抜する。

●長期欠席生徒選抜

中学校での欠席日数等の合計が，第3学年でおおむね30日以上または3年間でおおむね90日以上の生徒を対象とした選抜。調査書を用いず，自己申告書，副申書，学力検査及び面接により，総合的に審査して選抜する。

●連携型選抜

松崎高校，川根高校，浜松湖北高校佐久間分校において，連携する中学校の生徒を対象として実施する選抜。学力検査，調査書及び面接により，総合的に審査して選抜する。

●県外生徒特色選抜

川根高校，伊豆総合高校土肥分校において，県外に居住している生徒を対象として実施する選抜。調査書，学力検査及び面接により，総合的に審査して選抜する。

★志　　願

1つの高校の1つの学科（科）についてのみ志願することができる。ただし，学科（科）が2つ以上ある高校を志願する場合は，一般選抜及び再募集において，志望順位を付けて，学科（科）を併願することができる。

★通学区域

県内全域の県立高校に志願することができる。ただし，市立高校の学区はそれぞれの市で定める。

# 一般選抜における傾斜配点及び特色ある面接実施校（前年度参考）

以下に掲載する内容は，前年度（2024 年度）一般選抜における傾斜配点及び特色ある面接実施校です。2025 年度受検に際しては，必ず 2025 年度募集要項を確認してください。

## 1　傾斜配点実施校，実施学科，実施教科及び倍率（共通枠において実施）

| 学校名 | 学科名 | 調査書の学習の記録 | | | | | | | | | 学力検査の結果 | | | | |
|---|---|---|---|---|---|---|---|---|---|---|---|---|---|---|---|
| | | 国語 | 社会 | 数学 | 理科 | 英語 | 音楽 | 美術 | 保体 | 技家 | 国語 | 社会 | 数学 | 理科 | 英語 |
| 下田 | 理数 | | | 1.5 | 1.5 | 1.5 | | | | | | | 1.5 | 1.5 | 1.5 |
| 韮山 | 理数 | | | 1.5 | 1.5 | | | | | | | | 1.5 | 1.5 | |
| 沼津東 | 理数 | | | | | | | | | | | | 1.5 | 1.5 | 1.5 |
| 富士 | 理数 | | | 1.5 | 1.5 | | | | | | | | 1.5 | 1.5 | |
| 清水東 | 理数 | | | 1.5 | 1.5 | 1.5 | | | | | | | 1.5 | 1.5 | 1.5 |
| 静岡城北 | グローバル | | | | | | | | | | 1.3 | 1.3 | | | 1.3 |
| 静岡市立 | 理数 | | | | | | | | | | | | 1.5 | 1.5 | 1.5 |
| 榛原 | 理数 | | | | | | | | | | | | 1.5 | 1.5 | 1.5 |
| 掛川西 | 理数 | | | 1.5 | 1.5 | 1.5 | | | | | | | 1.5 | 1.5 | 1.5 |
| 磐田南 | 理数 | | | 1.5 | 1.5 | 1.5 | | | | | | | 1.5 | 1.5 | 1.5 |
| 浜松南 | 理数 | | | | | | | | | | | | 1.5 | 1.5 | 1.5 |
| 浜松湖南 | 英語 | | | | | 1.5 | | | | | | | | | 1.5 |
| 浜松江之島 | 芸術 | | | | | | 2.0 | 2.0 | | | | | | | |

（注）浜松江之島高校の傾斜配点は，音楽専攻希望者は音楽を，美術専攻希望者は美術を 2 倍する。

## 2　特色ある面接実施校，実施学科及び概要

| 学校名 | 学科名 | 概　　要 |
|---|---|---|
| 南伊豆分校 | 農業 | 与えられたテーマに沿ったグループ面接（20分の考えをまとめるためのカード作成，15分程度のカードをもとにした話し合い等） |
| 掛川東 | 普通 | 与えられたテーマに沿ったグループ面接（25分程度の討論等） |
| 掛川西 | 普通 | 与えられたテーマに沿ったグループ面接（20分程度のディベート形式による討論等） |
| | 理数 | |
| 磐田南 | 普通 | 与えられたテーマに沿ったグループ面接（25分程度の討論等） |
| | 理数 | |
| 浜松北 | 普通 | 与えられたテーマに沿ったグループ面接（35分程度の討論等） |
| | 国際 | |
| 浜松東 | 普通 | 与えられたテーマに沿ったグループ面接（20分程度の討論等） |
| | 商業 | |

# ❖2024年度入学者選抜　入試データ

| 学校名 | 科名 | 募集定員 | | 志願者数 | 志願倍率 |
|---|---|---|---|---|---|
| | | | | （変更後） | |
| 下田 | 普通 | | 120 | 126 | 1.05 |
| | | Ⅰ（13%程度） | 16 | 15 | 0.94 |
| | | Ⅱ（20%程度） | 24 | 24 | 1.00 |
| | 理数 | | 40 | 14 | 0.35 |
| | | Ⅰ（50%まで） | 20 | 7 | 0.35 |
| 南伊豆分校 | 園芸 | | 40 | 26 | 0.65 |
| 松崎 | 普通 | | 80 | 36 | 0.45 |
| | | 連携（定めない） | － | 28 | － |
| 稲取 | 普通 | | 80 | 79 | 0.99 |
| 伊豆伊東 | 普通 | | 160 | 168 | 1.05 |
| | | Ⅰ（20%程度） | 32 | 22 | 0.69 |
| | | Ⅱ（10%程度） | 16 | 18 | 1.13 |
| | | Ⅲ（20%程度） | 32 | 69 | 2.16 |
| | ビジネスマネジメント | | 80 | 96 | 1.20 |
| | | Ⅰ（25%程度） | 20 | 16 | 0.80 |
| | | Ⅱ（20%程度） | 16 | 47 | 2.94 |
| 熱海 | 普通 | | 40 | 34 | 0.85 |
| | | 海外（若干名） | － | 0 | － |
| | | Ⅰ（20%程度） | 8 | 23 | 2.88 |
| 伊豆総合 | 工業 | | 40 | 56 | 1.40 |
| | | Ⅰ（25%程度） | 10 | 9 | 0.90 |
| | | Ⅱ（10%程度） | 4 | 4 | 1.00 |
| | | Ⅲ（15%程度） | 6 | 36 | 6.00 |
| | 総合 | | 80 | 77 | 0.96 |
| | | Ⅰ（25%程度） | 20 | 17 | 0.85 |
| | | Ⅱ（10%程度） | 8 | 3 | 0.38 |
| | | Ⅲ（15%程度） | 12 | 40 | 3.33 |
| 土肥分校 | 普通 | | 35 | 17 | 0.49 |
| | | 長期（若干名） | － | 9 | － |
| | | 県外（14%程度） | 5 | 2 | 0.40 |
| 韮山 | 普通 | | 240 | 260 | 1.08 |
| | | Ⅰ（20%程度） | 48 | 242 | 5.04 |
| | 理数 | | 40 | 53 | 1.33 |
| | | Ⅰ（50%まで） | 20 | 47 | 2.35 |
| 伊豆中央 | 普通 | | 160 | 151 | 0.94 |
| | | Ⅰ（15%程度） | 24 | 23 | 0.96 |
| | | Ⅱ（25%程度） | 40 | 116 | 2.90 |
| 田方農業 | 生産科学・園芸デザイン | | 80 | 65 | 0.81 |
| | | Ⅰ（15%程度） | 12 | 12 | 1.00 |
| | | Ⅱ（5%程度） | 4 | 2 | 0.50 |
| | | Ⅲ（25%程度） | 20 | 49 | 2.45 |
| | 動物科学 | | 40 | 43 | 1.08 |
| | | Ⅰ（15%程度） | 6 | 7 | 1.17 |
| | | Ⅱ（5%程度） | 2 | 1 | 0.50 |
| | | Ⅲ（25%程度） | 10 | 28 | 2.80 |
| | 食品科学・ライフデザイン | | 80 | 83 | 1.04 |
| | | Ⅰ（15%程度） | 12 | 6 | 0.50 |
| | | Ⅱ（25%程度） | 20 | 75 | 3.75 |
| 三島南 | 普通 | | 200 | 246 | 1.23 |
| | | 海外（若干名） | － | 1 | － |
| | | Ⅰ（19%程度） | 38 | 36 | 0.95 |
| | | Ⅱ（3%程度） | 6 | 8 | 1.33 |
| | | Ⅲ（15%程度） | 30 | 176 | 5.87 |
| 三島北 | 普通 | | 280 | 355 | 1.27 |
| | | Ⅰ（10%程度） | 28 | 24 | 0.86 |
| | | Ⅱ（30%程度） | 84 | 312 | 3.71 |

| 学校名 | 科名 | 募集定員 | | 志願者数 | 志願倍率 |
|---|---|---|---|---|---|
| | | | | （変更後） | |
| 御殿場 | 創造工学 | | 40 | 42 | 1.05 |
| | | Ⅰ（25%程度） | 10 | 8 | 0.80 |
| | | Ⅱ（25%程度） | 10 | 30 | 3.00 |
| | 創造ビジネス | | 40 | 43 | 1.08 |
| | | Ⅰ（25%程度） | 10 | 4 | 0.40 |
| | | Ⅱ（25%程度） | 10 | 38 | 3.80 |
| | 生活創造デザイン | | 40 | 30 | 0.75 |
| | | Ⅰ（20%程度） | 8 | 2 | 0.25 |
| | | Ⅱ（30%程度） | 12 | 28 | 2.33 |
| 御殿場南 | 普通 | | 160 | 162 | 1.01 |
| | | Ⅰ（12%程度） | 20 | 26 | 1.30 |
| | | Ⅱ（20%程度） | 32 | 128 | 4.00 |
| 小山 | 普通 | | 120 | 136 | 1.13 |
| | | Ⅰ（20%程度） | 24 | 21 | 0.88 |
| | | Ⅱ（20%程度） | 24 | 109 | 4.54 |
| 裾野 | 総合 | | 120 | 126 | 1.05 |
| | | 外国（若干名） | － | 0 | － |
| | | Ⅰ（30%程度） | 36 | 16 | 0.44 |
| | | Ⅱ（5%程度） | 6 | 6 | 1.00 |
| | | Ⅲ（15%程度） | 18 | 93 | 5.17 |
| 沼津東 | 普通 | | 240 | 257 | 1.07 |
| | | Ⅰ（7%程度） | 17 | 31 | 1.82 |
| | | Ⅱ（18%程度） | 44 | 211 | 4.80 |
| | 理数 | | 40 | 72 | 1.80 |
| 沼津西 | 普通 | | 160 | 180 | 1.13 |
| | | Ⅰ（12%程度） | 20 | 22 | 1.10 |
| | | Ⅱ（18%程度） | 29 | 147 | 5.07 |
| | 芸術 | Ⅰ（100%） | 40 | 39 | 0.98 |
| 沼津城北 | 普通 | | 80 | 80 | 1.00 |
| | | 海外（若干名） | － | 0 | － |
| | | Ⅰ（30%程度） | 24 | 10 | 0.42 |
| 沼津工業 | 機械・電気・電子ロボット・建築・都市環境工学 | | 200 | 184 | 0.92 |
| | | Ⅰ（15%程度） | 30 | 16 | 0.53 |
| | | Ⅱ（10%程度） | 20 | 4 | 0.20 |
| | | Ⅲ（20%程度） | 40 | 139 | 3.48 |
| 沼津商業 | 総合ビジネス | | 120 | 102 | 0.85 |
| | | Ⅰ（25%程度） | 30 | 39 | 1.30 |
| | | Ⅱ（15%程度） | 18 | 57 | 3.17 |
| | 情報ビジネス | | 80 | 61 | 0.76 |
| | | Ⅰ（25%程度） | 20 | 14 | 0.70 |
| | | Ⅱ（15%程度） | 12 | 45 | 3.75 |
| 沼津市立沼津 | 普通 | | (145) | 171 | 1.18 |
| | | Ⅰ（19%程度） | 28 | 38 | 1.36 |
| | | Ⅱ（20%程度） | 29 | 124 | 4.28 |
| 吉原 | 普通 | | 120 | 148 | 1.23 |
| | | Ⅰ（25%程度） | 30 | 20 | 0.67 |
| | | Ⅱ（20%程度） | 24 | 109 | 4.54 |
| | 国際 | | 40 | 33 | 0.83 |
| | | 海外（若干名） | － | 1 | － |
| | | Ⅰ（20%程度） | 8 | 9 | 1.13 |
| | | Ⅱ（30%程度） | 12 | 20 | 1.67 |
| 吉原工業 | 機械工学・ロボット工学・電気情報工学・理数化学 | | 160 | 141 | 0.88 |
| | | Ⅰ（10%程度） | 16 | 3 | 0.19 |
| | | Ⅱ（20%程度） | 32 | 23 | 0.72 |
| | | Ⅲ（20%程度） | 32 | 85 | 2.66 |

| 学校名 | 科名 | 募集定員 | | 志願者数 | 志願倍率（変更後） |
|---|---|---|---|---|---|
| 富士 | 普通 | | 240 | 252 | 1.05 |
| | | Ⅰ（8％程度） | 20 | 21 | 1.05 |
| | 理数 | | 40 | 28 | 0.70 |
| | | Ⅰ（30％程度） | 12 | 26 | 2.17 |
| 富士東 | 普通 | | 160 | 193 | 1.21 |
| | | 海外（若干名） | − | 0 | − |
| | | Ⅰ（17％程度） | 28 | 27 | 0.96 |
| | | Ⅱ（3％程度） | 5 | 5 | 1.00 |
| | | Ⅲ（25％程度） | 40 | 147 | 3.68 |
| 富士宮東 | 普通 | | 120 | 120 | 1.00 |
| | | 外国（若干名） | − | 1 | − |
| | | Ⅰ（25％程度） | 30 | 22 | 0.73 |
| | | Ⅱ（20％程度） | 24 | 17 | 0.71 |
| | | Ⅲ（5％程度） | 6 | 68 | 11.33 |
| | 福祉 | | 40 | 34 | 0.85 |
| | | Ⅰ（10％程度） | 4 | 4 | 1.00 |
| | | Ⅱ（10％程度） | 4 | 19 | 4.75 |
| | | Ⅲ（30％程度） | 12 | 7 | 0.58 |
| 富士宮北 | 普通 | | 120 | 126 | 1.05 |
| | | Ⅰ（20％程度） | 24 | 29 | 1.21 |
| | | Ⅱ（20％程度） | 24 | 89 | 3.71 |
| | 商業 | | 80 | 71 | 0.89 |
| | | Ⅰ（30％程度） | 24 | 25 | 1.04 |
| | | Ⅱ（20％程度） | 16 | 33 | 2.06 |
| 富士宮西 | 普通 | | 160 | 147 | 0.92 |
| | | Ⅰ（17％程度） | 28 | 16 | 0.57 |
| | | Ⅱ（20％程度） | 32 | 125 | 3.91 |
| 富岳館 | 総合 | | 200 | 219 | 1.10 |
| | | Ⅰ（15％程度） | 30 | 24 | 0.80 |
| | | Ⅱ（30％程度） | 60 | 161 | 2.68 |
| 富士市立 | ビジネス探究 | | 80 | 81 | 1.01 |
| | | Ⅰ（20％程度） | 16 | 14 | 0.88 |
| | | Ⅱ（20％程度） | 16 | 57 | 3.56 |
| | スポーツ探究 | Ⅰ（100％） | 40 | 46 | 1.15 |
| | 総合探究 | | 120 | 124 | 1.03 |
| | | Ⅰ（20％程度） | 24 | 23 | 0.96 |
| | | Ⅱ（20％程度） | 24 | 81 | 3.38 |
| 清水東 | 普通 | | 240 | 249 | 1.04 |
| | | Ⅰ（6％程度） | 15 | 27 | 1.80 |
| | 理数 | | 40 | 48 | 1.20 |
| 清水西 | 普通 | | 160 | 162 | 1.01 |
| | | Ⅰ（18％程度） | 29 | 23 | 0.79 |
| | | Ⅱ（32％程度） | 52 | 113 | 2.17 |
| 清水南 | 普通 | | (30) | 9 | 0.30 |
| | | Ⅰ（若干名） | − | 5 | − |
| | | Ⅱ（若干名） | − | 4 | − |
| | 芸術 | Ⅰ（100％） | (29) | 29 | 1.00 |
| 静岡市立清水桜が丘 | 普通 | | 120 | 125 | 1.04 |
| | | 海外（若干名） | − | 0 | − |
| | | Ⅰ（15％程度） | 18 | 28 | 1.56 |
| | | Ⅱ（30％程度） | 36 | 79 | 2.19 |
| | 商業 | | 120 | 100 | 0.83 |
| | | Ⅰ（35％程度） | 42 | 40 | 0.95 |
| | | Ⅱ（15％程度） | 18 | 49 | 2.72 |
| 静岡 | 普通 | | 320 | 378 | 1.18 |
| | | Ⅰ（3％程度） | 10 | 10 | 1.00 |

| 学校名 | 科名 | 募集定員 | | 志願者数 | 志願倍率（変更後） |
|---|---|---|---|---|---|
| 静岡城北 | 普通 | | 200 | 221 | 1.11 |
| | | 海外（若干名） | − | 0 | − |
| | | Ⅰ（10％程度） | 20 | 16 | 0.80 |
| | グローバル | | 40 | 52 | 1.30 |
| | | 海外（若干名） | − | 1 | − |
| | | Ⅰ（20％程度） | 8 | 29 | 3.63 |
| 静岡東 | 普通 | | 280 | 302 | 1.08 |
| | | Ⅰ（7％程度） | 20 | 27 | 1.35 |
| | | Ⅱ（10％程度） | 28 | 220 | 7.86 |
| 静岡西 | 普通 | | 120 | 98 | 0.82 |
| | | Ⅰ（33％程度） | 40 | 50 | 1.25 |
| | | Ⅱ（5％程度） | 6 | 9 | 1.50 |
| | | Ⅲ（12％程度） | 15 | 22 | 1.47 |
| 駿河総合 | 総合 | | 200 | 216 | 1.08 |
| | | 外国（若干名） | − | 5 | − |
| | | Ⅰ（20％程度） | 40 | 30 | 0.75 |
| | | Ⅱ（00％程度） | 00 | 118 | 1.97 |
| 静岡農業 | 生物生産・生産流通 | | 80 | 84 | 1.05 |
| | | Ⅰ（8％程度） | 7 | 4 | 0.57 |
| | | Ⅱ（42％程度） | 34 | 63 | 1.85 |
| | 環境科学 | | 40 | 49 | 1.23 |
| | | Ⅰ（16％程度） | 7 | 6 | 0.86 |
| | | Ⅱ（34％程度） | 14 | 35 | 2.50 |
| | 食品科学・生活科学 | | 80 | 104 | 1.30 |
| | | Ⅰ（8％程度） | 7 | 2 | 0.29 |
| | | Ⅱ（42％程度） | 34 | 81 | 2.38 |
| 科学技術 | 機械工学 | | 40 | 38 | 0.95 |
| | | Ⅰ（10％程度） | 4 | 7 | 1.75 |
| | | Ⅱ（40％程度） | 16 | 24 | 1.50 |
| | ロボット工学 | | 40 | 50 | 1.25 |
| | | Ⅰ（10％程度） | 4 | 10 | 2.50 |
| | | Ⅱ（40％程度） | 16 | 35 | 2.19 |
| | 電気工学 | | 40 | 40 | 1.00 |
| | | Ⅰ（10％程度） | 4 | 4 | 1.00 |
| | | Ⅱ（40％程度） | 16 | 24 | 1.50 |
| | 情報システム | | 40 | 66 | 1.65 |
| | | Ⅰ（10％程度） | 4 | 4 | 1.00 |
| | | Ⅱ（40％程度） | 16 | 52 | 3.25 |
| | 建築デザイン | | 40 | 28 | 0.70 |
| | | Ⅰ（10％程度） | 4 | 3 | 0.75 |
| | | Ⅱ（40％程度） | 16 | 22 | 1.38 |
| | 都市基盤工学 | | 40 | 39 | 0.98 |
| | | Ⅰ（10％程度） | 4 | 7 | 1.75 |
| | | Ⅱ（40％程度） | 16 | 18 | 1.13 |
| | 電子物質工学 | | 40 | 39 | 0.98 |
| | | Ⅰ（10％程度） | 4 | 2 | 0.50 |
| | | Ⅱ（40％程度） | 16 | 28 | 1.75 |
| | 理工 | | 40 | 51 | 1.28 |
| | | Ⅰ（50％まで） | 20 | 44 | 2.20 |
| 静岡商業 | 商業 | | 160 | 151 | 0.94 |
| | | Ⅰ（25％程度） | 40 | 46 | 1.15 |
| | | Ⅱ（25％程度） | 40 | 74 | 1.85 |
| | 情報処理 | | 80 | 56 | 0.70 |
| | | Ⅰ（25％程度） | 20 | 7 | 0.35 |
| | | Ⅱ（25％程度） | 20 | 31 | 1.55 |
| 静岡市立 | 普通 | | 280 | 283 | 1.01 |
| | | 海外（若干名） | − | 0 | − |
| | | Ⅰ（8％程度） | 23 | 48 | 2.09 |
| | 科学探究 | | 40 | 25 | 0.63 |
| | | Ⅰ（10％程度） | 4 | 5 | 1.25 |

| 学校名 | 科名 | 募集定員 | | 志願者数（変更後） | 志願倍率（変更後） |
|---|---|---|---|---|---|
| 焼津中央 | 普通 | | 280 | 316 | 1.13 |
| | | Ⅰ（8％程度） | 23 | 31 | 1.35 |
| | | Ⅱ（20％程度） | 56 | 207 | 3.70 |
| 焼津水産 | 海洋科学 | | 80 | 77 | 0.96 |
| | | Ⅰ（20％程度） | 16 | 6 | 0.38 |
| | | Ⅱ（30％程度） | 24 | 49 | 2.04 |
| | 栽培漁業 | | 40 | 40 | 1.00 |
| | | Ⅰ（20％程度） | 8 | 2 | 0.25 |
| | | Ⅱ（30％程度） | 12 | 24 | 2.00 |
| | 食品科学 | | 40 | 40 | 1.00 |
| | | Ⅰ（20％程度） | 8 | 3 | 0.38 |
| | | Ⅱ（30％程度） | 12 | 21 | 1.75 |
| | 流通情報 | | 40 | 34 | 0.85 |
| | | Ⅰ（20％程度） | 8 | 2 | 0.25 |
| | | Ⅱ（30％程度） | 12 | 16 | 1.33 |
| 清流館 | 普通 | | 160 | 180 | 1.13 |
| | | 海外（若干名） | － | 0 | － |
| | | Ⅰ（20％程度） | 32 | 26 | 0.81 |
| | | Ⅱ（20％程度） | 32 | 114 | 3.56 |
| | 福祉 | | 40 | 22 | 0.55 |
| | | Ⅰ（20％程度） | 8 | 14 | 1.75 |
| 藤枝東 | 普通 | | 280 | 309 | 1.10 |
| | | Ⅰ（8％程度） | 23 | 32 | 1.39 |
| 藤枝西 | 普通 | | 160 | 171 | 1.07 |
| | | Ⅰ（18％程度） | 29 | 22 | 0.76 |
| | | Ⅱ（3％程度） | 5 | 4 | 0.80 |
| | | Ⅲ（3％程度） | 5 | 4 | 0.80 |
| | | Ⅳ（20％程度） | 32 | 73 | 2.28 |
| 藤枝北 | 総合 | | 160 | 188 | 1.18 |
| | | Ⅰ（25％程度） | 40 | 31 | 0.78 |
| | | Ⅱ（25％程度） | 40 | 77 | 1.93 |
| 島田 | 普通 | | 160 | 169 | 1.06 |
| | | Ⅰ（17％程度） | 28 | 22 | 0.79 |
| | | Ⅱ（20％程度） | 32 | 76 | 2.38 |
| 島田工業 | 機械・電気・情報電子【Ⅰ類】 | | 120 | 91 | 0.76 |
| | | Ⅰ（17％程度） | 21 | 9 | 0.43 |
| | | Ⅱ（3％程度） | 4 | 1 | 0.25 |
| | 建築・都市工学【Ⅱ類】 | | 80 | 52 | 0.65 |
| | | Ⅰ（17％程度） | 14 | 9 | 0.64 |
| | | Ⅱ（3％程度） | 3 | 0 | 0.00 |
| 島田商業 | 商業 | | 160 | 192 | 1.20 |
| | | Ⅰ（28％程度） | 45 | 60 | 1.33 |
| | | Ⅱ（5％程度） | 8 | 4 | 0.50 |
| | | Ⅲ（17％程度） | 28 | 65 | 2.32 |
| 川根 | 普通 | | 40 | 29 | 0.73 |
| | | 連携（定めない） | － | 11 | － |
| | | 県外（10％程度） | 4 | 3 | 0.75 |
| | | Ⅰ（25％程度） | 10 | 3 | 0.30 |
| 榛原 | 普通 | | 120 | 122 | 1.02 |
| | | Ⅰ（15％程度） | 18 | 22 | 1.22 |
| | | Ⅱ（5％程度） | 6 | 3 | 0.50 |
| | | Ⅲ（30％程度） | 36 | 91 | 2.53 |
| | 理数 | | 40 | 28 | 0.70 |
| | | Ⅰ（10％程度） | 4 | 2 | 0.50 |
| | | Ⅱ（40％程度） | 16 | 26 | 1.63 |

| 学校名 | 科名 | 募集定員 | | 志願者数（変更後） | 志願倍率（変更後） |
|---|---|---|---|---|---|
| 相良 | 普通 | | 80 | 81 | 1.01 |
| | | Ⅰ（20％程度） | 16 | 18 | 1.13 |
| | | Ⅱ（10％程度） | 8 | 1 | 0.13 |
| | | Ⅲ（20％程度） | 16 | 51 | 3.19 |
| | 商業 | | 40 | 38 | 0.95 |
| | | Ⅰ（20％程度） | 8 | 4 | 0.50 |
| | | Ⅱ（10％程度） | 4 | 5 | 1.25 |
| | | Ⅲ（20％程度） | 8 | 22 | 2.75 |
| 掛川東 | 普通 | | 200 | 223 | 1.12 |
| | | Ⅰ（18％程度） | 36 | 39 | 1.08 |
| | | Ⅱ（17％程度） | 34 | 139 | 4.09 |
| 掛川西 | 普通 | | 280 | 272 | 0.97 |
| | | Ⅰ（4％程度） | 12 | 13 | 1.08 |
| | 理数 | | 40 | 84 | 2.10 |
| | | Ⅱ（20％程度） | 8 | 66 | 8.25 |
| 掛川工業 | 機械工学 | | 40 | 49 | 1.23 |
| | | Ⅰ（10％まで） | 4 | 7 | 1.75 |
| | | Ⅱ（40％まで） | 16 | 33 | 2.06 |
| | 電気電子工学 | | 40 | 53 | 1.33 |
| | | Ⅰ（10％まで） | 4 | 5 | 1.25 |
| | | Ⅱ（40％まで） | 16 | 37 | 2.31 |
| | 情報工学 | | 40 | 54 | 1.35 |
| | | Ⅰ（10％まで） | 4 | 3 | 0.75 |
| | | Ⅱ（40％まで） | 16 | 46 | 2.88 |
| | 建築設備工学 | | 40 | 35 | 0.88 |
| | | Ⅰ（10％まで） | 4 | 6 | 1.50 |
| | | Ⅱ（40％まで） | 16 | 23 | 1.44 |
| 横須賀 | 普通 | | 120 | 112 | 0.93 |
| | | 外国（若干名） | － | 0 | － |
| | | Ⅰ（30％程度） | 36 | 17 | 0.47 |
| | | Ⅱ（20％程度） | 24 | 72 | 3.00 |
| 池新田 | 普通 | | 120 | 101 | 0.84 |
| | | Ⅰ（20％程度） | 24 | 11 | 0.46 |
| | | Ⅱ（10％程度） | 12 | 7 | 0.58 |
| | | Ⅲ（20％程度） | 24 | 27 | 1.13 |
| 小笠 | 総合 | | 200 | 217 | 1.09 |
| | | 外国（若干名） | － | 7 | － |
| | | Ⅰ（22％程度） | 44 | 42 | 0.95 |
| | | Ⅱ（10％程度） | 20 | 10 | 0.50 |
| | | Ⅲ（10％程度） | 20 | 79 | 3.95 |
| 遠江総合 | 総合 | | 200 | 189 | 0.95 |
| | | 外国（若干名） | － | 2 | － |
| | | Ⅰ（18％程度） | 36 | 23 | 0.64 |
| | | Ⅱ（32％程度） | 64 | 120 | 1.88 |
| 袋井 | 普通 | | 240 | 271 | 1.13 |
| | | 海外（若干名） | － | 0 | － |
| | | Ⅰ（14％程度） | 34 | 42 | 1.24 |
| | | Ⅱ（30％程度） | 72 | 181 | 2.51 |
| 袋井商業 | 商業 | | 120 | 129 | 1.08 |
| | | Ⅰ（5％程度） | 6 | 7 | 1.17 |
| | | Ⅱ（35％程度） | 42 | 27 | 0.64 |
| | | Ⅲ（10％程度） | 12 | 68 | 5.67 |
| 磐田南 | 普通 | | 280 | 258 | 0.92 |
| | | Ⅰ（10％程度） | 28 | 27 | 0.96 |
| | 理数 | | 40 | 87 | 2.18 |

| 学校名 | 科名 | 募集定員 | | 志願者数 | 志願倍率 |
|---|---|---|---|---|---|
| | | | | (変更後) | |
| 磐田北 | 普通 | | 160 | 196 | 1.23 |
| | | Ⅰ（20%程度） | 32 | 42 | 1.31 |
| | | Ⅱ（30%程度） | 48 | 118 | 2.46 |
| | 福祉 | | 40 | 34 | 0.85 |
| | | Ⅰ（20%程度） | 8 | 3 | 0.38 |
| | | Ⅱ（30%程度） | 12 | 23 | 1.92 |
| 磐田農業 | 生産科学 | | 40 | 40 | 1.00 |
| | | Ⅰ（25%程度） | 10 | 6 | 0.60 |
| | | Ⅱ（25%程度） | 10 | 19 | 1.90 |
| | 生産流通 | | 40 | 41 | 1.03 |
| | | Ⅰ（25%程度） | 10 | 12 | 1.20 |
| | | Ⅱ（25%程度） | 10 | 21 | 2.10 |
| | 環境科学 | | 40 | 48 | 1.20 |
| | | Ⅰ（30%程度） | 12 | 10 | 0.83 |
| | | Ⅱ（20%程度） | 8 | 30 | 3.75 |
| | 食品科学 | | 40 | 38 | 0.95 |
| | | Ⅰ（25%程度） | 10 | 1 | 0.10 |
| | | Ⅱ（25%程度） | 10 | 30 | 3.00 |
| | 生活科学 | | 40 | 67 | 1.68 |
| | | Ⅰ（25%程度） | 10 | 9 | 0.90 |
| | | Ⅱ（25%程度） | 10 | 48 | 4.80 |
| 磐田西 | 普通 | | 120 | 152 | 1.27 |
| | | Ⅰ（15%程度） | 18 | 21 | 1.17 |
| | | Ⅱ（20%程度） | 24 | 111 | 4.63 |
| | 総合ビジネス | | 80 | 92 | 1.15 |
| | | Ⅰ（20%程度） | 16 | 5 | 0.31 |
| | | Ⅱ（20%程度） | 16 | 70 | 4.38 |
| 天竜 | 森林·環境 | | 40 | 42 | 1.05 |
| | | Ⅰ（30%程度） | 12 | 6 | 0.50 |
| | | Ⅱ（20%程度） | 8 | 17 | 2.13 |
| | 福祉 | | 20 | 10 | 0.50 |
| | | Ⅰ（10%程度） | 2 | 2 | 1.00 |
| | | Ⅱ（20%程度） | 4 | 1 | 0.25 |
| | | Ⅲ（20%程度） | 4 | 2 | 0.50 |
| | 総合 | | 120 | 82 | 0.68 |
| | | Ⅰ（30%程度） | 36 | 8 | 0.22 |
| | | Ⅱ（20%程度） | 24 | 37 | 1.54 |
| 春野校舎 | 普通 | | 35 | 24 | 0.69 |
| | | 長期（若干名） | − | 10 | − |
| 浜松北 | 普通 | | 320 | 418 | 1.31 |
| | 国際 | | 40 | 59 | 1.48 |
| | | 海外（20%程度） | 8 | 5 | 0.63 |
| | | Ⅰ（30%程度） | 12 | − | − |
| 浜松西 | 普通 | | (85) | 97 | 1.14 |
| | | Ⅰ（30%程度） | 26 | 22 | 0.85 |
| | | Ⅱ（20%程度） | 17 | 66 | 3.88 |
| 浜松南 | 普通 | | 320 | 403 | 1.26 |
| | | 海外（若干名） | − | 1 | − |
| | | Ⅰ（8%程度） | 26 | 48 | 1.85 |
| | 理数 | | 40 | 78 | 1.95 |
| | | 海外（若干名） | − | 0 | − |
| | | Ⅰ（25%程度） | 10 | 53 | 5.30 |
| 浜松湖東 | 普通 | | 280 | 274 | 0.98 |
| | | 海外（若干名） | − | 0 | − |
| | | Ⅰ（18%程度） | 51 | 34 | 0.67 |
| | | Ⅱ（30%程度） | 84 | 170 | 2.02 |
| 浜松湖南 | 普通 | | 280 | 278 | 0.99 |
| | | Ⅰ（14%程度） | 40 | 43 | 1.08 |
| | | Ⅱ（30%程度） | 84 | 179 | 2.13 |
| | 英語 | | 40 | 43 | 1.08 |
| | | 海外（20%程度） | 8 | 3 | 0.38 |
| | | Ⅰ（30%程度） | 12 | − | − |

| 学校名 | 科名 | 募集定員 | | 志願者数 | 志願倍率 |
|---|---|---|---|---|---|
| | | | | (変更後) | |
| 浜松江之島 | 普通 | | 120 | 139 | 1.16 |
| | | 外国（若干名） | − | 7 | − |
| | | Ⅰ（25%程度） | 30 | 25 | 0.83 |
| | | Ⅱ（25%程度） | 30 | 86 | 2.87 |
| | 芸術 | | 40 | 24 | 0.60 |
| | | 外国（若干名） | − | 0 | − |
| | | Ⅰ（100%） | − | 24 | − |
| 浜松東 | 普通 | | 160 | 169 | 1.06 |
| | | 外国（若干名） | − | 1 | − |
| | | Ⅰ（25%程度） | 40 | 38 | 0.95 |
| | | Ⅱ（15%程度） | 24 | 85 | 3.54 |
| | 総合ビジネス | | 80 | 93 | 1.16 |
| | | 外国（若干名） | − | 0 | − |
| | | Ⅰ（25%程度） | 20 | 9 | 0.45 |
| | | Ⅱ（5%程度） | 4 | 8 | 2.00 |
| | | Ⅲ（15%程度） | 12 | 45 | 3.75 |
| | 情報ビジネス | | 40 | 39 | 0.98 |
| | | 外国（若干名） | − | 0 | − |
| | | Ⅰ（25%程度） | 10 | 8 | 0.80 |
| | | Ⅱ（5%程度） | 2 | 0 | 0.00 |
| | | Ⅲ（15%程度） | 6 | 19 | 3.17 |
| 浜松大平台 | 総合 | | 160 | 178 | 1.11 |
| | | Ⅰ（20%程度） | 32 | 30 | 0.94 |
| | | Ⅱ（30%程度） | 48 | 107 | 2.23 |
| 浜松工業 | 機械 | | 80 | 87 | 1.09 |
| | | Ⅰ（30%程度） | 24 | 28 | 1.17 |
| | | Ⅱ（20%程度） | 16 | 41 | 2.56 |
| | 電気 | | 40 | 48 | 1.20 |
| | | Ⅰ（25%程度） | 10 | 17 | 1.70 |
| | | Ⅱ（25%程度） | 10 | 22 | 2.20 |
| | 情報技術 | | 40 | 60 | 1.50 |
| | | Ⅰ（10%程度） | 4 | 7 | 1.75 |
| | | Ⅱ（40%程度） | 16 | 41 | 2.56 |
| | 建築 | | 40 | 46 | 1.15 |
| | | Ⅰ（20%程度） | 8 | 5 | 0.63 |
| | | Ⅱ（30%程度） | 12 | 32 | 2.67 |
| | 土木 | | 40 | 38 | 0.95 |
| | | Ⅰ（30%程度） | 12 | 18 | 1.50 |
| | | Ⅱ（20%程度） | 8 | 11 | 1.38 |
| | システム化学 | | 40 | 41 | 1.03 |
| | | Ⅰ（20%程度） | 8 | 8 | 1.00 |
| | | Ⅱ（30%程度） | 12 | 19 | 1.58 |
| | デザイン | | 40 | 37 | 0.93 |
| | | Ⅰ（10%程度） | 4 | 1 | 0.25 |
| | | Ⅱ（20%程度） | 8 | 27 | 3.38 |
| | | Ⅲ（20%程度） | 8 | 5 | 0.63 |
| | 理数工学 | | 40 | 24 | 0.60 |
| | | Ⅰ（10%程度） | 4 | 6 | 1.50 |
| | | Ⅱ（40%程度） | 16 | 12 | 0.75 |
| 浜松城北工業 | 機械 | | 80 | 71 | 0.89 |
| | | Ⅰ（20%程度） | 16 | 16 | 1.00 |
| | | Ⅱ（30%程度） | 24 | 36 | 1.50 |
| | 電子機械 | | 40 | 56 | 1.40 |
| | | Ⅰ（20%程度） | 8 | 11 | 1.38 |
| | | Ⅱ（30%程度） | 12 | 31 | 2.58 |
| | 電気 | | 40 | 39 | 0.98 |
| | | Ⅰ（20%程度） | 8 | 11 | 1.38 |
| | | Ⅱ（30%程度） | 12 | 19 | 1.58 |
| | 電子 | | 80 | 77 | 0.96 |
| | | Ⅰ（20%程度） | 16 | 8 | 0.50 |
| | | Ⅱ（30%程度） | 24 | 39 | 1.63 |

| 学校名 | 科名 | 募集定員 | | 志願者数（変更後） | 志願倍率（変更後） |
|---|---|---|---|---|---|
| 浜松商業 | 商業 | | 240 | 267 | 1.11 |
| | | Ⅰ（30%程度） | 72 | 93 | 1.29 |
| | | Ⅱ（5%程度） | 12 | 14 | 1.17 |
| | | Ⅲ（15%程度） | 36 | 128 | 3.56 |
| | 情報処理 | | 80 | 93 | 1.16 |
| | | Ⅰ（30%程度） | 24 | 27 | 1.13 |
| | | Ⅱ（5%程度） | 4 | 10 | 2.50 |
| | | Ⅲ（15%程度） | 12 | 43 | 3.58 |
| 浜名 | 普通 | | 360 | 352 | 0.98 |
| | | Ⅰ（20%程度） | 72 | 85 | 1.18 |
| | | Ⅱ（20%程度） | 72 | 177 | 2.46 |
| 浜北西 | 普通 | | 280 | 293 | 1.05 |
| | | Ⅰ（20%程度） | 56 | 54 | 0.96 |
| | | Ⅱ（30%程度） | 84 | 148 | 1.76 |
| 浜松湖北 | 普通 | | 120 | 125 | 1.04 |
| | | Ⅰ（25%程度） | 30 | 22 | 0.73 |
| | 産業マネジメントⅠ | | 40 | 60 | 1.50 |
| | | Ⅰ（25%程度） | 10 | 12 | 1.20 |
| | 産業マネジメントⅡ | | 80 | 67 | 0.84 |
| | | Ⅰ（25%程度） | 20 | 20 | 1.00 |
| | 産業マネジメントⅢ | | 40 | 48 | 1.20 |
| | | Ⅰ（25%程度） | 10 | 4 | 0.40 |
| 佐久間分校 | 普通 | | 40 | 11 | 0.28 |
| | | 連携（定めない） | － | 7 | － |
| | | Ⅰ（20%程度） | 8 | 0 | 0.00 |
| 新居 | 普通 | | 160 | 164 | 1.03 |
| | | 外国（若干名） | － | 3 | － |
| | | Ⅰ（20%程度） | 32 | 27 | 0.84 |
| | | Ⅱ（30%程度） | 48 | 103 | 2.15 |
| 湖西 | 普通 | | 120 | 124 | 1.03 |
| | | Ⅰ（30%程度） | 36 | 29 | 0.81 |
| | | Ⅱ（5%程度） | 6 | 5 | 0.83 |
| | | Ⅲ（15%程度） | 18 | 46 | 2.56 |
| 浜松市立 | 普通 | | 360 | 478 | 1.33 |
| | | 海外（若干名） | － | 0 | － |
| | | Ⅰ（12%程度） | 44 | 61 | 1.39 |

※各高等学校・学科（科）の全体の状況を先頭行に示し，特別選抜及び学校裁量枠の各選抜段階（ローマ数字）別の状況を内数として２行目以下に示した。
※学校裁量枠の志願状況は，希望者を対象とする選抜段階のみ示した。
※沼津市立沼津，清水南，浜松西の募集定員は，併設する中等部からの入学予定者数（沼津市立沼津普通科55人，清水南普通科90人，同芸術科11人，浜松西普通科155人）を除いて，（　）として示した。

# ❖傾向と対策〈数学〉

## 出題傾向

| | 数と式 | | | | | | | 方程式 | | | | | | 関数 | | | | | 図形 | | | | | | | | 資料の活用 | |
|---|---|---|---|---|---|---|---|---|---|---|---|---|---|---|---|---|---|---|---|---|---|---|---|---|---|---|---|---|
| | 数の計算 | 数の性質 | 平方根の計算 | 平方根の性質 | 文字式の利用 | 式の計算 | 式の展開・因数分解 | 一次方程式の計算 | 一次方程式の応用 | 連立方程式の計算 | 連立方程式の応用 | 二次方程式の計算 | 二次方程式の応用 | 比例・反比例 | 一次関数 | 関数 $y=ax^2$ | いろいろな事象と関数 | 関数と図形 | 図形の性質 | 平面図形の計量 | 空間図形の計量 | 図形の証明 | 作図 | 中3単元 | | | 場合の数・確率 | 資料の分析と活用・標本調査 |
| | | | | | | | | | | | | | | | | | | | | | | | | 相似 | 三平方の定理 | 円周角の定理 | | |
| 2024年度 | ○ | | ○ | | ○ | ○ | ○ | | | | ○ | ○ | | | | ○ | | ○ | | ○ | ○ | ○ | ○ | ○ | ○ | ○ | ○ | ○ |
| 2023年度 | ○ | ○ | ○ | | | ○ | ○ | | | | ○ | ○ | | | | ○ | | ○ | ○ | ○ | ○ | ○ | ○ | ○ | ○ | ○ | ○ | ○ |
| 2022年度 | ○ | | ○ | | | ○ | ○ | | | | ○ | ○ | | ○ | | ○ | | ○ | | ○ | ○ | ○ | ○ | ○ | ○ | ○ | ○ | ○ |
| 2021年度 | ○ | | ○ | | | ○ | ○ | | | | ○ | ○ | | | | ○ | | ○ | | ○ | ○ | ○ | ○ | ○ | ○ | ○ | ○ | ○ |
| 2020年度 | ○ | | ○ | | | ○ | ○ | | | | ○ | ○ | | ○ | | ○ | | ○ | | ○ | ○ | ○ | ○ | ○ | ○ | ○ | ○ | ○ |

## 出題分析

★数と式…………数の計算，式の計算，平方根の計算，式の値などを中心に出題されている。

★方程式…………２次方程式の計算問題や解と定数，連立方程式を利用した文章題が出題されている。

★関　数…………放物線と直線のグラフを中心に出題されている。比例定数や直線の式，変域などを求める問題のほか，図形とからめた問題なども多く出題されている。

★図　形…………円の性質，三平方の定理，合同，相似，空間図形など広範囲にわたって出題されている。また，作図と証明問題が毎年出題されている。

★資料の活用……カードや玉の取り出しなどの確率についての問題が，毎年出題されている。また，度数分布表やヒストグラム，資料の分布などについても出題がある。

## 来年度の対策

①基本事項をマスターすること！

出題は広範囲にわたっているので，教科書の全範囲の復習をし，基本をマスターすることが大切である。その上で，全体的な総仕上げをしよう。入試で出題頻度の高い問題を抽出した「**ニューウイング 出題率 数学**」（英俊社）を使えば効果的だ。ぜひ活用してほしい。

②図形や関数の分野に強くなること！

平面図形，空間図形に関する問題や，関数のグラフと図形の融合問題などがよく出題されるので，何度も演習を重ねておこう。**数学の近道問題シリーズ「図形〈1・2年分野〉」「図形〈3年分野〉」，「関数とグラフ」**（いずれも英俊社）を役立ててほしい。解説もくわしいので，強い味方になってくれる。

英俊社のホームページにて，中学入試算数・高校入試数学の解法に関する補足事項を掲載しております。必要に応じてご参照ください。

URL ⟶ https://book.eisyun.jp/

スマホはこちら ⟶

# ❖傾向と対策〈英語〉

## 出題傾向

| | 放送問題 | 語い | 音声 | | | 英文法 | | | | | 英作文 | | | 読解 | | 長文問題 | | | | | | | | | | |
|---|---|---|---|---|---|---|---|---|---|---|---|---|---|---|---|---|---|---|---|---|---|---|---|---|---|---|
| | | | | | | | | | | | | | | | | | | | 設問の内容 | | | | | | | |
| | | | 語の発音 | 語のアクセント | 文の区切り・強勢 | 語形変化 | 英文完成 | 同意文完成 | 指示による書きかえ | 正誤判断 | 整序作文 | 和文英訳 | その他の英作文 | 問答・応答 | 絵や表を見て答える問題 | 会話文 | 長文読解 | 長文総合 | 音声・語い | 文法事項 | 英文和訳 | 英作文 | 内容把握 | 文の整序・挿入 | 英問英答 | 要約 |
| 2024年度 | ○ | | | | | | | | | | | | ○ | | | ○ | | ○ | | ○ | | ○ | ○ | ○ | ○ | ○ |
| 2023年度 | ○ | | | | | | | | | | | | ○ | | | ○ | | ○ | | ○ | | ○ | ○ | ○ | ○ | ○ |
| 2022年度 | ○ | | | | | | | | | | | | ○ | | | ○ | | ○ | | ○ | | ○ | ○ | ○ | ○ | ○ |
| 2021年度 | ○ | | | | | | | | | | | | ○ | | | ○ | | ○ | | ○ | | ○ | ○ | ○ | ○ | ○ |
| 2020年度 | ○ | | | | | | | | | | | ○ | ○ | | | ○ | | ○ | | ○ | | ○ | ○ | ○ | ○ | ○ |

## 出題分析

★長文問題では内容把握に関する設問を中心に，整序作文や文挿入，語形変化などの設問もあり，様々な問題がバランスよく出題されている。作文問題では与えられた日本語の内容を伝える英文を書く問題が出されており，表現力が要求されている。

★リスニングテストでは対話を聞いて質問の答えを選ぶ問題，英文の質問に対する答えの一部を書く問題が出題されている。

## 来年度の対策

①長文を数多く読んでおくこと！

日頃から長文問題に触れ，内容をすばやく読み取る力を身につけておくことが大切である。会話文形式の長文問題も数多くこなしておきたい。その際，単語・連語，文法知識，会話表現など総合的な知識を習得するようにしよう。「**英語の近道問題シリーズ**（全６冊）」（英俊社）で苦手単元の学習をしておくとよい。

②リスニングに慣れておくこと！

リスニング問題は今後も出題されると思われるので，日頃からネイティブスピーカーの話す英語に慣れるように練習しておきたい。

③作文に強くなっておくこと！

作文問題が複数出題されており，総合的な英語力と表現力が必要となるので，しっかりとした練習が必要。上記シリーズの「**文の書きかえ・英作文**」（英俊社）に取り組んでおくとよい。

# ❖傾向と対策〈社会〉

## 出題傾向

| | 地理 | | | | | | | 歴史 | | | | | | | 公民 | | | | | | | | | | 融合問題 |
|---|---|---|---|---|---|---|---|---|---|---|---|---|---|---|---|---|---|---|---|---|---|---|---|---|---|
| | 世界地理 | | | 日本地理 | | | 世界地理・日本地理総合 | 日本史 | | | | | 世界史 | 日本史・世界史総合 | 政治 | | | | 経済 | | | | 国際社会 | 公民総合 | |
| | 全域 | 地域別 | 地図・時差（単独） | 全域 | 地域別 | 地形図（単独） | | 原始・古代 | 中世 | 近世 | 近代・現代 | 複数の時代 | | | 人権・憲法 | 国会・内閣・裁判所 | 選挙・地方自治 | 総合・その他 | しくみ・企業 | 財政・金融 | 社会保障・労働・人口 | 総合・その他 | | | |
| 2024年度 | ○ | | | | ○ | | | | | | | | | ○ | | | | | | | | | | ○ | |
| 2023年度 | ○ | | | | ○ | | | | | | | ○ | | | | | | | | | | | | ○ | |
| 2022年度 | ○ | | | | ○ | | | | | | | ○ | | | | | | | | | | | | ○ | |
| 2021年度 | ○ | | | | ○ | | | | | | | ○ | | | | | | | | | | | | ○ | |
| 2020年度 | ○ | | | | ○ | | | | | | | ○ | | | | | | | | | | | | ○ | |

## 出題分析

**★出題数と時間**　最近5年間の大問数は4で一定，小問数は35～39。50分のテストとしては多くない小問数といえる。

**★出題形式**　特に文章で説明させる記述式が多いことが特徴。

**★出題内容**

**①地理的内容について**

日本地理ではある程度地域を限定し，その地域の特徴を問う問題が，世界地理では世界地図を用いて，総合的に自然環境や産業の特徴について問う問題がよく出題されている。いずれも地図・グラフ・統計表・写真・雨温図・地形図などを使った問題となっている。

**②歴史的内容について**

日本史が中心の出題となっており，必ず年表が利用されている。古代～近・現代まで幅広く時代の特徴などを写真資料やグラフ，さらに歴史史料を用いて問われる。関連する世界史についての知識も必要。

**③公民的内容について**

写真・統計・グラフなどを用いて，現代の政治のしくみや経済的な課題などについて問われている。年度によっては国際分野からも出題されているので，日本の国際貢献への取り組みなどについても理解しておきたい。

★難 易 度　全体的に標準レベルであるが，文章記述の問題は，ポイントをはずさず説明できるようにしないと高得点には結びつかないので練習しておこう。

## 来年度の対策

①地図，地形図，グラフ，統計，雨温図などを使って学習しておくこと！

地理的分野では教科書の基本的な内容だけでなく，資料集や地図帳にある内容からの出題も多い。対応できるように入念なチェックをしておきたい。

②人物や代表的な事件について年代とともにまとめておくこと！

年表が必ず使用されており，そこから年代順や同時代の出来事についての出題がある。自分でも年表を作成・利用してさまざまな分野についての理解を深めておこう。

③時事問題にも関心を持とう！

近年の政治的課題や社会問題についての出題も見られる。見慣れない統計資料であってもしっかり読み取れるように練習をしておくこと。

④出題形式に対応した学習で合格を手にしよう！

教科書を中心に基礎的な事項を整理し，さらに問題集を利用して知識の確認をしておこう。**社会の近道問題シリーズ「社会の応用問題―資料読解・記述―」**（英俊社）は，受験生の苦手分野の克服に最適な問題集。統計の読解・文章による説明など，点差のつきやすい問題で確実に得点できるようになっておこう。

# ❖傾向と対策〈理科〉

## 出題傾向

| | 物理 | | | | | 化学 | | | | | 生物 | | | | | 地学 | | | | | 環境問題 |
|---|---|---|---|---|---|---|---|---|---|---|---|---|---|---|---|---|---|---|---|---|---|
| | 光 | 音 | 力 | 電流の性質とその利用 | 運動とエネルギー | 物質の性質 | 物質どうしの化学変化 | 酸素が関わる化学変化 | いろいろな化学変化 | 酸・アルカリ | 植物 | 動物 | ヒトのからだのつくり | 細胞・生殖・遺伝 | 生物のつながり | 火山 | 地震 | 地層 | 天気とその変化 | 地球と宇宙 | |
| 2024年度 | | | ○ | | ○ | | ○ | | | | | ○ | ○ | | | | | | ○ | ○ | |
| 2023年度 | | | | | ○ | | | ○ | ○ | | ○ | | | | | ○ | | ○ | ○ | | |
| 2022年度 | | | | ○ | | ○ | | | | ○ | | ○ | ○ | | ○ | | | ○ | | ○ | |
| 2021年度 | ○ | | | | ○ | | ○ | ○ | | | | | | ○ | | | ○ | | ○ | | |
| 2020年度 | | | | ○ | ○ | | ○ | | ○ | | ○ | | ○ | | | | | | ○ | ○ | |

## 出題分析

★物　理…………力・運動，電流，光など様々な単元から出題されている。他の分野に比べて，計算や図示形式で出題されることが多い。

★化　学…………いろいろな化学変化，気体や水溶液の性質など幅広く出題されている。反応の量関係について，グラフ作成の問題が見られる。

★生　物…………植物のつくりやはたらき，ヒトのからだのつくりなどが出題されているが，年度によって問われる内容は異なっており，偏りは見られない。幅広い知識が必要となる。

★地　学…………天体，地震・地層・岩石，天気の変化などから出題されている。天体や地震の問題では，計算問題が出題されやすいので，注意しておこう。

全体的にみると…最初の問題は，各分野の内容が小問集合形式で出題されている。ほぼすべての大問において，短文説明形式の出題が見られる。

## 来年度の対策

①短文説明に備えよう！

短文説明の占める割合が非常に大きいため，そこに時間をかけてしまうと，他の問題が解けなくなってしまう。語句や公式などを暗記するだけではなく，言葉で正確に説明できるように日頃から練習しておこう。対策には，短文説明の重要事項がコンパクトにまとまった**理科の近道問題シリーズ**の「**理科記述**」（英俊社）がおすすめだ。

**②問題を素早く理解しよう！**

問題数は多くないが，問題文が長く，1つの問題で問われる内容は多い。何について問われているのかを素早く理解できるように練習しておきたい。

**③重要事項をまとめよう！**

まずは，教科書に載っている太字の重要語句を理解しておこう。こういった重要事項は問題として出されやすい。仕上げには，「**ニューウイング 出題率 理科**」（英俊社）をやってみよう。入試でよく出される問題が集められているので，効率よく学習できる。

# 傾向と対策〈国語〉

## 出題傾向

| | 現代文の読解 | | | | | | | | | 国語の知識 | | | | | | | | | 作文 | | 古文・漢文 | | | | | | | | |
|---|---|---|---|---|---|---|---|---|---|---|---|---|---|---|---|---|---|---|---|---|---|---|---|---|---|---|---|---|---|
| | 内容把握 | 原因・理由 | 接続語 | 適語挿入 | 脱文挿入 | 段落の働き・論の展開 | 要旨・主題 | 心情把握・人物把握 | 表現把握 | 漢字の読み書き | 漢字・熟語の知識 | ことばの知識 | 慣用句・ことわざ・四字熟語 | 文法 | 敬語 | 文学史 | 韻文の知識 | 表現技法 | 課題作文・条件作文 | 短文作成・表現力 | 読解問題 | 主語・動作主把握 | 会話文・心中文 | 要旨・主題 | 古語の意味・口語訳 | 仮名遣い | 文法・係り結び | 返り点・書き下し文 | 古文・漢文・漢詩の知識 |
| 2024年度 | ○ | ○ | ○ | ○ | ○ | | | | ○ | ○ | ○ | | | ○ | ○ | | | | ○ | | ○ | ○ | | | | ○ | | | |
| 2023年度 | ○ | ○ | ○ | ○ | | | | | | ○ | ○ | | | ○ | ○ | | | | ○ | | ○ | ○ | | | | ○ | | | |
| 2022年度 | ○ | ○ | ○ | ○ | ○ | | | | ○ | ○ | | | ○ | ○ | ○ | | | | ○ | | ○ | ○ | | | | ○ | | | |
| 2021年度 | ○ | ○ | | | | ○ | | | ○ | ○ | ○ | | ○ | ○ | ○ | | | | ○ | | ○ | ○ | | | | ○ | | | |
| 2020年度 | ○ | ○ | ○ | | | ○ | | | ○ | ○ | ○ | | ○ | ○ | ○ | | | | ○ | | ○ | ○ | | | | ○ | | | |

**【出典】**

2024年度　①文学的文章　杉本りえ「地球のまん中　わたしの島」
②論理的文章　市橋伯一「増えるものたちの進化生物学」
④古文　藤村庸軒・久須美疎安「茶話指月集」

2023年度　①文学的文章　髙柳克弘「そらのことばが降ってくる　保健室の俳句会」
②論理的文章　鷲田清一「岐路の前にいる君たちに　鷲田清一式辞集」
④古文　志賀忍・原義胤「三省録」

2022年度　①文学的文章　小嶋陽太郎「ぼくのとなりにきみ」
②論理的文章　五木寛之「生きるヒント」　④古文　日夏繁高「兵家茶話」

2021年度　①文学的文章　阪口正博「カントリー・ロード」
②論理的文章　齋藤亜矢「ルビンのツボ」　④古文　神沢杜口「翁草」

2020年度　[1]文学的文章　長野まゆみ「夏帽子」
[2]論理的文章　ハナムラチカヒロ「まなざしのデザイン」
[4]古文　三熊花顛・伴蒿蹊「続近世畸人伝」

## 出題分析

★現代文…………文学的文章と論理的文章が１題ずつと，インタビュー形式の放送原稿や発表原稿などが１題。設問は，内容把握，表現把握，理由説明，心情把握など，読解を中心に出題されている。また，放送原稿や発表原稿などを読む問題では，慣用句，敬語，表現の転換などの特徴的な問題が出されている。

★古　文…………現代仮名遣いや主語，内容の把握が中心。記述式の問題もあるので，内容をしっかりと読みとったうえで説明できる記述力が必要とされている。

★文　法…………品詞や助詞の識別，動詞の活用の種類などが問われている。ひと通りの文法の知識はおさえておくこと。

★漢　字…………現代文の小問として，毎年読み書きともに出題されている。問題数は多くなく，それほど難解なものは出題されていない。

★作　文…………与えられたテーマや写真・グラフについて，考えたことや意見を書く問題が出されている。制限字数は150～180字以内と長いものではないが，言いたいことを短くわかりやすくまとめる力が求められている。

## 来年度の対策

難解な問題はないが，さまざまな形の設問が出題されており，広くいろいろな問題にあたっておくのが望ましい。また，40～60字程度の記述式の問題や，与えられたテーマに基づいて書く作文も出題されるので，要点をおさえながら文章を書く練習が重要。古文は一部に口語訳がついているので，一つ一つの語句の意味をおさえるよりは，話全体の流れをつかむ読解力をつけておきたい。

長文の読解力，文法や国語の知識，古文など中学校での学習内容全般について広く問われているので，まず苦手分野をなくす努力をしよう。「**国語の近道問題シリーズ**（全５冊）」（英俊社）で苦手分野を克服し，仕上げに「**ニューウイング 出題率 国語**」（英俊社）をやっておくとよい。出題率の高い問題が収録されているので，効率のよい入試対策ができるだろう。

【写真協力】 LordAmeth・The replica of the Bridge of Nations Bell, at Shuri Castle.・via Wikimedia・CC-BY SA ／ こども教育支援財団 ／ ピクスタ株式会社 ／ 公益財団法人塩事業センター ／ 国土交通省関東地方整備局 ／ 第一学習社

【地形図】 本書に掲載した地形図は，国土地理院発行の地形図・地勢図を使用したものです。

~MEMO~

~MEMO~

~MEMO~

# 静岡県公立高等学校

## 2024年度
## 入学試験問題

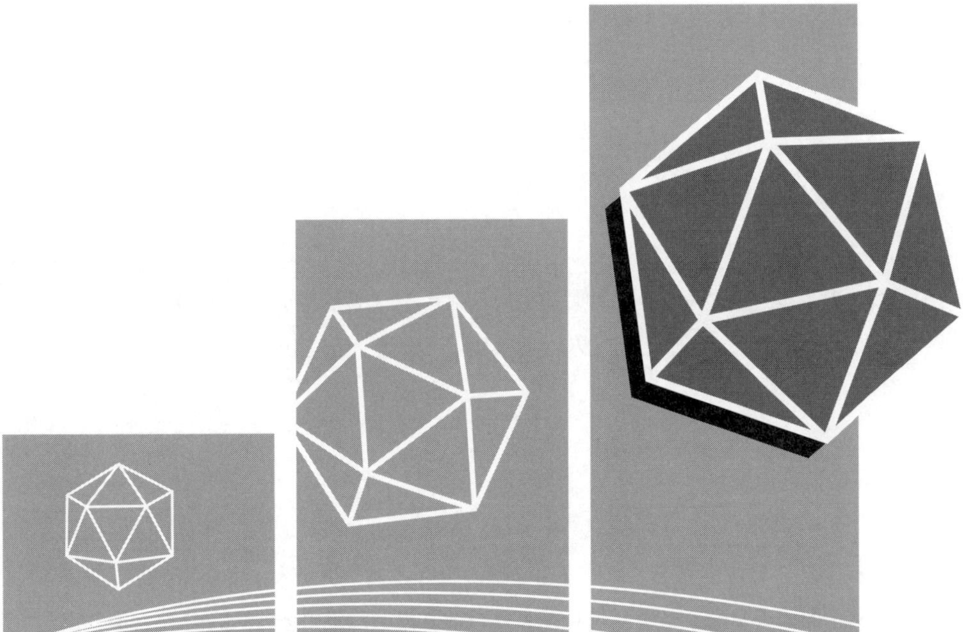

# 数学

時間　50分　　　　満点　50点

1　次の(1)～(3)の問いに答えなさい。

(1)　次の計算をしなさい。

ア　$9 + 3 \times (-6)$　(　　　)

イ　$(21ab - 49b^2) \div 7b$　(　　　)

ウ　$\dfrac{x - y}{3} - \dfrac{x + 2y}{5}$　(　　　)

エ　$\sqrt{6}\,(8 + \sqrt{42}) + \sqrt{63}$　(　　　)

(2)　$a = \dfrac{3}{8}$ のとき，$(2a - 3)^2 - 4a\,(a - 5)$ の式の値を求めなさい。(　　　)

(3)　次の2次方程式を解きなさい。(　　　)

$(x - 8)(x - 1) = x - 13$

2　次の(1)～(3)の問いに答えなさい。

(1)　図1において，2点A，Bは円Oの円周上の点である。点Aを接点とする円Oの接線上にあり，2点O，Bから等しい距離にある点Pを作図しなさい。ただし，作図には定規とコンパスを使用し，作図に用いた線は残しておくこと。

図1

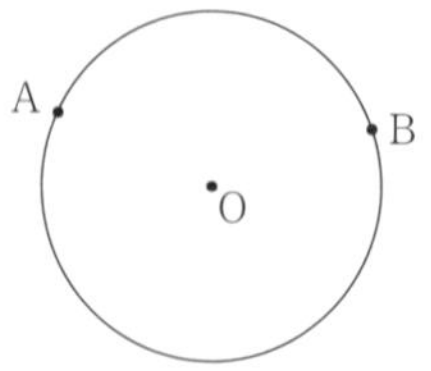


(2)　表1は，偶数を2から順に縦に4つずつ書き並べていったものである。この表で，上から3番目で左から $n$ 番目の数を，$n$ を用いて表しなさい。

(　　　)

表1

| | | | |
|---|---|---|---|
| 2 | 10 | 18 | … |
| 4 | 12 | 20 | … |
| 6 | 14 | 22 | … |
| 8 | 16 | 24 | … |

(3)　2つの袋A，Bがある。袋Aには，赤玉3個，青玉2個，白玉1個の合計6個の玉が入っている。袋Bには，赤玉1個，青玉2個の合計3個の玉が入っている。2つの袋A，Bから，それぞれ1個の玉を取り出すとき，袋Aから取り出した玉の色と，袋Bから取り出した玉の色が異なる確率を求めなさい。ただし，袋Aから玉を取り出すとき，どの玉が取り出されることも同様に確からしいものとする。また，袋Bについても同じように考えるものとする。(　　　)

③　ある中学校の２年生が職場体験を行うことになり，Ａさんは野菜の直売所で，きゅうりとなすの販売を行った。きゅうりとなすは合わせて360本用意されており，きゅうりは１袋に６本ずつ，なすは１袋に３本ずつで，余ることなくすべて袋詰めされていた。きゅうりは１袋200円，なすは１袋140円で販売したところ，閉店の１時間前に，きゅうりは売り切れ，なすは５袋売れ残っていた。そこで，売れ残っていたなすを１袋につき４割引きにして売ることになり，すべて売り切ることができた。その結果，用意されていたきゅうりとなすの売上金額の合計は13000円となった。

このとき，用意されていたきゅうりとなすは，それぞれ何本であったか。方程式をつくり，計算の過程を書き，答えを求めなさい。

(方程式と計算の過程)(　　　　　　　　　　)

(答)　きゅうり(　　　本)　なす(　　　本)

④　図２の立体は，AB = 4 cm，AD = 4 cm，AE = 6 cm の直方体である。このとき，次の(1)～(3)の問いに答えなさい。

図２

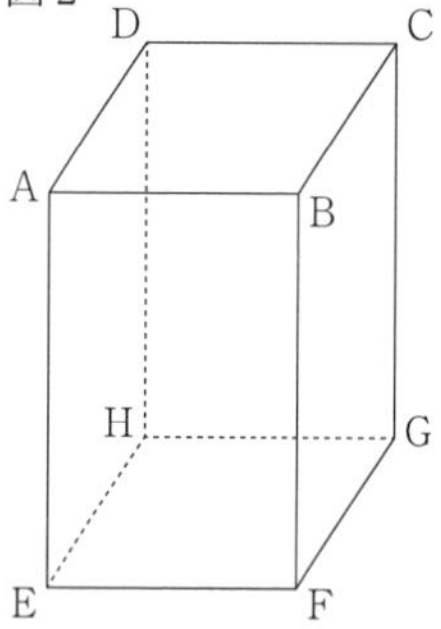


(1)　辺CDとねじれの位置にあり，面BFGCと平行である辺はどれか。すべて答えなさい。(　　　)

(2)　この直方体において，図３のように，辺ADの中点をKとし，辺CG上にCL = 2 cm となる点Lをとる。線分KLの長さを求めなさい。

(　　　cm)

図３

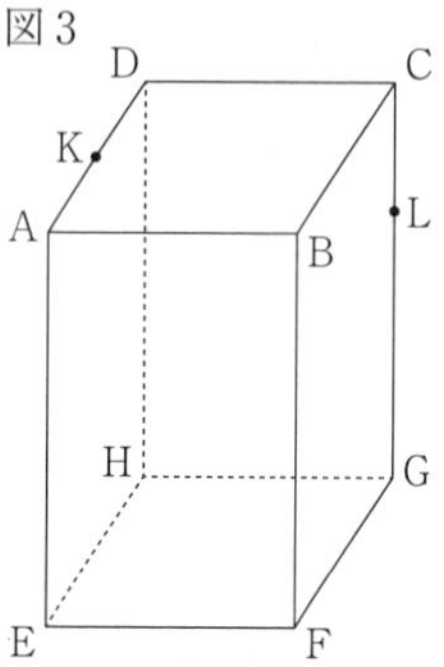


(3)　この直方体において，図４のように，辺EFの中点をRとする。また，CS = 1 cm となる辺CD上の点をSとし，SEとDFとの交点をTとする。三角すいTHRGの体積を求めなさい。(　　　$cm^3$)

図４

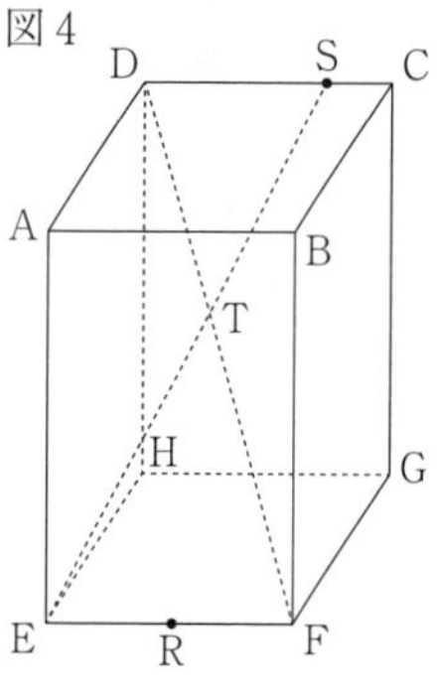

5　ある中学校の，2年1組の生徒35人，2年2組の生徒35人，2年3組の生徒35人の合計105人について，9月の1か月間の読書時間を調べた。

このとき，次の(1)，(2)の問いに答えなさい。

(1)　表2は，2年1組から2年3組までの生徒105人について調べた結果を，相対度数分布表にまとめたものである。表2について，度数が最も多い階級の累積相対度数を求めなさい。(　　　)

表2

| 階級(時間) | 相対度数 |
|---|---|
| 以上　未満<br>0 ～ 5 | 0.11 |
| 5 ～ 10 | 0.18 |
| 10 ～ 15 | 0.21 |
| 15 ～ 20 | 0.28 |
| 20 ～ 25 | 0.19 |
| 25 ～ 30 | 0.03 |
| 計 | 1.00 |

(注)　相対度数は小数第3位を四捨五入したものである。

(2)　図5は，2年1組から2年3組までの生徒105人について調べた結果を，組ごとに箱ひげ図に表したものである。下のア～エの中から，図5から読み取れることとして正しいものをすべて選び，記号で答えなさい。(　　　)

図5

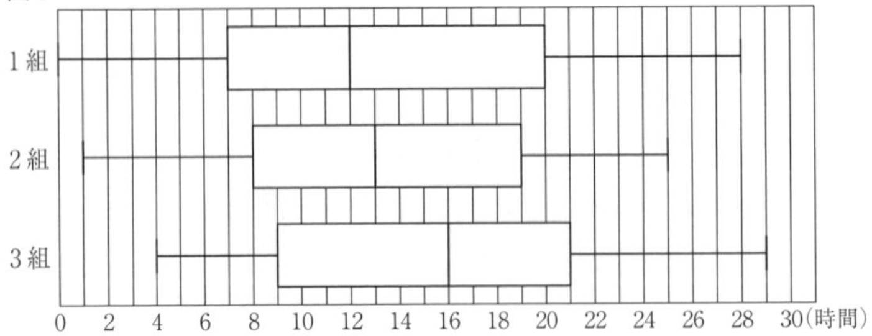


ア　1か月間の読書時間の範囲は，1組が最も大きい。

イ　1か月間の読書時間が8時間以下の生徒の人数は，3組より2組の方が多い。

ウ　1か月間の読書時間がちょうど20時間の生徒は，すべての組にいる。

エ　1か月間の読書時間の平均値は，1組より2組の方が大きい。

6　次の□の中の文と図6は，授業で示された資料である。このとき，次の(1)，(2)の問いに答えなさい。

> 図6において，点Aの座標は$(-6,\ 3)$であり，①は，点Aを通り，$x$の変域が$x<0$であるときの反比例のグラフである。点Bは曲線①上の点であり，その座標は$(-2,\ 9)$である。点Pは曲線①上を動く点であり，②は点Pを通る関数$y=ax^2$ $(a>0)$のグラフである。点Cは放物線②上の点であり，その$x$座標は4である。また，点Aから$x$軸に引いた垂線と$x$軸との交点をDとする。

図6

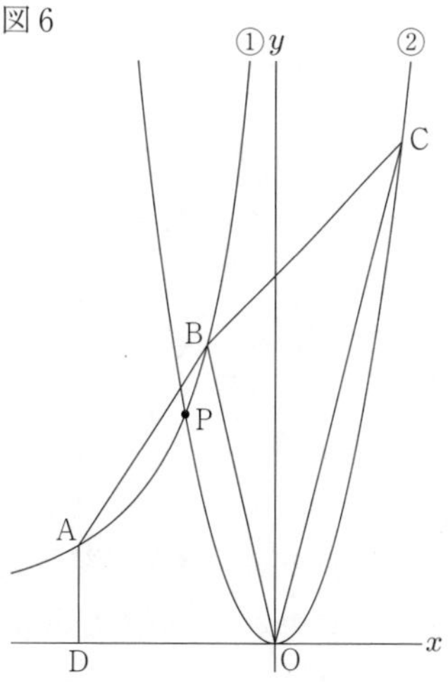


(1)　曲線①をグラフとする関数について，$y$を$x$の式で表しなさい。

(　　　)

(2)　RさんとSさんは，タブレット型端末を使いながら，図6のグラフについて話している。

> Rさん：点Pが動くと，②のグラフはどのように変化するのかな。
> Sさん：点Pを動かして，変化のようすを見てみよう。
> Rさん：②のグラフは点Pを通るから，点Pを動かすと，②のグラフの開き方が変化するね。
> Sさん：つまり，$a$の値が変化しているということだね。

下線部に関するア，イの問いに答えなさい。

ア　点Pが点Aから点Bまで動くとき，次の□に当てはまる数を書き入れなさい。

$a$のとりうる値の範囲は，□ $\leqq a \leqq$ □ である。

イ　四角形ADOBの面積と△BOCの面積が等しくなるときの，$a$の値を求めなさい。求める過程も書きなさい。

(求める過程)(　　　　　　　　　　　　　　　　　　　　)　(答)(　　　)

7　図7において，3点A，B，Cは円Oの円周上の点である。AC上にAB = ADとなる点Dをとり，BDの延長と円Oとの交点をEとする。また，点PはAE上を動く点であり，CPとBEとの交点をFとする。ただし，点Pは点A，Eと重ならないものとする。

このとき，次の(1)，(2)の問いに答えなさい。

図7

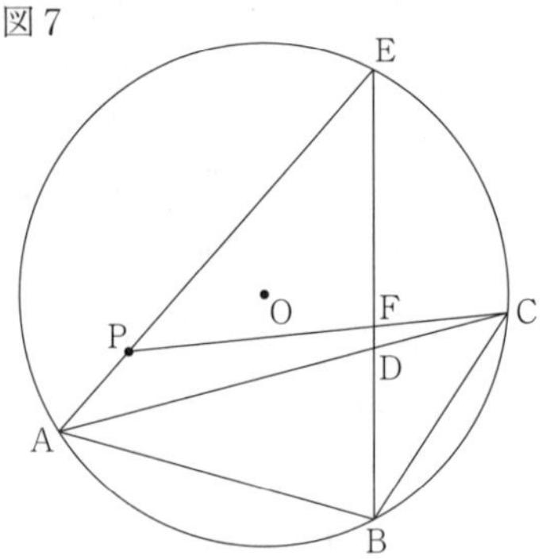


(1)　図8は，図7において，点Pを∠EFC = ∠ABCとなるように動かしたものである。

このとき，PA = PCであることを証明しなさい。

(　　　　　　　　　　　　　　　　　　　　)

図8

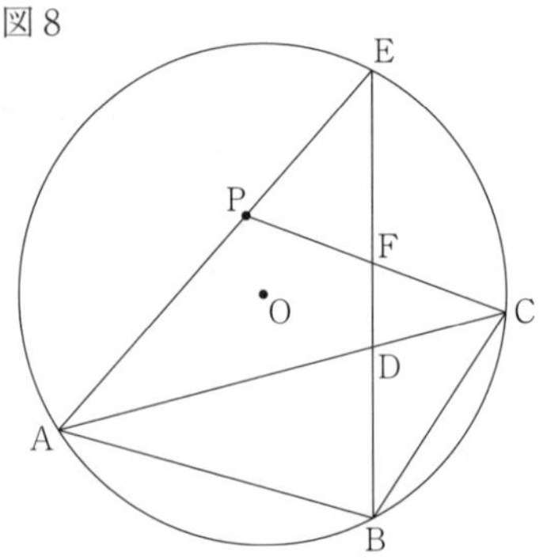


(2)　図9は，図7において，点Pを∠EPC = 90°となるように動かしたものである。

$\overset{\frown}{BC}$：$\overset{\frown}{CE}$ = 4：5，∠CFD = 49°のとき，∠ABEの大きさを求めなさい。(　　　)

図9

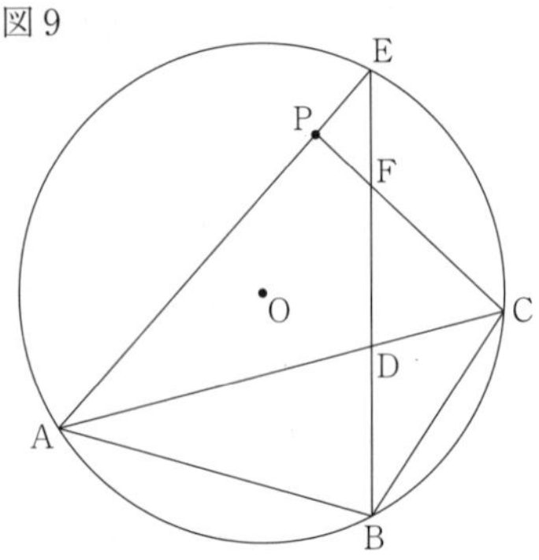

# 英語

時間　50分　　　満点　50点

（編集部注）放送問題の放送原稿は英語の末尾に掲載しています。
音声の再生についてはもくじをご覧ください。

1　放送による問題

(1)　加奈（Kana）とマーク（Mark）の会話を聞いて，質問の答えとして最も適切なものを選びなさい。A(　　　)　B(　　　)　C(　　　)　D(　　　)

A　ア　イ　ウ　エ

B　ア　イ　ウ　エ

C　ア　イ　ウ　エ

D　ア　イ

ウ　エ

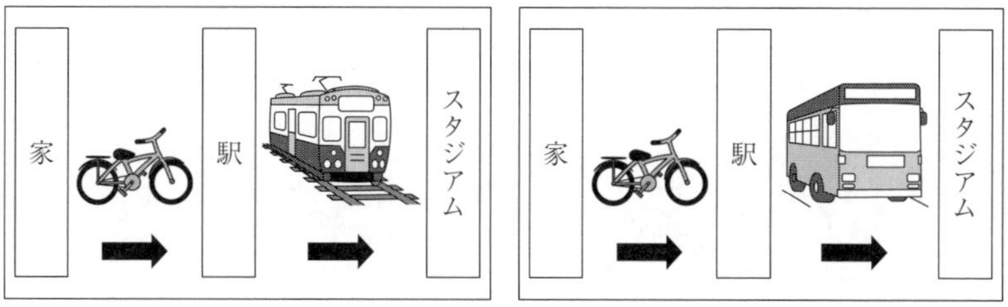

(2)　加奈の話を聞いて，質問に対する正しい答えとなるように，(　　)の中に適切な語や語句を記入しなさい。

質問1　Which country does Kana's uncle live in now, New Zealand or Japan?

He lives in (　　　).

質問2　What did Kana's uncle make last year?

He made a short (ⓐ　　　) about many kinds of (ⓑ　　　).

質問3　Next summer, what will Kana do with her uncle in the village?

(＿＿＿＿＿＿＿＿＿＿＿＿＿＿＿＿＿＿＿＿＿＿) in the village.

2　次の英文は，勇太（Yuta）と，勇太の家にホームステイをしている留学生のトム（Tom）との会話である。この英文を読んで，(1)～(6)の問いに答えなさい。

（*At Yuta's house*）

Tom：　Hi, Yuta. ( ⓐ ) are you going?

Yuta：　I'm going to a supermarket. My mother asked me to buy *tofu* there. For today's dinner, we'll eat a cold *tofu* dish called *hiya-yakko*.

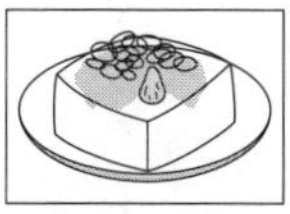

*hiya-yakko*

Tom：　I'm interested in Japanese food and supermarkets. [ A ]

Yuta：　Sure.

（*At the supermarket*）

Tom：　There is a lot of *tofu* on the *shelf. Many *customers are buying *tofu*.

Yuta：　It's very hot today, so they may eat cold *tofu*.

Tom：　That means cold *tofu* is ( ⓑ ) on hot days.

Yuta：　Right. The TV news said some supermarkets started to use AI to sell *tofu*.

Tom：　AI? You mean *Artificial Intelligence? [ B ]

Yuta：　It checks the weather information and finds the best amount of *tofu* to sell on each day.

Tom：　Wow. That's very good for the environment.

Yuta：　What do you mean?

Tom：　If supermarkets *prepare the same amount of *tofu* every day without checking the weather, some of them may be ( ⓒ ) on the shelf. That's "*mottainai*," right?

Yuta：　I've never thought of that.

Tom：　I think [ア　the problem　イ　helpful　ウ　AI　エ　to solve　オ　is] of food *waste. If supermarkets find the best amount of *tofu* to prepare, they can sell it easily.

Yuta：　That's true. Also, *tofu* can't be *kept for a long time, so supermarkets want to sell it quickly.

Tom：　For customers, they may want to buy *fresh *tofu*, right?

Yuta：　Yes. My mother always checks the *shelf life. [　　　　] So she tries to buy the freshest food. Now, I'll buy this *tofu* with the longest shelf life.

Tom：　Wait, Yuta. We'll eat *tofu* today, so we don't need to buy the freshest one.

Yuta：　[ C ]　We don't have to worry about the shelf life too much today.

Tom：　Yeah. Not only supermarkets but also customers can do something to *sell out food.

（注）　*shelf：棚　　*customer：客　　*Artificial Intelligence：人工知能　　*prepare：～を用意する
*waste：廃棄物　　*kept：keep（～をとっておく）の過去分詞形　　*fresh：新鮮な
*shelf life：賞味期間　　*sell out：～を売り切る

(1)　本文中の( ⓐ )～( ⓒ )の中に補う英語として，それぞれア～エの中から最も適切なものを1つ選び，記号で答えなさい。ⓐ(　　　)　ⓑ(　　　)　ⓒ(　　　)

( ⓐ )　ア　Why　　イ　What　　ウ　When　　エ　Where

（ⓑ）　ア　bad　　イ　hungry　　ウ　popular　　エ　serious

（ⓒ）　ア　eaten　　イ　left　　ウ　chosen　　エ　caught

(2)　会話の流れが自然になるように，本文中の［ A ］～［ C ］の中に補う英語として，それぞれア～ウの中から最も適切なものを１つ選び，記号で答えなさい。

A（　　）　B（　　）　C（　　）

［ A ］　ア　Can I go with you?　　イ　What happened?　　ウ　May I stay at home?

［ B ］　ア　Who started it first?　　イ　When did you watch it?　　ウ　What does it do?

［ C ］　ア　You are right.　　イ　I don't think so.　　ウ　I have a question.

(3)　本文中の［　　］の中のア～オを，意味が通るように並べかえ，記号で答えなさい。

（　　）（　　）（　　）（　　）（　　）

(4)　本文中の［　　］で，勇太は，彼女は週に一度しか買い物に行かない，という内容を伝えている。その内容となるように，［　　］の中に，適切な英語を補いなさい。

（　　　　　　　　）

(5)　次の英文は，トムがこの日に書いた日記である。本文の内容と合うように，次の［ ① ］と［ ② ］の中に補う英語として最も適切なものを，下のア～エの中から１つずつ選び，記号で答えなさい。

①（　　）　②（　　）

Today, Yuta and I went to a supermarket. Yuta told me ［ ① ］ affects the amount of *tofu* bought by people. Some supermarkets use AI when they prepare *tofu*. Also, we talked about the shelf life of *tofu* and which *tofu* to buy. Finally, we realized ［ ② ］ can do something good for the environment.

ア　both supermarkets and customers　　イ　the TV news about AI　　ウ　only customers

エ　the weather of the day

(6)　次の英文は，この日の夜の勇太とトムとの会話である。あなたがトムなら，勇太の質問に対してどのように答えるか。次の［　　］の中に，12語以上の英語を補いなさい。ただし，２文以上になってもよい。

（　　　　　　　　）

Yuta：　I want to start doing a small thing to help the environment. What can we do in our lives? Please tell me your idea. I also want to know why it is good for the environment.

Tom：　All right. ［　　　　］

3　恵（Kei）は，旅先の奈良から，友人のジョイス（Joyce）にはがきを送ることにした。あなたが恵なら，右の［　　］の中の内容を，どのように伝えるか。次の［　　］の中に英語を補い，はがきを完成させなさい。ただし，2文以上になってもよい。

- 長い歴史を持つ寺で，塔（a pagoda）を見た。
- その塔が，1426年に建てられたと聞いて驚いた。

Hi, Joyce. I'm in Nara.

Your friend,
Kei

[4] 次の英文は，中学生の志保（Shiho）が，健（Ken）とのできごとを振り返って書いたものである。この英文を読んで，(1)～(7)の問いに答えなさい。

Ken and I are classmates. He lives near my house, and we have been friends for ten years. He is good at playing tennis.

One day, we had P.E. class and played tennis. That was my first time to try tennis. First, our teacher and Ken showed us how to *hit the ball. Then, we ⓐ (hold) rackets and started the practice. I practiced with Ken. He hit a ball to me *slowly, but I couldn't *return the ball. I tried it many times and did my best, but hitting the ball back to him was difficult for me.

When the P.E. class finished, I said to Ken, "I'm sorry. You couldn't practice tennis enough today because [ A ]." He said, "Don't worry about that. Everyone is a beginner at first. Instead, enjoy trying something new!" His words gave me power to try tennis again.

In the next P.E. class, I decided to be positive. I asked Ken and the other classmates why I couldn't hit balls well, and we tried various practices together. Finally, at the end of the class, [ B ]. The ball reached Ken. He hit it back to me, and I hit it again. That made me excited.

On the next morning, when I arrived at the classroom, Ken was playing the *keyboard very slowly. I said, "Wow. Are you practicing the keyboard?" He said, "Yes. Do you know the piano at the station? Last month, I saw a boy who was playing it very well there, and I decided to practice the keyboard." I said, "You've never learned how to play the keyboard, so it's hard for you, right?" Ken said, "Yes. My fingers can't move fast like the boy, but I'm enjoying trying something new." I remembered Ken's words in P.E. class.

One month later, after P.E. class, I talked with Ken. I said to him, "Playing tennis in P.E. class was a lot of fun, but it ended. [　　　　]." He said, "If you think so, join the tennis team of our town. My grandfather plays tennis on the team every Sunday. All of the members are ⓑ (old) than you, and they are kind." "Interesting. I want to join the team," I said.

Next Sunday morning, I went to a park to join the practice of the tennis team. There were no junior high school students on the team. However, the members of the tennis team were friendly and positive, so I enjoyed playing tennis with them. When they couldn't hit balls well, they didn't look sad. Ken's grandfather said to me, "I'm sure that I can return the ball next time. I believe *myself."

After the practice, I thought, "Believing that I can do everything is as important as enjoying something new. When I start a new thing and can't do it well, I should remember that."

（注） *hit：～を打つ（過去形も hit）　*slowly：ゆっくりと　*return：～を打ち返す
*keyboard：（電子楽器の）キーボード　*myself：私自身を

(1) 本文中のⓐ，ⓑの（ ）の中の語を，それぞれ適切な形に直しなさい。
ⓐ( ) ⓑ( )

(2) 次の質問に対して，英語で答えなさい。

① How long have Shiho and Ken been friends?
( )

② Why did Shiho enjoy the practice with the members of the tennis team on Sunday morning?
( )

(3) 本文中の[ A ]，[ B ]の中に補う英語の組み合わせとして最も適切なものを，次のア～エの中から１つ選び，記号で答えなさい。( )

ア A：I couldn't play tennis well B：I stopped hitting a ball
イ A：I didn't practice tennis hard B：I could return a ball
ウ A：I couldn't play tennis well B：I could return a ball
エ A：I didn't practice tennis hard B：I stopped hitting a ball

(4) 健がキーボードの練習を始めようと決めたのは，どのようなできごとがあったからか。そのできごとを，日本語で書きなさい。
( )

(5) 本文中の[ ]の中に補う英語として最も適切なものを，次のア～エの中から１つ選び，記号で答えなさい。( )

ア I want to try other sports in P.E. class イ I got bored of playing tennis
ウ I'm happy I don't have to practice tennis エ I wish I could play tennis more

(6) 志保は，日曜日の練習の後，新しいことを始めてうまくできないとき，どのようなことを思い出すとよいと思ったか，日本語で書きなさい。
( )

(7) 次のア～エの中から，本文の内容と合うものを１つ選び，記号で答えなさい。( )

ア Ken helped Shiho enjoy trying new things, and she became positive about playing tennis.
イ Shiho didn't enjoy playing tennis at first, so the teacher told her to try various practices.
ウ Ken practiced the keyboard very hard for a month, so he could play it fast like the boy.
エ Shiho and Ken found new things they wanted to try, and they helped each other to take actions.

〈放送原稿〉

2024年度静岡県公立高等学校入学試験英語放送による問題

はじめに，(1)を行います。これから，中学生の加奈（Kana）と留学生のマーク（Mark）が，英語でA，B，C，Dの4つの会話をします。それぞれの会話のあとに，英語で質問をします。その質問の答えとして最も適切なものを，ア，イ，ウ，エの4つの中から1つ選び，記号で答えなさい。なお，会話と質問は2回繰り返します。

では，始めます。

A　Kana： Hi, Mark.

Mark： Hi, Kana. How was your weekend?

Kana： It was good. On Friday, I watched the beautiful stars in the night sky. On Saturday morning, I went to a bookstore and bought a book to study about stars.

Mark： Did you read it on Saturday afternoon?

Kana： No, I cleaned my room on Saturday afternoon.

質問　What did Kana do on Saturday morning?

（Aを繰り返す）（6秒休止）

B　Mark： This is a photo I took in a zoo yesterday.

Kana： Wow. There are two pandas in this photo.

Mark： Yes. At first, they were sleeping. A few minutes later, one of them got up and started eating an apple. I took this photo then.

Kana： I see.

質問　Which photo is Mark showing Kana?

（Bを繰り返す）（6秒休止）

C　Mark： Let's go to the library to study math after school.

Kana： Sorry, I can't. I have a headache. I need to go home soon.

Mark： That's too bad. You should go to see a doctor.

Kana： Thank you, but I already took some medicine. So I'll go to bed at home.

Mark： I hope you'll get well soon.

質問　What will Kana do after going home?

（Cを繰り返す）（6秒休止）

D　Mark： Kana, we'll watch a soccer game at the stadium tomorrow. Where do you want to meet?

Kana： How about meeting at the station near the school?

Mark： At the station? Can we go to the stadium by train?

Kana： No. In front of the station, we can ride a bus to the stadium.

Mark： OK. Let's meet at the station and ride a bus. I'll walk there from my house.

Kana： I'll go there by bike.

質問　How will Mark go to the stadium from his house?

(Ｄを繰り返す)(6秒休止)

次に，(2)を行います。これから，加奈（Kana）が，英語で話をします。その話の内容について，問題用紙にある3つの質問をします。それぞれの質問に対する正しい答えとなるように，(　　)の中に，適切な語や語句を記入しなさい。なお，先に問題用紙にある質問を2回繰り返し，そのあとで話を2回繰り返します。

では，始めます。

質問1　Which country does Kana's uncle live in now, New Zealand or Japan?(繰り返す)

(2秒休止)

質問2　What did Kana's uncle make last year?(繰り返す)

(2秒休止)

質問3　Next summer, what will Kana do with her uncle in the village?(繰り返す)

(2秒休止)

続いて，話をします。

I'll talk about my uncle.

When he was young, he lived in New Zealand. He worked at a movie company. In New Zealand, he enjoyed living in nature.

Two years ago, he came back to Japan. He has lived in a small village in Japan since then. There are many kinds of flowers in the village, and he loves them. To introduce the flowers to many people, he made a short movie about them last year. Some people watched it and started to visit the village.

Next summer, I'll visit my uncle. With my uncle, I'll climb the mountains in the village. He always tells me the mountains are so beautiful. I can't wait for summer.

(繰り返す)(20秒休止)

これで放送による問題を終わります。

# 社会

時間　50分　　　　満点　50点

1　次の略年表を見て，(1)～(8)の問いに答えなさい。

| 時代 | 飛鳥《あすか》 | 奈良 | 平安 | 鎌倉 | 室町 | 安土《あづち》桃山 | 江戸 | 明治 | 大正 | 昭和 | 平成 |
|---|---|---|---|---|---|---|---|---|---|---|---|
| 日本のできごと | ①推古天皇が即位する | ②墾田永年私財法が定められる | ③中尊寺金色堂が建てられる | 鎌倉幕府がほろびる | 銀閣が建てられる | ④安土城が築かれる | ⑤江戸幕府が成立する | 明治維新が始まる | 関東大震災がおこる<br>Ⓐ | ⑥世界恐慌《きょうこう》の影響を受ける<br>⑦民主化の改革が行われる | バブル経済が崩壊する |

(1)　傍線部①のもとで聖徳太子《しょうとくたいし》（厩戸皇子《うまやどのおうじ》，厩戸王《うまやとおう》）らが行った政治改革で定められた，天皇の命令に従うことなどの役人の心構えを示した法は何とよばれるか。その名称を書きなさい。また，この法が定められた時代より前のできごとを，次のア～エの中から1つ選び，記号で答えなさい。

名称(　　　)　記号(　　　)

ア　ローマ教皇が十字軍の派遣を呼びかけた。　　イ　シャカがインドで仏教を開いた。

ウ　フビライ・ハンが都を大都に移した。　　エ　スペインがインカ帝国をほろぼした。

(2)　傍線部②は，朝廷が税収を増やそうとして定めたものである。表1は，奈良時代の主な税と，その課税対象を示している。表1から考えられる，傍線部②を定めることによって朝廷の税収が増加する理由を，傍線部②による開墾の状況の変化に関連付けて，簡単に書きなさい。

(　　　　　　　　　　　　　　　　　　　　　　　　　　　)

表1

| 税 | 課税対象 |
|---|---|
| 租 | 田地《でんち》 |
| 調 | 17～65歳の男子 |
| 庸 | 21～65歳の男子 |

(3)　図1は，傍線部③の内部を撮影した写真である。次の文は，傍線部③が建てられたころに東北地方を支配していた勢力についてまとめたものである。文中の（ ㋐ ），（ ㋑ ）に当てはまる語として正しい組み合わせを，下のア～エの中から1つ選び，記号で答えなさい。また，文中の（ ⓐ ）に当てはまる人物名を書きなさい。

図1

記号(　　　)　ⓐ(　　　)

11世紀後半の大きな戦乱を経て東北地方を支配した奥州《おうしゅう》（ ㋐ ）氏は，（ ㋑ ）を拠点として，金や馬などの産物や，北方との交易によって栄えたが，12世紀後半，（ ⓐ ）によってほろぼされた。（ ⓐ ）はその後，朝廷から征夷《せいい》大将軍に任命された。

ア　㋐　伊達《だて》　㋑　多賀城　　イ　㋐　伊達　㋑　平泉　　ウ　㋐　藤原《ふじわら》　㋑　多賀城

エ　㋐　藤原　㋑　平泉

(4) 資料1は，織田《おだ》信長《のぶなが》が傍線部④の城下町に出した法令の一部を要約したものである。織田信長が資料1の政策を行った，城下町を発展させる上でのねらいを，資料1から読み取れる，座に対する政策に関連付けて，簡単に書きなさい。

( )

資料1

> 安土山下《さんげ》町《ちょう》（城下町）に定める
> 一．この町を楽市とした以上は，座の特権などは認めない。
> 一．往来する商人は，上海道《かみかいどう》を通行せず，必ずこの町で宿をとること。
> 一．領国内で徳政を行っても，この町では行わない。
> （「安土山下町中掟書《おきてがき》」より，一部を要約）

(5) 傍線部⑤の対外政策に関するa，bの問いに答えなさい。

a 傍線部⑤は，17世紀前半に鎖国の体制を固めたが，いくつかの藩は外交や貿易を許されていた。鎖国の体制のもとで，朝鮮との外交や貿易を担《にな》っていた藩を，次のア～エの中から1つ選び，記号で答えなさい。( )

ア 薩摩《さつま》藩　イ 長州藩　ウ 対馬《つしま》藩　エ 土佐藩

b 蘭学者の渡辺崋山《わたなべかざん》と高野長英《たかのちょうえい》は，傍線部⑤の対外政策を批判し，幕府によって処罰された。渡辺崋山と高野長英が批判した，傍線部⑤の対外政策として適切なものを，次のア～エの中から1つ選び，記号で答えなさい。( )

ア 日米和親条約を結び，港を開いた。

イ 日米修好通商条約を結び，貿易を認めた。

ウ 禁教令を出し，キリスト教を禁じた。

エ 異国船打払《うちはらい》令を出し，外国船を砲撃させた。

(6) 略年表中のⒶの期間に関するa，bの問いに答えなさい。

a 次のア～ウは，Ⓐの期間におこった日本のできごとについて述べた文である。ア～ウを時代の古い順に並べ，記号で答えなさい。( → → )

ア シベリア出兵を見こした米の買い占めから米の値段が上がり，米騒動がおこった。

イ 人々が銀行に殺到して預金を引き出し，銀行の休業や倒産が相次ぐ金融恐慌がおこった。

ウ ヨーロッパでおこった第一次世界大戦の影響で，日本では大戦景気が始まった。

b Ⓐの期間に普通選挙法が成立した。その普通選挙法と同じ年に制定された，共産主義や社会運動を取り締まりの対象とした法律は何とよばれるか。その名称を書きなさい。( )

(7) 傍線部⑥は1920年代後半に始まった。表2は，1925年，1933年，1938年における，アメリカ，ソ連，ドイツの，鉄鋼生産量を示している。表2の中のア～ウは，アメリカ，ソ連，ドイツのいずれかを表している。資料2は，経済のしくみの違いについてまとめたものである。資料2を参考にして，表2のア～ウの中から，ソ連に当たるものを1つ選び，記号で答えなさい。また，そのように判断できる理由を，資料2から読み取れる，ソ連が採用していた経済のしくみに関連付けて，簡単に書きなさい。

記号( )

理由( )

表２

| | 鉄鋼生産量(十万 t) | | |
|---|---|---|---|
| | 1925 年 | 1933 年 | 1938 年 |
| ア | 461 | 236 | 288 |
| イ | 123 | 84 | 205 |
| ウ | 19 | 70 | 180 |

注　「近代国際経済要覧」により作成。

資料２

市場経済
　市場を通じて物やサービスの取り引きが自由に行われる。
計画経済
　政府が作った計画に従って生産・流通・販売などの経済活動が行われる。

(8)　傍線部⑦において，1946 年に，財閥に対する改革が本格的に始まった。グラフ１は，日中戦争が始まった 1937 年と，財閥に対する改革が本格的に始まる直前の 1946 年における，全国の会社の資本金に占める，四大財閥（三井《みつい》・三菱《みつびし》・住友《すみとも》・安田）傘下《さんか》の会社の割合を，業種別に示している。1946 年に，財閥に対してどのような改革が行われたか。その改革を，グラフ１から考えられる，改革が行われた理由が分かるように，簡単に書きなさい。

（　　　　　　　　　　　　　　　　　　　　　　）

グラフ１

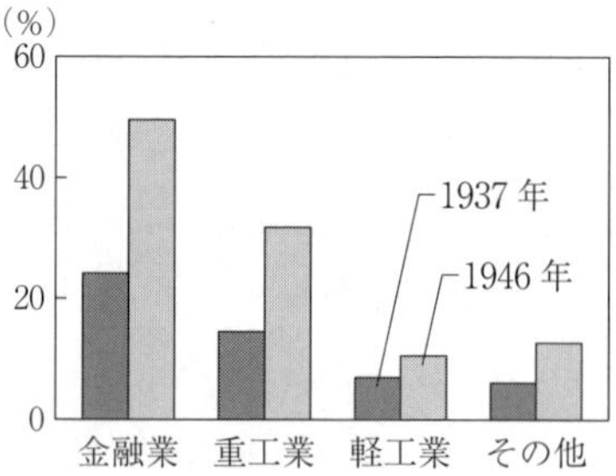


注「近現代日本経済史要覧」により作成。

2　次の(1)～(6)の問いに答えなさい。なお，地図１の中のA～Eは県を，ⓐ～ⓒは都市を，それぞれ示している。

地図１

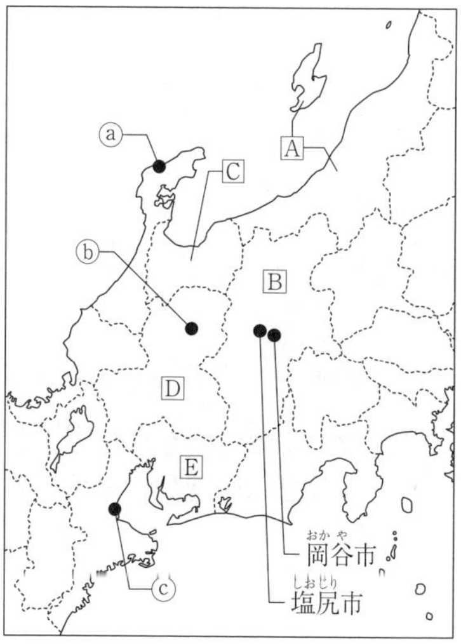


(1)　中部地方にある，標高3000m前後の山々が連なる飛《ひ》騨《だ》，木《き》曽《そ》，赤石の３つの山脈の，ヨーロッパの山脈にちなんだ総称は何か。その総称を書きなさい。(　　　)

(2)　グラフ２のア～ウは，地図１のⓐ～ⓒのいずれかの都市の，気温と降水量を示したものである。グラフ２のア～ウの中から，ⓒの都市の，気温と降水量を示したものを１つ選び，記号で答えなさい。(　　　)

グラフ２

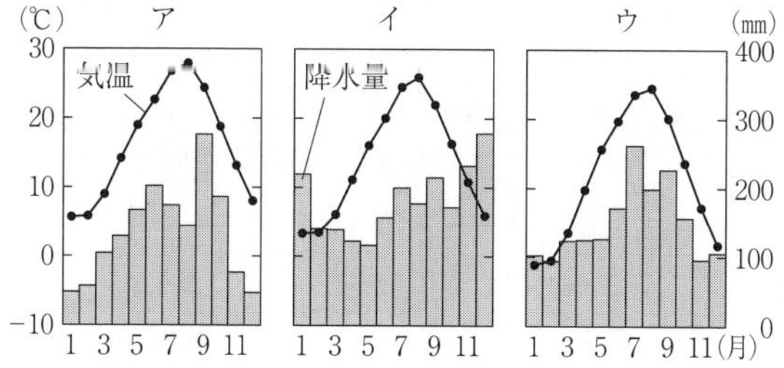


注「令和５年　理科年表」により作成。

(3)　図２は，地図１の塩尻市と岡谷市の，一部の地域を示した地形図である。図２から読み取れることを述べた文として適切なものを，あとのア～オの中から２つ選び，記号で答えなさい。

(　　　)(　　　)

図２

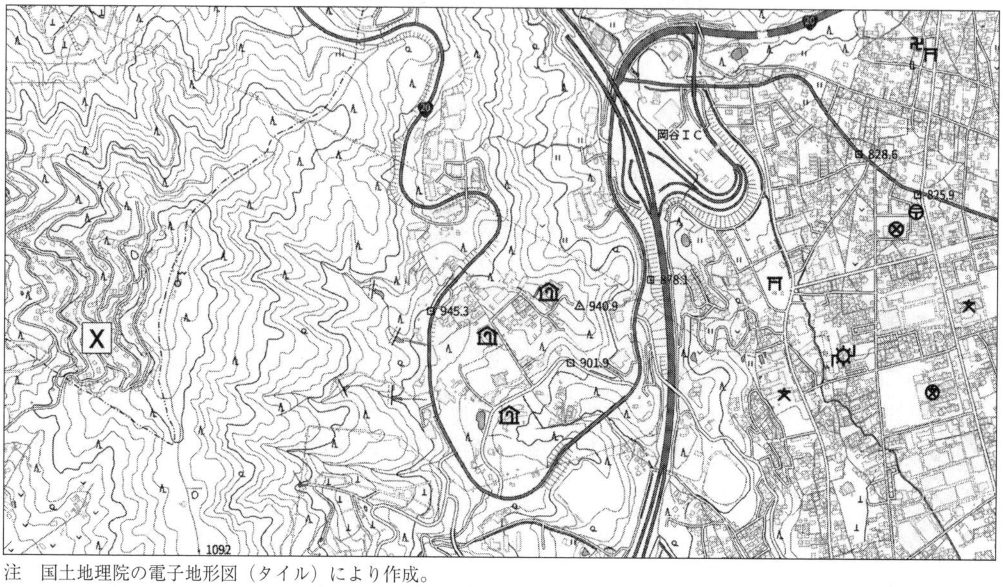


注　国土地理院の電子地形図（タイル）により作成。

（編集部注：原図を縮小しています。）

ア　Xは，岡谷IC（インターチェンジ）から見て北側に位置する。

イ　Xの付近は，老人ホームの付近に比べて標高が低い。

ウ　Xの付近は，郵便局の付近に比べて建物の配置がまばらである。

エ　Xの付近には，広葉樹林が広がっている。

オ　Xの付近には，等高線に沿った道路が見られる。

(4)　Cでは，四大公害病の１つに数えられる公害病が発生した。その公害病の原因として最も適切なものを，次のア～エの中から１つ選び，記号で答えなさい。また，Cの県名を書きなさい。

記号(　　　)　県名(　　　県)

ア　騒音　　イ　水質汚濁　　ウ　悪臭　　エ　大気汚染

(5)　表３は，2019年における，A～Dの食料品，化学工業，電子部品，輸送用機械の工業出荷額を示している。表３の中のア～エは，A～Dのいずれかを表している。ア～エの中から，Aに当たるものを１つ選び，記号で答えなさい。(　　　)

表３

| | 工業出荷額(億円) | 工業出荷額の内訳(億円) | | | |
|---|---|---|---|---|---|
| | | 食料品 | 化学工業 | 電子部品 | 輸送用機械 |
| ア | 62,194 | 5,916 | 948 | 7,385 | 4,040 |
| イ | 59,896 | 3,817 | 2,814 | 1,661 | 11,596 |
| ウ | 50,113 | 8,185 | 6,403 | 3,379 | 2,450 |
| エ | 39,411 | 1,557 | 7,781 | 3,272 | 1,584 |

注　「データでみる県勢 2023」により作成。

(6)　農業に関するa，bの問いに答えなさい。

a　中部地方では，様々な品種の稲が作付けされている。グラフ３は，1960年，1990年，2020年における，日本の米の，収穫量と自給率の推移を示している。グラフ３から，1960年から2020年における，日本の水稲の作付面積（田の面積のうち，実際に米を作る面積）は，どのように推移したと考えられるか。その推移を，グラフ３から考えられる，日本の米の国内消費量の変化に関連付けて，簡単に書きなさい。

(　　　　　　　　　　　　　　　　　　　　　　　　　　　)

グラフ３

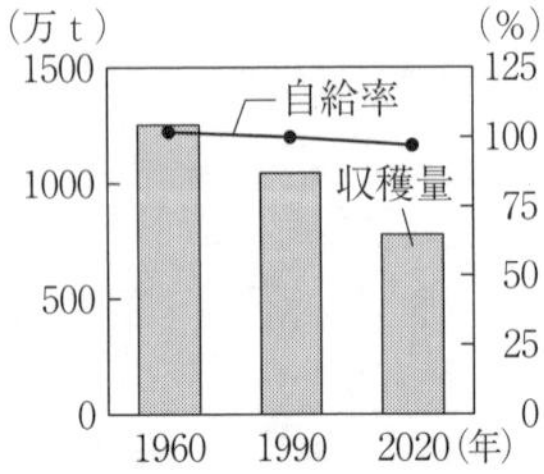


注「数字でみる日本の100年」などにより作成。

b　Eでは，施設園芸がさかんである。施設園芸に関する①，②の問いに答えなさい。

①　施設園芸では，施設を利用して作物の生育を調節する栽培方法がとられている。このうち，出荷時期を早める工夫をした栽培方法は何とよばれるか。その名称を書きなさい。(　　　)

②　施設園芸には，露地栽培（屋外で施設を用いずに行う栽培）と比べて利点もあるが，課題もある。グラフ４は，2012年度から2021年度における，日本の農業で使用される燃料の価格の推移を示している。グラフ５は，2020年における，日本の，施設園芸と露地栽培の，農業経営費に占める経費別の割合を示している。グラフ４から考えられる，施設園芸の経営上の問題点を，グラフ５から読み取れることに関連付けて，簡単に書きなさい。

(　　　　　　　　　　　　　　　　　　　　　　　　　　　　　　　　　)

グラフ4

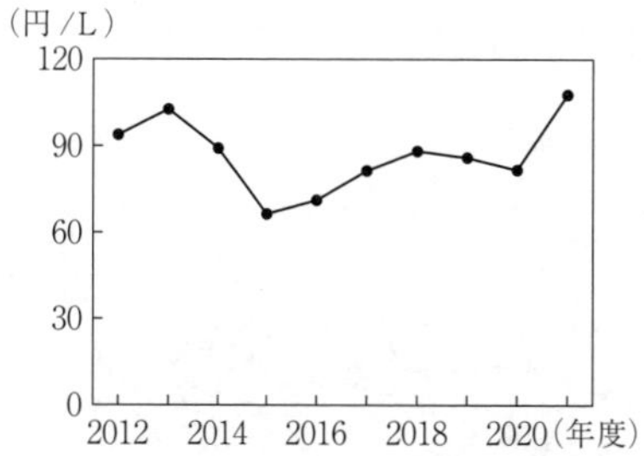


注1　農林水産省資料により作成。
注2　加温期間（11～4月）の平均価格。

グラフ5

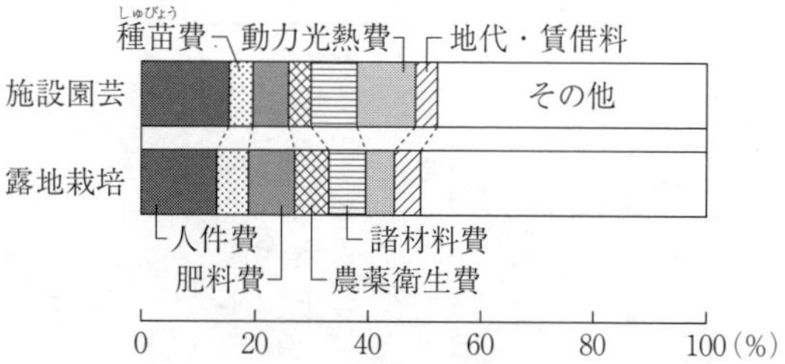


注1　農林水産省資料により作成。
注2　野菜の場合を示している。

3　次の(1)～(3)の問いに答えなさい。なお，地図2は，緯線と経線が直角に交わった地図であり，地図3は，シカゴを中心とし，シカゴからの距離と方位が正しい地図である。地図2の中のA～Dは国を示している。

地図2

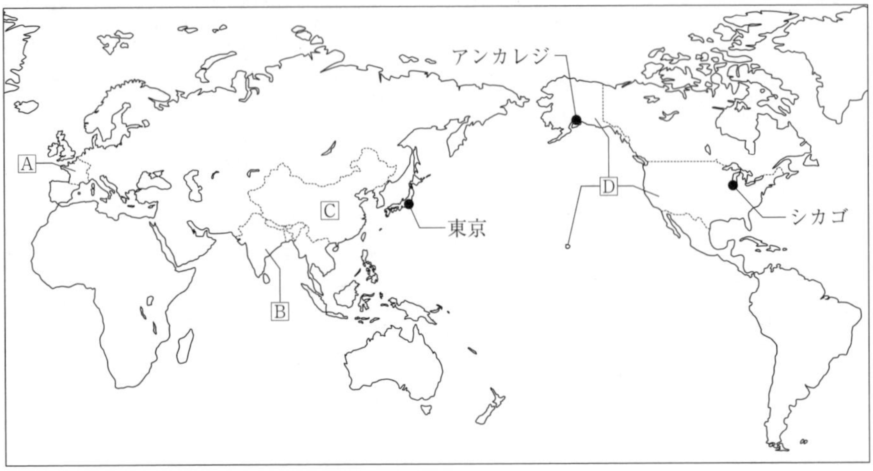


地図3

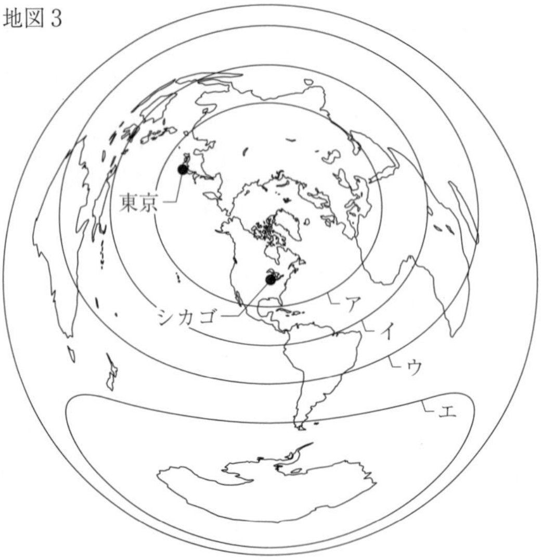


(1)　地図3に関するa，bの問いに答えなさい。

a　地図3の中のア～エは緯線を示している。ア～エの中で，赤道を示しているものを1つ選び，記号で答えなさい。(　　　)

b　シカゴから航空機で西に向かって出発し，向きを変えることなく進んだとき，この航空機が北アメリカ大陸の次に通る大陸は，世界の六大陸のうちのどの大陸か。その名称を書きなさい。

(　　　大陸)

(2)　表4は，A～Dと日本の，1990年，2000年，2010年，2020年における，1人当たりの国内総生産を示している。表4の中の(あ)～(え)は，A～Dのいずれかを表している。表4に関するa，bの問いに答えなさい。

表4

| | 1人当たりの国内総生産(ドル) | | | |
|---|---|---|---|---|
| | 1990年 | 2000年 | 2010年 | 2020年 |
| (あ) | 369 | 442 | 1,351 | 1,910 |
| (い) | 318 | 959 | 4,550 | 10,409 |
| (う) | 21,866 | 22,416 | 40,676 | 39,055 |
| (え) | 23,889 | 36,330 | 48,651 | 63,531 |
| 日本 | 25,371 | 39,169 | 44,968 | 39,918 |

注　世界銀行資料により作成。

a　表4の(い)に当たる国を，A～Dの中から1つ選び，記号で答えなさい。また，その国名も書きなさい。記号(　　　)　国名(　　　)

b　表4に示された国の国全体の経済力を比較するために，これらの国の国内総生産を求めたい。表4のほかに，次のア～エの統計資料があるとき，表4に加えて，ア～エの中のどの2つを用いれば求めることができるか。ア～エの中から2つ選び，記号で答えなさい。(　　　)(　　　)

ア　総面積　　イ　国民総所得　　ウ　人口密度　　エ　生産年齢人口

(3)　Dに関するa，bの問いに答えなさい。

a　図3はDのアラスカ州にあるパイプラインを撮影した写真である。図3のパイプラインは，アラスカ州の北岸で採掘した原油を温めて，南岸へと流している。また，アラスカ州は多くの地域が冷帯や寒帯に属し，1年を通して凍っている永久凍土という土壌が広がっている。図3のパイプラインには，この自然環境を維持するための工夫が見られる。図3のパイプラインに見られる，この自然環境を維持するための工夫を，その工夫による効果が分かるように，簡単に書きなさい。

(　　　　　　　　　　　　　　　　　　　　　　　　　　　　　)

図3

注「最新地理図表GEO四訂版」より。

b　地図2のアンカレジは，航空機による国際貨物輸送の拠点になっている。航空機には，貨物や燃料などの重量を合計した総重量の最大値が設定されている。シカゴと東京を結ぶ貨物輸送を行う航空機は，アンカレジの空港を経由し給油を行うことにより，直行する場合と比べて，貨物の重量を増やすことができる。シカゴと東京を結ぶ貨物輸送を行う航空機が，アンカレジの空港を経由し給油を行うと，貨物の重量を増やすことができるのはなぜか。その理由を，地図2と地図3から読み取れる，アンカレジの位置の特徴に関連付けて，簡単に書きなさい。

(　　　　　　　　　　　　　　　　　　　　　　　　　　　　　　　　　)

4　次の(1)～(3)の問いに答えなさい。

(1)　金融に関するa，bの問いに答えなさい。

a　次の文は，金融機関が収入を得るしくみについてまとめたものである。文中の（ ㋐ ）に当てはまる語を書きなさい。（　　　）

銀行は，融資する相手から返済にあたって（ ㋐ ）を受け取り，預金者に（ ㋐ ）を支払う。その（ ㋐ ）の差額が銀行の収入になる。

b　日本の中央銀行である日本銀行が取り引きを行う対象として正しいものを，次のア～エの中から2つ選び，記号で答えなさい。（　　　）（　　　）

ア　銀行　　イ　工場　　ウ　家計　　エ　政府

(2)　国際連合に関するa，bの問いに答えなさい。

a　国際連合は，経済，社会，文化，人権などのさまざまな分野で，人々の暮らしを向上させる努力を行っている。資料3は，1948年に国際連合で採択された，各国の人権保障の基準になっているものの一部である。この，国際連合で採択されたものは何とよばれるか。その名称を書きなさい。（　　　）

資料3

| |
|---|
| 第1条<br>すべての人間は，生《うま》れながらにして自由であり，かつ，尊厳と権利とについて平等である。人間は，理性と良心とを授けられており，互いに同胞の精神をもって行動しなければならない。 |

b　グラフ6は，1945年，1955年，1965年，1975年の，国際連合の地域別の加盟国数を示している。グラフ6の中のア～エは，アジア，アフリカ，ヨーロッパ，オセアニアのいずれかを表している。グラフ6から，1945年と比べて，1975年の国際連合の加盟国数は，すべての地域で増加していることが分かる。アジアとアフリカの加盟国数の増加に共通する理由となる，第二次世界大戦後のアジアとアフリカの動きを，その動きにつながる，アジアとアフリカの歴史的な背景が分かるように，簡単に書きなさい。また，ア～エの中から，アジアに当たるものを1つ選び，記号で答えなさい。動き（　　　　　　　　　　　　　　　　　）　記号（　　　）

グラフ6

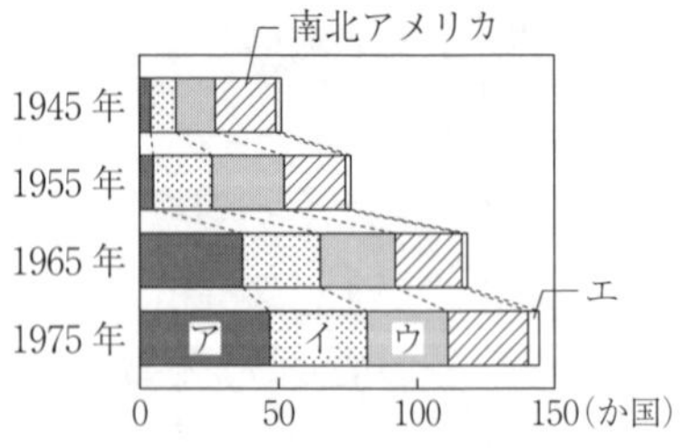

注　国際連合資料により作成。

(3)　地方議会に関するa，bの問いに答えなさい。

a　地方議会は，地方公共団体の予算の決定や，地方公共団体独自の法（ルール）の制定などを行う。地方議会が制定する，その地域だけで適用される地方公共団体独自の法は，一般に何とよばれるか。その名称を書きなさい。（　　　）

b　地方議会は，地域の多様な意見を集約し，さまざまな立場から地域社会のあり方を議論することが求められている。近年，地方議会議員選挙において，立候補者数が定数を超えず，無投票となることが増えている。表5は，地方議会議員選挙が無投票となった市区町村の一部で行われている取り組みを示している。グラフ7は，2019年の，統一地方選挙（全国で期日を統一して行う，地方公共団体の，首長と議会の議員の選挙）を実施した市区町村における，議員報酬の平均月額別の，無投票となった市区町村の割合を示している。グラフ8は，2019年の，統一地方選挙を実施した市区町村における，議員の平均年齢別の，無投票となった市区町村の割合を示している。地方議会議員選挙が無投票となることを防ぐ上での，市区町村が表5の取り組みを行うねらいを，グラフ7とグラフ8のそれぞれから読み取れることと，地方議会議員にとっての表5の取り組みの利点に関連付けて，70字程度で書きなさい。

表5

| 取り組み | 内容 |
|---|---|
| 通年会期制の導入 | 数週間にわたる定例会を年4回開いて審議を行っていたが，1年を通して開会する通年会期とし，予定が立てやすいように，特定の曜日や時間に設定した定例日に審議を行うようにした。 |
| 夜間・休日議会の実施 | 平日の昼間に行っていた審議を，会社員などと兼業する議員が参加しやすい夜間や休日に実施するようにした。 |

注　総務省資料により作成。

グラフ7

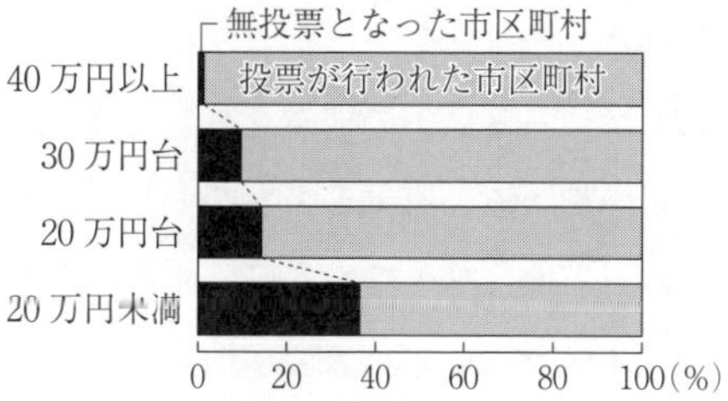


注　総務省資料により作成。

グラフ8

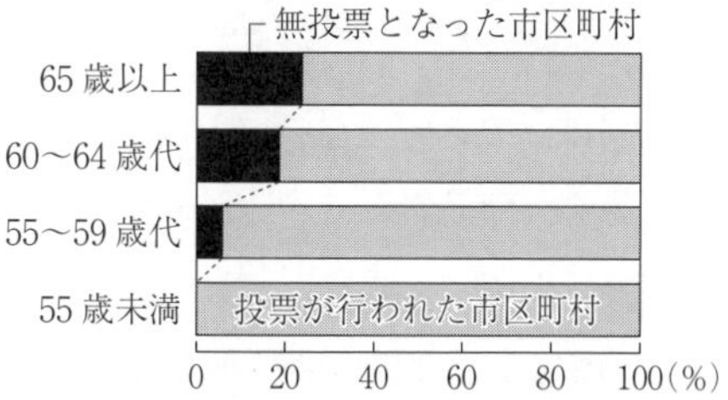


注　総務省資料により作成。

# 理科

時間　50分　　　　満点　50点

1　次の(1)～(4)の問いに答えなさい。

(1)　エンドウの種子の形には，丸形としわ形があり，エンドウの１つの種子には丸形としわ形のどちらか一方の形質しか現れない。丸形としわ形のように，どちらか一方の形質しか現れない２つの形質どうしは何とよばれるか。その名称を書きなさい。(　　　)

(2)　図１は，ある原子の構造を表した模式図である。図１の原子核は，＋の電気をもつ粒子(あ)と電気をもたない粒子(い)からできている。次のア～カの中から，(あ)，(い)のそれぞれの名称の組み合わせとして正しいものを１つ選び，記号で答えなさい。(　　　)

図１

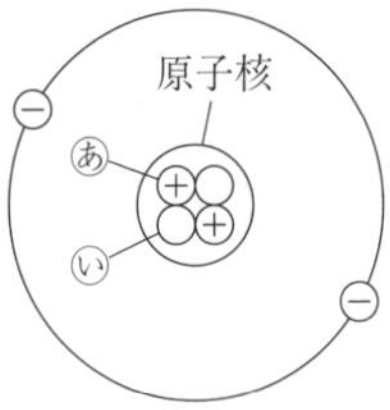


ア　(あ)　電子　(い)　中性子　　イ　(あ)　電子　(い)　陽子
ウ　(あ)　陽子　(い)　中性子　　エ　(あ)　陽子　(い)　電子
オ　(あ)　中性子　(い)　陽子　　カ　(あ)　中性子　(い)　電子

(3)　火成岩は，でき方の違いによって火山岩と深成岩に大別される。深成岩ができるときのマグマの冷え方を，深成岩ができるときのマグマの冷える場所とあわせて，簡単に書きなさい。
(　　　　　　　　　　)

(4)　図２のように，２種類の電熱線Ｘ，Ｙと直流電源装置を接続した。直流電源装置の電圧が６Ｖ，電熱線Ｘの抵抗が３Ω，図２のＰ点に流れる電流が2.5Ａのとき，図２のＱ点に流れる電流は何Ａか。計算して答えなさい。(　　　Ａ)

図２

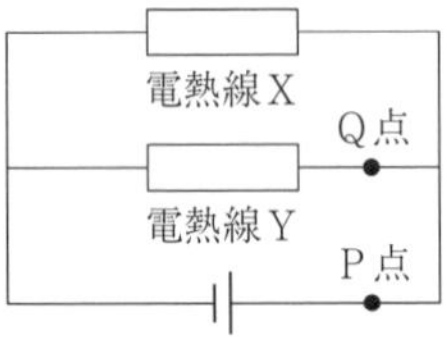

2　いろいろな生物とその共通点，生物の体のつくりとはたらき及び自然と人間に関する(1)～(4)の問いに答えなさい。

(1)　ある湖とその周辺には，トカゲ，フクロウ，フナ，カエル，ネズミが生息している。図3は，これら5種類のセキツイ動物について，その特徴に関する問いかけに対し，「はい」または「いいえ」のうち，当てはまる側を選んでいった結果を示したものである。

図3

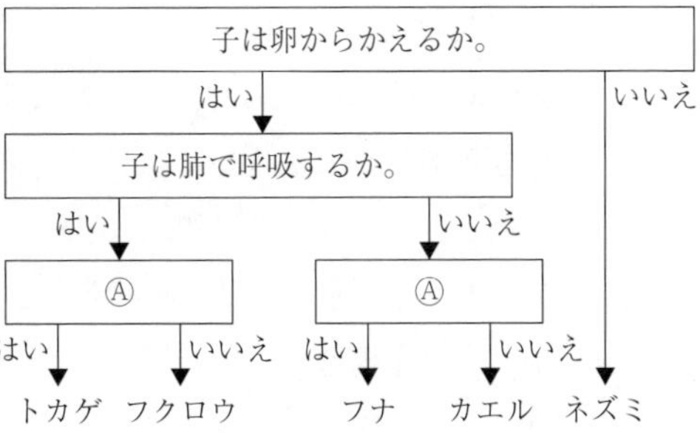


①　ネズミの子は，親の体内である程度育ってからうまれる。このような子のうまれ方は，一般に何とよばれるか。その名称を書きなさい。(　　　)

②　図3のⒶには同じ問いかけが入る。Ⓐに当てはまる適切な問いかけを，「体表は」という書き出しで書きなさい。(体表は　　　　　　　　　　)

(2)　食物連鎖をもとにした生物のつながりがみられるときには，物質の循環がみられる。図4は，自然界における炭素の循環の一部を表した模式図であり，ア～キの矢印（⟶）はそれぞれ，有機物に含まれる炭素の流れ，または，二酸化炭素に含まれる炭素の流れのいずれかを表している。図4のア～キの中から，有機物に含まれる炭素の流れを表す矢印をすべて選び，記号で答えなさい。(　　　)

図4

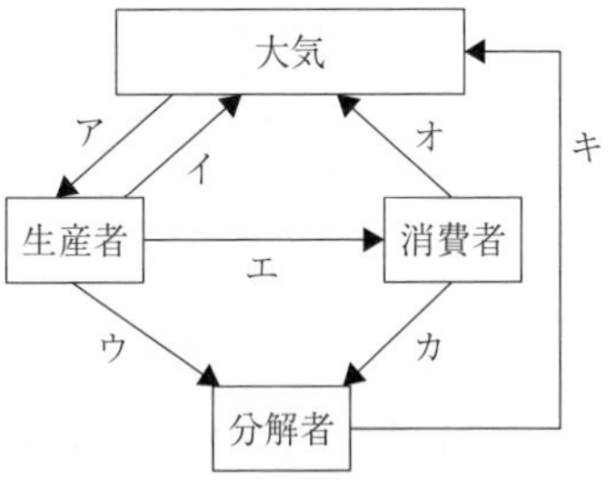


(3)　ヒトは，食べることで養分をとり入れ，からだの中で消化，吸収を行う。

①　Sさんは，養分であるデンプンに対するヒトのだ液のはたらきを調べる実験を行った。

図5のように，試験管A，Bを用意し，試験管Aにはうすいデンプン溶液10cm$^3$と水でうすめただ液2cm$^3$を，試験管Bにはうすいデンプン溶液10cm$^3$と水2cm$^3$を入れ，試験管A，Bを，約40℃の水が入ったビーカーに10分間入れた。次に，試験管C，Dを用意し，試験管Cには試験管Aの溶液の半分を，試験管Dには試験管Bの溶液の半分を入れた。その後，試験管A，Bにはヨウ素液を，試験管C，Dにはベネジクト液を数滴加え，試験管C，Dを加熱し，試験管A～Dの溶液の色の変化を調べた。表1は，その結果をまとめたものである。

図5

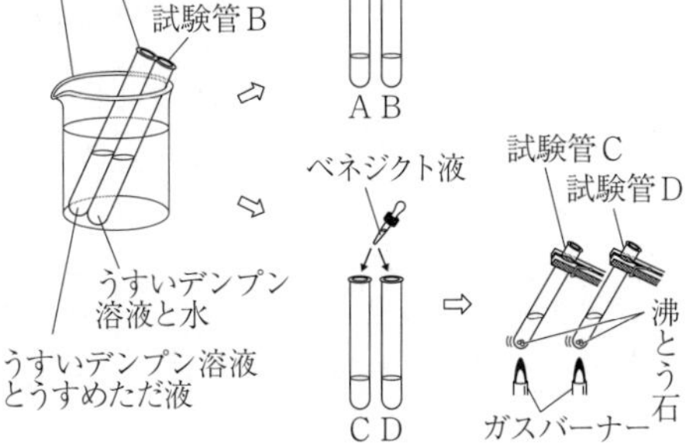


表1

| | A | B | C | D |
|---|---|---|---|---|
| 色の変化 | × | ○ | ○ | × |

(注)　○あり　×なし

a　次の文が，デンプンの分解について適切に述べたものとなるように，文中の(ⓐ)～(ⓤ)のそれぞれに補う言葉の組み合わせとして正しいものを，下のア～カの中から1つ選び，記号で答えなさい。(　　　)

図5の実験において，4本の試験管のうち，試験管Bの溶液の色は(ⓐ)に変化し，試験管Cの溶液の色は(ⓘ)に変化したことから，ヒトのだ液にはデンプンを分解するはたらきがあることが分かる。デンプンは，だ液のほかに，すい液や小腸の壁にある消化酵素のはたらきにより，最終的に(ⓤ)に分解される。

ア　ⓐ 赤褐色　ⓘ 青紫色　ⓤ アミノ酸
イ　ⓐ 赤褐色　ⓘ 青紫色　ⓤ ブドウ糖
ウ　ⓐ 赤褐色　ⓘ 赤褐色　ⓤ アミノ酸
エ　ⓐ 青紫色　ⓘ 赤褐色　ⓤ ブドウ糖
オ　ⓐ 青紫色　ⓘ 赤褐色　ⓤ アミノ酸
カ　ⓐ 青紫色　ⓘ 青紫色　ⓤ ブドウ糖

b　Sさんは，ヒトのだ液がデンプンに対してよくはたらく温度があるのではないかと考えた。この考えが正しいかどうかを確かめるためには，図5の実験の一部を変えて同様の実験を行う必要がある。図5の実験において変えることは何か。簡単に書きなさい。

(　　　　　　　　)

② 消化酵素のはたらきによって分解されてできた，ブドウ糖，アミノ酸，脂肪酸，モノグリセリドは，小腸の柔毛の表面から吸収され，吸収された脂肪酸とモノグリセリドは脂肪になる。小腸の柔毛の表面から吸収された後の，ブドウ糖，アミノ酸，脂肪は，それぞれ柔毛内部のどこに入るか。簡単に書きなさい。

(　　　　　　　　　　　　　　　　)

(4)　ヒトは，とり入れた養分から活動するエネルギーを得ており，そのエネルギーの一部を脳で消費している。ある中学生が1日に消費するエネルギーを2400kcalとし，そのうちの20％は脳で1日に消費されるものとする。ご飯100gから得られるエネルギーを150kcalと仮定したとき，脳で1日に消費されるエネルギーは，ご飯何gから得られるエネルギーに相当するか。計算して答えなさい。(　　　g)

3　身の回りの物質，化学変化と原子・分子及び科学技術と人間に関する(1)，(2)の問いに答えなさい。

(1)　プラスチックに関する①，②の問いに答えなさい。

①　プラスチックには，ポリエチレンやポリスチレンなどさまざまな種類があり，いずれも化合物である。次のア～エの中から，化合物を2つ選び，記号で答えなさい。(　　　)

ア　水　　イ　マグネシウム　　ウ　水素　　エ　塩化ナトリウム

②　3種類のプラスチックA～Cの小片と3種類の液体X～Zを用意し，液体X～Zをそれぞれビーカーに入れた。ビーカー内の液体Xの中に，プラスチックA～Cの小片を入れ，それぞれ沈むかどうか調べた。その後，ビーカー内の液体Y，Zでも同様の実験を行った。表2は，その結果をまとめたものである。表2をもとにして，A～C及びX～Zの6種類の物質を，密度の大きい順に並べ，記号で答えなさい。

(　　＞　　＞　　＞　　＞　　＞　　)

表2

| | | プラスチック | | |
|---|---|---|---|---|
| | | A | B | C |
| 液体 | X | ▼ | ▼ | ▼ |
| | Y | △ | ▼ | △ |
| | Z | ▼ | ▼ | △ |

(注)　△印は小片が液体に浮くことを示し，▼印は小片が液体に沈むことを示している。

(2)　図6のように，試験管Aに，黒色の酸化銅8.0gと炭素粉末0.3gをよく混ぜ合わせて入れ，いずれか一方が完全に反応するまで加熱した。このとき，気体の二酸化炭素が発生して試験管Pの中の石灰水が白くにごった。気体の発生が終わった後，いくつかの操作を行ってから，試験管Aを放置し，十分に冷めてから，試験管Aの中の固体の質量を測定した。次に，試験管B～Eを用意し，混ぜ合わせる炭素粉末の質量を変えて，同様の実験を行った。表3は，その結果をまとめたものである。ただし，酸化銅と炭素粉末の反応以外の反応は起こらないものとする。

図6

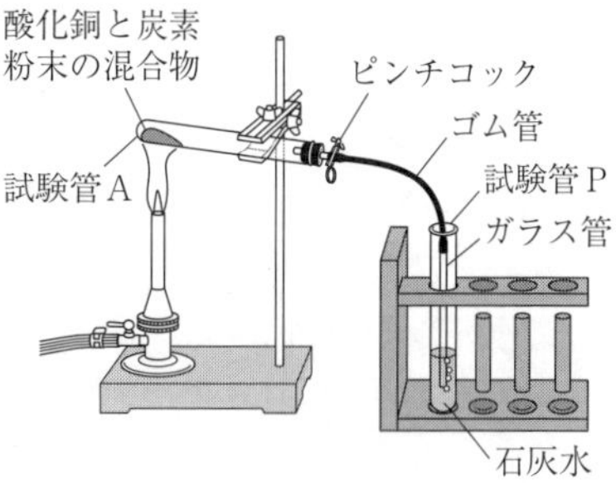


表3

| | A | B | C | D | E |
|---|---|---|---|---|---|
| 混ぜ合わせた炭素の質量(g) | 0.3 | 0.6 | 0.9 | 1.2 | 1.5 |
| 反応後の試験管の中の固体の質量(g) | 7.2 | 6.4 | 6.7 | 7.0 | 7.3 |

①　気体の発生が終わった後，下線部の操作として，次のア～ウの操作を行う必要がある。下線部の操作として正しい手順となるように，ア～ウを操作順に並べ，記号で答えなさい。

(　　→　　→　　)

ア　ゴム管をピンチコックで閉じる。　　イ　火を消す。

ウ　ガラス管を石灰水からとり出す。

②　反応後の試験管Aの中の固体をろ紙にとり出し，薬さじの裏で強くこすった後の固体を観察すると金属の性質が確認できた。このとき確認できた金属の性質を1つ，簡単に書きなさい。

(　　　　　　　　　　)

③　黒色の酸化銅に炭素粉末を混ぜ合わせて加熱すると，酸化銅が還元され，赤色の銅ができ，二酸化炭素が発生する。この化学変化を，化学反応式で表しなさい。なお，酸化銅の化学式は

CuO である。(　　　　　　　　　　)

④　表3をもとにして，次のa，bの問いに答えなさい。

a　試験管Eにおいて，発生した二酸化炭素の質量は何gか。計算して答えなさい。(　　　　g)

b　酸化銅8.0gに混ぜ合わせた炭素の質量と，反応せずに残った酸化銅の質量の関係を表すグラフを，図7にかきなさい。

図7

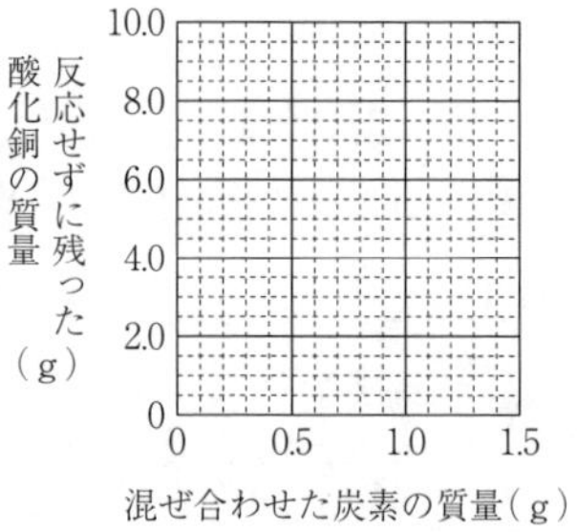

4　地球と宇宙に関する(1)，(2)の問いに答えなさい。

ある晴れた日に，静岡県内の東経138°，北緯35°の場所で，透明半球を平らな板の上に固定してから，方位を合わせて水平に置き，太陽の動きを観測した。図8は，その結果を表したものである。図8の●印は，9時20分から14時20分まで1時間ごとに，ペンの先端の影が点Oと一致するように透明半球上に付けたものである。図8の線aは●印をなめらかな線で結んだ曲線であり，点P，Qは線aと透明半球のふちとの交点である。

図8

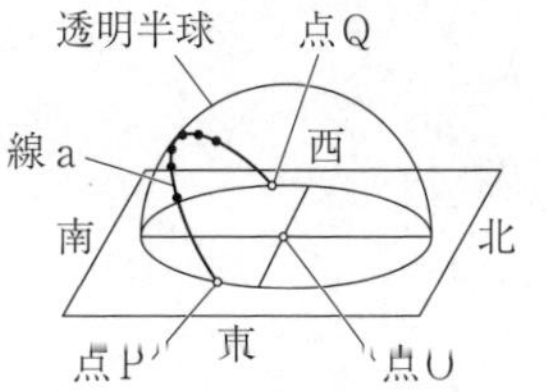


（注）点Oは，透明半球のふちをなぞってできた円の中心である。

表4

| 観測時刻 | 9：20 | 10：20 | 11：20 | 12：20 | 13：20 | 14：20 | |
|---|---|---|---|---|---|---|---|
| ●印の間の長さ（mm） | | 24 | 24 | 24 | 24 | 24 | |

(1)　観測後，線aにそって紙テープをはり付けて，●印をうつしとり，●印の間の長さをはかった。表4は，その結果をまとめたものである。

①　図8の線aは，地球の自転による，太陽の見かけの動きを表している。線aで表されるような太陽の見かけの動きは何とよばれるか。その名称を書きなさい。(　　　)

②　14時20分の●印と点Qとの間の透明半球上の長さをはかったところ，その長さは55mmであった。表4をもとにすると，この観測を行った日の，日の入りの時刻は何時何分であったと考えられるか。次のア～エの中から，最も近いものを1つ選び，記号で答えなさい。(　　　)

ア　16時25分　　イ　16時40分　　ウ　16時55分　　エ　17時10分

(2)　図8を観測した同じ日に，東経138°，南緯35°の場所で観測される太陽の動きは，透明半球上でどのように表されると考えられるか。次のア～エの中から，最も適切なものを1つ選び，記号で答えなさい。(　　　)

ア

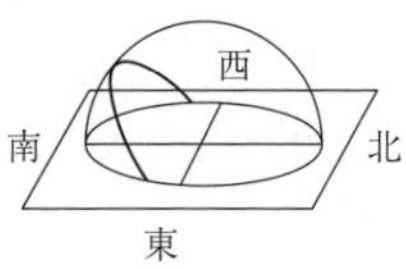


イ

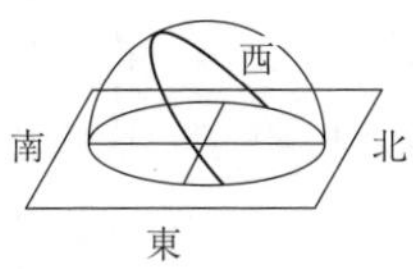


ウ

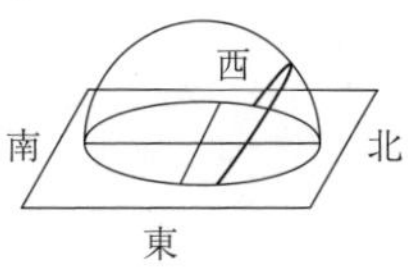


エ

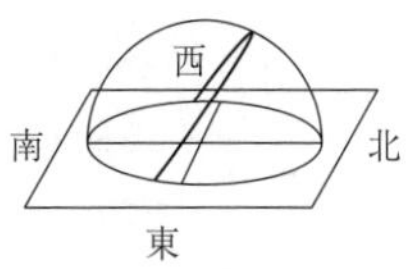

5　気象とその変化に関する(1)，(2)の問いに答えなさい。

図9は，ある年の3月15日9時における天気図である。図9の中の×印と数字は，高気圧と低気圧のそれぞれの中心とそこでの気圧の値を示している。

図9

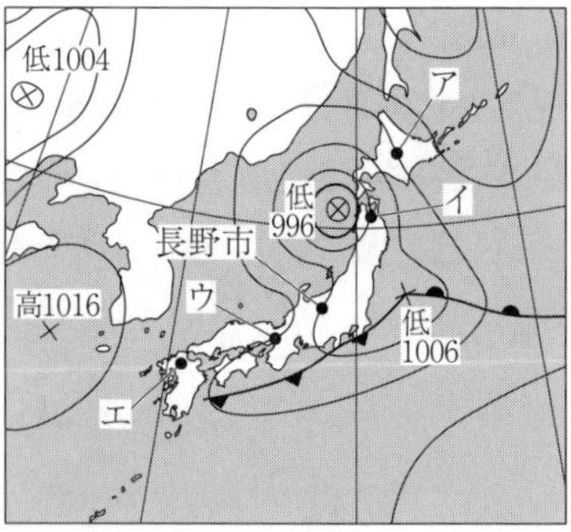


(1)　図9の中には前線がみられる。

①　一般に，寒冷前線は温暖前線より速く進むため，寒冷前線が温暖前線に追いつき，閉そく前線ができることがある。図10を適切に補い，閉そく前線を表す記号を完成させなさい。

図10

②　一般に，寒冷前線付近にできる雲は，温暖前線付近にできる雲と比べて，せまい範囲にできる。寒冷前線付近にできる雲の範囲が，温暖前線付近にできる雲の範囲と比べて，せまい理由を，**寒気**，**暖気**という2つの言葉を用いて，簡単に書きなさい。

(　　　　　　　　　　　　　　　　　　　　　　　　)

(2)　気圧に関する①，②の問いに答えなさい。

①　図9において，ア～エの地点の中から，長野市より気圧が低い地点を1つ選び，記号で答えなさい。(　　　)

②　山頂で密閉した空のペットボトルをふもとまで持ってきたとき，ペットボトルの内側と外側の気圧の差により力が生じ，ペットボトルは変形することがある。山頂からふもとまで持ってきた空のペットボトルが変形したときの，ペットボトルが変形した理由と，ペットボトルの状態について述べたものとして，最も適切なものを，次のア～エの中から1つ選び，記号で答えなさい。(　　　)

ア　ペットボトルの，内側の気圧に比べて，外側の気圧が低くなったため，へこんだ。

イ　ペットボトルの，内側の気圧に比べて，外側の気圧が低くなったため，ふくらんだ。

ウ　ペットボトルの，内側の気圧に比べて，外側の気圧が高くなったため，へこんだ。

エ　ペットボトルの，内側の気圧に比べて，外側の気圧が高くなったため，ふくらんだ。

6　身近な物理現象及び運動とエネルギーに関する(1)～(3)の問いに答えなさい。

(1)　図 11 のように，定滑車を１つ用いて荷物を持ち上げる装置をつくり，床に置かれた質量 3 kg の荷物を，糸が引く力によって，床から 80cm の高さまでゆっくりと一定の速さで真上に持ち上げた。

図 11

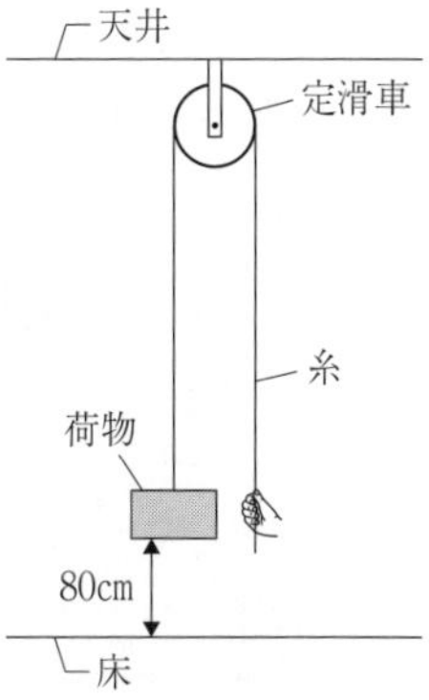


①　力には，物体どうしがふれ合ってはたらく力や，物体どうしが離れていてもはたらく力がある。次のア～エの中から，物体どうしが離れていてもはたらく力として適切なものを２つ選び，記号で答えなさい。
(　　　)

ア　磁石の力　　イ　ばねの弾性力　　ウ　重力　　エ　垂直抗力

②　床に置かれた質量 3 kg の荷物を 80cm の高さまでゆっくりと一定の速さで真上に持ち上げたときに，手が加えた力がした仕事の大きさは何 J か。計算して答えなさい。ただし，100g の物体にはたらく重力の大きさを 1 N とする。また，糸の質量は無視でき，空気の抵抗や糸と滑車の間にはたらく摩擦はないものとする。(　　　J)

(2)　重い荷物を持ち上げるとき，クレーンなどの道具を使うことがある。クレーンには定滑車のほかに動滑車が使われており，小さな力で荷物を持ち上げることができる。図 12 は，定滑車１つと動滑車１つを用いて荷物を持ち上げる装置で，質量 1 kg の荷物をゆっくりと一定の速さで持ち上げたときの，荷物にかかる重力と糸が動滑車を引く力と手が糸を引く力を矢印（⟶）で示している。図 13 は，定滑車１つと動滑車３つを用い，糸 a を引いて荷物を持ち上げる装置である。動滑車が１つのときに成り立つ原理は，動滑車が複数になっても，それぞれの動滑車において成り立つ。次の文が，図 11 と図 13 の，それぞれの装置を用いて，同じ荷物を床から同じ高さまでゆっくりと一定の速さで真上に持ち上げたときの，手が加えた力がした仕事について述べたものとなるように，文中の(㋐)～(㋒)のそれぞれに適切な値を補いなさい。ただし，糸や滑車の質量は無視でき，空気の抵抗や糸と滑車の間にはたらく摩擦はないものとする。

㋐(　　　)　㋑(　　　)　㋒(　　　)

図 12

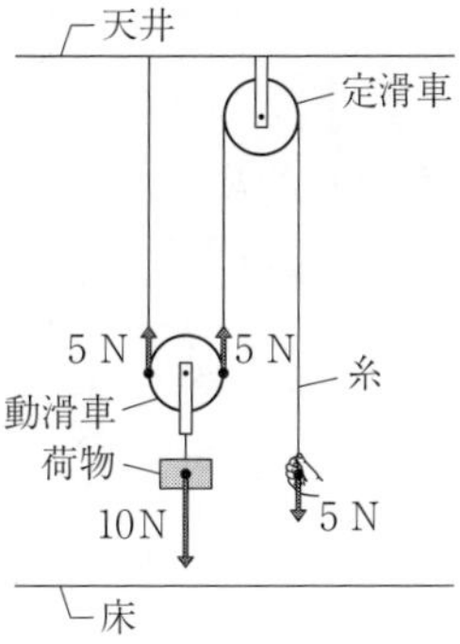


図 13

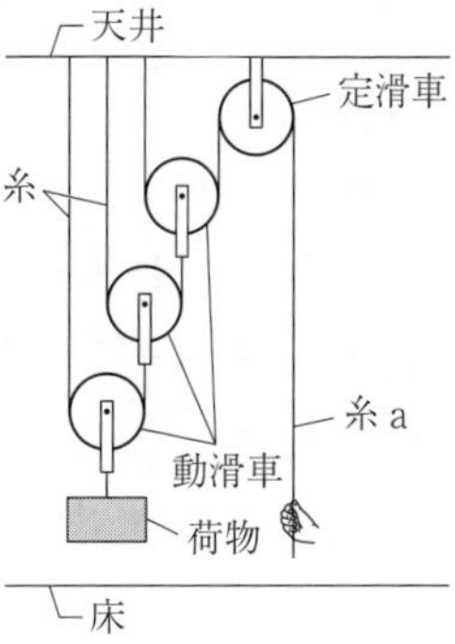


図 11 と図 13 の，それぞれの装置を用いて，同じ荷物を床から同じ高さまでゆっくりと一定の速さで真上に持ち上げたとき，図 11 の装置を用いた場合と比べて，図 13 の装置を用いると，手が糸 a を引く力の大きさは（ ㋐ ）倍になり，手が糸 a を引く距離は（ ㋑ ）倍になり，手が加えた力がした仕事の大きさは（ ㋒ ）倍になる。

(3)　図 14 のように，水平な床の上に斜面をつくり，斜面の上に台車を置く。台車には，テープをつけ，1 秒間に 50 回打点する記録タイマーに通して，台車の運動を記録できるようにする。台車を静かにはなしたところ，台車は斜面を下り，水平な床の上を進んだ。図 15 は，このときの台車の運動を記録したテープを，a 点から 5 打点ごとに区間 1～8 と区切ったようすの一部を表した模式図であり，b 点は a 点から 15 打点目の点である。ただし，斜面と床はなめらかにつながっていて，テープの質量は無視でき，空気の抵抗や摩擦はないものとする。

図 14

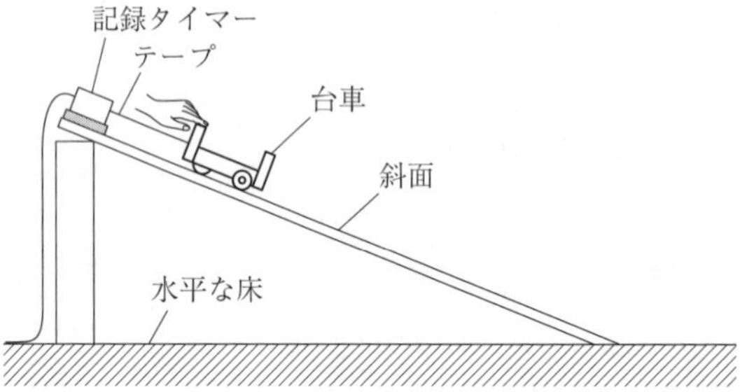


図 15

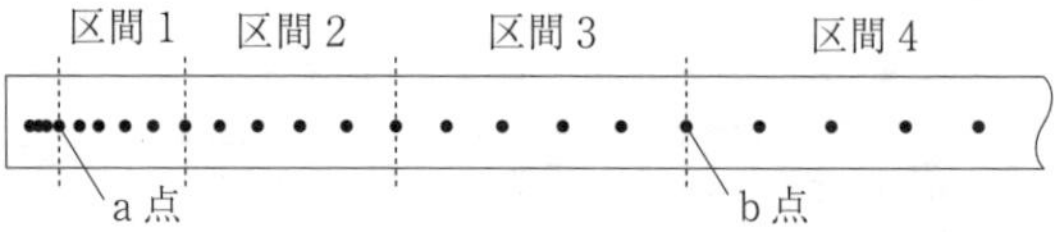


①　次のア～エの中から，台車が斜面を下っているときの，台車にはたらくすべての力を表したものとして，最も適切なものを 1 つ選び，記号で答えなさい。ただし，同じ種類の力は合力として 1 本の矢印で表している。(　　　)

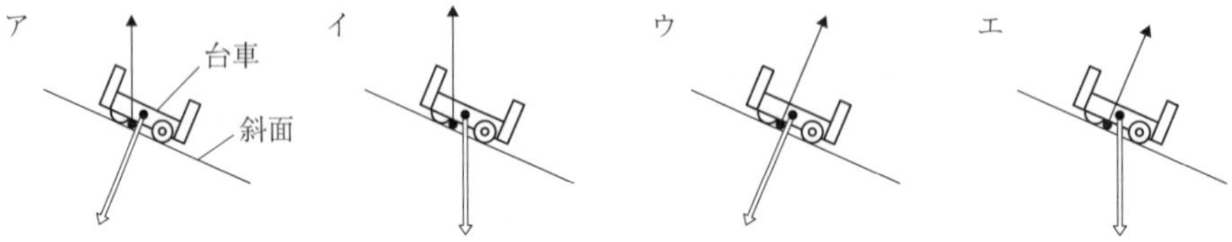


②　図 15 の a 点から b 点までの長さは 22.5cm であった。a 点を打ってから b 点を打つまでの間の，台車の平均の速さは何 cm/s か。計算して答えなさい。(　　　cm/s)

③　図 16 は，区間 1～8 の各区間のテープの長さを表したものである。図 16 をもとにして，台車が水平な床に到達したときの区間を，区間 1～8 の中から 1 つ選び，数字で答えなさい。また，そのように判断した理由を，台車が斜面を下っているときの，速さの増え方に関連付けて，簡単に書きなさい。

区間(　　　)

理由(　　　　　　　　　　　　　　　　　　　　)

図 16

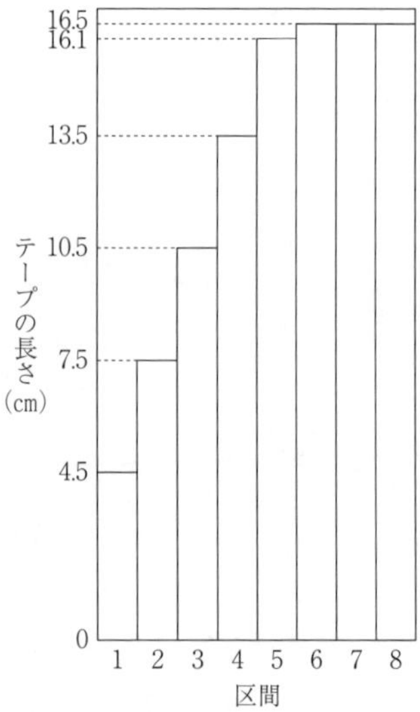

5　あなたのクラスでは、国語の授業で、次の□の中の俳句の一部が紹介された。この俳句の【　】の中に、あとのA、Bどちらかの春の季語を入れ、春の情景について考えを述べ合うことになった。

> 【　】新たな友と　歩く道

あなたの想像する春の情景を表した俳句にするためには、【　】の中に入れる季語として、AとBのどちらがより適切であると考えるか。A、Bどちらかを選び、それを選んだ理由が分かるように、あなたの考えを書きなさい。ただし、次の条件1、2にしたがうこと。

条件1　一マス目から書き始め、段落は設けないこと。

条件2　字数は、百五十字以上、百八十字以内とすること。

| | 春の季語 | 意味 |
|---|---|---|
| A | 山笑う | 山の草木が一斉に新芽を吹き、花が咲いて山全体が明るくなる様子。 |
| B | 花曇り | 桜の咲く頃の曇り空のこと。比較的明るく曇っている空の様子。 |

4　次の文章を読んで、あとの問いに答えなさい。

雲山《うんざん》といへる肩衝《かたつき》注①、堺《さかひ》の人ア所持したるが、利休注②など招きて、はじめて茶の湯に出したれば、休《利休》、一向気に入らぬ体《てい》《まったく気に入らない様子》なり。亭主注③、客帰りて後、当世《今の世の中で》、休が気に入らぬ茶入れおもしろからず《つまらない》とて、五徳注④に擲《なげう》ち破《わり》けるを《投げつけ割ったのを》、かたはらに有りける知音《ちいん》の人《そばにいた知り合いの人が》もらうて帰り、手づから継《つぎ》て《自らつなぎ合わせて》、茶会をイ催し、ふたたび休に見せたれば、これでこそ茶入れ見事なれとて、ことのほか《とりたてて》ウ称美す《ほめたたえた》。よてこの趣き《だからこのことを》もとの持主方へいひやり、茶入れ秘蔵せられよとて《大切にしまっておきなさい》エ戻しぬ《返した》。

その後、件《くだん》の《前述の》肩衝、丹後《たんご》の太守注⑤、値千金に御求め候《さふら》ひて《大金でお買い求めになりまして》、むかしの継目ところどころ合はざりけるを《合わなかったので》、継なをし候はんや《つなぎ合わせ直しましょうか》と小堀《こぼり》遠州注⑥へ相談候へば、遠州《小堀遠州》、この肩衝破《わ》れ候ひて《割れまして》、継目も合はぬにてこそ《合わないからこそ》利休もおもしろがり《興味深く感じており》、名高くも聞《きこ》え侍《はべ》れ《評判高く世間に知られています》。かやうの《このような》物は、そのままにておくがよく候ふと申されき《申し上げなさった》。

（藤村庸軒《ふじむらようけん》・久須美疎安《くすみそあん》「茶話指月集」より）

（注）① 茶の湯で使用する抹茶《まっちゃ》を入れておく、陶器製の茶入れの一種。
② 千利休。安土《あづち》桃山時代の茶人。
③ 茶の湯で茶をたてて接待する人。
④ 鉄瓶などを置いて火にかけるための金属製の道具。
⑤ 丹後国の領主。丹後国は今の京都府の一部。
⑥ 小堀政一《まさかず》。江戸時代初期の大名で茶人。

問一　二重傍線（‖）部を、現代かなづかいで書きなさい。（　　）

問二　波線（～～）部ア～エの中から、その主語に当たるものが同じであるものを二つ選び、記号で答えなさい。（　　と　　）

問三　亭主が、傍線（――）部のように行動したのは、雲山という茶入れをどのように感じたからか。亭主がこの茶入れに感じたことを、この茶入れに対する利休の様子が分かるように、現代語で書きなさい。
（　　）

問四　小堀遠州は、丹後の太守に、雲山という茶入れについてどのような助言をしているか。その助言を、小堀遠州が述べている、この茶入れに対する利休の評価と利休がそのように評価した理由が分かるように、現代語で書きなさい。
（　　）

そのお客様はまな板をお探しになっていました。[2] 店員の方はまな板の置いてある場所が外国人のお客様にとって分かりにくいと考えて、棚の場所をただお伝えするのではなく、まな板の置いてある棚まで一緒に行っていました。[3] 私も普段から相手の立場になり、思いやりを持って接したいと思いました。[4]

問一　傍線部1は、受け身の表現にした方が適切であると考えた。傍線部1を、受け身の表現に直しなさい。

（　　　　　　　　）

問二　傍線部2の放送委員の発言は、インタビューの流れの中で、どのような役割を持っていると考えられるか。その役割の説明として最も適切なものを、次のア～エの中から一つ選び、記号で答えなさい。（　　）

ア　自分の解釈を交えて言い直し、聴衆の理解を促す。
イ　自分の意見を転換しながら、新しい話題につなげる。
ウ　相手の考えを確かめながら、疑問があることを伝える。
エ　相手の説明を繰り返し、自らの見解との差異を明らかにする。

問三　傍線部3を、「外国人のお客様」に対する敬意を表す表現にしたい。傍線部3を、敬意を表す表現に改めなさい。（　　　）

問四　本文中に、次の一文を補いたい。補うのに最も適切な箇所を、[1]～[4]の、いずれかの番号で答えなさい。（　　）

この店員の方のように、相手の立場になって考えることが、相手に思いやりを持って接するということだと思います。

問五　あなたは、この原稿では、森さんの職場体験での大変さが伝わりにくいと考え、次の□の中のやり取りを、この原稿のはじめに付け加えることを提案した。

放送委員：森さんは、ホームセンターで職場体験を行ったそうですが、どのようなお店でしたか。
森さん　：私が職場体験を行ったのは一般的なホームセンターで、日用雑貨を主に扱い、【　　】という特徴がありました。

次の□の中のメモは、森さんが職場体験で店長から聞いた、一般的なホームセンターの特徴である。このメモの内容をふまえ、森さんの職場体験での大変さがより伝わる原稿となるように、【　　】の中に入る適切な言葉を考えて、二十五字以内で書きなさい。

・衣食住の中でも「住まい」に関連した商品を取り扱っている。
・日用雑貨など、商品の種類が非常に多い。
・売り場の面積にはかなりの広さが必要である。
・郊外の広い場所にあり、広い駐車場を設けていることが多い。

ア　なぜなら　　イ　けれども　　ウ　すなわち　　エ　そのうえ

問五　筆者は、傍線（――）部のような進化は、能力の多様性を前提とし、自然選択という現象を繰り返すことによって起こったと述べている。筆者が述べている自然選択とはどのような現象か。能力の多様性とはどのようなことかが分かるように、五十字程度で書きなさい。

問六　次のア～エの中から、本文で述べている内容として適切なものをすべて選び、記号で答えなさい。（　　）

ア　生命が誕生する以前に、地球の大陸では隕石や落雷などが原因で最初の生物の材料となるような有機物質が生まれた。

イ　原始地球において「ダーウィンのスープ」がどのようなところで生まれたのかは、解明されていない。

ウ　生物が進化を続けていく過程では突然変異が起こり、様々な性質を持つ個体が生まれる。

エ　生物学的に考えるとすべての動物は進化をするが、細菌のような単細胞生物の中には進化をしないものもいる。

3　放送委員のあなたは、昼の放送で、職場体験を行った生徒の体験談をインタビュー形式で紹介することになった。次の文章は、ホームセンターで職場体験を行った森さんと一緒に作成している、放送原稿の一部である。この文章を読んで、あとの問いに答えなさい。

放送委員：森さんはどのような仕事を体験しましたか。

森さん　：商品を売り場へ補充する作業と棚の奥にある商品を前に出す作業を体験しました。売り場で作業をすることが多く、購入したい商品が置いてある場所を、1 お客様がよく質問しました。

放送委員：そのような作業や接客をするときに大変だったことは何ですか。

森さん　：商品名と商品の置いてある場所を覚えることです。お客様が困らないように、商品を売り場に素早く補充したり、お客様の質問にすぐ答えたりできるように、商品名と商品の置いてある場所を覚えることが必要でした。しかし、結局、どこの棚にどの商品が置いてあるかを、すべては覚えきれませんでした。

放送委員：なるほど。2 商品の補充や接客のための準備として、商品の陳列場所をあらかじめ覚えておくことが大切なんですね。では、最後に、今回の職場体験を通して学んだことは何ですか。

森さん　：相手に思いやりを持って接することの大切さです。職場体験の二日目に外国人のお客様が 3 来たときのことです。私は店員の方と二人でそのお客様の接客をしていました。[1]

すべての仮説で共通するところです。

生命誕生がどこでどんな物質から起きたのかも分からないのに、どうして「増える能力をもっていた」なんてことが断言できるのでしょうか。それは今の生物の姿を考えると、進化というオしくみなしでは達成できないはずで、そして進化を起こすためには『増える能力』がどうしても必要だからです。

すべての生物は進化をします。「進化」という言葉はいろいろな分野で少し違った意味で使われていますが、ここでの「進化」は生物学的な進化を指します。□、ダーウィンが述べた「多様性を持つ集団が自然選択を受けることによって起こる現象」のことです。

この進化の原理はとても単純です。まず、生物は同じ種であっても個体ごとに少しずつ遺伝子が違っていて、その能力にも少しだけ違いがあること、つまり能力に多様性があることを前提とします。

たとえば、池の中にミジンコがたくさんいて、みんな少しずつ泳ぐ速さが違うといった状況をイメージしてください。泳ぐのが速いミジンコは、泳ぐのが遅いミジンコよりもきっと餌《えさ》を多く手に入れることができるでしょうし、ヤゴ[注④]などの天敵から逃げやすいので長く生き残ってたくさんの子孫を残すでしょう。そして次の世代のミジンコ集団では泳ぐのが速いミジンコの割合が増えていることでしょう。

この子孫を残しやすい性質が集団内で増えていく現象が「自然選択」と呼ばれます。多様性があってそこに自然選択が(え)はたらくと、より子孫を残しやすい性質がその生物集団に自然に広がっていくことになります。

このように集団の性質がどんどん変わっていくことが生物学的な「進化」と呼ばれます。自然選択が起こると特定の性質が選ばれるので、一時的に多様性は小さくなってしまいますが、そのうち遺伝子に突然変異が起きてまたいろいろ性質の違う個体が生まれると多様性は回復します。そしてまた自然選択が起こり、進化が続いていくことになります。

ここで例として挙げた進化では泳ぐのが速くなるくらいの小さな変化ですが、おそらくこれを気の遠くなるほど続けた結果が、私たち人間を含む現在に生きる生物たちです。私たちの祖先は細菌のような単細胞生物だったと言われていますが、このような多様性と自然選択を気の遠くなるような数だけ繰り返して、より生き残りやすい性質を生み出し選んできました。その結果、現在の私たち人間や、現在生きているすべての生物のような複雑な生物へと進化していったと考えられています。

（市橋伯一《いちはしのりかず》「増えるものたちの進化生物学」より）

（注）① イギリスの生物学者。
② いろいろな材料を混ぜ入れて煮たもの。
③ 細胞の核に含まれる物質の一つ。
④ トンボの幼虫。

問一　二重傍線（‖）部(あ)、(う)の漢字に読みがなをつけ、(い)、(え)のひらがなを漢字に直しなさい。

(あ)（　　われて）　(い)（　　）　(う)（　　）　(え)（　　く）

問二　波線（〰）部ア～オの中には、品詞の分類からみて同じものがある。それは、どれとどれか。記号で答えなさい。（　　と　　）

問三　筆者は、生命の起源について様々な仮説があるが、大多数の仮説で共通する点があると述べている。大多数の仮説で共通する点とは何か。二十五字以内で書きなさい。

問四　次のア～エの中から、本文中の□の中に補う言葉として、最も適切なものを一つ選び、記号で答えなさい。（　　）

を、体言止めを用いて描いている。

エ　物静かで繊細な祖母とお人よしで無邪気な父の様子を、主観的に描いている。

問六　傍線（――）部から、灯子が島のひとたちを見て、胸がいっぱいになっていることが分かる。灯子が胸がいっぱいになっているのは、島のひとたちのどのような様子を見たからか。島に近づくにつれて灯子が不安を募らせている心境をたとえた表現を含めて、六十字程度で書きなさい。

2　次の文章を読んで、あとの問いに答えなさい。

増えるという能力はいったいいつ生物に与えられたのでしょうか？　それは生命の誕生以前だと考えられています。ただし、生物に増える能力が与えられたというよりは、増える能力を持った物質が生物になったと言うほうが正しいでしょう。

最初の生命はアおそらく38億年くらい前に生まれたと言われています。生命が生まれる前の原始地球の環境は、まだ大陸はなく、ほとんどが海であ覆われているような状態だったようです。

そんな環境で、落雷やいうちゅうからの放射線、隕石《いんせき》、鉱物による反応、地下からの熱水など、いろいろな過程でアミノ酸など最初の生物の材料とイなるような有機物質が生まれました。有機物質はそのうち地球上のどこかでう濃縮されて「ダーウィンのスープ」注①と呼ばれる有機物質のごった煮注②のようなものが生まれました。そのごった煮の中で増える能力を持った原始的な生命の元が誕生したと想像されています。

ウしかし、それがどんな物質からできていたのかもわかっていませんし、どこでそれが起きたのかもわかっていません。一応、今のところ一番人気のある説は「リボヌクレオチド」注③（ＲＮＡ）と呼ばれる物質が、海底の熱水噴出孔《こう》（溶岩で温められた水が噴き出しているところ、要するに海底にある温泉です）か、地上の熱水噴出孔で生まれたとする説ですが、エいまだにだれも再現できていません。また、増える能力を持った物質は1種類ではなくて、複数の物質がお互いを増やしあいながら全体として増える分子の集合体だったという説もあります。

いずれにせよ、生命の誕生の元は、自らを増やす能力を獲得した何かだったと考えられています。この説以外にも生命の起源の仮説は様々あるのですが、増える能力を持った物質が生命の元となっているのはほぼ

て、背筋をしゃんとのばし堂々と立っている。灯子は気抜けした。やはりどう見たって、あの祖母には「お年」も「心細い」もぜったいに似あわないではないか。

　父は祖母のさらに後方で、両手をズボンのポケットにいれ、肩をすくめるようにして、ひとりでぽつんと立っていた。灯子は父にも見えるように、みかんを胸のあたりまで高くだきあげて手をふった。父も気づいて、片手をポケットからだして小さくふった。

　そのとき、最前列にいたひとたちが布をひろげた。シーツのような白い布だ。大きな文字が書いてある。

　かんげい

　白い布が風にはためき、みかんがそれにむかってワンワンほえだした。だれが歓迎されているのだろうと、灯子はあたりを見まわした。乗客たちは乗降口付近にあつまっているが、だれも布を見ていないし、それらしいひともいない。そのうち灯子は、「かんげい」の文字の下に、それよりすこし小さい文字で、「ひがしさん」と書いてあることに気づいた。

　布を持っているのは七、八人のこどもたちで、全員が自分を見ている。みんな、満面の笑みだ。手をふってくれている子もいる。ややうしろに立って、ほほえみながら両腕を交差するようにしてふっている、男のおとなのひともいる。

　灯子はめんくらった。(注④) それから、胸がドキドキしてきた。出口のないトンネルなんかではない。ここにはたくさんのひとがいる。まだ見たこともないはずのわたしを……ここにくるのがいやでしかたがなかったわたしを、歓迎してくれている……ふいに、のどの奥にあついかたまりがこみあげてきた。

　てのひらで目のあたりをこすり、鼻水をすすりあげながら、灯子は心をこめて大きく手をふりかえした。それから、みかんをつれて、いそいで乗降口にむかった。（杉本りえ「地球のまん中　わたしの島」より）

（注）①　綱などでつなぎとめること。
②　犬をつないでおくひも。
③　船の床の部分。
④　驚きとまどった。

問一　二重傍線（＝）部(あ)の漢字に読みがなをつけ、(い)のひらがなを漢字に直しなさい。(あ)（　）　(い)（　する）

問二　次のア～エの中から、波線（～～）部と同じ構成の熟語を一つ選び、記号で答えなさい。（　）

ア　新学期　イ　不器用　ウ　一貫性　エ　天地人

問三　幼少のころの灯子が、島の灯台を見て悪い気がしなかったのはなぜか。その理由を、三十字以内で書きなさい。

問四　次のア～エの中から、本文中の□の中に補う言葉として、最も適切なものを一つ選び、記号で答えなさい。（　）

ア　わくわく　イ　いらいら　ウ　はらはら　エ　おどおど

問五　次のア～エの中から、本文中のⓐで示した部分における、灯子の祖母と父の様子と、その表現について説明したものとして、最も適切なものを一つ選び、記号で答えなさい。（　）

ア　気が強く元気な祖母と素朴で実直な父の様子を、比喩を用いて描いている。

イ　体格が良く立派な立ち姿の祖母と人混みから離れ控えめな父の様子を、対照的に描いている。

ウ　頑固で威厳のある祖母と心優しく穏やかな人柄である父の様子

# 国語

時間　五〇分
満点　五〇点

1　次の文章には、島への転居を嫌がっていた中学生の東灯子《ひがしとうこ》が、父と祖母の待つ島へ転居するために、祖母を心配する母と飼い犬のみかんと共に、船に乗っているときのことが書かれている。この文章を読んで、あとの問いに答えなさい。

乗船して三十分、風がすこしおさまってきたのか、定期船の上下左右のうねり㋐幅がすくなくなった。窓にときおり、ななめにかたむいた水平線が見える。乗船するときは、はるかかなたにうすぼんやりと見えていた島影が、水平線上に、かなりはっきり確認できるようになった。ひらべったい島だ。まん中あたりにポツンと灯台が立っている。

まだほんの小さかったころ、灯子はあれを見て、やかんのふたを連想した。地球全体が大きなやかんで、島がふた、灯台がつまみの部分。灯子の名前のもとになった灯台が、地球のまん中にあると思うのはわるくない気分だった。

「灯子の灯は灯台の灯。」

父から何度もきいたことがある。海にでている者は、あれを見ると、帰ってきたんだなあって、ほっとするんだ。まっ暗な夜だったら、あの明かりがどんなに心強いか。まわりのひとに安心感をあたえられるような、そんなひとになってもらいたくて、灯子ってつけたんだ。

父は生まれそだった島をはなれたけれど、こどもには、島を連想する名前をつけた。あわないからはなれた、などという単純なものではなく、父の心の中では、故郷は圧倒的に大きな存在としてありつづけていたのだろうと、いまになっては㋑さっすることができる。

けれども灯子自身は、みんなに安心感をあたえるどころか、自分が不安でたまらない。あそびにいくときは、島影を見ると□した。小さい場所であることが、冒険心をくすぐった。冒険はもどるところがあるから楽しめる。これからは、そこで暮らしていくのだ。近づいていくにつれて、出口のないトンネルにはいっていこうとしているみたいで、胸がおしつぶされそうになる。覚悟は決めたはずだけど、へだたった場所で、しかも、なかばヤケになって決めた覚悟は、現在進行形ではぜんぜん通用していない。

高速船は、そんなにいそがなくてもいいのにと思えるほどに、ずんずん島に近づいていく。コンクリートの防波堤が見えてきた。その内側に、たくさんの漁船が係留[注①]されている。うごいている船はいなかったけれど、ひとの気配があるところにきたような気がして、なんとなくほっとする。

エンジン音が小さくなり、船は速度を落とした。防波堤の中に進路をとって、ゆっくり船つき場へと進んでいく。乗客たちは下船の準備をはじめ、母も立ちあがって腰をのばし、顔色はまだ白かったが、のろのろと荷物をまとめはじめた。灯子は席を立ち、みかんのリード[注②]をひっぱって、そとのデッキ[注③]にでてみた。

船つき場には、たくさんのひとがあつまっていた。船がつくと、各家で電話注文した食べ物やいろいろな生活物資をとりに、あるいは島のそとから送られてくる荷物をとりに、島のひとたちがあつまってくるのだ。日曜日だからだろうか。きょうはちょっとひとが多い気がする。

灯子はむかえにきているはずの、父の姿をさがした。が、そのまえに祖母を見つけた。まえのほうにあつまっているひとびとのすこしうしろにいる。祖母は大柄だ。あいかわらず日焼けしたあさ黒い顔をし

# 2024年度／解答

## 数　学

1 **【解き方】**(1) ア．与式 $= 9 - 18 = -9$　イ．与式 $= 21ab \div 7b - 49b^2 \div 7b = 3a - 7b$　ウ．与式 $= \dfrac{5(x-y)-3(x+2y)}{15} = \dfrac{5x-5y-3x-6y}{15} = \dfrac{2x-11y}{15}$　エ．与式 $= 8\sqrt{6} + 6\sqrt{7} + 3\sqrt{7} = 8\sqrt{6} + 9\sqrt{7}$

(2) 与式 $= 4a^2 - 12a + 9 - 4a^2 + 20a = 8a + 9 = 8 \times \dfrac{3}{8} + 9 = 12$

(3) $x^2 - 9x + 8 = x - 13$ より，$x^2 - 10x + 21 = 0$ なので，$(x-3)(x-7) = 0$　したがって，$x = 3,\ 7$

**【答】**(1) ア．$-9$　イ．$3a - 7b$　ウ．$\dfrac{2x-11y}{15}$　エ．$8\sqrt{6} + 9\sqrt{7}$　(2) 12　(3) $x = 3,\ 7$

2 **【解き方】**(1) 半直線 OA の点 A を通る垂線と，半径 OB の垂直二等分線との交点が点 P となる。

(例)

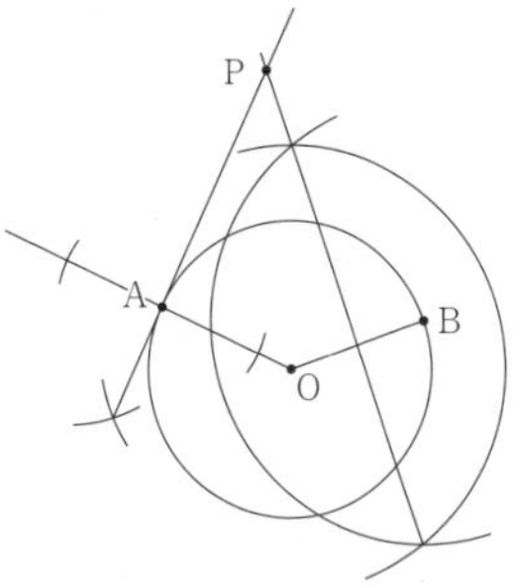


(2) 上から 4 番目の数は，8 の倍数なので，上から 4 番目の左から $n$ 番目は，$8 \times n = 8n$　上から 3 番目の数は，4 番目の数よりも 2 小さいので，求める数は，$8n - 2$

(3) 取り出し方は全部で，$6 \times 3 = 18$ (通り)　玉の色が同じ場合について考える。両方とも赤玉になるのは，袋 A からの取り出し方が 3 通り，袋 B からの取り出し方が 1 通りで，$3 \times 1 = 3$ (通り)，両方とも青玉になるのは，袋 A からの取り出し方が 2 通り，袋 B からの取り出し方が 2 通りで，$2 \times 2 = 4$ (通り)，両方とも白玉になる場合はない。よって，玉の色が異なる取り出し方は，$18 - (3 + 4) = 11$ (通り) だから，求める確率は，$\dfrac{11}{18}$。

**【答】**(1) (右図)　(2) $8n - 2$　(3) $\dfrac{11}{18}$

3 **【解き方】**きゅうりを $x$ 本，なすを $y$ 本とすると，$x + y = 360$……①で，きゅうりは，$x \div 6 = \dfrac{x}{6}$ (袋)，なすは，$y \div 3 = \dfrac{y}{3}$ (袋) あるから，$200 \times \dfrac{x}{6} + 140 \times \left(\dfrac{y}{3} - 5\right) + 140 \times \left(1 - \dfrac{4}{10}\right) \times 5 = 13000$ より，$\dfrac{100}{3}x + \dfrac{140}{3}y = 13280$ なので，$5x + 7y = 1992$……②　よって，①$\times 5 -$②より，$-2y = -192$ だから，$y = 96$　①に代入して，$x + 96 = 360$ より，$x = 264$

**【答】**(きゅうり) 264 (本)　(なす) 96 (本)

4 **【解き方】**(1) 辺 CD とねじれの位置にある辺は，辺 AE，辺 BF，辺 EH，辺 FG。面 BFGC と平行な辺は，面 AEHD 上の辺。よって，求める辺は，辺 AE，辺 EH。

(2) $\mathrm{DK} = \dfrac{1}{2}\mathrm{AD} = 2$ (cm) なので，三平方の定理より，$\mathrm{CK} = \sqrt{4^2 + 2^2} = 2\sqrt{5}$ (cm)　また，面 ABCD は辺 CG に垂直な面だから，CK と CL は直交する。よって，△CLK は直角三角形だから，$\mathrm{KL} = \sqrt{2^2 + (2\sqrt{5})^2} = 2\sqrt{6}$ (cm)

(3) $\triangle \mathrm{HRG} = \dfrac{1}{2} \times 4 \times 4 = 8$ (cm$^2$)　DS ∥ EF より，DT : FT = DS : FE = $(4 - 1) : 4 = 3 : 4$　点 T か

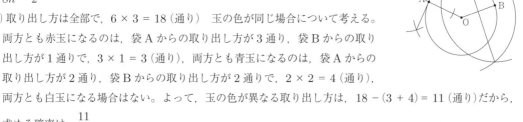

ら△HRGに下した垂線との交点をIとすると，点Iは線分HF上にあり，TI∥DHより，TI：DH = TF：DF = 4：(3 + 4) = 4：7なので，TI = DH × $\frac{4}{7}$ = $\frac{24}{7}$　よって，求める体積は，$\frac{1}{3} \times 8 \times \frac{24}{7} = \frac{64}{7}$ (cm$^3$)

**【答】** (1) 辺AE，辺EH　(2) $2\sqrt{6}$ (cm)　(3) $\frac{64}{7}$ (cm$^3$)

5 **【解き方】** (1) 度数が最も多い階級は，15時間以上20時間未満なので，0.11 + 0.18 + 0.21 + 0.28 = 0.78

(2) ア．読書時間の範囲は，1組が28時間，2組が，25 − 1 = 24 (時間)，3組が，29 − 4 = 25 (時間)なので，正しい。35 ÷ 2 = 17余り1より，中央値は少ない方から，17 + 1 = 18 (番目)，17 ÷ 2 = 8余り1より，第1四分位数は，少ない方から，8 + 1 = 9 (番目)，第3四分位数は，少ない方から，18 + 9 = 27 (番目)の生徒の記録である。イ．第1四分位数は，2組が8時間，3組が9時間なので，読書時間が8時間以下の生徒は，2組が少なくとも9人以上，3組は多くても8人となるので，正しい。ウ．1組の第3四分位数が20時間なので，1組の少ない方から27番目の生徒の記録は20時間と分かるが，2組，3組については分からないので正しくない。エ．箱ひげ図から平均値は分からないので，正しくない。

**【答】** (1) 0.78　(2) ア，イ

6 **【解き方】** (1) $y = \frac{b}{x}$ とすると，点Aを通るから，$3 = \frac{b}{-6}$ より，$b = -18$　よって，$y = -\frac{18}{x}$

(2) ア．点Pが点Aにあるとき，$a$は最小となり，$3 = a \times (-6)^2$ より，$a = \frac{1}{12}$　点Pが点Bにあるとき，$a$は最大となり，$9 = a \times (-2)^2$ より，$a = \frac{9}{4}$　よって，$\frac{1}{12} \leqq a \leqq \frac{9}{4}$　イ．点Bから$x$軸に下した垂線と$x$軸との交点をHとすると，(四角形ADOB) = (台形ADHB) + (△BHO) = $\frac{1}{2} \times (3 + 9) \times \{-2 - (-6)\} + \frac{1}{2} \times 2 \times 9 = 24 + 9 = 33$　直線BCと$y$軸の交点をE (0，$e$)とおくと，△OBC = △OEB + △OEC = $\frac{1}{2} \times e \times 2 + \frac{1}{2} \times e \times 4 = 3e$ だから，$3e = 33$ より，$e = 11$　よって，直線BCは，$y = cx + 11$ とおくと，B (−2，9)を通るから，$9 = c \times (-2) + 11$ より，$c = 1$ なので，$y = x + 11$　したがって，点Cの$y$座標は，$y = 4 + 11 = 15$ だから，$15 = a \times 4^2$ より，$a = \frac{15}{16}$

**【答】** (1) $y = -\frac{18}{x}$　(2) ア．(順に) $\frac{1}{12}$，$\frac{9}{4}$　イ．$\frac{15}{16}$

7 **【解き方】** (2) $\overset{\frown}{BC}$：$\overset{\frown}{CE}$ = 4：5より，∠CAB = $4x$とすると，∠EAC = $5x$　また，∠EFP = ∠CFD = 49°より，∠AED = 180° − 90° − 49° = 41°　よって，△ADEにおいて，∠ADB = ∠EAC + ∠AED = $5x$ + 41°　したがって，二等辺三角形ABDにおいて，($5x$ + 41°) × 2 + $4x$ = 180°が成り立つから，これを解いて，$14x$ = 98°より，$x$ = 7°　よって，∠ABE = ∠ADB = 5 × 7° + 41° = 76°

**【答】** (1) 仮定より，AB = ADなので，∠ABD = ∠ADB……①　対頂角なので，∠ADB = ∠FDC……②　①，②より，∠ABD = ∠FDC……③　△FDCにおいて，三角形の内角と外角の関係から，∠PCA = ∠EFC − ∠FDC……④　また，∠EBC = ∠ABC − ∠ABD……⑤で，仮定より，∠EFC = ∠ABC……⑥だから，③，④，⑤，⑥より，∠PCA = ∠EBC……⑦　$\overset{\frown}{EC}$の円周角だから，∠PAC = ∠EBC……⑧　よって，⑦，⑧より，∠PCA = ∠PAC　したがって，△PACは2つの角が等しいので，二等辺三角形で，PA = PC

(2) 76°

# 英　語

1 【解き方】(1) A カナは「土曜日の午前中，私は書店に行って星について勉強するために本を買いました」と言っている。B カナが「この写真には2頭のパンダがいます」，マークが「彼らの1頭が起きてリンゴを食べ始めました」と言っている。C マークが医者に行くことを勧めると，カナは「すでに薬を飲みました。だから家で寝るつもりです」と言っている。D カナが「駅の前で，私たちはスタジアムへ行くバスに乗ることができます」と言っており，マークは「家からそこ（駅）まで歩いていきます」と言っている。

(2) 質問1. カナのおじは2年前に「日本」に戻ってきて小さな村に住んでいる。質問2. カナのおじは昨年，多くの種類の「花」についての短い「映画」を作った。質問3. 次の夏，カナはおじを訪ねて，村にある「山に登るつもり」である。

【答】(1) A イ　B ウ　C エ　D イ

(2) 質問1. Japan　質問2.（例）ⓐ movie　ⓑ flowers　質問3.（例）She will climb the mountains

◀全訳▶ (1)

A

カナ　：こんにちは，マーク。

マーク：こんにちは，カナ。週末はどうでしたか？

カナ　：楽しかったです。金曜日，私は夜空のきれいな星を見ました。土曜日の午前中，私は書店に行って星について勉強するために本を買いました。

マーク：あなたはそれを土曜日の午後に読んだのですか？

カナ　：いいえ，土曜日の午後は私の部屋を掃除しました。

質問　カナは土曜日の午前中に何をしましたか？

B

マーク：これは昨日私が動物園で撮った写真です。

カナ　：まあ。この写真には2頭のパンダがいます。

マーク：はい。最初，彼らは眠っていました。数分後，彼らの1頭が起きてリンゴを食べ始めました。そのとき私はこの写真を撮りました。

カナ　：なるほど。

質問　マークはどの写真をカナに見せていますか？

C

マーク：放課後，数学の勉強をするために図書館に行きましょう。

カナ　：残念ですが，行けません。頭痛がします。私はすぐに帰宅する必要があります。

マーク：それはいけませんね。あなたは医者に診てもらった方がいいです。

カナ　：ありがとう，でもすでに薬を飲みました。だから家で寝るつもりです。

マーク：早くよくなればいいですね。

質問　カナは帰宅したあとに何をするつもりですか？

D

マーク：カナ，私たちは明日スタジアムでサッカーの試合を見る予定です。あなたはどこで会いたいですか？

カナ　：学校の近くの駅で会うのはどうですか？

マーク：駅でですか？　私たちは電車でスタジアムに行けるのですか？

カナ　：いいえ。駅の前で，私たちはスタジアムへ行くバスに乗ることができます。

マーク：わかりました。駅で会ってバスに乗りましょう。家からそこまで歩いていきます。

カナ　：私は自転車でそこへ行きます。

質問　マークは家からスタジアムまでどのようにして行くでしょうか？

(2)

質問 1. カナのおじさんは今，ニュージーランドと日本のどちらの国に住んでいますか？

質問 2. 昨年，カナのおじさんは何を作りましたか？

質問 3. 次の夏，カナはおじさんと村で何をするつもりですか？

私のおじについて話します。

若い頃，彼はニュージーランドに住んでいました。彼は映画会社で働いていました。ニュージーランドで，彼は自然の中で生活するのを楽しんでいました。

2 年前，彼は日本に戻ってきました。そのときから彼は日本の小さな村に住んでいます。その村には多くの種類の花があり，彼はそれらが大好きです。その花を多くの人々に紹介するために，彼は昨年それらに関する短い映画を作りました。それを見てその村を訪れ始めた人もいました。

次の夏，私はおじを訪ねるつもりです。おじといっしょに，私は村にある山に登るつもりです。彼はその山がとてもきれいだといつも私に言います。私は夏が待ちきれません。

2 **【解き方】** (1) ⓐ 勇太の「スーパーマーケットに行くところです」という返答に着目。場所を尋ねる疑問詞が入る。ⓑ 勇太の「今日はとても暑いので，彼らは冷たい豆腐を食べるのかもしれません」という言葉を聞いたトムのせりふ。「それは暑い日には冷たい豆腐が『人気だ』という意味ですね」となる。ⓒ 直後の「それは『もったいない』でしょう？」というせりふに着目。「もしスーパーマーケットが天気を調べることなく毎日同じ量の豆腐を用意すれば，それらのいくつかが棚に『残って』しまうかもしれません」となる。「残される，残る」= be left。

(2) A. 直前の「私は日本の食べ物やスーパーマーケットに興味があります」というせりふと，そのあとトムと勇太がいっしょに買い物に行くことから考える。「あなたといっしょに行ってもいいですか？」が入る。B. 直後に勇太が「それは天気の情報を調べ，それぞれの日に売る豆腐の最適な量を見つけます」と AI がすることを説明している。「それは何をするのですか？」が入る。C. 空所の前後で，今日は豆腐の賞味期間を気にする必要がないとトムと勇太の意見は一致している。「あなたの言う通りです」が入る。

(3)「私は AI が食品廃棄物の問題を解決するのに役立つと思います」という文。「～するのに役立つ」= be helpful to ～。I think AI is helpful to solve the problem of food waste.となる。

(4)「買い物に行く」= go shopping。「～しか」= only。「週に一度」は once a week や once every week などで表す。

(5) ① 勇太の 3 つ目の「今日はとても暑いので，彼らは冷たい豆腐を食べるのかもしれません」というせりふに着目。「勇太は『その日の天候』が人々によって購入される豆腐の量に影響を与えると私に言った」となる。② トムの最後のせりふを見る。not only A but also B =「A だけでなく B も」。「最後に，私たちは『スーパーマーケットと客の両方が』環境のために何かよいことができることに気づいた」となる。both A and B =「A も B も両方とも」。

(6) 勇太の「私は環境を助けるために小さなことをやり始めたいです。私たちの生活の中で何をすることができますか？　あなたの考えを教えてください。私はまた，それが環境のためになぜよいのかも知りたいです」という質問に対する返答を考える。解答例は「買い物に行くときに私たちは買い物袋を持参することができます。私たちはプラスチックごみを減らすことができます」という意味。

**【答】** (1) ⓐ エ　ⓑ ウ　ⓒ イ　(2) A. ア　B. ウ　C. ア　(3) ウ，オ，イ，エ，ア

(4) (例) She goes shopping only once a week.　(5) ① エ　② ア

(6) (例) We can bring our shopping bags when we go shopping. We can reduce plastic waste. (15 語)

**◀全訳▶**　(勇太の家で)

トム：ねえ，勇太。どこに行くのですか？

勇太：スーパーマーケットに行くところです。母が私にそこで豆腐を買ってくるように頼んだのです。今日の夕食に，私たちは冷奴とよばれる冷たい豆腐料理を食べる予定です。

トム：私は日本の食べ物やスーパーマーケットに興味があります。あなたといっしょに行ってもいいですか？

勇太：もちろんです。

（スーパーマーケットで）

トム：棚にたくさんの豆腐があります。多くの客が豆腐を買っています。

勇太：今日はとても暑いので，彼らは冷たい豆腐を食べるのかもしれません。

トム：それは暑い日には冷たい豆腐が人気だという意味ですね。

勇太：そうです。テレビのニュースでいくつかのスーパーマーケットが豆腐を売るために AI を使い始めていると言っていました。

トム：AI？　人工知能を意味していますか？　それは何をするのですか？

勇太：それは天気の情報を調べ，それぞれの日に売る豆腐の最適な量を見つけます。

トム：へえ。それは環境のためにとてもよいことです。

勇太：どういう意味ですか？

トム：もしスーパーマーケットが天気を調べることなく毎日同じ量の豆腐を用意すれば，それらのいくつかが棚に残ってしまうかもしれません。それは「もったいない」でしょう？

勇太：私は一度もそのことを考えたことがありませんでした。

トム：私は AI が食品廃棄物の問題を解決するのに役立つと思います。用意する豆腐の最適な量を見つければ，スーパーマーケットはそれを簡単に売ることができます。

勇太：その通りです。それに，豆腐は長い間とっておくことができないので，スーパーマーケットはすぐにそれを売ってしまいたいと思っています。

トム：客にとって，彼らは新鮮な豆腐を買いたいと思っているかもしれませんよね？

勇太：はい。母はいつも賞味期間を確認します。彼女は週に一度しか買い物に行きません。だから彼女は最も新鮮な食べ物を買おうとします。では，私は最も長い賞味期間のこの豆腐を買うことにします。

トム：待って，勇太。私たちは今日豆腐を食べる予定だから，私たちは最も新鮮なものを買う必要がありません。

勇太：あなたの言う通りです。私たちは今日，賞味期間についてあまり心配しすぎる必要がありません。

トム：そうです。スーパーマーケットだけでなく客も食べ物を売り切るために何かすることができます。

③ **【解き方】**「～を持つ寺」は主格の関係代名詞を用いて a temple which has ～や，前置詞 with を用いて a temple with ～と表すことができる。「～して驚く」= be surprised to ～。「～年に建てられた」は受動態〈be 動詞＋過去分詞〉を用いて be built in ～と表すことができる。

**【答】**（例）I saw a pagoda at a temple which has a long history. I was surprised to hear〔that〕the pagoda was built in 1426.

④ **【解き方】**(1) ⓐ 文後半の started より過去の文であることがわかる。ⓑ 直後に than（～よりも）があるため比較級の文。

(2) ① 質問は「志保と健はどれくらいの間友だちですか？」。第 1 段落の 2 文目を見る。彼らは 10 年間友だちである。② 質問は「なぜ志保は日曜日の朝にテニスチームのメンバーと練習を楽しんだのですか？」。第 7 段落の 3 文目を見る。志保が練習を楽しめたのは，メンバーが親しみやすくて前向きだったから。

(3) A．第 2 段落の後半に，志保は全力で頑張ったけれど，ボールを打ち返せなかったことが述べられている。志保は健が十分にテニスの練習ができなかったのは「自分がうまくテニスができなかったから」だと考え，謝っている。B．直後の「そのボールは健のところに届きました」という文より，「私はボールを打ち返すことができました」が入る。

(4) 第 5 段落の前半にある健の言葉を見る。健は先月，駅で上手にピアノを弾いている少年を見たことがきっかけでキーボードの練習を始めようと思った。

(5) 直前にある志保の「体育の授業でテニスをするのはとても楽しかったけれど，それが終わってしまった」に続く文。「もっとテニスができたらいいのに」が入る。「私が～できたらいいのに」= I wish I could ～。仮定法の文。

(6) 最後の段落の最終文の that が指すものを答える。一つ前の文に着目。believing that ～ =「～と信じること」。as important as ～ =「～と同じくらい大切だ」。enjoying something new =「何か新しいことを楽しむこと」。

(7) ア.「健は志保が新しいことに挑戦することを楽しむのを助け，彼女はテニスをすることに前向きになった」。第3・4段落を見る。健が「新しいことに挑戦するのを楽しんで！」と言ってくれたことで，志保は前向きになろうと決心した。内容と合っている。イ．先生が志保に様々な練習を試すように言っている場面はない。ウ．健が少年と同じくらい速くキーボードを演奏できるようになったとは述べられていない。エ．健は志保が新しいことに挑戦するのを助けたが，志保が健を助けている場面はない。

**【答】** (1) ⓐ held　ⓑ older

(2) (例) ①〔They have been friends〕For ten years.　②〔Because〕They were friendly and positive.

(3) ウ　(4) 駅でピアノをとても上手に弾いている少年を見たこと。(同意可)　(5) エ

(6) 自分は何でもできると信じることは，新しいことを楽しむことと同じくらい大切であること。(同意可)

(7) ア

**◀全訳▶**　健と私はクラスメートです。彼は私の家の近くに住んでいて，私たちは10年間友だちです。彼はテニスをするのが得意です。

ある日，体育の授業があり私たちはテニスをしました。私がテニスに挑戦するのはそれが初めてでした。まず，先生と健がボールの打ち方を私たちに教えました。そのあと，私たちはラケットを持って練習を始めました。私は健と練習しました。彼は私にボールをゆっくりと打ったのですが，私はボールを打ち返すことができませんでした。私は何度もそれに挑戦して全力で頑張ったのですが，彼にボールを打ち返すことは私にとって困難でした。

体育の授業が終わったとき，私は健に「ごめんなさい。私がうまくテニスができなかったからあなたは今日十分にテニスの練習ができなかった」と言いました。彼は「そんなことは気にしなくていいよ。誰でも最初は初心者なんだ。それより，新しいことに挑戦するのを楽しんで！」と言いました。彼の言葉は私にもう一度テニスに挑戦する力を与えてくれました。

次の体育の授業で，私は前向きになろうと決心しました。私は健や他のクラスメートになぜ私がうまくボールを打てないのか尋ね，私たちはいっしょに様々な練習を試してみました。とうとう，授業の最後に，私はボールを打ち返すことができました。そのボールは健のところに届きました。彼はそれを私に打ち返し，私はそれを再び打ちました。そのことは私を興奮させました。

翌朝，私が教室に着くと，健がとてもゆっくりとキーボードを弾いていました。私は「わあ。キーボードを練習しているの？」と言いました。彼は「そうだよ。君は駅にあるピアノを知っている？　先月，そこでとても上手にピアノを弾いている少年を見て，僕はキーボードを練習しようと決心したんだ」と言いました。私は「あなたはキーボードの弾き方を習ったことがないから，あなたにとってそれは難しいでしょう？」と言いました。健は「そうだよ。僕の指はあの少年のように速く動かないけれど，僕は何か新しいことに挑戦するのを楽しんでいるよ」と言いました。私は体育の授業の健の言葉を思い出しました。

1か月後，体育の授業のあとで，私は健と話しました。私は彼に「体育の授業でテニスをするのはとても楽しかったけれど，それが終わってしまった。もっとテニスができたらいいのに」と言いました。彼は「もしそう思うのなら，僕たちの町のテニスチームに参加すればいいよ。僕の祖父は毎週日曜日にそのチームでテニスをしている。メンバーはみんな君より年上で，彼らは親切だよ」と言いました。「面白いね。私はそのチームに参

加したい」と私は言いました。

次の日曜日の朝，私はそのテニスチームの練習に参加するために公園に行きました。そのチームに中学生はいませんでした。しかし，そのテニスチームのメンバーは親しみやすくて前向きだったので，私は彼らとテニスをして楽しみました。彼らはうまくボールが打てなかったとき，悲しそうではありませんでした。健のおじいさんは私に「次はきっとボールを打ち返すことができると思う。私は自分自身を信じている」と言いました。

練習のあとで，私は「自分が何でもできると信じることは何か新しいことを楽しむことと同じくらい大切だ。新しいことを始めてそれをうまくできなかったとき，私はそのことを思い出すべきだ」と思いました。

# 社　会

1 【解き方】(1) 十七条の憲法には，仏教や儒教の考え方が取り入れられている。(記号) 604年より前のできごとを選ぶ。アは1095年（最初の派遣は1096年)，イは紀元前5世紀ごろ，ウは13世紀，エは16世紀のできごと。

(2)「墾田永年私財法」では新しく開墾した土地の永久私有が認められた。

(3) ㋐「伊達氏」は東北地方南部をおさめた戦国大名。㋑「多賀城」は奈良時代に現在の宮城県に置かれた，東北地方の政治・軍事の拠点。ⓐ 鎌倉幕府の初代将軍。

(4) 資料1は「楽市・楽座」の政策を示した楽市令。「楽市・楽座」は，市での税を免除し，座の特権を廃止することで，城下町や領地の商工業を発展させる政策。

(5) a. 朝鮮通信使の江戸への案内役を務めていた。アは現在の鹿児島に置かれ，琉球王国の支配を江戸幕府から認められた藩。b. 1839年に渡辺崋山などの蘭学者が幕府によって処罰された事件は，「蛮社《ばんしゃ》の獄《ごく》」という。

(6) a. アは1918年，イは1927年のできごと。ウの「第一次世界大戦」は1914年に始まった。b. 1925年に，加藤高明内閣によって制定された。

(7) 表より，1925年に比べて1933年の鉄鋼生産量が10倍近くに増えているウは，世界恐慌の影響を受けなかったことがわかる。アはアメリカ，イはドイツ。

(8) GHQの指示により，財閥が持っていた企業支配力が奪われた。この頃には独占禁止法も制定された。

【答】(1)（名称）十七条〔の〕憲法(または，憲法十七条)（記号）イ

(2) 開墾が進み，租が増えるから。(または，課税対象となる田地が増えるから。)(同意可)

(3)（記号）エ　ⓐ 源頼朝

(4) 座の特権を認めず，商工業を活発にさせるため。(または，座を廃止し，商工業者に自由な活動を認めるため。)(同意可)

(5) a. ウ　b. エ　(6) a. ウ→ア→イ　b. 治安維持法

(7)（記号）ウ　（理由）ソ連は計画経済を採用しており，世界恐慌の影響を受けなかったから。(または，ソ連は政府が作った計画に従って経済活動が行われており，鉄鋼生産量が増え続けているから。)(同意可)

(8) 経済の支配を強めていた財閥を解体した。(同意可)

2 【解き方】(1) 飛驒山脈は北アルプス，木曽山脈は中央アルプス，赤石山脈は南アルプスとよばれる。

(2) ⓒは太平洋側の気候に属していることから，夏から秋にかけて降水量が多く，冬は温暖であるアの雨温図を選ぶ。ⓐは日本海側の気候に属していることから，冬の降水量が多いイ，ⓑは内陸の気候に属していることから，夏と冬の気温差が大きいウの雨温図に当たる。

(3) ア.「北側」ではなく，西側が正しい。イ. 標高が高い，が正しい。エ.「広葉樹林」ではなく，針葉樹林が正しい。

(4) 富山県では，神通川流域でカドミウムが原因物質となった「イタイイタイ病」が発生した。

(5) 工業出荷額の内訳に注目し，「化学工業」の出荷額が少ないア・イが内陸に位置するBの長野県かDの岐阜県であると考えられる。その中で「電子部品」の出荷額の多いアが長野県，イが岐阜県と判断する。残るウ・エのうち，Aの新潟県は米を原料とする食料品工業が発達していることからウ，富山県がエとわかる。

(6) a. 日本人の食生活の洋風化により，米の国内消費量は減っている。b. ① ほかの地域での出荷量が少なく，価格が高い時期に出荷するための工夫。② グラフ4より，燃料の価格は変動が大きいことが読み取れる。また，グラフ5より，露地栽培に比べて施設園芸の経費の割合が高いものに注目すると，「人件費」や「動力光熱費」の割合が高いことがわかる。グラフ4・5からそれぞれ読み取った内容を関連させ，施設園芸の経営上の問題点を書くとよい。

【答】(1) 日本アルプス　(2) ア　(3) ウ・オ　(4)（記号）イ　（県名）富山(県)　(5) ウ

⑹ a. 米の国内消費量が減少しており，水稲の作付面積は減少している。(同意可) b. ① 促成栽培 ② 動力光熱費の割合が高く，燃料の価格の変動の影響を受けやすい。(同意可)

3 【解き方】⑴ a. 赤道は，ギニア湾の沖やブラジル北部，インドネシアなどを通る。b. 北アメリカ大陸から太平洋を通過し，オーストラリア大陸にたどり着く。

⑵ a. 中華人民共和国は1990年代から急速な経済成長が始まった。また，人口が多いため，2020年の1人当たりの国内総生産は日本より少ないが，国内総生産の総額はアメリカ合衆国に次いで2番目に多い。表の㊋はⒷのインド，㋒はⒶのフランス，㋓はⒹのアメリカ合衆国。b. 国内総生産を求めるためには，それぞれの国の「人口」がわかるとよい。人口は，(人口密度)×(総面積)で求められる。

⑶ a. パイプラインには「温められた原油」が流れていることから考えるとよい。b. 地図3よりシカゴと東京の最短経路は，2つの都市を直線で結んだルートとなり，地図2よりアンカレジはその最短経路の付近に位置していることがわかる。アンカレジで給油することで，直行便に比べて最初に航空機に積む燃料を減らすことができ，その燃料分の重量を貨物に回すことが可能となる。

【答】⑴ a. イ b. オーストラリア(大陸) ⑵ a. (記号) Ⓒ (国名) 中華人民共和国(または，中国) b. ア・ウ

⑶ a. 永久凍土がとけないように，パイプラインを地面から離している。b. アンカレジはシカゴと東京を結ぶ最短経路の付近に位置し，航空機に積む燃料を減らせるから。(それぞれ同意可)

4 【解き方】⑴ a. 一般に，景気がよくなると上昇し，悪くなると下落する。b. 日本銀行は，個人や一般企業との取り引きは行わない。

⑵ a. 世界人権宣言には法的拘束力がなかったため，1976年に国際人権規約が発効し，法的拘束力を持たせることになった。b. 1960年はアフリカで17か国が独立したことから，「アフリカの年」とよばれる。アはアフリカ，ウはヨーロッパ，エはオセアニアに当たる。

⑶ a. 法律の範囲内で自由に制定できる。b. 表5には「議員が議会に参加しやすくする」ための取り組みが挙げられている。また，地方議会議員選挙が無投票となった市区町村は，投票が行われた市区町村に比べて，グラフ7からは，議員報酬が少ない傾向にあることが，グラフ8からは，議員の平均年齢が60歳以上の割合が高いことがそれぞれ読み取れる。それらを基にして，市区町村が表5の取り組みを通じて，地方議会議員選挙が無投票となることを防ぐために，立候補者を増やそうとしていることについてまとめるとよい。

【答】⑴ a. 利子(または，利息・金利) b. ア・エ

⑵ a. 世界人権宣言 b. (動き) 植民地だった地域が独立した。(同意可) (記号) イ

⑶ a. 条例 b. 無投票となった市区町村は，議員報酬が少なく，平均年齢が高い傾向にあるので，働いている若い世代も議会に参加しやすくすることで，立候補者を増やそうとしている。(77字) (同意可)

# 理　科

1 【解き方】(4) 電熱線Xに流れる電流は，オームの法則より，$\frac{6\,(\mathrm{V})}{3\,(\Omega)}=2\,(\mathrm{A})$　よって，Q点に流れる電流は，$2.5\,(\mathrm{A})-2\,(\mathrm{A})=0.5\,(\mathrm{A})$

【答】(1) 対立形質　(2) ウ　(3) 地下でゆっくり冷える。(同意可)　(4) 0.5 (A)

2 【解き方】(1) ② 魚類（フナ）とは虫類（トカゲ）は体表がうろこでおおわれている。

(2) 生物を食べたり分解したりしているものを選ぶ。

(3) ① a. 試験管Bはヨウ素液，試験管Cはベネジクト液の色がそれぞれ変化している。b. 図5の実験では，ビーカーの水の温度が約40℃のときのみの実験を行っているため，水の温度を変えて対照実験を行う。

(4) 脳で1日に消費するエネルギーは，$2400\,(\mathrm{kcal})\times\frac{20}{100}=480\,(\mathrm{kcal})$　よって，$100\,(\mathrm{g})\times\frac{480\,(\mathrm{kcal})}{150\,(\mathrm{kcal})}=320\,(\mathrm{g})$

【答】(1) ① 胎生　② (体表は)うろこでおおわれているか。(同意可)　(2) ウ・エ・カ

(3) ① a. エ　b. ビーカーの水の温度。(同意可)　② ブドウ糖とアミノ酸は毛細血管に入り，脂肪はリンパ管に入る。(同意可)

(4) 320 (g)

3 【解き方】(1) ① 水は水素と酸素，塩化ナトリウムは塩素とナトリウムの化合物。② プラスチックのうち，沈みやすいものの方が，密度が大きい。よって，密度が大きい順にB，A，C。Bはすべての液体に沈んでいるので，6種類の物質で最も密度が大きい。AはYだけに，CはY・Zに浮いているので，密度の大きさは，Y＞A＞Z＞C。液体Xにはすべてのプラスチックが沈んだので，6種類の物質で最も密度が小さい。

(2) ① 火を消すと，試験管A内の気圧が下がるため，試験管Pの石灰水が逆流しないように，先にガラス管をとり出す。火を消した後は，ゴム管を閉じ，還元された銅が再び酸化されないようにする。④ a. 酸化銅8.0gに炭素粉末1.5gを加えて，反応後に7.3gの固体が残っているので，発生した二酸化炭素は，$8.0\,(\mathrm{g})+1.5\,(\mathrm{g})-7.3\,(\mathrm{g})=2.2\,(\mathrm{g})$　b. 試験管Aで発生した二酸化炭素は，aと同様に，$8.0\,(\mathrm{g})+0.3\,(\mathrm{g})-7.2\,(\mathrm{g})=1.1\,(\mathrm{g})$　aより，酸化銅8.0gとちょうど反応する炭素粉末は，$0.3\,(\mathrm{g})\times\frac{2.2\,(\mathrm{g})}{1.1\,(\mathrm{g})}=0.6\,(\mathrm{g})$ なので，実験を開始して，炭素粉末0.6gを加えるまでは，残る酸化銅がだんだん減っていき，炭素粉末0.6g以上になると，酸化銅が残っていない状態になる。

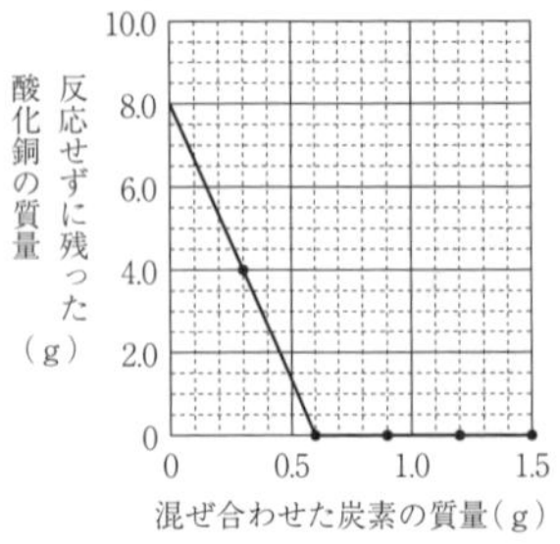


【答】(1) ① ア・エ　② B＞Y＞A＞Z＞C＞X

(2) ① ウ→イ→ア　② (例) 金属光沢がある。③ $2CuO + C \rightarrow 2Cu + CO_2$　④ a. 2.2 (g)　b. (前図)

4 【解き方】(1) ② 表4より，線aの長さが24mmあたり1時間を表している。長さが55mmでは，$1\,(\text{時間})\times\frac{55\,(\mathrm{mm})}{24\,(\mathrm{mm})}\fallingdotseq$ 2時間18分なので，日の入りの時刻は，14時20分＋2時間18分＝16時38分ごろ。

(2) 南半球では，太陽は東からのぼり，北の空を通って，西に沈む。また，図8より，静岡県での太陽が南寄りの低い空を通っているので，北半球は冬の時期である。よって，南緯35°の場所は夏の時期になるので，太陽は北寄りの高い空を通る。

【答】(1) ① 日周運動　② イ　(2) エ

5 【解き方】(2) ① 長野市より，996hPaの低気圧の中心に近い部分を選ぶ。② 山頂はふもとよりも上空の空気が少ないため，気圧が小さい。よって，ふもとではペットボトルの外側の気圧の方が高くなり，ペットボト

ルを外側から押す力がはたらく。

【答】(1) ① (右図)　② 寒気が暖気を押し上げるから。(同意可)　(2) ① イ　② ウ

⑥【解き方】(1) ② 3kg = 3000g より，質量 3kg の荷物にはたらく重力の大きさは，1 (N) × $\frac{3000\,(\mathrm{g})}{100\,(\mathrm{g})}$ = 30 (N)　80cm = 0.8m より，30 (N) × 0.8 (m) = 24 (J)

(2) ㋐ 動滑車 1 つあたり，手が糸を引く力が $\frac{1}{2}$ になるので，動滑車 3 つでは，$\left(\frac{1}{2}\right)^3 = \frac{1}{8}$ (倍)　㋑・㋒ 荷物を直接持ち上げても，滑車を使って持ち上げても，仕事の大きさは変わらない。㋐より，力が $\frac{1}{8}$ 倍になると，糸を引く距離は 8 倍になる。

(3) ① 斜面上の台車には，重力と，斜面からの垂直抗力がはたらく。② 1 秒間に 50 回打点しているので，15 打点では，1 (秒) × $\frac{15\,(打点)}{50\,(打点)}$ = 0.3 (秒)　よって，$\frac{22.5\,(\mathrm{cm})}{0.3\,(秒)}$ = 75 (cm/s)　③ 区間 4 まではテープの長さの増え方が一定だが，区間 5 ではテープの長さの増え方が小さくなり，区間 6 からはテープの長さが一定になっている。よって，台車は，区間 5 の途中で床に到達し，それ以降は等速直線運動をしている。

【答】(1) ① ア・ウ　② 24 (J)　(2) ㋐ $\frac{1}{8}$　㋑ 8　㋒ 1

(3) ① エ　② 75 (cm/s)　③ (区間) 5　(理由) 斜面では速さの増え方が一定だが，速さの増え方が小さくなったから。(同意可)

## 国　語

1 **【解き方】** 問二.「圧倒的」とウは，下の一字が，上の二字熟語に意味を添えている。アは，上の一字が，下の二字熟語を修飾している。イは，上の一字が，下の二字熟語の意味を打ち消している。エは，それぞれが意味を持つ三つの漢字を並べている。

問三.「まだほんの小さかったころ」に島の灯台を見た灯子が，「灯子の名前のもとになった灯台が，地球のまん中にあると思うのはわるくない気分だった」ことをおさえる。

問四.「あそびにいくときは」とあることから，転居のために移動している今の気持ちではなく，かつての，島に「あそびにいくとき」の気持ちを表す言葉が入る。すぐあとに，「小さい場所であることが，冒険心をくすぐった…楽しめる」とあることに着目する。

問五. 祖母は「まえのほうにあつまっているひとびとのすこしうしろ」にいて，「大柄」「日焼けしたあさ黒い顔」「背筋をしゃんとのばし堂々と立っている」という描写から，「お年」という言葉が似あわないほどしっかりしている様子がうかがえる。一方の父は，「祖母のさらに後方」で「ひとりでぽつんと立って」おり，姿勢も「両手をズボンのポケットにいれ，肩をすくめる」という縮こまった様子であることから考える。

問六. 灯子が船から島影を見ている場面で，これから島で暮らすことを思うと「出口のないトンネルにはいっていこうとしているみたいで，胸がおしつぶされそうになる」と，不安な心情が直喩を用いて表されている部分に着目する。そのあと，「かんげい」「ひがしさん」と書かれた白い布をこどもたちが持っていることに気づいた灯子が，「わたしを，歓迎してくれている」と感激し，それまで感じていた不安が消えたことをとらえる。

**【答】** 問一. (あ) はば　(い) 察(する)　問二. ウ

問三. 名前のもとになった灯台が，地球のまん中にあると思ったから。(29字)(同意可)　問四. ア

問五. イ

問六. 出口のないトンネルにはいっていこうとしているみたいに感じていたが，島のひとたちが歓迎してくれている様子を見たから。(57字)(同意可)

2 **【解き方】** 問二. 活用のない自立語で，用言を修飾する副詞。イは，活用のある自立語で，言い切りの形が「ウ段」の音で終わる動詞。ウは，活用のない自立語で，文と文や，語と語をつなぐ接続詞。オは，活用のない自立語で，主語にすることができる名詞。

問三.「大多数の仮説で共通する点」が問われているので，「生命の起源の仮説は様々あるのですが…はほぼすべての仮説で共通する」と述べていることに注目。

問四. 文末が「…のことです」となっていることから，「生物学的な進化」を「ダーウィンが述べた『多様性を持つ集団が自然選択を受けることによって起こる現象』」と言い換えていることをとらえる。

問五.「進化」が，「生物は同じ種であっても個体ごとに少しずつ遺伝子が違っていて…能力に多様性がある」ことを前提としていることをふまえる。そのうえで，「自然選択」について，「子孫を残しやすい性質が集団内で増えていく現象」だと説明していることに着目してまとめる。

問六.「原始地球の環境」で「ダーウィンのスープ」が生まれたと述べたあと，「どこでそれが起きたのかもわかっていません」と説明している。また，「自然選択」が起こることによって，集団において「一時的に多様性は小さく」なるが，「そのうち遺伝子に突然変異が起きてまたいろいろ性質の違う個体が生まれると多様性は回復」すると述べていることもおさえる。

**【答】** 問一. (あ) おお(われて)　(い) 宇宙　(う) のうしゅく　(え) 働(く)　問二. ア(と)エ

問三. 増える能力を持った物質が生命の元となっている点。(24字)(同意可)　問四. ウ

問五. 個体ごとに少しずつ遺伝子が違い，少しだけ能力にも違いがあって，子孫を残しやすい性質が集団内で増えていく現象。(54字)(同意可)

問六. イ・ウ

③【解き方】問一.「受け身」にするので，動詞を含む「質問しました」の文節を「質問されました」に変える。

問二.「なるほど」と森さんの発言に納得したあとで，森さんが「大変だったこと」として話した内容を，「大切」なことと言い換えてまとめていることをおさえる。

問三.「来た」の動作主は「外国人のお客様」なので，「来る」の尊敬語である「いらっしゃる」「お見えになる」「お越しになる」を用いるか，「来る」に尊敬の意を表す助動詞「られる」をつける。

問四. 補う一文に「この店員の方のように，相手の立場になって考えること」とあることから，店員の方が相手を思って行ったことを具体的に説明した部分のあとに補う。

問五. 森さんが，「商品名と商品の置いてある場所を覚えること」が「大変」で「すべては覚えきれ」なかったと言っていることをふまえて，メモから「職場体験での大変さがより伝わる」情報だけを選んでまとめる。

**【答】** 問一. お客様によく質問されました（同意可）　問二. ア

問三. 来られた(または，いらっしゃった)（同意可）　問四. ③

問五. 商品の種類が非常に多く，売り場面積もかなり広い（23字）（同意可）

④【解き方】問一. 語頭以外の「は・ひ・ふ・へ・ほ」は「わ・い・う・え・お」にする。

問二. イは，割れた茶入れを「もらうて帰り…継て，茶会を催し」た人物なので「知音の人」。エも，茶入れを「もとの持主方へ…戻し」た人物なので，以前茶入れをもらい受けた「知音の人」であることをおさえる。アは，すぐ前で「堺の人」と主語が示されている。ウは，茶入れを見た「休」の感想である。

問三. すぐ前に会話文や心中の言葉の引用を示す「とて」があることから，「当世，休が気に入らぬ茶入れおもしろからず」が，茶入れを投げつけて割った亭主の気持ちであることをおさえる。

問四.「小堀遠州へ相談」したところ，遠州が「この肩衝破れ候ひて…よく候ふ」と言って助言していることに注目。「継目も合はぬにてこそ利休もおもしろがり」という利休の評価を理由として，継目を直すことについて「そのままにておくがよく」と言っている。

**【答】** 問一. かたわら　問二. イ(と)エ　問三. 利休が気に入らない茶入れはつまらない。(同意可)

問四.〔利休は〕割れて継目が合わないから興味深く感じており，そのままにしておくのがよい。(同意可)

**◀口語訳▶**　雲山という肩衝を，堺の人が所有していたが，利休などを招いて，初めて茶の湯（の席）に出したところ，利休は，まったく気に入らない様子である。（接待した）亭主が，客が帰った後，今の世の中で，（茶の湯の第一人者である）利休が気に入らない茶入れはつまらないと言って，（肩衝を）五徳に投げつけ割ったのを，そばにいた知り合いの人がもらって帰り，自らつなぎ合わせて，茶会を開き，もう一度利休に見せたところ，こうなってこそ茶入れはすばらしいのだと言って，とりたててほめたたえた。だからこのことを（肩衝の）元の持ち主へ伝え，茶入れを大切にしまっておきなさいと言って返した。

その後，前述の肩衝は，丹後の国の領主が，大金でお買い求めになりまして，昔の継目がところどころ合わなかったので，つなぎ合わせ直しましょうかと小堀遠州へ相談しますと，小堀遠州は，この肩衝が割れまして，継目も合わないからこそ利休も興味深く感じており，評判高く世間に知られています。このような物は，そのままにしておくのがよいでしょうと申し上げなさった。

⑤**【答】**（例）私はBが適切だと考える。二句目の「新たな友と」から，この句は春になって進級や進学でこれまでの環境を離れ，新しい人間関係を作っている時期を表した句だと考えた。そうした時期には，喜びや期待だけでなく，うまくやっていけるだろうかという不安も感じがちである。そうした心細さを反映した「比較的明る」いが「曇っている空」である「花曇り」が，この句にふさわしいと思う。(177字)

~MEMO~

# 静岡県公立高等学校

## 2023年度
## 入学試験問題

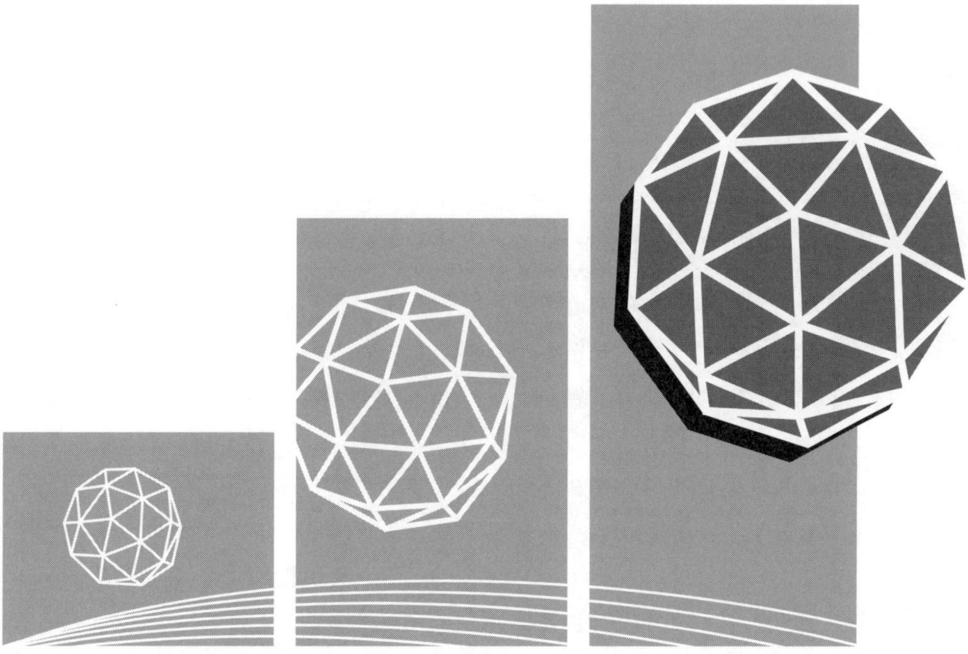

# 数学

時間　50分　　　　満点　50点

1　次の(1)～(3)の問いに答えなさい。

(1)　次の計算をしなさい。

ア　$-8+27\div(-9)$　(　　　)

イ　$(-6a)^2\times 9b\div 12ab$　(　　　)

ウ　$\dfrac{2x+y}{3}-\dfrac{x+5y}{7}$　(　　　)

エ　$\sqrt{45}+\dfrac{10}{\sqrt{5}}$　(　　　)

(2)　$a=41$，$b=8$のとき，$a^2-25b^2$の式の値を求めなさい。(　　　)

(3)　次の２次方程式を解きなさい。(　　　)

$$x^2+7x=2x+24$$

2　次の(1)～(3)の問いに答えなさい。

(1)　図１において，点Ａは辺OX上の点である。点Ａから辺OYに引いた垂線上にあり，２辺OX，OYから等しい距離にある点Ｐを作図しなさい。ただし，作図には定規とコンパスを使用し，作図に用いた線は残しておくこと。

図１

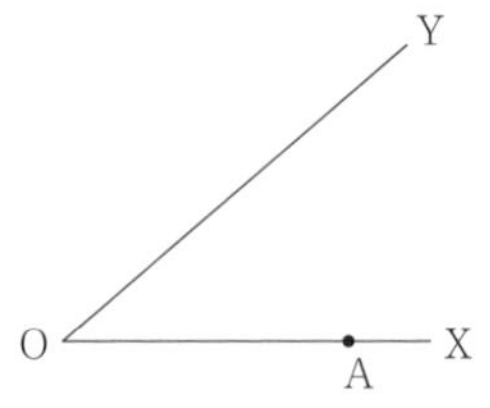


(2)　次の□の中に示したことがらの逆を書きなさい。

| |
|---|
| $a$も$b$も正の数ならば，$a+b$は正の数である。 |

また，□の中のことがらは正しいが，逆は正しくない。□の中のことがらの逆が正しくないことを示すための反例を，１つ書きなさい。逆(　　　)　反例(　　　)

(3)　２つの袋Ⅰ，Ⅱがあり，袋Ⅰには2，3，4，5の数字を１つずつ書いた４枚のカードが，袋Ⅱには6，7，8，9，10の数字を１つずつ書いた５枚のカードが入っている。図２は，袋Ⅰと袋Ⅱに入っているカードを示したものである。

図２

袋Ⅰに入っているカード

2　3　4　5

袋Ⅱに入っているカード

6　7　8　9　10

２つの袋Ⅰ，Ⅱから，それぞれ１枚のカードを取り出すとき，袋Ⅱから取り出したカードに書いてある数が，袋Ⅰから取り出したカードに書いてある数の倍数である確率を求めなさい。ただし，袋Ⅰからカードを取り出すとき，どのカードが取り出されることも同様に確からしいものとする。また，袋Ⅱについても同じように考えるものとする。(　　　)

3　あるクラスの10人の生徒A～Jが，ハンドボール投げを行った。表1は，その記録を表したものである。図3は，表1の記録を箱ひげ図に表したものである。

このとき，次の(1)，(2)の問いに答えなさい。

表1

| 生徒 | A | B | C | D | E | F | G | H | I | J |
|---|---|---|---|---|---|---|---|---|---|---|
| 距離(m) | 16 | 23 | 7 | 29 | 34 | 12 | 25 | 10 | 26 | 32 |

図3

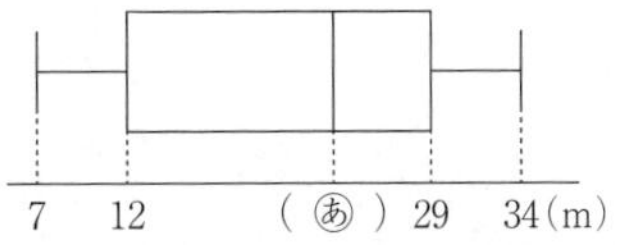


(1)　図3の（ あ ）に適切な値を補いなさい。また，10人の生徒A～Jの記録の四分位範囲を求めなさい。あ(　　　)　四分位範囲(　　　m)

(2)　後日，生徒Kもハンドボール投げを行ったところ，Kの記録は$a$mだった。図4は，11人の生徒A～Kの記録を箱ひげ図に表したものである。

このとき，$a$がとりうる値をすべて求めなさい。ただし，$a$は整数とする。(　　　)

図4

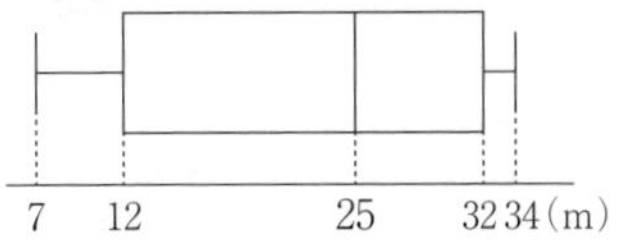


4　ある中学校の生徒会が，ボランティア活動で，鉛筆とボールペンを集め，2つの団体S，Tへ送ることにした。団体Sは鉛筆のみを，団体Tは鉛筆とボールペンの両方を受け付けていた。

この活動で，鉛筆はボールペンの2倍の本数を集めることができた。鉛筆については，集めた本数の80％を団体Sへ，残りを団体Tへ送った。また，ボールペンについては，集めた本数の4％はインクが出なかったため，それらを除いた残りを団体Tへ送った。団体Tへ送った，鉛筆とボールペンの本数の合計は，団体Sへ送った鉛筆の本数よりも18本少なかった。

このとき，集めた鉛筆の本数とボールペンの本数は，それぞれ何本であったか。方程式をつくり，計算の過程を書き，答えを求めなさい。

(方程式と計算の過程)(　　　　　　　　　　　　　　　　　　　　　)

(答)　鉛筆(　　　本)　ボールペン(　　　本)

5　図5の立体は，円Oを底面とする円すいである。この円すいにおいて，底面の半径は3cm，母線ABの長さは6cmである。また，線分OAと底面は垂直である。

図5

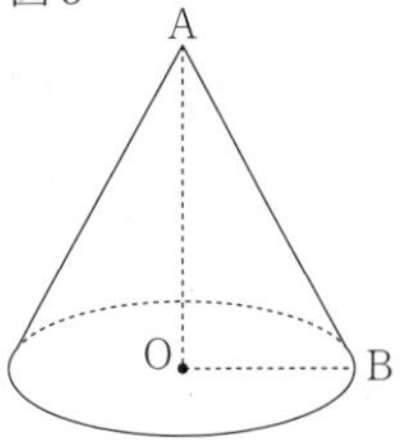


このとき，次の(1)～(3)の問いに答えなさい。

(1)　次のア～オの5つの投影図のうち，1つは円すいの投影図である。円すいの投影図を，ア～オの中から1つ選び，記号で答えなさい。(　　　)

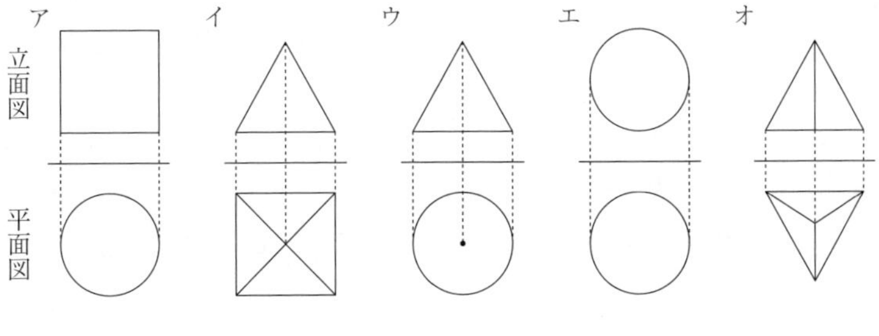

(2)　この円すいにおいて，図 6 のように，円 O の円周上に$\angle BOC = 110^\circ$となる点 C をとる。小さい方の$\overset{\frown}{BC}$の長さを求めなさい。ただし，円周率は$\pi$とする。(　　　cm)

図 6

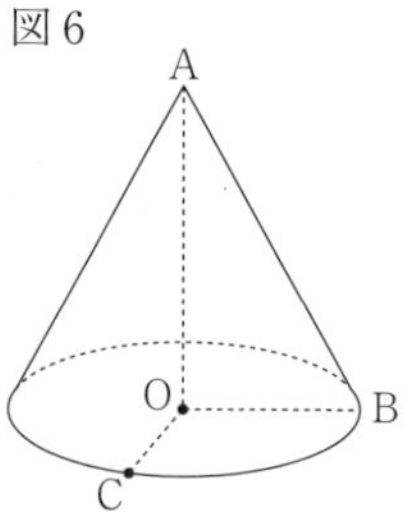


(3)　この円すいにおいて，図 7 のように，AB の中点を D とし，点 D から底面に引いた垂線と底面との交点を E とする。また，円 O の円周上に$\angle OEF = 90^\circ$となる点 F をとる。$\triangle ODF$の面積を求めなさい。(　　　$cm^2$)

図 7

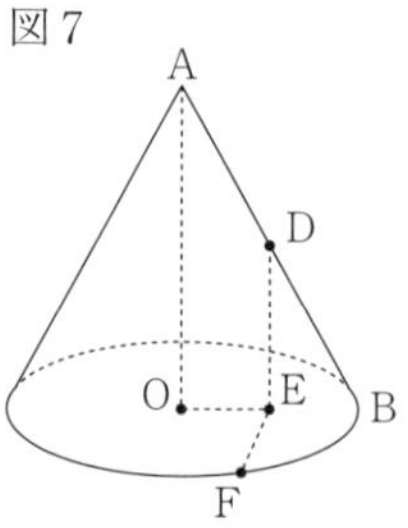


6　次の［　　］の中の文は，授業で T 先生が示した資料である。このとき，次の(1)〜(3)の問いに答えなさい。

図 8

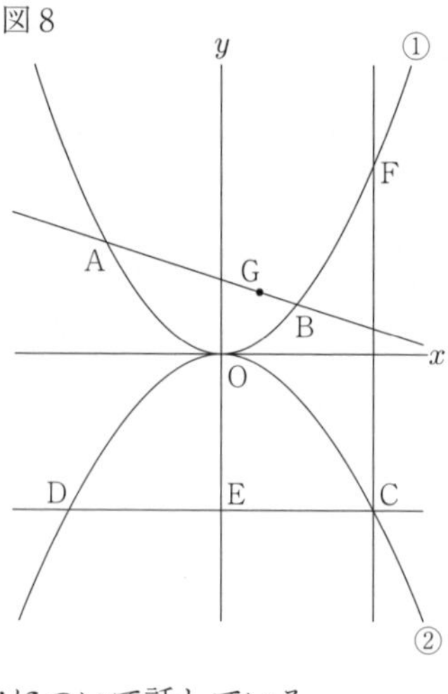


> 図 8 において，①は関数$y = ax^2$ $(a > 0)$のグラフであり，②は関数$y = bx^2$ $(b < 0)$のグラフである。2 点 A，B は，放物線①上の点であり，その$x$座標は，それぞれ－3，2 である。点 C は，放物線②上の点であり，その座標は(4，－4)である。点 C を通り$x$軸に平行な直線と放物線②との交点を D とし，直線 CD と$y$軸との交点を E とする。点 C を通り$y$軸に平行な直線と放物線①との交点を F とする。また，点 G は直線 AB 上の点であり，その$x$座標は 1 である。

R さんと S さんは，タブレット型端末を使いながら，図 8 のグラフについて話している。

R さん：関数$y = bx^2$の比例定数$b$の値は求められるね。
S さん：②は点 C を通るから$b$の値は（ あ ）だよ。
R さん：関数$y = ax^2$の$a$の値は決まらないね。
S さん：タブレット型端末を使うと，㋐ $a$の値を変化させたときのグラフや図形の変化するようすが分かるよ。
R さん：そうだね。㋑ 3 点 D，G，F が一直線上にある場合もあるよ。
S さん：本当だね。計算で確認してみよう。

(1)　（ あ ）に適切な値を補いなさい。(　　　)

(2)　下線部㋐のときの，グラフや図形の変化するようすについて述べたものとして正しいものを，

次のア～オの中からすべて選び，記号で答えなさい。(　　　)

ア　$a$の値を大きくすると，①のグラフの開き方は小さくなる。

イ　$a$の値を小さくすると，点Aの$y$座標から点Bの$y$座標をひいた値は大きくなる。

ウ　$a$の値を大きくすると，△OBEの面積は大きくなる。

エ　$a$の値を小さくすると，直線OBの傾きは小さくなる。

オ　$a$の値を大きくすると，線分CFの長さは短くなる。

(3)　下線部㋑のときの，$a$の値を求めなさい。求める過程も書きなさい。

(求める過程)(　　　　　　　　　　　　　　　　　　　　　　　　)　(答)(　　　)

7　図9において，4点A，B，C，Dは円Oの円周上の点であり，△ABCはDA ＝ BCの二等辺三角形である。ACとBDとの交点をEとし，点Eを通りADに平行な直線とCDとの交点をFとする。また，BD上にGC ＝ GDとなる点Gをとる。

このとき，次の(1)，(2)の問いに答えなさい。

図9

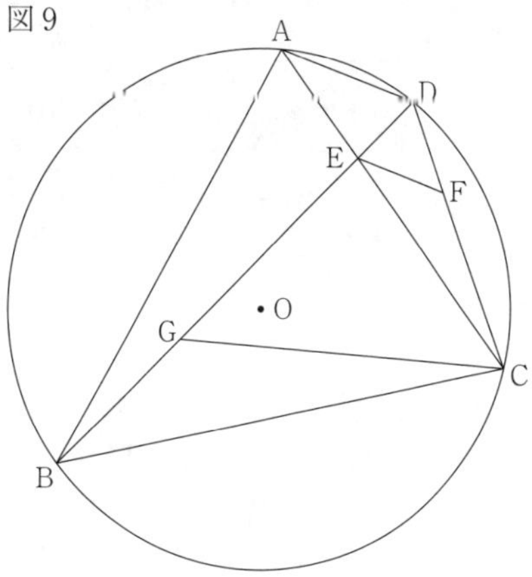


(1)　△BCG∽△ECFであることを証明しなさい。

(　　　　　　　　　　　　　　　　　　　　)

(2)　GC ＝ 4 cm，BD ＝ 6 cm，CF ＝ 2 cmのとき，GEの長さを求めなさい。(　　　cm)

# 英語

時間　50分　　　　満点　50点

（編集部注）　放送問題の放送原稿は英語の末尾に掲載しています。
音声の再生についてはもくじをご覧ください。

1　放送による問題

(1)　健（Ken）とリサ（Lisa）の会話を聞いて，質問の答えとして最も適切なものを選びなさい。

A(　　　)　B(　　　)　C(　　　)　D(　　　)

A

ア

イ

ウ

エ

B

ア

イ

ウ

エ

C

ア

イ

ウ

エ

D

ア
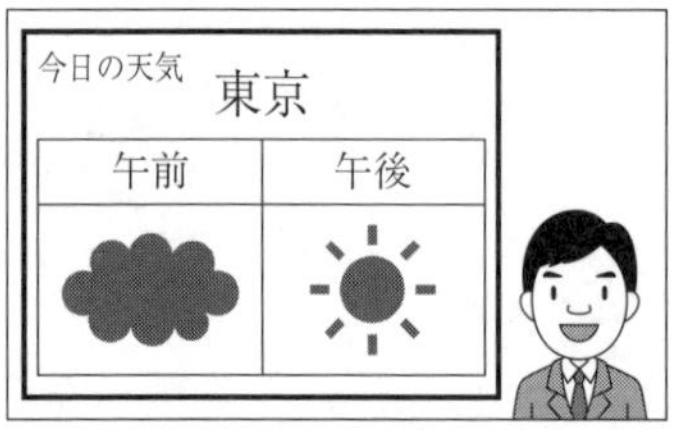

イ

ウ

エ
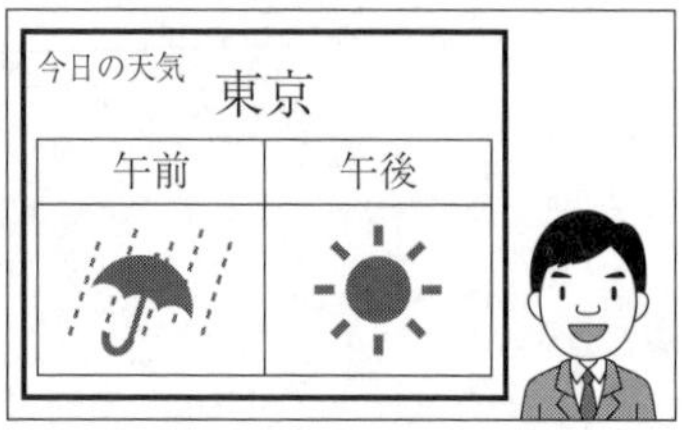

(2) 健の話を聞いて，質問に対する答えとなるように（　　）の中に適切な語や語句を記入しなさい。

質問 1　Who walks with Ken every morning?

His (　　　) does.

質問 2　What does Ken enjoy watching in the morning?

He enjoys watching some white (ⓐ　　　) and colorful (ⓑ　　　).

質問 3　What does Ken do after walking?

(________________________________) after walking.

2　次の英文は，静岡県でホームステイをしているケイト（Kate）と，ホームステイ先の奈々（Nana）との会話である。この英文を読んで，(1)～(6)の問いに答えなさい。

(*Nana is showing Kate a photo at home.*)

Kate：　You are wearing a red *kimono* in this photo. [　A　]

Nana：　Thank you. My mother took it at my uncle's wedding.

Kate：　The flower pattern on your *kimono* is amazing.

Nana：　That's true. It's my family's precious *kimono*.

Kate：　Why is the *kimono* precious?

Nana：　Actually, [ア is　イ bought　ウ my grandmother　エ this　オ the *kimono*] for my mother thirty years ago.

Kate：　Oh, you used your mother's *kimono*.

Nana：　Yes, but she gave it to me last year. So the *kimono* is ( ⓐ ).

Kate：　Why did your mother give it to you?

Nana：　This red *kimono* has long sleeves. She thinks this kind of *kimono* is for young people, so she doesn't wear it now.

Kate：　I have a ( ⓑ ) experience. My mother has a nice dress in her closet, but she doesn't wear it. I always wear it when I go to birthday parties.

Nana：　I'm sure your friends like the dress.

Kate：　Thanks. When I wear it, [　　　　　]

Nana：　The designs of old clothes are different from the new ones, right?

Kate：　Yes! I think wearing used clothes is fun. ( ⓒ ), wearing other people's clothes isn't easy because of the size. Actually, my mother's dress was large for me, so she adjusted it. Who adjusted your *kimono*?

Nana：　[　B　] *Kimono* has a simple shape, so it can be used easily by different people.

Kate：　Interesting. *Kimono* is not only beautiful but also functional.

Nana：　Right, so I love *kimono*. I'm glad to give my red *kimono* a new life.

Kate：　[　C　]

Nana：　If I wear my red *kimono*, it will have more chances to get out of the closet like your mother's dress.

Kate：　That's a good idea to use the *kimono* again.

Nana：　I'll wear it on special days!

（注）　wedding：結婚式　　pattern：柄　　precious：大切な　　sleeve：そで　　closet：クローゼット
adjust：（丈など）を直す　　simple：単純な　　functional：機能的な　　chance：機会
get out of：～から出る

(1)　会話の流れが自然になるように，本文中の[　A　]～[　C　]の中に補う英語として，それぞれア～ウの中から最も適切なものを1つ選び，記号で答えなさい。

A（　　　）　B（　　　）　C（　　　）

A　ア　Excuse me.　イ　How beautiful!　ウ　I didn't know that.

B　ア　You helped me a lot.　イ　Please let me know.　ウ　No one did it.

C　ア　What do you mean?　イ　What are you doing?　ウ　What's wrong?

(2)　本文中の［　　］の中のア～オを，意味が通るように並べかえ，記号で答えなさい。

(　　)(　　)(　　)(　　)(　　)

(3)　本文中の( ⓐ )～( ⓒ )の中に補う英語として，それぞれア～エの中から最も適切なものを1つ選び，記号で答えなさい。ⓐ(　　)　ⓑ(　　)　ⓒ(　　)

( ⓐ )　ア　mine　イ　yours　ウ　his　エ　hers

( ⓑ )　ア　difficult　イ　free　ウ　sad　エ　similar

( ⓒ )　ア　Especially　イ　However　ウ　Suddenly　エ　As a result

(4)　本文中の□で，ケイトは，みんなが私にどこでそれを見つけたのかときく，という内容を伝えている。その内容となるように，□の中に，適切な英語を補いなさい。

(　　　　　　　　　　　　)

(5)　次の英文は，ケイトがこの日に書いた日記の一部である。本文の内容と合うように，次の□の中に補うものとして，本文中から最も適切な部分を3語で抜き出しなさい。(　　　　)

Nana showed me a photo today. She was wearing a red *kimono* in the photo. The red *kimono* is a precious thing for Nana's family, but her mother doesn't wear it now. Nana will wear it on special days, so the *kimono* □ again by Nana. I think that's a good idea.

(6)　次の英文は，翌日のケイトと奈々との会話である。あなたが奈々なら，ケイトの質問に対してどのように答えるか。会話の流れが自然になるように，次の D ， E の中に，英語を補いなさい。ただし， E は，7語以上の英語を書くこと。

D(　　　　　　　　　　　　)

E(　　　　　　　　　　　　)

Kate：　I want to know more about *kimono*. What should I do?

Nana：　D

Kate：　I see. What is the good point of it?

Nana：　E

Kate：　Thank you for your help.

③　陸（Riku）は，英語の授業で，友人のアレックス（Alex）のスピーチを聞き，コメントを書いて渡すことになった。伝えたいことは，アレックスの国の祭りについて学べたので，アレックスのスピーチはとても良かったということと，私たちは地域の文化を尊重しなければならないということである。あなたが陸なら，これらのことを伝えるために，どのようなコメントを書くか。次の［　　］の中に英語を補い，コメントを完成させなさい。

| |
|---|
| ⟨To Alex⟩<br><br><br><br>⟨From Riku⟩ |

4 次の英文は，中学生の正太（Shota）が，同級生の亜希（Aki）と良（Ryo）とのできごとを振り返って書いたものである。この英文を読んで，(1)～(7)の問いに答えなさい。

Every year in May, we have the sports day in our school. Each class shows a dance performance on that day. When I became one of the dance leaders in my class, I ⓐ (feel) excited. Aki and Ryo became leaders, too.

One day in April, Aki, Ryo, and I had the first meeting in the classroom. We wanted to decide what kind of music to use for our dance. First, Aki said to us, "We should choose a famous Japanese song. By using a song that [ A ], our classmates can dance easily. Also, the audience will have more fun if they hear famous melody." I didn't agree with her. I said to Aki, "If we use a popular Japanese song, our dance may be the same as dances of other classes. I want to use old American rock music to [ B ]. I think the audience will be interested in it." Aki said, "You mean we use a song ⓑ (write) in English? We shouldn't do that. I like old American rock music, but no class used it for the performance last year."

During the meeting, Aki never changed her opinion, and I didn't change my opinion, either. Ryo was just listening to us. Finally, Aki and I stopped talking, and the classroom became quiet.

After a few minutes, Ryo started talking. "Well, the music you want to use is different, but Aki and Shota want to do the same thing." I was surprised and said, "The same thing?" Ryo answered, "Yes. Both of you want [ ], and I agree. Your opinions are great, so let's put them together. How about using two songs?" Aki and I looked at each other.

Then, Aki said, "That's a good idea! Let's begin our dance with old American rock music. I'm sure the audience will be surprised." I said, "Great! After they are surprised, let's use a popular Japanese song. They can enjoy our dance together." Ryo said, "OK. Now let's talk about how to tell our plan to our classmates."

After the meeting, I said, "Ryo, you made us a good team." Ryo smiled and said, "No, you and Aki did it. Both of you had your own ideas and weren't afraid to say them to improve our dance. That influenced me."

On the next day, I told our plan to our classmates, but some students didn't like the plan. They said, "Old American rock music isn't cool." So Aki showed a CD of old American rock music to our classmates. We listened to it together, and Ryo danced. Thanks to their support, all of the classmates agreed with us, and we chose an old American rock song and a popular Japanese song. I said to Aki and Ryo, "I realized that things which I can do without your help are limited. Let's create a wonderful dance performance together."

（注） sports day：運動会　leader：リーダー　meeting：会議　melody：メロディー
rock music：ロック音楽　put ～ together：～をまとめる　influence：～に影響を与える
thanks to ～：～のおかげで

(1) 本文中のⓐ，ⓑの（　　）の中の語を，それぞれ適切な形に直しなさい。

ⓐ(　　　) ⓑ(　　　)

(2) 次の質問に対して，英語で答えなさい。

① What did the dance leaders want to decide at the first meeting?

(　　　　　　　　　　　　　　　　　　　　　　　　)

② What was Ryo doing before Shota and Aki stopped talking?

(　　　　　　　　　　　　　　　　　　　　　　　　)

(3) 本文中の A ， B の中に補う英語の組み合わせとして，次のア～エの中から最も適切なものを１つ選び，記号で答えなさい。(　　　)

ア A：many students already know　B：follow the other classes

イ A：many students already know　B：make our dance unique

ウ A：only a few students know　B：follow the other classes

エ A：only a few students know　B：make our dance unique

(4) 本文中の □ の中に補う英語として，次のア～エの中から最も適切なものを１つ選び，記号で答えなさい。(　　　)

ア to use a famous English song for our dance

イ to show other students that you're good at dancing

ウ our classmates to dance quickly

エ people watching our dance to enjoy it

(5) 良は，正太と亜希のどのようなようすが自分に影響を与えたと述べているか，日本語で書きなさい。

(　　　　　　　　　　　　　　　　　　　　　　　　)

(6) 正太がクラスメートに計画を話した日，正太はどのようなことに気付いたと亜希と良に伝えているか。亜希と良に伝えている，正太が気付いたことを，日本語で書きなさい。

(　　　　　　　　　　　　　　　　　　　　　　　　)

(7) 次のア～エの中から，本文の内容と合うものを１つ選び，記号で答えなさい。(　　　)

ア Aki, Ryo, and Shota had the first meeting, and they told all of the classmates to join it.

イ Ryo told Shota that popular Japanese songs were always used at the dance performance.

ウ Aki and Shota had different opinions at first, but Ryo helped them have a better idea.

エ Shota's class chose two Japanese songs because some students didn't like English songs.

〈放送原稿〉

2023年度静岡県公立高等学校入学試験英語放送による問題

はじめに，(1)を行います。これから，中学生の健（Ken）と留学生のリサ（Lisa）が，英語でⒶ，Ⓑ，Ⓒ，Ⓓの4つの会話をします。それぞれの会話のあとに，英語で質問をします。その質問の答えとして最も適切なものを，ア，イ，ウ，エの4つの中から1つ選び，記号で答えなさい。なお，会話と質問は2回繰り返します。

では，始めます。

Ⓐ Lisa： Hi, Ken. Look at this picture. This is my favorite movie character.

Ken： Oh, she has a long pencil in her hand. Why does she have it?

Lisa： Because she loves studying. She also likes plants, so she holds three flowers in her other hand.

Ken： I see.

質問 Which is Lisa's favorite movie character?

（Ⓐを繰り返す）（6秒休止）

Ⓑ Ken： We're going to visit the science museum tomorrow. I'm so excited.

Lisa： Me, too. Don't forget your cap, lunch, and something to drink.

Ken： I see, but we'll go there by bus. So we don't need a cap.

Lisa： You're right. Oh, if you have a camera, can you bring it?

Ken： Sure. I have a good one.

質問 What will Ken bring to the science museum?

（Ⓑを繰り返す）（6秒休止）

Ⓒ Ken： Lisa, have you finished your tennis practice?

Lisa： Yes, it was hard.

Ken： Would you like to eat some cookies? I made them yesterday.

Lisa： Wow, your cookies look delicious. Can I eat this big one now?

Ken： Of course, but wait. Before eating it, wash your hands.

Lisa： Oh, I've already done it.

Ken： OK, here you are.

質問 What will Lisa do next?

（Ⓒを繰り返す）（6秒休止）

Ⓓ Lisa： Good morning, Ken. Why do you have an umbrella? It's cloudy now, but it will be sunny here in Shizuoka this afternoon.

Ken： I'm going to see my grandmother in Tokyo. This morning, the TV news said, "It has been raining in Tokyo since yesterday."

Lisa： Oh, I watched that, too. It will not stop raining there until tomorrow, right?

Ken： Yes. I wish it would be sunny in Tokyo today.

質問 Which TV news did Ken and Lisa watch?

(Dを繰り返す)(6 秒休止)

次に，(2)を行います。これから，中学生の健（Ken）が，英語で話をします。その話の内容について，問題用紙にある 3 つの質問をします。それぞれの質問に対する正しい答えとなるように，(　　)の中に，適切な語や語句を記入しなさい。なお，先に問題用紙にある質問を 2 回繰り返し，そのあとで話を 2 回繰り返します。

では，始めます。

質問 1　Who walks with Ken every morning?（繰り返す）

（2 秒休止）

質問 2　What does Ken enjoy watching in the morning?（繰り返す）

（2 秒休止）

質問 3　What does Ken do after walking?（繰り返す）

（2 秒休止）

続いて，話をします。

What time do you usually get up? Every morning, I wake up at five thirty and walk in my town with my brother.

While we are walking, we talk a lot. It is a good time for us. Also, I enjoy two things. First, it's fun for me to watch some white birds. When they are flying in the morning sky, they look beautiful. Second, there is a station near my house, and some colorful trains stay there. I enjoy watching them, and I sometimes take pictures of them.

After we come home, my father makes green tea for me, and I drink it. My father and brother drink coffee. It is the happiest moment in the morning.

（繰り返す）（20 秒休止）

これで放送による問題を終わります。

# 社会

時間　50分　　　満点　50点

1　次の略年表を見て，(1)～(9)の問いに答えなさい。

| 時代 | 飛鳥《あすか》 | 奈良《なら》 | 平安 | 鎌倉 | 室町 | 安土《あづち》桃山 | 江戸 | 明治 | 大正 | 昭和 | 平成 |
|---|---|---|---|---|---|---|---|---|---|---|---|
| 日本のできごと | ①小野妹子《おののいもこ》を中国に派遣する | ②天平《てんぴょう》文化が栄える | ③院政が始まる | 鎌倉幕府が成立する | ④勘合貿易が始まる<br>⑤応仁《おうにん》の乱がおこる | 太閤《たいこう》検地が始まる | 田沼意次《たぬまおきつぐ》が老中になる<br>Ⓐ<br>ペリーが浦賀に来る | ⑥明治維新が始まる | 大正デモクラシーが始まる | ⑦太平洋戦争が始まる<br>⑧高度経済成長が終わる | 京都議定書が採択される |

(1)　傍線部①は，中国の進んだ制度や文化を取り入れるために派遣された。傍線部①が派遣された中国の王朝の名称を，次のア～エの中から１つ選び，記号で答えなさい。(　　　)

ア　漢　　イ　隋《ずい》　　ウ　唐　　エ　宋《そう》

(2)　傍線部②が栄えたころにつくられた，地方の国ごとに，自然，産物，伝承などをまとめて記したものは何とよばれるか。その名称を書きなさい。(　　　)

(3)　傍線部③が行われていた平安時代の末期には，武士が政治のうえで力をもつようになった。武士として初めて，政治の実権を握り，太政《だいじょう》大臣となった人物はだれか。その人物名を書きなさい。

(　　　)

(4)　傍線部④が行われていた15世紀には，琉球《りゅうきゅう》王国が中継貿易で栄えていた。このことに関するa，bの問いに答えなさい。

a　琉球王国の都を，次のア～エの中から１つ選び，記号で答えなさい。(　　　)

ア　十三湊《とさみなと》　　イ　漢城　　ウ　首里　　エ　大都

b　資料１は，琉球王国が中継貿易で栄えたようすを表した文章が刻まれた鐘と，その文章の一部を要約したものである。図１は，東アジアの一部と東南アジアの一部を表した地図である。資料１から読み取れる，琉球王国が中継貿易で果たした役割を，図１から読み取れる，琉球王国の位置に関連付けて，簡単に書きなさい。(　　　　　　　　　　　　)

資料１

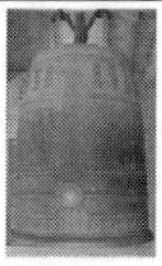

琉球王国は，……船で各国へ渡って万国のかけ橋となり，異国の産物は国中に満ちている。

(「万国津梁《しんりょう》の鐘」より，一部を要約)

図１

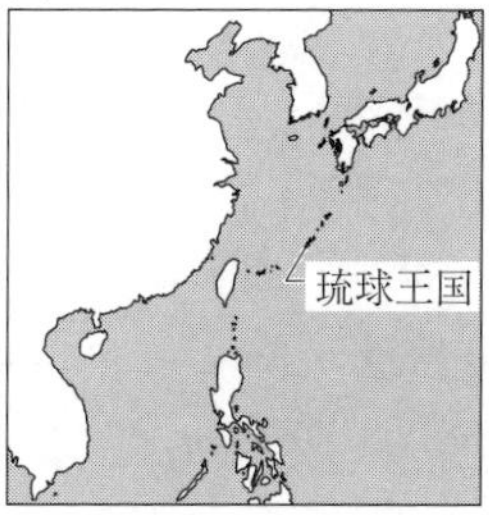

(5)　傍線部⑤の後に，戦乱が全国に広がり，戦国大名が各地に登場した。戦国大名が，領国を支配するためにつくった独自のきまりは何とよばれるか。その名称を書きなさい。(　　　)

(6)　略年表中のⒶの期間に関するa，bの問いに答えなさい。

a　Ⓐの期間の半ばには，化政文化が栄えた。化政文化に最もかかわりの深いものを，次のア～エの中から1つ選び，記号で答えなさい。(　　　)

ア　歌川《うたがわ》(安藤《あんどう》)広重《ひろしげ》が，宿場町の風景画を描いた。

イ　井原西鶴《いはらさいかく》が，町人の生活をもとに小説を書いた。

ウ　出雲《いずも》の阿国《おくに》が，京都でかぶき踊りを始めた。

エ　兼好《けんこう》法師が，民衆の姿を取り上げた随筆を書いた。

b　Ⓐの期間に，北アメリカでは，イギリスの植民地が，本国であるイギリスに対してアメリカ独立戦争をおこした。資料2は，アメリカ独立戦争に関するできごとを示した資料である。アメリカ独立戦争で植民地側がイギリスに勝利した理由を，資料2から考えられる，イギリスとフランスの関係に関連付けて，簡単に書きなさい。

資料2

| | |
|---|---|
| 1754年 | 北アメリカの支配をめぐる，イギリスとフランスの戦争開戦 |
| 1763年 | イギリスがフランスに勝利し，北アメリカでの支配地を拡大 |
| 1775年 | アメリカ独立戦争開戦 |
| 1778年 | フランスが植民地側で参戦 |
| 1783年 | イギリスが植民地の独立を承認 |

(　　　　　　　　　　　　　　　　　　　　　　　　　　　　　　)

(7)　傍線部⑥において，新政府は富国強兵をめざして改革を行った。このことに関するa，bの問いに答えなさい。

a　国民による軍隊をつくるために，1873年に新政府が発布した，原則として満20歳になった男子に兵役を義務づけた法令は何とよばれるか。その名称を書きなさい。(　　　)

b　新政府は，財政の安定を目的として1873年に地租改正を行い，その後，1877年に地租改正の内容の一部を変更した。資料3は，地租改正の内容の変更が記載された，ある土地所有者に与えられた地券の内容の一部を要約したものである。資料4は，1876年におこったできごとを示した資料である。資料4から考えられる，1877年に新政府が地租改正の内容の一部を変更した目的を，資料3から読み取れることに関連付けて，簡単に書きなさい。

(　　　　　　　　　　　　　　　　　　　　　　　　　　　　　　)

資料3

| | |
|---|---|
| 地価　四円七十三銭 | |
| 地価の百分の三 | 金　十四銭二厘《りん》 |
| 明治十年より | |
| 地価の百分の二ヶ半 | 金　十一銭八厘 |

注1　明治十年は1877年。
注2　1円は100銭，1銭は10厘。

資料4

| | |
|---|---|
| 真壁暴動 | 茨《いばら》城《き》県でおこった地租改正に反対する農民の一揆《いっき》。 |
| 伊勢《いせ》暴動 | 三重県でおこった地租改正に反対する農民の一揆。岐阜県，愛知県に広がった。 |

(8)　次のア～ウは，傍線部⑦以前におこったできごとについて述べた文である。ア～ウを時代の古い順に並べ，記号で答えなさい。(　　→　　→　　)

ア　中国では，国民党(国民政府)と共産党が協力し，抗日民族統一戦線を結成した。

イ　日本の関東軍は，南満州鉄道の線路を爆破し，満州の大部分を占領した。

ウ　アメリカは，日本への石油の輸出を制限し，イギリスやオランダも同調した。

(9)　傍線部⑧は1970年代に終わった。グラフ1は，1970年から2000年における，就業者数（15歳以上の人口のうち収入を伴う仕事をしている人の数）と，就業者数全体に占める15～64歳の就業者の割合の推移を示している。グラフ1に関するa，bの問いに答えなさい。

グラフ1

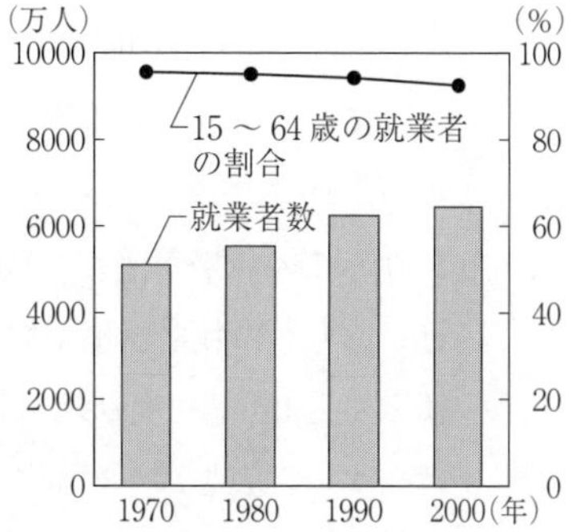


注　総務省資料により作成

a　グラフ1の，1970年の統計には，沖縄県のデータは含まれておらず，1980年以降の統計には含まれている。グラフ1の1980年以降の統計に，沖縄県のデータが含まれるようになったのは，1970年から1980年までの間にどのようなできごとがあったからか。そのできごとを書きなさい。(　　　　)

b　グラフ1から，65歳以上の就業者数はどのように変化していると考えられるか。そのように考えられる理由としてグラフ1から読み取れることとあわせて，簡単に書きなさい。

(　　　　　　　　　　　　　　　　　　　　　　　　　　　　　　)

2　次の(1)～(4)の問いに答えなさい。なお，地図1の中のA～Eは県を示している。

地図1

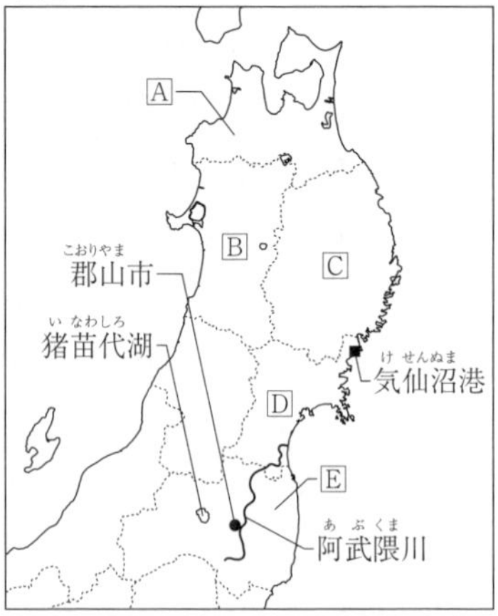


(1)　Aに関するa，bの問いに答えなさい。

a　Aでは，りんごの栽培が盛んである。Aの県名を書きなさい。(　　　　県)

b　りんごの栽培が盛んなAでは，ももの栽培にも取り組み，近年，ももの栽培面積が増えている。一般に，果樹は，一度植えると30年程度は栽培が続くため，気候変動の影響を受けやすい。表1は，りんごともものの，栽培に適する自然的条件の一部を示している。表1から考えられる，Aで，ももの栽培面積が増えている理由を，近年の気候変動に関連付けて，簡単に書きなさい。(　　　　)

表1

| | 年間の平均気温 | 4月1日～10月31日の平均気温 | 冬期の最低極温 | 低温要求時間 |
|---|---|---|---|---|
| りんご | 6℃以上14℃以下 | 13℃以上21℃以下 | －25℃以上 | 1,400時間以上 |
| もも | 9℃以上 | 15℃以上 | －15℃以上 | 1,000時間以上 |

注1　農林水産省資料により作成
注2　最低極温は，1年を通して最も低い気温であり，低温要求時間は，気温が7.2℃以下になる期間の延べ時間である。

(2)　Cに関するa，bの問いに答えなさい。

a　Cについて述べた文として正しいものを，次のア～エの中から1つ選び，記号で答えなさい。(　　　)

ア　県の西部に奥羽《おうう》山脈があり，県庁所在地は仙台市である。
イ　県の東部に奥羽山脈があり，県庁所在地は仙台市である。
ウ　県の西部にリアス海岸が見られ，県庁所在地は盛岡市である。
エ　県の東部にリアス海岸が見られ，県庁所在地は盛岡市である。

b　表2は，2019年における，B～Eの，人口，農業産出額の内訳，工業出荷額を示している。表2の中のア～エは，B～Eのいずれかを表している。ア～エの中から，Cに当たるものを1つ選び，記号で答えなさい。(　　　)

表2

| | 人口（千人） | 農業産出額の内訳（億円） | | | | 工業出荷額（億円） |
|---|---|---|---|---|---|---|
| | | 米 | 果実 | 畜産 | その他 | |
| ア | 2,306 | 839 | 27 | 736 | 330 | 45,590 |
| イ | 1,846 | 814 | 273 | 435 | 564 | 51,232 |
| ウ | 1,227 | 603 | 130 | 1,569 | 374 | 26,435 |
| エ | 966 | 1,126 | 84 | 362 | 359 | 12,998 |

注「データでみる県勢 2022」などにより作成

(3) 漁業に関するａ，ｂの問いに答えなさい。

ａ 地図１の気仙沼港は三陸海岸の漁港である。三陸海岸の沖合いは，海底の栄養分がまき上げられてプランクトンが集まり，さまざまな魚がとれる豊かな漁場になっているため，沿岸部には水あげ量の多い漁港が点在している。三陸海岸の沖合いが，このような豊かな漁場になっている理由を，海流に着目して，簡単に書きなさい。

(　　　　　　　　　　　　　　　　　　　　　　　　　　　　　　　　　　　)

ｂ 近年，遠洋漁業のような「とる漁業」に加えて，栽培漁業のような「育てる漁業」にも力が入れられるようになっている。「育てる漁業」のうち，三陸海岸でも盛んな，いけすやいかだなどで，魚介類を大きく育てたのち出荷する漁業は何とよばれるか。その名称を書きなさい。

(　　　　)

(4) 地図１の猪苗代湖に関するａ～ｃの問いに答えなさい。

ａ 図２は，猪苗代湖に面した猪苗代町にある信号機を撮影した写真である。猪苗代町の気候には日本海側の気候の特色があり，図２の信号機には猪苗代町の気候に適応するための工夫が見られる。図２の信号機に見られる工夫が，猪苗代町の気候に適応している理由を，日本海側の気候の特色が分かるように，簡単に書きなさい。

図２

(　　　　　　　　　　　　　　　　　　　　　　　　　　　　　　)

ｂ 図３は，地図１の郡山市の一部の地域を示した地形図である。図３の安積疏水《あさかそすい》は，明治時代に整備が始められた，猪苗代湖の水を引くための水路である。図３の[X]の付近では，近くを流れる阿武隈川の水は引けず，安積疏水を整備して，より遠くの猪苗代湖の水を引いて利用した。[X]の付近では阿武隈川の水が引けなかった理由を，図３から読み取れる，地形上の特色に着目して，簡単に書きなさい。また，[X]の付近の土地は，主に何に利用されているか。後のア～エの中から最も適切なものを１つ選び，記号で答えなさい。

理由(　　　　　　　　　　　　　　　　　　　　　　　　　　　　　　　　)

土地の利用(　　　)

図３

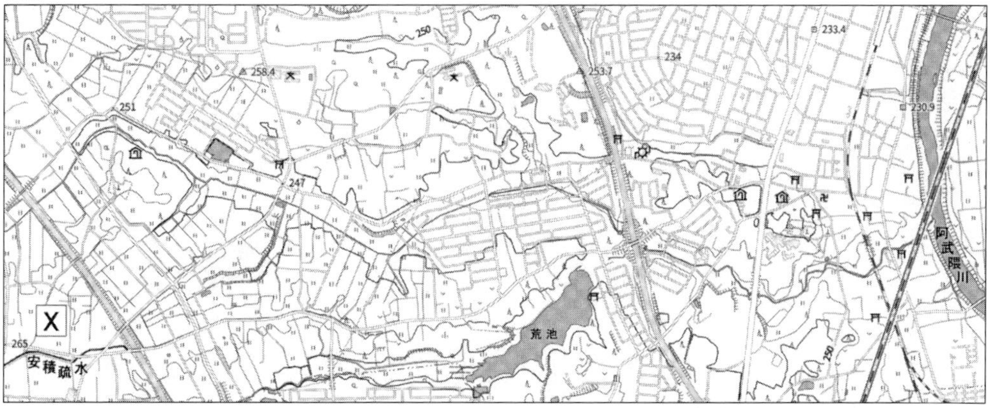


注 国土地理院の電子地形図（タイル）により作成　　（編集部注：原図を縮小しています。）

ア 田　イ 畑　ウ 広葉樹林　エ 針葉樹林

c　猪苗代湖から日本海に流れる川では水力発電が行われている。グラフ2は，日本の，1960年，1980年，2000年，2020年における，それぞれの総発電量に占めるエネルギー源別発電量の割合を示している。また，グラフ2のア～ウは，1960年，1980年，2000年のいずれかを，ⓐ～ⓒは，水力，火力，原子力のいずれかを表している。ア～ウを時代の古い順に並べ，記号で答えなさい。(　　→　　→　　)

グラフ2

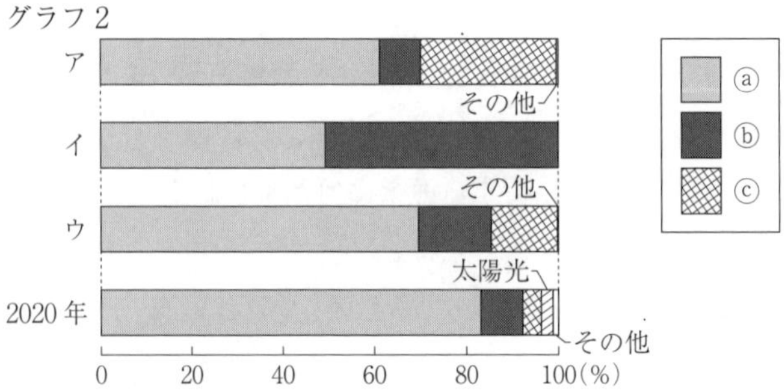

注 「数字でみる日本の100年」などにより作成

[3]　次の(1)～(4)の問いに答えなさい。なお，地図２は，緯線と経線が直角に交わった地図であり，地図２の中の[A]～[D]は国を，ⓐ～ⓓは都市を，[X]は経線を，それぞれ示している。

地図２

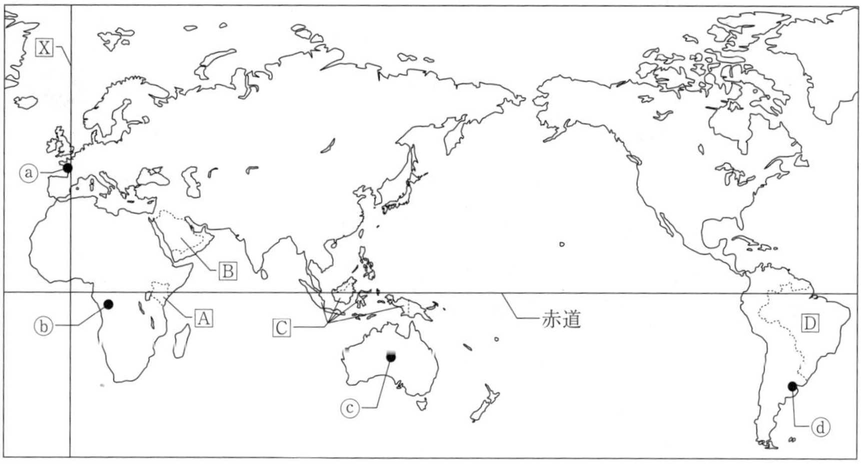


(1)　地図２に関するａ，ｂの問いに答えなさい。

ａ　[X]は，イギリスを通る経度０度の経線である。[X]の名称を書きなさい。(　　　)

ｂ　地図２のⓐの地点から，地球の中心を通った反対側の地点には，三海洋（三大洋）のうちの１つがある。その海洋（大洋）の名称を書きなさい。(　　　)

(2)　グラフ３は，地図２のⓐ～ⓓのいずれかの都市の，気温と降水量を示したものである。グラフ３に当たる都市として適切なものを，ⓐ～ⓓの中から１つ選び，記号で答えなさい。(　　　)

グラフ３

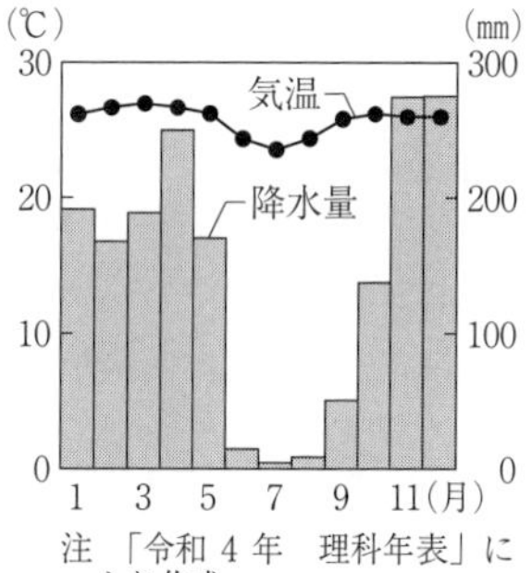


注 「令和４年　理科年表」により作成

(3)　表３は，2019年における，[A]～[D]の，人口，１人当たりの国民総所得，輸出額の多い上位３品目を示している。表３の中の(あ)～(え)は，[A]～[D]のいずれかを表している。(あ)に当たる国を，[A]～[D]の中から１つ選び，記号で答えなさい。(　　　)

表３

| | 人口<br>(千人) | １人当たりの<br>国民総所得<br>(ドル) | 輸出額の多い上位３品目 |
|---|---|---|---|
| (あ) | 270,626 | 4,012 | 石炭，パーム油，機械類 |
| (い) | 34,269 | 23,372 | 原油，石油製品，プラスチック |
| (う) | 52,574 | 1,780 | 紅茶，園芸作物，石油製品 |
| (え) | 211,050 | 8,523 | 大豆，原油，鉄鉱石 |

注「世界国勢図会 2021／22」などにより作成

(4)　アフリカ州に関するａ～ｃの問いに答えなさい。

ａ　アフリカ州では，スマートフォンなどの電子機器に使われるコバルトなどの金属が産出される。コバルトなどの，地球上の存在量が少ない金属や，純粋なものを取り出すことが技術的，経済的に難しい金属の総称は何か。その総称を書きなさい。(　　　)

b　アフリカ州では，民族によって異なるさまざまな言語が使われている。グラフ4は，2009年における，[A]の民族構成を示している。[A]では，英語とスワヒリ語が公用語に定められており，国会などでは英語が使われ，小学校ではスワヒリ語の授業がある。[A]において公用語が定められている理由を，グラフ4から読み取れることに関連付けて，簡単に書きなさい。

(　　　　　　　　　　　　　　　　　　　　　　　　　　　　)

グラフ4

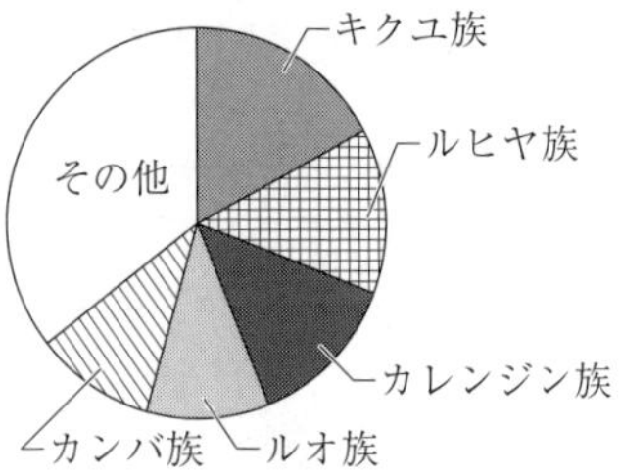


注　「世界の統計2022」により作成

c　図4は，[A]を含めた東アフリカ地域の一部を表した地図であり，図4の中の○は[A]にある港を，●は[A]の隣国のウガンダの首都を，━━は整備が進められている道路の一部を示している。━━の道路の整備は，東アフリカ地域の経済発展につながると考えられている。━━の道路が整備されることの，ウガンダにとっての経済発展上の利点を，図4から読み取れる，ウガンダの国の位置に関連付けて，簡単に書きなさい。

(　　　　　　　　　　　　　　　　　　　　　　　　　　　　)

図4

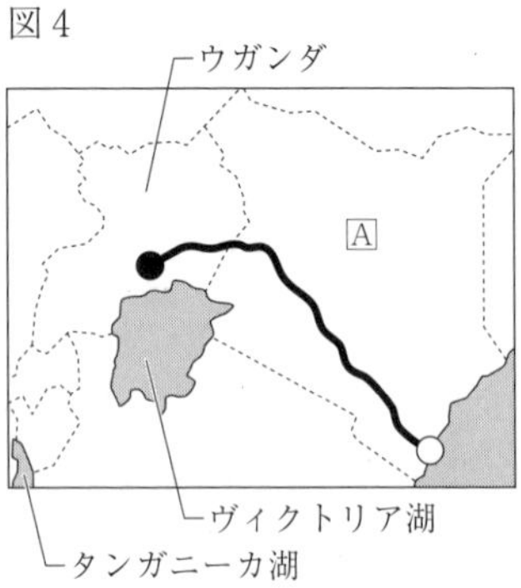

4　次の(1)～(3)の問いに答えなさい。

(1)　貿易に関するa，bの問いに答えなさい。

a　外国との間で異なる通貨を交換する際の比率を為替レート（為替相場）という。表4は，2022年2月と2022年4月における，1ドルに対する円の為替レートを示したものである。次の文は，表4について述べたものである。文中の（あ⃝），（い⃝）に当てはまる語として正しい組み合わせを，後のア～エの中から1つ選び，記号で答えなさい。（　　　）

表4

| 年月 | 1ドルに対する円の為替レート |
|---|---|
| 2022年2月 | 115.2円 |
| 2022年4月 | 126.1円 |

注1　日本銀行資料により作成
注2　為替レートは1か月の平均。

表4の為替レートで考えると，2022年2月より2022年4月の方が，1ドルに対する円の価値が（あ⃝）なっており，2022年2月と2022年4月では，同じ金額の円をドルに交換するとき，ドルの金額が高くなるのは，2022年（い⃝）である。

ア　あ⃝　高く　　い⃝　2月　　イ　あ⃝　低く　　い⃝　2月　　ウ　あ⃝　高く　　い⃝　4月

エ　あ⃝　低く　　い⃝　4月

b　輸入品に関税をかけることには，税収入の確保のほかにも利点がある。税収入の確保とは異なる，輸入品に関税をかけることの利点を，関税をかけることによっておこる輸入品の価格の変化に関連付けて，簡単に書きなさい。

（　　　　　　　　　　　　　　　　　　　　　　　　　　　　　　　　　　　　　）

(2)　国の権力と国民の関係に関するa～cの問いに答えなさい。

a　図5は，「法の支配」と「人の支配」のしくみを表したものである。権力者が思うままに権力を行使する「人の支配」では，国民は自由な生活をうばわれるおそれがあるため，政治は「法の支配」に基づいて行われる必要がある。図5のあ⃝～う⃝に当てはまる語として正しい組み合わせを，次のア～カの中から1つ選び，記号で答えなさい。（　　　）

図5

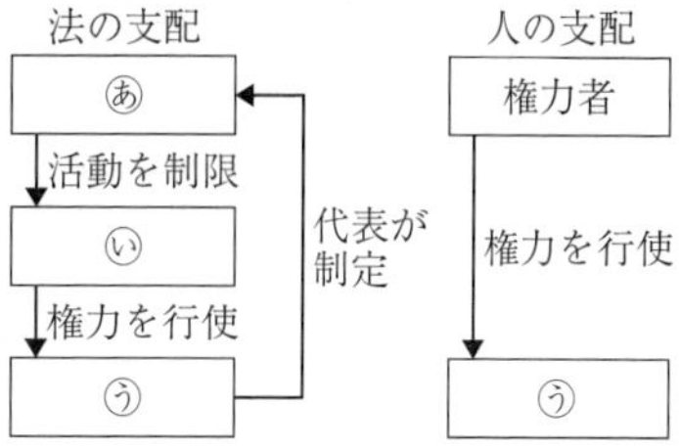


ア　あ⃝　国民　　い⃝　政府　　う⃝　法　　イ　あ⃝　国民　　い⃝　法　　う⃝　政府

ウ　あ⃝　政府　　い⃝　国民　　う⃝　法　　エ　あ⃝　政府　　い⃝　法　　う⃝　国民

オ　あ⃝　法　　い⃝　国民　　う⃝　政府　　カ　あ⃝　法　　い⃝　政府　　う⃝　国民

b　日本の政治では，国の権力のうち，立法権を国会，行政権を内閣，司法権を裁判所が担当し，相互に抑制し合い均衡を保つしくみがとられている。このしくみは何とよばれるか。その名称を書きなさい。（　　　）

c　請求権（国務請求権）は，国民の権利が侵害されたり，不利益な扱いを受けたりしたときに，国に対して一定の行いをすることを求める権利である。日本国憲法が保障する請求権に当たるものを，次のア～エの中から1つ選び，記号で答えなさい。（　　　）

ア　選挙権　　イ　環境権　　ウ　教育を受ける権利　　エ　裁判を受ける権利

(3)　我が国では，「働き方改革」が進められている。資料5は，「働き方改革」に関する政策の一部をまとめたものである。表5は，2016年における，企業規模別の，労働者1人当たりの年次有給休暇（一定期間勤続した労働者に与えられる，取得しても賃金が減額されない休暇）の取得率を示している。グラフ5は，2016年における，全国の企業数に占める，大企業と中小企業の割合を示している。表5から考えられる，資料5の政策を国が打ち出したねらいを，グラフ5から読み取れることと，資料5の政策の内容に関連付けて，70字程度で書きなさい。

資料5

・年次有給休暇取得の促進などに向けた環境整備に取り組む中小企業に対して，その実施に要した費用の一部を支援する。
・各都道府県の労働局に専門家を配置し，中小企業を中心とした企業からの，年次有給休暇取得などに関する相談に応じるなどの支援を行う。

注　厚生労働省資料により作成

表5

| 常用労働者の人数 | 年次有給休暇の取得率（%） |
|---|---|
| 1,000人以上 | 55.3 |
| 300～999人 | 48.0 |
| 100～299人 | 46.5 |
| 30～99人 | 43.8 |

注1　厚生労働省資料により作成
注2　常用労働者は，期間を定めずに雇われている労働者，または1か月以上の期間を定めて雇われている労働者。
注3　取得率は，与えられた日数の合計に対する，実際に取得した日数の合計の割合。

グラフ5

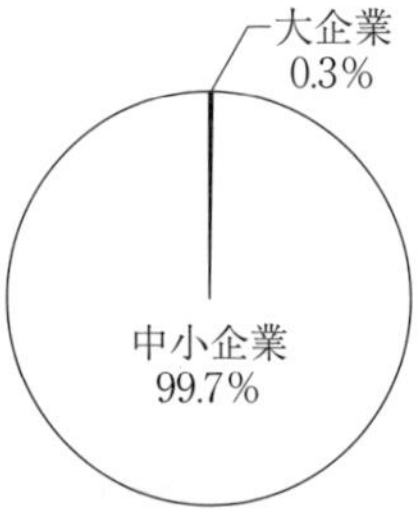


注　中小企業庁資料により作成

# 理科

時間　50分　　　　満点　50点

1　次の(1)～(4)の問いに答えなさい。

(1)　月のように，惑星のまわりを公転する天体は何とよばれるか。その名称を書きなさい。(　　　)

(2)　図1のように，同じ材質のプラスチックでできているストローAとストローBを一緒にティッシュペーパーでこすった。その後，図2のように，ストローAを洗たくばさみでつるした。

図1

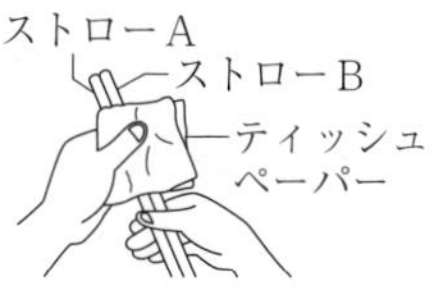


図2

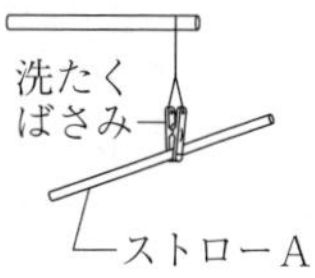


図2のストローAに，ストローBと，こすったティッシュペーパーをそれぞれ近づけると，電気の力がはたらいて，ストローAが動いた。図2のストローAが動いたときの，ストローAに近づけたものとストローAとの間にはたらいた力の組み合わせとして最も適切なものを，右のア～エの中から1つ選び，記号で答えなさい。

(　　　)

| | ストローAに近づけたもの | |
|---|---|---|
| | ストローB | ティッシュペーパー |
| ア | 退け合う力 | 引き合う力 |
| イ | 退け合う力 | 退け合う力 |
| ウ | 引き合う力 | 引き合う力 |
| エ | 引き合う力 | 退け合う力 |

(3)　有性生殖において，子の形質が親の形質と異なることがある理由を，**受精**，**染色体**という2つの言葉を用いて，簡単に書きなさい。

(　　　)

(4)　表1は，硝酸《しょうさん》カリウムの，水100gに溶ける最大の質量と温度の関係を表したものである。30℃の水が入っているビーカーに，硝酸カリウムを加え，質量パーセント濃度が20％の硝酸カリウム水溶液250gをつくる。この水溶液250gの温度を30℃から10℃まで下げると，硝酸カリウムが結晶となって出てきた。結晶となって出てきた硝酸カリウムは何gか。表1をもとに，計算して答えなさい。(　　　g)

表1

| 温度(℃) | 硝酸カリウム(g) |
|---|---|
| 10 | 22 |
| 30 | 46 |

[2]　いろいろな生物とその共通点及び生物の体のつくりとはたらきに関する(1)，(2)の問いに答えなさい。

(1)　ある湖とその周辺の植物を調査したところ，オオカナダモ，ツバキ，アサガオが見られた。

①　オオカナダモの葉を1枚とって，プレパラートをつくり，図3のように，顕微鏡を用いて観察した。

図3

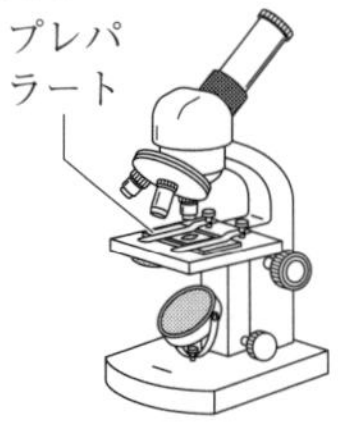


a　次の文が，低倍率で観察してから，高倍率に変えて観察するときの，図3の顕微鏡の操作について適切に述べたものとなるように，文中の（ ㋐ ），（ ㋑ ）のそれぞれに補う言葉の組み合わせとして，下のア～エの中から正しいものを1つ選び，記号で答えなさい。（　　　）

倍率を高くするときは，レボルバーを回し，高倍率の（ ㋐ ）にする。倍率を高くすると，視野全体が（ ㋑ ）なるので，しぼりを調節してから観察する。

ア　㋐　対物レンズ　　㋑　明るく　　イ　㋐　接眼レンズ　　㋑　明るく

ウ　㋐　対物レンズ　　㋑　暗く　　エ　㋐　接眼レンズ　　㋑　暗く

b　オオカナダモの葉の細胞の中に，緑色の粒が見られた。この緑色の粒では光合成が行われている。細胞の中にある，光合成が行われる緑色の粒は何とよばれるか。その名称を書きなさい。（　　　）

②　ツバキとアサガオは，双子葉類に分類される。次のア～エの中から，双子葉類に共通して見られる特徴を2つ選び，記号で答えなさい。（　　　）

ア　胚珠《はいしゅ》が子房の中にある。　　イ　根はひげ根からなる。

ウ　胚珠がむき出しになっている。　　エ　根は主根と側根からなる。

③　図4のように，葉の枚数や大きさ，枝の長さや太さがほぼ同じツバキを3本用意し，装置A～Cをつくり，蒸散について調べた。装置A～Cを，室内の明るくて風通しのよい場所に3時間置き，それぞれの三角フラスコ内の，水の質量の減少量を測定した。その後，アサガオを用いて，同様の実験を行った。表2は，その結果をまとめたものである。表2をもとにして，a，bの問いに答えなさい。ただし，三角フラスコ内には油が少量加えられており，三角フラスコ内の水面からの水の蒸発はないものとする。

図4

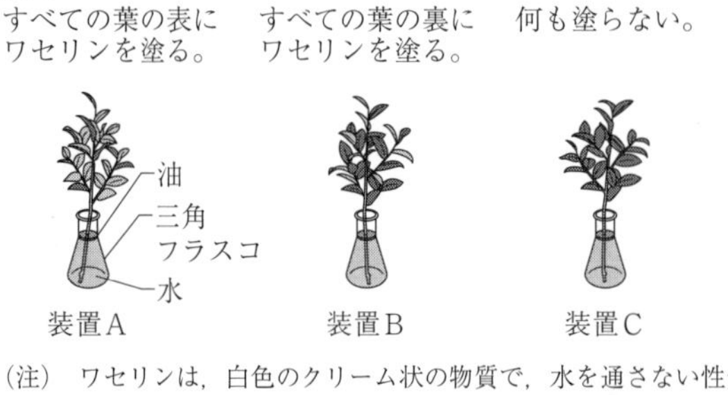


表2

| | 水の質量の減少量(g) | |
|---|---|---|
| | ツバキ | アサガオ |
| すべての葉の表にワセリンを塗る | 6.0 | 2.8 |
| すべての葉の裏にワセリンを塗る | 1.3 | 1.7 |
| 何も塗らない | 6.8 | 4.2 |

(注)　ワセリンは，白色のクリーム状の物質で，水を通さない性質をもつ。

a　表2から，ツバキとアサガオは，葉以外からも蒸散していることが分かる。この実験において，1本のツバキが葉以外から蒸散した量は何gであると考えられるか。計算して答えなさい。（　　　g） b　ツバキとアサガオを比べた場合，1枚の葉における，葉の全体にある気孔の数に対する葉の表側にある気孔の数の割合は，どのようであると考えられるか。次のア～ウの中から1つ選び，記号で答えなさい。ただし，気孔1つ当たりからの蒸散量は，気孔が葉の表と裏のどちらにあっても同じであるものとする。(　　　)

ア　ツバキの方が大きい。　　イ　どちらも同じである。　　ウ　アサガオの方が大きい。

(2)　海の中には，多くの植物プランクトンが存在している。次の□の中の文は，植物プランクトンの大量発生により引き起こされる現象についてまとめた資料の一部である。

> 生活排水が大量に海に流れ込むと，これを栄養源として植物プランクトンが大量に発生することがある。大量に発生した植物プランクトンの多くは，水中を浮遊後，死んで海底へ沈む。死んだ大量の植物プランクトンを，微生物が海底で分解することで，海底に生息する生物が死ぬことがある。植物プランクトンを分解する微生物の中には，分解するときに硫化水素などの物質を発生させるものも存在し，海底に生息する生物が死ぬ原因の1つになっている。

①　植物プランクトンには，体が1つの細胞からできているものがいる。体が1つの細胞からできているものは，一般に何とよばれるか。その名称を書きなさい。(　　　)

②　下線部のような現象が起こるのは，硫化水素などの物質の発生のほかにも理由がある。硫化水素などの物質の発生のほかに，微生物が大量の植物プランクトンを分解することによって，海底に生息する生物が死ぬことがある理由を，簡単に書きなさい。

(　　　　　　　　　　　　　　　　　　　　　　　　　　　　　　　)

3　化学変化とイオン及び化学変化と原子・分子に関する(1)～(3)の問いに答えなさい。

(1)　図5のように，ビーカー内の硫酸亜鉛水溶液に，硫酸銅水溶液が入ったセロハンの袋を入れ，硫酸亜鉛水溶液の中に亜鉛板を，硫酸銅水溶液の中に銅板を入れて電池をつくる。この電池の，亜鉛板と銅板に光電池用モーターを接続すると，光電池用モーターは回転した。

図5

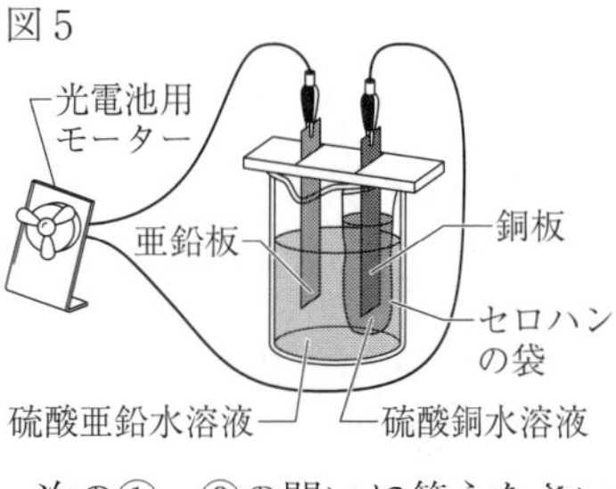


図5の電池のしくみを理解したRさんとSさんは，光電池用モーターの回転を速くする方法について話している。このとき，次の①～③の問いに答えなさい。

Rさん：ⓐ図5の電池は，金属のイオンへのなりやすさによって，銅板と亜鉛板で起こる反応が決まっていたよね。

Sさん：そうだね。光電池用モーターの回転の速さは，使用した金属のイオンへのなりやすさと関係していると思うよ。

Rさん：銅は変えずに，亜鉛を，亜鉛よりイオンになりやすいマグネシウムに変えて試してみよう。そうすれば，光電池用モーターの回転が速くなりそうだね。

Sさん：金属板の面積を大きくしても，電子を放出したり受け取ったりする場所が増えて，光電池用モーターの回転が速くなりそうだね。

Rさん：なるほど。ⓑ図5の，亜鉛板と硫酸亜鉛水溶液を，マグネシウム板と硫酸マグネシウム水溶液に変えて，銅板，マグネシウム板の面積を，図5の，銅板，亜鉛板の面積よりも大きくして，光電池用モーターの回転が速くなるかを調べてみよう。

① 硫酸銅や硫酸亜鉛は，電解質であり，水に溶けると陽イオンと陰イオンに分かれる。電解質が水に溶けて陽イオンと陰イオンに分かれることは何とよばれるか。その名称を書きなさい。

(　　　)

② 下線部ⓐの銅板で起こる化学変化を，電子1個を $e^-$ として，化学反応式で表すと，$Cu^{2+} + 2e^- \rightarrow Cu$ となる。

a 下線部ⓐの銅板で起こる化学変化を表した化学反応式を参考にして，下線部ⓐの亜鉛板で起こる化学変化を，化学反応式で表しなさい。(　　　　　　　　　　)

b 次のア～エの中から，図5の電池における，電極と，電子の移動について，適切に述べたものを1つ選び，記号で答えなさい。(　　　)

ア 銅板は＋極であり，電子は銅板から導線を通って亜鉛板へ移動する。

イ 銅板は＋極であり，電子は亜鉛板から導線を通って銅板へ移動する。

ウ 亜鉛板は＋極であり，電子は銅板から導線を通って亜鉛板へ移動する。

エ 亜鉛板は＋極であり，電子は亜鉛板から導線を通って銅板へ移動する。

③ 下線部ⓑの方法で実験を行うと，光電池用モーターの回転が速くなった。しかし，この実験の結果だけでは，光電池用モーターの回転の速さは使用した金属のイオンへのなりやすさと関係していることが確認できたとはいえない。その理由を，簡単に書きなさい。ただし，硫酸銅水溶液，硫酸亜鉛水溶液，硫酸マグネシウム水溶液の濃度と体積は，光電池用モーターの回転が速くなったことには影響していないものとする。

(　　　　　　　　　　　　　　　　　　　　　　　　　　　　　　　)

(2) Sさんは，水素と酸素が反応することで電気が発生する燃料電池に興味をもち，燃料電池について調べた。資料1は，燃料電池で反応する水素と酸素の体積比を調べるために，Sさんが行った実験の結果をまとめたレポートの一部を示したものである。

〈資料1〉

準備　燃料電池，タンクP，タンクQ，光電池用モーター

実験　図6のように，タンクPに気体の水素 $8\,cm^3$ を，タンクQに気体の酸素 $2\,cm^3$ を入れ，水素と酸素を反応させる。燃料電池に接続した光電池用モーターの回転が終わってから，タンクP，Qに残った気体の体積を，それぞれ測定する。その後，タンクQに入れる気体の酸素の体積を $4\,cm^3$，$6\,cm^3$，$8\,cm^3$ に変えて，同様の実験を行う。

結果　表3のようになった。

考察　表3から，反応する水素と酸素の体積比は2：1である。

図6

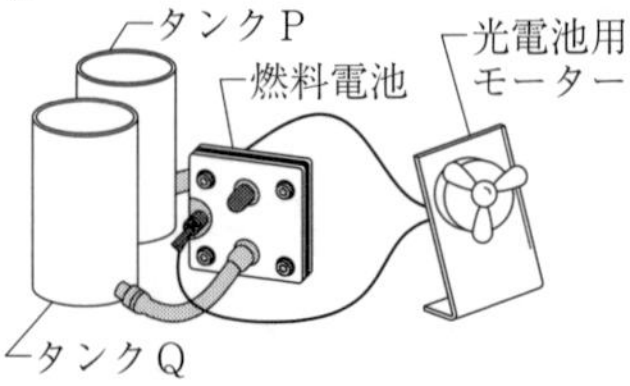


表3

| | | | | |
|---|---|---|---|---|
| 入れた水素の体積(㎤) | 8 | 8 | 8 | 8 |
| 入れた酸素の体積(㎤) | 2 | 4 | 6 | 8 |
| 残った水素の体積(㎤) | 4 | 0 | 0 | 0 |
| 残った酸素の体積(㎤) | 0 | 0 | 2 | 4 |

① この実験で用いた水素は，水を電気分解して発生させたが，ほかの方法でも水素を発生させることができる。次のア～エの中から，水素が発生する反応として適切なものを１つ選び，記号で答えなさい。(　　　)

ア　酸化銀を試験管に入れて加熱する。　　イ　酸化銅と炭素を試験管に入れて加熱する。

ウ　硫酸と水酸化バリウム水溶液を混ぜる。　　エ　塩酸にスチールウール（鉄）を入れる。

② 燃料電池に接続した光電池用モーターが回転しているとき，反応する水素と酸素の体積比は２：１であり，水素 $1\,\mathrm{cm^3}$ が減少するのにかかる時間は５分であった。表３をもとにして，タンクＰに入れる水素の体積を $8\,\mathrm{cm^3}$ にしたときの，タンクＱに入れる酸素の体積と光電池用モーターが回転する時間の関係を表すグラフを，図７にかきなさい。ただし，光電池用モーターが回転しているとき，水素は一定の割合で減少しているものとする。

図７

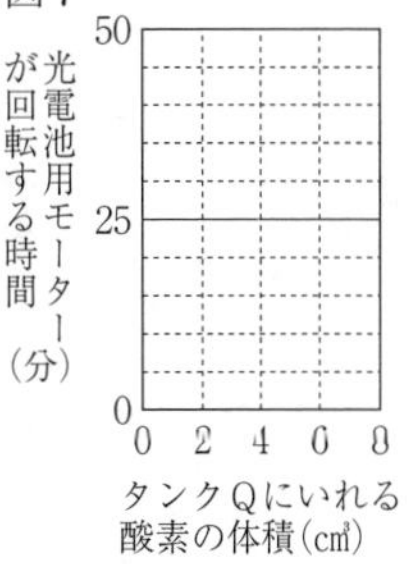


(3) 図８のように，ポリエチレンの袋の中に，同じ体積の，水素と空気を入れて密閉し，点火装置で点火すると，水素と酸素が２：１の体積の割合で反応し，水が発生した。反応後，ポリエチレンの袋の中に残った気体の温度が点火前の気体の温度と等しくなるまでポリエチレンの袋を放置したところ，発生した水はすべて液体になり，ポリエチレンの袋の中に残った気体の体積は $28\mathrm{cm^3}$ になった。ポリエチレンの袋の中の酸素はすべて反応したとすると，反応後にポリエチレンの袋の中に残っている水素の体積は何 $\mathrm{cm^3}$ であると考えられるか。計算して答えなさい。ただし，空気には窒素と酸素だけが含まれており，窒素と酸素は４：１の体積比で混ざっているものとする。また，水素と酸素の反応以外の反応は起こらないものとする。(　　　$\mathrm{cm^3}$)

図８

4　気象とその変化に関する(1)～(3)の問いに答えなさい。

図９は，ある年の４月７日９時における天気図である。

図９

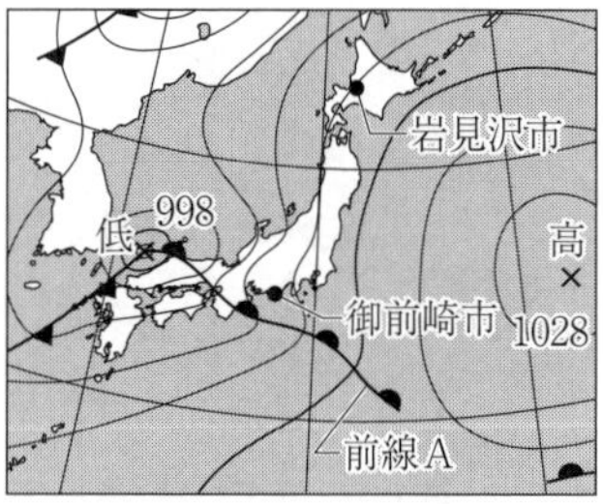


(1)　図９の岩見沢市における４月７日９時の気象情報を調べたところ，天気はくもり，風向は南，風力は４であった。岩見沢市における４月７日９時の，天気，風向，風力を，天気図記号で，図10にかきなさい。

図10

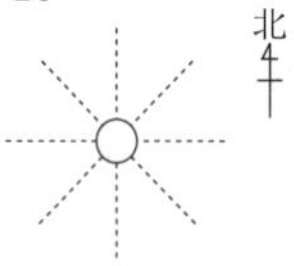


(2)　表４は，図９の御《お》前崎《まえざき》市における４月７日の４時から20時までの，１時間ごとの気象情報の一部をまとめたものである。

①　表４で示された期間中に，図９の前線Ａが御前崎市を通過した。前線Ａが御前崎市を通過したと考えられる時間帯として最も適切なものを，次のア～エの中から１つ選び，記号で答えなさい。(　　　)

ア　４時～7時　　イ　８時～11時　　ウ　13時～16時　　エ　17時～20時

②　前線に沿ったところや低気圧の中心付近では雲ができやすいが，高気圧の中心付近では，雲ができにくく，晴れることが多い。高気圧の中心付近では，雲ができにくく，晴れることが多い理由を，簡単に書きなさい。

(　　　　　　　　　　　　　　　　　　　　　　　　　)

表４

| | 時刻 | 気温 | 風向 | 風力 |
|---|---|---|---|---|
| 4月7日 | 4 | 14.7 | 北東 | 3 |
| | 5 | 15.0 | 北東 | 3 |
| | 6 | 14.8 | 北東 | 3 |
| | 7 | 14.3 | 北北東 | 3 |
| | 8 | 14.1 | 北東 | 3 |
| | 9 | 11.4 | 北北東 | 4 |
| | 10 | 11.3 | 北北東 | 4 |
| | 11 | 12.3 | 北東 | 4 |
| | 12 | 12.4 | 北北東 | 4 |
| | 13 | 12.7 | 北東 | 3 |
| | 14 | 13.2 | 北東 | 3 |
| | 15 | 18.6 | 南西 | 4 |
| | 16 | 18.7 | 南西 | 5 |
| | 17 | 18.9 | 南西 | 5 |
| | 18 | 18.9 | 南西 | 6 |
| | 19 | 19.1 | 南西 | 6 |
| | 20 | 19.2 | 南西 | 6 |

(3)　御前崎市では，前線Ａが通過した数日後，湿度が低下したので，Ｒさんは，部屋で加湿器を使用した。Ｒさんは，飽和水蒸気量を計算して求めるために，部屋の大きさ，加湿器を使用する前後の湿度，加湿器使用後の貯水タンクの水の減少量を調べた。資料２は，その結果をまとめたものである。加湿器使用後の部屋の気温が加湿器使用前と同じであるとすると，この気温に対する飽和水蒸気量は何 $g/m^3$ か。資料２をもとに，計算して答えなさい。ただし，加湿器の貯水タンクの減少した水はすべて部屋の中の空気中の水蒸気に含まれており，加湿器を使用している間の気圧の変化は無視できるものとする。また，部屋は密閉されているものとする。(　　　$g/m^3$)

〈資料２〉

部屋の大きさ　$50m^3$
加湿器使用前　湿度は 35 ％
加湿器使用後　湿度は 50 ％
　　　　　　　貯水タンクの水は 120g 減少。

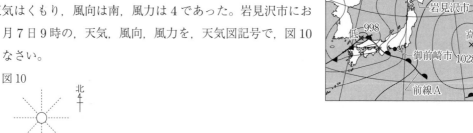

5　大地の成り立ちと変化に関する(1)，(2)の問いに答えなさい。

(1)　静岡県内を流れる天竜川の河口付近の川原を調査したところ，堆積岩が多く見られた。堆積岩は，れき，砂，泥などの堆積物が固まってできた岩石である。

①　岩石は，長い間に気温の変化や水のはたらきによって，表面からぼろぼろになってくずれていく。長い間に気温の変化や水のはたらきによって，岩石が表面からぼろぼろになってくずれていく現象は何とよばれるか。その名称を書きなさい。(　　　)

②　川の水のはたらきによって海まで運ばれた，れき，砂，泥は海底に堆積する。一般に，れき，砂，泥のうち，河口から最も遠くまで運ばれるものはどれか。次のア～ウの中から1つ選び，記号で答えなさい。また，そのように判断した理由を，粒の大きさに着目して，簡単に書きなさい。

記号(　　　)　理由(　　　　　　　　　　　　　　　　　　　　　　　　　　)

ア　れき　　イ　砂　　ウ　泥

(2)　天竜川の流域で採取した火成岩を，ルーペを使って観察した。表5は，観察した火成岩の特徴を示したものであり，ア～エは，玄武岩，流紋岩，はんれい岩，花こう岩のいずれかを表している。また，図11は，火成岩の種類と，マグマのねばりけの関係を示したものである。表5のア～エの中から，花こう岩に当たるものを1つ選び，記号で答えなさい。(　　　)

表5

| | 特徴 |
|---|---|
| ア | つくりは等粒状組織からなる。<br>色は黒っぽい。 |
| イ | つくりは等粒状組織からなる。<br>色は白っぽい。 |
| ウ | つくりは斑状組織からなる。<br>色は黒っぽい。 |
| エ | つくりは斑状組織からなる。<br>色は白っぽい。 |

図11

| | | | |
|---|---|---|---|
| 火山岩 | 玄武岩 | 安山岩 | 流紋岩 |
| 深成岩 | はんれい岩 | せん緑岩 | 花こう岩 |
| マグマのねばりけ | 弱い ←――――→ 強い | | |

6　身近な物理現象及び運動とエネルギーに関する(1)～(3)の問いに答えなさい。

(1)　図12のように，斜面上に質量120gの金属球を置き，金属球とばねばかりを糸で結び，糸が斜面と平行になるようにばねばかりを引いて金属球を静止させた。ただし，糸の質量は無視でき，空気の抵抗や摩擦はないものとする。

図12

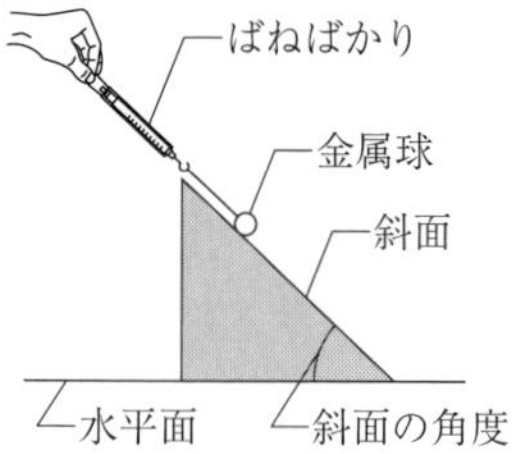


①　ばねばかりは，フックの法則を利用した装置である。次の文が，フックの法則について適切に述べたものとなるように，□に言葉を補いなさい。(　　　)

ばねののびは，□の大きさに比例する。

②　図12の斜面を，斜面の角度が異なるさまざまな斜面に変え，糸が斜面と平行になるようにばねばかりを引いて質量120gの金属球を静止させたときのばねばかりの値を読み取った。図13は，このときの，斜面の角度とばねばかりの値の関係を表したものである。

図13

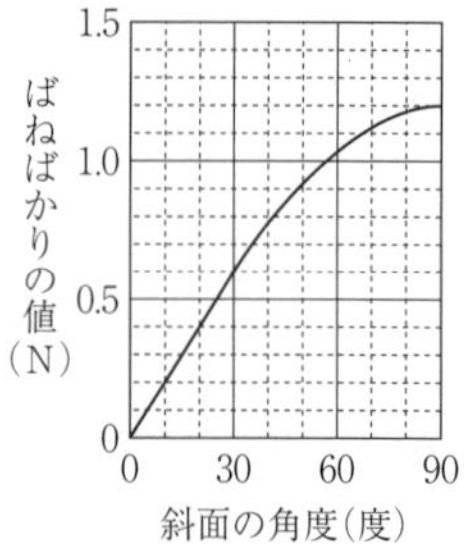


a　斜面の角度が大きくなると，ばねばかりの値が大きくなる。その理由を，**分力**という言葉を用いて，簡単に書きなさい。

(　　　　　　　　　　　　　　　　　　　　　　　　　　　)

b　図12の質量120gの金属球を，質量60gの金属球に変え，糸が斜面と平行になるようにばねばかりを引いて静止させた。このとき，ばねばかりの値は0.45Nであった。図13をもとにすると，このときの斜面の角度は何度であると考えられるか。次のア～カの中から，最も近いものを1つ選び，記号で答えなさい。(　　　)

ア　10°　　イ　20°　　ウ　30°　　エ　40°　　オ　50°　　カ　60°

(2)　図14のように，レールを用いて，区間ABが斜面，区間BCが水平面である装置をつくり，区間BCの間に木片を置く。ただし，区間ABと区間BCはなめらかにつながっているものとする。

図14

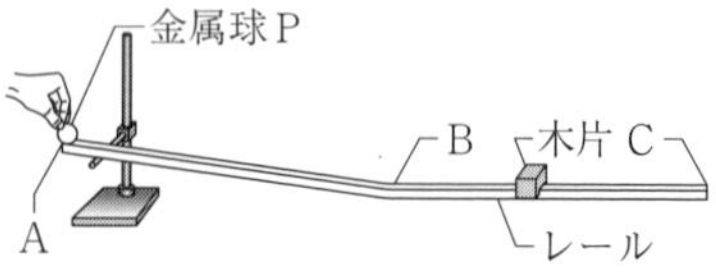


金属球PをAに置き，静かにはなして，木片に当てたところ，木片は金属球Pとともに動いて，やがてレール上で静止した。次に，金属球Pを，金属球Pより質量が大きい金属球Qに変えて，同様の実験を行ったところ，木片は金属球Qとともに動いて，やがてレール上で静止した。ただし，空気の抵抗はないものとする。また，摩擦は，木片とレールの間にのみはたらくものとする。

①　位置エネルギーと運動エネルギーの和は何とよばれるか。その名称を書きなさい。(　　　)

②　金属球P，Qが木片に当たる直前の速さは同じであった。このとき，金属球Pを当てた場合と比べて，金属球Qを当てた場合の，木片の移動距離は，どのようになると考えられるか。運動エネルギーに関連付けて，簡単に書きなさい。

(　　　　　　　　　　　　　　　　　　　　　　　　　　　)

(3)　図15のように，図14の装置に置いた木片を取り除く。金属球PをAに置き，静かにはなしたところ，金属球Pは斜面を下り，Cに達した。図16は，金属球Pが動き始めてからCに達するまでの，時間と金属球Pの速さの関係を，Cに達したときの金属球Pの速さを1として表したものである。ただし，空気の抵抗や摩擦はないものとする。

図 15

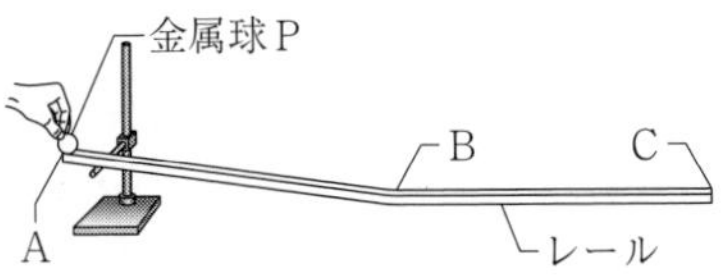


図 16

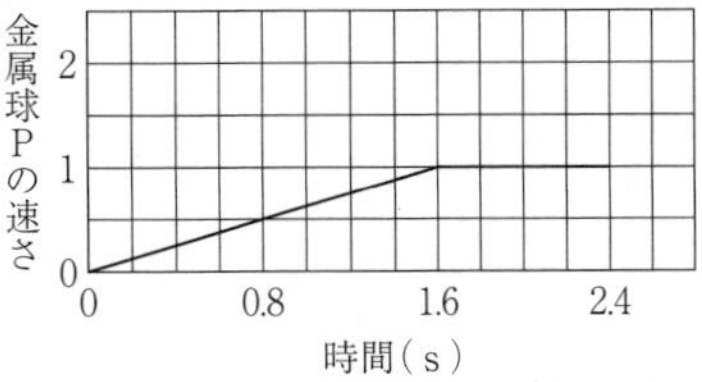


① 図 16 をもとに，金属球 P が動き始めてから区間 AB の中点に達するまでの時間として適切なものを，次のア～ウの中から 1 つ選び，記号で答えなさい。(　　　)

ア　0.8 秒より長い時間　　イ　0.8 秒　　ウ　0.8 秒より短い時間

② 図 17 のように，図 15 の装置の区間 AB，BC の長さを変えずに水平面からの A の高さを高くする。金属球 P と，同じ材質でできた，質量が等しい金属球 R を A に置き，静かにはなしたところ，金属球 R は斜面を下り，C に達した。金属球 R が動き始めてから C に達するまでの時間は 1.2 秒であった。また，金属球 R が C に達したときの速さは，金属球 P が図 15 の装置で C に達したときの速さの 2 倍であった。金属球 R の速さが，金属球 P が図 15 の装置で C に達したときの速さと同じになるのは，金属球 R が動き始めてから何秒後か。図 16 をもとにして，答えなさい。

図 17

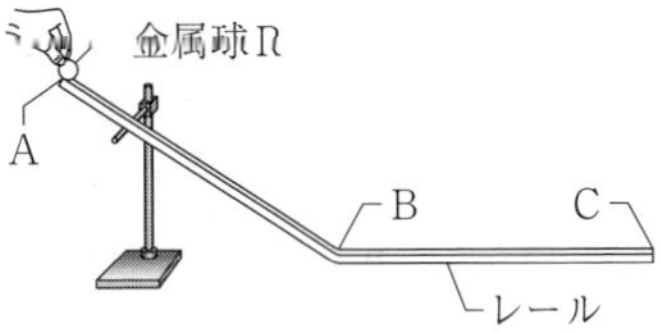


(　　　秒後)

（注）① 源頼義。平安時代の武将。
② 昔の国名。今の滋賀県。
③ よろいなどの武具。

問一　二重傍線（═）部を、現代かなづかいで書きなさい。（　　）

問二　波線（～～）部ア～エの中で、その主語に当たるものが他と異なるものを一つ選び、記号で答えなさい。（　　）

問三　傍線（――）部は、九郎のよそおいの変化に対する、頼義の感想である。頼義が、傍線（――）部のような感想を述べたのは、九郎のよそおいが、どのようなものから、どのようなものに変化したからか。その変化を、現代語で簡単に書きなさい。
（　　）

問四　頼義が、九郎に対して、命を落とすことになるという内容の発言をしたのは、頼義にどのような考えがあったからか。頼義の考えを、現代語で書きなさい。
（　　）

5　あとのグラフは、日本語に関する意識や理解の現状について調査した「国語に関する世論調査」のうち、「国語（日本語）について関心があること」について調査した結果を表したものである。
あなたは、このグラフから、どのようなことを考えるか。あなたが考えたことを、あなたが体験したことや学んだことなど、身近なところにある事柄と関連付けて書きなさい。ただし、次の条件1、2にしたがうこと。
条件1　一マス目から書き始め、段落は設けないこと。
条件2　字数は、百五十字以上、百八十字以内とすること。

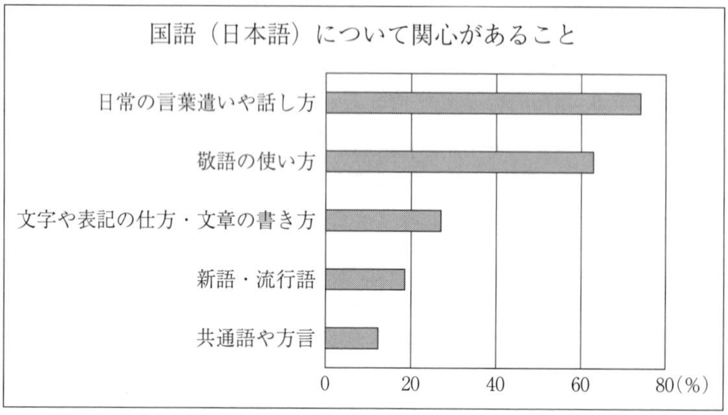


注1　文化庁「平成30年度　国語に関する世論調査」により，調査項目の中から一部の項目を取り上げて作成（複数回答可）
注2　調査対象は，「国語について関心がある」と答えた，16歳以上の男女，約1,500人

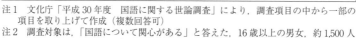

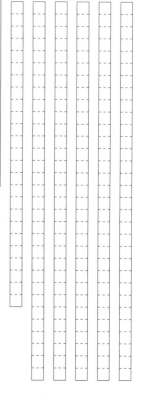

なお、あさって行う見学会は、持ち物や着替えの必要はありません。グラウンド西側に集合してください。

問一　傍線部1を聞き手である新入生に伝えるときに、注意すべきことを確認したい。次のア～エの中から、注意すべきこととして、適切でないものを一つ選び、記号で答えなさい。（　　）

ア　印象づけるように、言葉に強弱をつけて話す。

イ　理解できるように、意味によるまとまりで区切って話す。

ウ　冷静に伝えるために、原稿に目線を落として話す。

エ　聞き取りやすくするために、はっきりとした発音で話す。

問二　傍線部2の中の「もらい」を、「山田先生」に対する敬意を表す表現にしたい。「もらい」を敬意を表す表現に言い換え、傍線部2を書き直しなさい。（　　）

問三　本文中の、第二段落において、練習内容をより簡潔に伝えるために、練習内容ではない、ある一文を削除したい。その一文の、最初の五字を抜き出しなさい。□□□□□

問四　あなたはこの原稿を読んで、新入生が見学会に参加するために必要な情報が不足していると気付いた。新入生が見学会に参加するために必要な情報として、付け加えるべき内容とはどのようなことか。簡単に書きなさい。（　　）

問五　次の□の中のメモは、「切磋琢磨」の意味をまとめたものである。あなたは、傍線部3の意味が新入生には伝わりづらいと考え、メモの内容をふまえた表現に書き直したほうがよいと部長に提案した。メモの内容をふまえ、陸上部員の活動する姿勢が新入生に分かりやすく伝わるような表現を考えて、傍線部3を書き直しなさい。

（　　）

① 石や玉などを切り磨くように、道徳・学問に励むこと。
② 志を同じくする仲間と互いに競い合い、励まし合って向上すること。

（「広辞苑《こうじえん》」より）

4　次の文章を読んで、あとの問いに答えなさい。

注①頼義《よりよし》の郎等《らうどう》《家来》に、注②近江国《あふみのくに》の住人、日置の九郎といふものアあり。馬、注③もののぐの出《いで》たち《よそおい》奇麗《きれい》なり《きらびやかだ》。頼義見て気色をイ損じ《機嫌を悪くし》、いまいましき《感心しない》有様なり、汝《なんぢ》、かならず身を亡《ほろ》ぼすべし《命を落とすだろう》、はやく売りはらふべし《売り払ってしまいなさい》、それも味方の陣には売るべからず《売ってはならない》、敵方へ売るべし《売りなさい》。九郎ウかしこまつて《恐縮して》、後日のいくさに、また先《以前》におとらぬ奇麗をつくしたるもののぐを着たり。着替の料《代品》なりといふ。頼義、なほ身を失ふ相なり《やはり命を落とす格好である》、売りはらふべし、かまへて《絶対に》着《ちゃく》すべからずと。次の日には、黒革縅《くろかわをどし》《黒色のよろいで古いもの》の古きをエ着たり。頼義、これこそめでたしめでたし《喜ばしく結構である》と仰《おほ》せ《お言葉》あり。奇麗《着飾ること》にたから《金銭》をつひやせば、家まづしくなりて、よき郎等を扶持《ふち》すべき《召し抱えることができる》ちからなし、されば《それゆえ》、敵にむかひて《相対して》亡びやすしと、仰せありしなり。

（志賀忍《しがしのぶ》・原義胤《はらよしたね》「三省録《さんせいろく》」より）

のを一つ選び、記号で答えなさい。（　　）

ア　身近な人たちだけでなく、まだ会ったこともない人たちともどのようにかかわって生きるかが重要である。

イ　外交や国内行政を行う政治の世界では、確定していない状況の中でも素早い判断が求められる。

ウ　介護などのケアの現場では、それぞれの立場によってケアに対する思いが食い違うことがある。

エ　芸術の世界では、曖昧なまま表現された作品が意外性にあふれたものとなる。

3　次の文章は、陸上部の部長が、体育館にいる新入生全員の前で、部活動紹介をするためにまとめている原稿である。あなたは、陸上部の部長から原稿についての助言を頼まれた。この原稿を読んで、あとの問いに答えなさい。

　こんにちは。陸上部です。陸上部は、短距離種目を専門とする部員と長距離種目を専門とする部員、合わせて二十人で活動しています。陸上競技は、個人で取り組むことが多いので、孤独な競技と思う人もいるのではないでしょうか。1しかし、わたしたち陸上部は、「切《せっ》磋《さ》琢《たく》磨《ま》」という、部員の活動する姿勢を表す合言葉を共有することで、一つのチームとして結束しています。活動日は、毎週火曜、木曜、土曜日の三日間で、顧問の山田先生に2教えてもらいながら練習しています。あさってには、見学会を学校のグラウンド西側で実施する予定です。

　では、練習内容を紹介します。まず全員でウォーミングアップを行います。全員で体幹を鍛えるトレーニングも行った後、種目ごとに分かれます。短距離では、スタートダッシュを強化する練習などを行います。大会前にはリレーのバトンパスの練習も行います。長距離の部員は、男子五人、女子三人です。長距離では全力走とジョギングを繰り返す練習などを行います。練習の最後に、再び全員で集まり、ストレッチやミーティングを行います。

　どの部活動に入るか、悩んでいる人もいると思います。ぜひ、3合言葉の表す陸上部員の活動する姿勢を感じ取ってから、入部する部活動を考えてみてください。新入生の皆さん、一緒に青春の一ページを刻みましょう。

んらかの決定をしなければならない、そんな判断がエ求められる世界です。すぐにも実行しなければならない施策が二つ、A、Bとあっても、Aを先にやるかBを先にやるかによって、ABそれぞれの施策の意味も実効性も大きく変わってしまいます。そんな不確定な状況のなかであいだを置かずもろもろの決定をしなければならないのが、政治的な判断というものです。

次に、場面を変えて、介護や看護といったケアのいとなみについて考えてみましょう。ケアの現場では、ケアを受ける当事者とその家族、さらにはケアに携わる人や介護スタッフ、医師や施設の管理運営を預かる者というふうに、それぞれの立場で判断はときに微妙に、ときに大きくオ異なります。そういう対立した思いが注②錯綜《さくそう》するなかで、いいかえると、だれの思いを通してもだれかに割り切れなさが残るそういう現場のなかで、それでもこの場合に何がいちばんいいケアなのかを考え、ケアの方針を立てねばなりません。ここでは、正解のないところでそれでも一つの解を選び取る、そういう思考が求められます。

さらに場面を変えて、芸術制作の現場を考えてみます。制作者は自分が何を表現したいのか、自分でもよくわかっていません。はじめは、表現しなければならないという注③衝迫だけがあるだけです。けれどもできあがった作品は、美術の場合ならここにはこの線、この色、音楽の場合ならここにはこの音、この和音しかありえないといった、必然性が隅々まで行き渡っています。ここでは、曖昧な事を割り切るのではなく、曖昧な感情を曖昧なまま正確に表現することが求められているわけです。

このように不確定なこと、わからないことが充満する世界、正解のない世界のなかで重要なことは、すぐにはわからない問題を手持ちのわかっている図式や枠に当てはめてわかった気にならないことです。わかっていることよりもわかっていないことをきちんと知ること、わからないけれどこれは大事ということを知ることが重要なのです。そしてそのうえで、わからないものにわからないまま的確に対応する術を磨いてゆかなければなりません。

(鷲田《わしだ》清一《きよかず》「岐路の前にいる君たちに　鷲田清一式辞集」より)

(注)　① 軽んじること。
② 複雑に入りくむこと。
③ 心の中にわきおこる強い欲求。

問一　二重傍線(‖)部あ、いのひらがなを漢字に直し、うの漢字に読みがなをつけなさい。あ(　　らして)　い(　　)　う(　　)

問二　波線(〰)部ア～オの動詞の中には、活用の種類が一つだけ他と異なるものがある。それはどれか。記号で答えなさい。(　)

問三　本文で述べられている、報道で知る世界の出来事と日常生活とのつながりを理解するために不可欠なものを、本文中から十字以内で抜き出しなさい。

問四　次のア～エの中から、本文中の□の中に補う言葉として、最も適切なものを一つ選び、記号で答えなさい。(　)

ア　しかし　イ　たとえば　ウ　むしろ　エ　したがって

問五　筆者は本文において、傍線(―)部のような世界における重要なことについて述べている。そのうえでさらに、どのようなことが必要であると述べているか。傍線(―)部のような世界の仕組みが、見抜きづらい理由を含めて、五十字程度で書きなさい。

問六　次のア～エの中から、本文で述べている内容として適切でないも

きなさい。

2　次の文章を読んで、あとの問いに答えなさい。

　わたしたちにとって何よりも重要なことは、自分以外の人びととどのように関係しながら生きるかということです。自分以外の人びととは、生まれたときから頼りあって(あ)くらしている身近な人はもちろん、まだ会ったこともない地球上のさまざまな人びとでもあります。

　そうした人びととのかかわりの平面はしかし、わたしたちにとってごく限られています。地球上で起こっているさまざまな出来事について、わたしたちは多くの場合、新聞やテレビの報道でア知ります。まるで(い)かんきゃくのようにしてそれにふれます。その人たちの運命と自分のそれとはあまりに遠く隔たっていて、それらが自分の毎日の生活とどうつながっているのかは、相当な知識と想像力がなければ理解できません。他方、毎日の生活のなかで絶対なおざり[注①]にできないのは、(う)同僚や友だち、あるいは家族との関係です。ここでは相手の一言一言に深く傷ついたり、落ち込んだり、逆に強く励まされたりしています。

　ここから抜け落ちているのは、よく〈中間世界〉と呼ばれているものです。自治体の市民としての生活、地域住民としての生活です。いいかえると、ふだんの生活の具体的な文脈となっている世界であり、ともに社会をイ動かす主体でありながらたがいに未知であるような人たちとのかかわりです。それこそ政治や経済が具体的に働きだしている世界です。

　ところがそのような世界の仕組みは、さまざまな要因が複雑に絡《から》まっていて、容易に見通せるものではありません、むしろわたしたちの現実はわからないものばかりで編まれていると言ってもいいほどです。

　少し具体的にお話ししましょう。□政治、それは外交をとっても国内行政をとっても、不確定な要素に満ちています。政治は、状況が刻々とウ変わるなかで、きちんとした見通しもつかないまま、しかも即刻な

ユミは、その短冊の字を、何度も目で追った。追うだけではなくて、思わず一度、口に出してもみた。まちがいない。それは、ユミが、自分の注⑥サクラシールを貼った句だった。

ヒマワリ句会に出るようになって、たくさんの言葉とめぐりあった。誰かの言葉にも、そして自分の中に㋒潜んでいた言葉にも。今まで聞いたことのない言葉もあった。なじみのある言葉であっても、それががらりと違って見えたこともあった。

言葉は、とても□。形がなくて、すぐに消えてしまう。まさに、雪のように。でも、その言葉を受け止めて、一歩踏み出すことができたのも、ゆるがない事実だ。この学校に、自分と同じように言葉に助けられた人がいたということがうれしくて、最終的にこの句を選んだのだった。

やっぱり、ふざけなければ、いい句も書けるじゃないか。もしいまここに、ハセオがいたなら、その背中をばーん！　と叩《たた》いてやるところだ。

「てのひらに降ってくる雪。それを、『そらのことば』と言いかえてみせたのは、あっと驚くマジックじゃないかい？　ふつうは『空の言葉』と書くところ、ひらがなにしているのはきっと、そのことで、雪のつぶのやわらかさを表現したかったんだと、私は思う。」校長先生は、ユミの感想も待たないで、少し興奮した口調で、鑑賞の弁を述べた。

たしかに、その通りだ。でも、ハセオの句と知ったいま、ユミは隠された意図をそこに読み取っていた。これは挨拶なんだ。ハセオから、ソラへの。「そら」には、かけがえのない友人の名前を、掛けてあるのだ。

（髙柳《たかやなぎ》克弘《かつひろ》「そらのことばが降ってくる　保健室の俳句会」より）

（注）①　表紙、カバーなどの体裁を整えること。
②　製本の仕方の一つ。
③　俳句を作り批評し合う会の校内での名称。ユミ、ハセオ、ソラだけが所属している。
④　軽んじること。
⑤　投稿された俳句のこと。
⑥　ここでは、俳句大会で好きな句に貼る、生徒に配られたシールのこと。

問一　二重傍線（‖）部㋐、㋒の漢字に読みがなをつけ、㋑のひらがなを漢字に直しなさい。㋐（　　）㋑（　　）㋒（　　んで）

問二　次のア～エの中から、波線（〰）部と同じ構成の熟語を一つ選び、記号で答えなさい。（　　）

ア　軽重　　イ　読書　　ウ　花束　　エ　日没

問三　本文には、校長先生が考えておくことにした「宿題」の内容が分かる一文がある。その一文の最初の五字を抜き出しなさい。

□□□□□

問四　傍線（――）部の句に、ユミが「サクラシール」を貼ることに決めたのはなぜか。その理由を、俳句大会でユミが、傍線（――）部の句を見て気付いたことが分かるように、三十字程度で書きなさい。

問五　次のア～エの中から、本文中の□の中に補う言葉として、最も適切なものを一つ選び、記号で答えなさい。（　　）

ア　頼りない　　イ　大人げない　　ウ　新しい　　エ　力強い

問六　ユミは、俳句大会のハセオの句に、かけがえのない友人への挨拶が隠されていることを読み取っている。ユミは、ハセオが俳句大会の句に、かけがえのない友人への挨拶を、どのように隠したと読み取っているか。ハセオが俳句を作る目的を含めて、五十字程度で書

# 国語

時間　五〇分
満点　五〇点

1　次の文章には、校内の俳句大会で優勝したユミが、同級生で俳句を作る仲間である、ハセオとソラを、春休みに学校で待っているときのことが書かれている。この文章を読んで、あとの問いに答えなさい。

校長先生から聞かされた、ハセオの話を、ユミは思い出していた。

春休み前、〝(あ)豪華景品〟を受け取りに行ったときのことだ。

なんのことはない、校長先生が学生時代に出した詩集を、自費出版で立派な注①装丁《そうてい》の本にしたものだった。タイトルは、『青春はがんもどき』。

気持ちはうれしいけど、こういうのをもらって、喜ぶ子はいるんだろうか……。でも、「造本に凝って、時間がかかってしまったよ、ほらこの注②フランス装がきれいでしょう?」とうれしそうな校長先生を前にして、不満げな顔を見せるわけには、いかなかった。

それよりも、ユミにとって重要だったのは、「注③ヒマワリ句会のハセオくんなんだけどね。」と前置きをして始まった話のほうだった。

「俳句大会の開会宣言のあとですぐ、私に直談判《じかだんぱん》を求めてきたんだ。」

校長室に、いきなりやってきたハセオは、言いたいことがあるという。校長先生の発言を取り消してほしい、と。俳句は伝統文化。そう言った先生の言葉が、どうしても許せないのだという。伝統文化と言ったとたんに、祠《ほこら》の中の神様みたいになるのが、自分はいやだ。俳句は確かに昔からあるけれど、いまの自分の気持ちや、体験を盛るための器として、自分は俳句をやっている。校長先生の発言は、〝いま、ここの詩〟として、俳句を作っている自分たちを、注④ないがしろにするものだ。

「彼の言葉が、ぐさっと(い)むねに突き刺さってね。」

俳句とはなにか、詩とはなにか。生徒から問われた気がしたのだという。「あの生徒も、やはり、わが校の誇りだよ。」

校長先生は、私も考えがあって言ったことなので、発言の取り消しはしないが、あなたから与えられた〝宿題〟として、あなたの卒業の日までに、考えておくと返したそうだ。ハセオは、それでいちおう、満足した様子だったという。

校長先生に自分が〝宿題〟を出したというのが、うれしかったのかも、などとユミは思う。あいつは、いつも宿題に苦しめられていたから。

「この本を出そうと思ったのも、彼の言葉がきっかけだったんだ。――ところで、俳句大会に彼が出した句を、君は知ってる?」

ユミは頭《かぶり》を振る。本人に聞いても、適当にはぐらかされたまま、いまに至っていた。

校長先生は少し考えてから、「君は彼と同じ句会の仲間、つまり句友だしね。俳句大会の優勝者でもある。感想を聞いてみたい。彼には、私が伝えたことは、内緒にしておいてくれよ。」と断ってから、「こんな句なんだ。」と、一枚の短冊《たんざく》を渡した。俳句大会の投稿用紙として、使われたものだ。短冊の裏に、クラスと名前を書く欄があるから、それを手掛かりにボックスの中の大量の注⑤投句の中から、ハセオの句を探しだしたのだろう。ユミにとっては、記名欄を確認する必要はなかった。まぎれもなく、ハセオのくせの強い字で、

雪がふるそらのことばを受け止める

と書いてある。

「その句はね、大会では、三点しか入っていなかったんだ。でも、私はいい句だと思う。あなたはどうかな?」

# 2023年度／解答

## 数　学

1 【解き方】(1) ア．与式$=-8-3=-11$　イ．与式$=\dfrac{36a^2\times 9b}{12ab}=27a$

ウ．与式$=\dfrac{7(2x+y)-3(x+5y)}{21}=\dfrac{14x+7y-3x-15y}{21}=\dfrac{11x-8y}{21}$　エ．与式$=3\sqrt{5}+\dfrac{10\sqrt{5}}{5}$
$=3\sqrt{5}+2\sqrt{5}=5\sqrt{5}$

(2) 与式$=(a+5b)(a-5b)=(41+5\times 8)(41-5\times 8)=81\times 1=81$

(3) $x^2+5x-24=0$ より，$(x+8)(x-3)=0$　よって，$x=-8,\ 3$

【答】(1) ア．$-11$　イ．$27a$　ウ．$\dfrac{11x-8y}{21}$　エ．$5\sqrt{5}$　(2) 81　(3) $x=-8,\ 3$

2 【解き方】(1) 右図のように，∠XOY の角の二等分線と，点 A を通る線分 OY の垂線を作図して，交点を P とする。

(例)

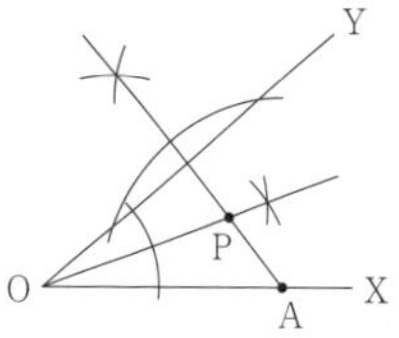


(3) 取り出し方は全部で，$4\times 5=20$(通り)　条件を満たすのは，(Ⅰ，Ⅱ)＝(2，6)，(2，8)，(2，10)，(3，6)，(3，9)，(4，8)，(5，10)の 7 通りだから，確率は，$\dfrac{7}{20}$。

【答】(1) (前図)

(2) (逆) $a+b$ が正の数ならば，$a$ も $b$ も正の数である。(反例) $a=-1$，$b=2$　(3) $\dfrac{7}{20}$

3 【解き方】(1) 記録を小さい順に並べると，7，10，12，16，23，25，26，29，32，34 となり，求めるのは中央値なので，小さい方から，$10\div 2=5$(番目)と 6 番目の平均だから，$(23+25)\div 2=24$(m)　また，四分位範囲は，$29-12=17$(m)

(2) 11 人なので，$(11-1)\div 2=5$ より，大きい方から，$(5+1)\div 2=3$(番目)が 32m となる。よって，$a=$ 32，33，34

【答】(1) ㋐ 24　(四分位範囲) 17(m)　(2) 32，33，34

4 【解き方】ボールペンを $x$ 本とすると，鉛筆は，$x\times 2=2x$(本)　鉛筆は S へ，$2x\times\dfrac{80}{100}=1.6x$(本)，T へ，$2x-1.6x=0.4x$(本)送り，T へ送ったボールペンは，$x\times\left(1-\dfrac{4}{100}\right)=0.96x$(本)　よって，$1.6x-18=0.4x+0.96x$ より，$0.24x=18$ なので，$x=75$　したがって，鉛筆は，$2\times 75=150$(本)

【答】(鉛筆) 150(本)　(ボールペン) 75(本)

5 【解き方】(1) 底面の直径は，$3\times 2=6$(cm)だから，立面図は正三角形で，平面図は円となる。

(2) $2\pi\times 3\times\dfrac{110}{360}=\dfrac{11}{6}\pi$(cm)

(3) 三平方の定理より，$\mathrm{AO}=\sqrt{6^2-3^2}=3\sqrt{3}$(cm)　△AOB において中点連結定理より，$\mathrm{DE}=\dfrac{1}{2}\mathrm{AO}=\dfrac{3\sqrt{3}}{2}$(cm)，$\mathrm{OE}=\mathrm{EB}=\dfrac{1}{2}\mathrm{OB}=\dfrac{3}{2}$(cm)だから，△OED において，$\mathrm{OD}=\sqrt{\left(\dfrac{3}{2}\right)^2+\left(\dfrac{3\sqrt{3}}{2}\right)^2}=3$(cm)　したがって，△ODF は，OD = OF = 3(cm)の二等辺三角形となる。さらに，△OEF において，$\mathrm{EF}=\sqrt{3^2-\left(\dfrac{3}{2}\right)^2}=$

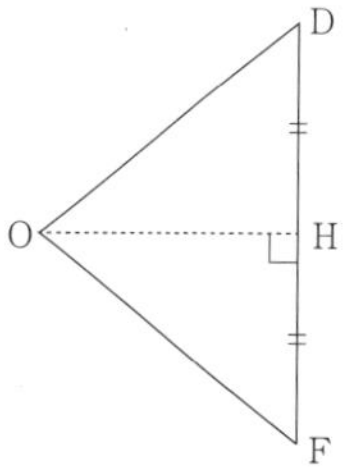

$\frac{3\sqrt{3}}{2}$(cm)より，△DEFは，DE = EF = $\frac{3\sqrt{3}}{2}$(cm)の直角二等辺三角形なので，DF = $\sqrt{2}$DE = $\frac{3\sqrt{6}}{2}$(cm)　したがって，前図で，FH = $\frac{1}{2}$DF = $\frac{3\sqrt{6}}{4}$(cm)なので，OH = $\sqrt{3^2 - \left(\frac{3\sqrt{6}}{4}\right)^2} = \frac{3\sqrt{10}}{4}$(cm)
よって，△ODF = $\frac{1}{2} \times \frac{3\sqrt{6}}{2} \times \frac{3\sqrt{10}}{4} = \frac{9\sqrt{15}}{8}$(cm$^2$)

【答】(1) ウ　(2) $\frac{11}{6}\pi$(cm)　(3) $\frac{9\sqrt{15}}{8}$(cm$^2$)

6 【解き方】(1) $-4 = b \times 4^2$ より，$b = -\frac{1}{4}$

(2) ア．正しい。イ．点A，Bの$y$座標は，$y = a \times (-3)^2 = 9a$，$y = a \times 2^2 = 4a$ なので，A$(-3,\ 9a)$，B$(2,\ 4a)$より，点Aの$y$座標から点Bの$y$座標をひいた値は，$9a - 4a = 5a$　よって，$a$の値を小さくすると$5a$の値も小さくなるから，間違い。ウ．△OBE = $\frac{1}{2} \times 2 \times 2 = 2$で一定だから，間違い。エ．直線OBの傾きは，$\frac{4a}{2} = 2a$だから，$a$の値を小さくすると，$2a$の値も小さくなるから，正しい。オ．F$(4,\ 16a)$より，CF = $16a - 4$だから，$a$の値を大きくすると，$16a - 4$の値も大きくなるから，間違い。

(3) 直線ABは，傾きが，$\frac{4a - 9a}{2 - (-3)} = -a$ なので，$y = -ax + c$とすると，$4a = -a \times 2 + c$より，$c = 6a$だから，$y = -ax + 6a$　よって，点Gの$y$座標は，$y = -a \times 1 + 6a = 5a$なので，G$(1,\ 5a)$　また，D$(-4,\ -4)$，F$(4,\ 16a)$より，直線DGと直線GFの傾きが等しくなればよい。よって，$\frac{5a - (-4)}{1 - (-4)} = \frac{16a - 5a}{4 - 1}$より，$40a = 12$なので，$a = \frac{3}{10}$

【答】(1) $-\frac{1}{4}$　(2) ア，エ　(3) $\frac{3}{10}$

7 【解き方】(2) GD = GC = 4(cm)，BG = BD − GD = 6 − 4 = 2(cm)　△BCG∽△ECFなので，BG：EF = CG：CF = 4：2 = 2：1だから，EF = $\frac{1}{2}$BG = 1(cm)　さらに，△GCDと△FEDで，∠GDC = ∠FDE（共通）また，∠CGD = 180° − ∠BGC，∠EFD = 180° − ∠EFCで，△BCG∽△ECFより，∠BGC=∠EFCだから，∠CGD = ∠EFD　したがって，△GCD∽△FEDで，DF = EF = 1cmだから，DC：DE = CG：EF = 4：1より，DE = $\frac{1}{4}$DC = $\frac{1}{4} \times (1 + 2) = \frac{3}{4}$(cm)　よって，GE = GD − DE = $4 - \frac{3}{4} = \frac{13}{4}$(cm)

【答】(1) △BCGと△ECFにおいて，仮定より，△ABCは二等辺三角形だから，∠BAC = ∠BCA……①　$\overset{\frown}{\mathrm{BC}}$に対する円周角より，∠BAC = ∠BDC……②　仮定より，△GCDも二等辺三角形だから，∠GDC = ∠GCD……③　①，②，③より，∠BCA = ∠GCD……④　また，∠BCG = ∠BCA − ∠GCE……⑤　∠ECF = ∠GCD − ∠GCE……⑥　④，⑤，⑥より，∠BCG = ∠ECF……⑦　$\overset{\frown}{\mathrm{CD}}$に対する円周角だから，∠CBG = ∠CAD……⑧　仮定より，平行線の同位角は等しいので，∠CAD = ∠CEF……⑨　⑧，⑨より，∠CBG = ∠CEF……⑩　よって，⑦，⑩より，2組の角がそれぞれ等しいので，△BCG∽△ECF

(2) $\frac{13}{4}$(cm)

# 英　語

1 **【解き方】**(1) A 健の「手に長い鉛筆を持っている」，リサの「もう片方の手には３本の花を持っている」という言葉から選ぶ。B リサの「帽子と昼食と飲み物を忘れないように」というせりふに対して，健が「僕たちはバスで行くから帽子は必要ない」と答えている。また，リサの「もしあなたがカメラを持っていたら，持ってきてくれる？」というせりふに対して，健が「いいよ」と答えている。C クッキーを食べようとしたリサに，健が「それを食べる前に，手を洗って」と言ったが，リサは「私はもう洗った」と答えている。D 健とリサが見たテレビニュースでは「東京では昨日から雨が降っている」，「明日まで雨が止まないだろう」と言っていた。

(2) 質問 1．健は彼の「兄」と一緒に歩いている。質問 2．健は白い「鳥」や色とりどりの「電車」を見て楽しんでいる。質問 3．散歩から帰宅してから，健は父親が入れてくれた緑茶を飲む。

**【答】**(1) A エ　B ウ　C ウ　D イ

(2) 質問 1．brother　質問 2．(例) ⓐ birds　ⓑ trains　質問 3．(例) He drinks green tea

**◀全訳▶**　(1)

A

リサ：こんにちは，健。この絵を見て。これは私の大好きな映画のキャラクターよ。

健　：へえ，彼女は手に長い鉛筆を持っているね。なぜ彼女はそれを持っているの？

リサ：彼女は勉強が大好きだからよ。彼女は植物も好きだから，もう片方の手には３本の花を持っているの。

健　：なるほど。

質問：リサの大好きな映画のキャラクターはどれですか？

B

健　：僕たちは明日，科学博物館を訪れる予定だ。僕はとてもわくわくしているよ。

リサ：私もよ。帽子と昼食と飲み物を忘れないようにね。

健　：わかった，でも僕たちはバスで行く予定だ。だから僕たちは帽子は必要ないよ。

リサ：その通りね。ああ，もしあなたがカメラを持っていたら，持ってきてくれる？

健　：いいよ。僕はいいのを持っているんだ。

質問：健は科学博物館に何を持ってくるでしょう？

C

健　：リサ，君はテニスの練習が終わったの？

リサ：ええ，大変だったわ。

健　：クッキーは食べたくない？　昨日僕がそれらを作ったんだ。

リサ：まあ，あなたのクッキーはおいしそう。私はこの大きなクッキーを今，食べてもいい？

健　：もちろんだよ，でも待って。それを食べる前に，手を洗って。

リサ：あら，私はもう洗ったわよ。

健　：わかった，はいどうぞ。

質問：リサは次に何をするでしょう？

D

リサ：おはよう，健。あなたはなぜ傘を持っているの？　今は曇っているけれど，今日の午後，ここ静岡は晴れるわよ。

健　：僕は東京の祖母に会う予定なんだ。今朝，テレビニュースでは「東京では昨日から雨が降っている」と言っていたんだよ。

リサ：ああ，私もそれを見たわ。向こうでは明日まで雨が止まないのでしょう？

健　：そう。今日，東京が晴れていたらよかったのに。

質問：健とリサはどのテレビニュースを見ましたか？

(2)

質問 1. 毎朝，健と一緒に歩くのは誰ですか？

質問 2. 朝，健は何を見て楽しみますか？

質問 3. 散歩のあと，健は何をしますか？

あなたはたいてい何時に起きますか？　毎朝，私は 5 時 30 分に起きて，兄と一緒に町の中を歩きます。

歩いている間，私たちはたくさん話をします。それは私たちにとって楽しい時間です。さらに，私は 2 つのことを楽しみます。まず，私にとって白い鳥を見ることが楽しいです。朝の空を彼らが飛んでいるとき，彼らは美しく見えます。2 つ目に，私の家の近くには駅があり，色とりどりの電車がそこに停まっています。私はそれらを見て楽しみ，ときどきそれらの写真を撮ります。

私たちが帰宅してから，父が私のために緑茶を入れてくれるので，私はそれを飲みます。父と兄はコーヒーを飲みます。それは朝の最も幸せな瞬間です。

2 **【解き方】** (1) A. 奈々が「ありがとう」と言っていることから，奈々の着物姿をほめる表現が入ることがわかる。How beautiful! =「なんて美しいのでしょう！」。B. ケイトの「誰があなたの着物を直してくれたの？」という質問に対する返答。直後の「着物は単純な形をしているから，さまざまな人たちに簡単に使われることができる」という言葉から考える。No one did it. =「誰も直していないわ」。C. 奈々の「私の赤い着物に新しい命を与えることができて私はうれしい」という言葉の意味を尋ねる表現が入る。What do you mean? =「どういう意味ですか？」。

(2)「これは祖母が 30 年前に母のために買った着物だ」という文。「祖母が～のために買った着物」= the *kimono* my grandmother bought for ～。*kimono* の後ろには目的格の関係代名詞が省略されている。Actually, this is the *kimono* my grandmother bought for my mother thirty years ago. となる。

(3) ⓐ 直前の「昨年，母がそれを私にくれた」という文から考える。「私のもの」= mine。ⓑ 奈々と同じように，ケイトも母親の着なくなったドレスを利用していることから考える。「似たような」= similar。ⓒ 直前の「古着を着るのは楽しいと思う」という文と，直後の「他人の衣服を着るのはサイズのせいで簡単ではない」という相反する内容の文から考える。「でも，しかし」= However。

(4)「みんなが私にきく」= everyone asks me。「どこでそれを見つけたのか」は間接疑問を使い，〈where ＋主語＋動詞〉で表す。

(5)「奈々は特別な日にそれを着るので，その着物は奈々によって再び『利用されることができる』」という意味になる。「利用されることができる」= can be used。

(6) D.「私は着物についてもっと知りたい。私はどうすればいい？」という質問に対する返答。解答例は「東京や京都に着物に関する博物館がある」という意味。E.「それのよい点は何？」という質問に対する返答。解答例は「あなたはそこで多くの種類の着物を見ることができる」という意味。

**【答】** (1) A. イ　B. ウ　C. ア　(2) エ，ア，オ，ウ，イ　(3) ⓐ ア　ⓑ エ　ⓒ イ

(4) (例) everyone asks me where I found it　(5) can be used

(6) (例) D. There is a museum about *kimono* in Tokyo or in Kyoto.　E. You can see many kinds of *kimono* there. (8 語)

**◀全訳▶**　(奈々が家でケイトに写真を見せています)

ケイト：この写真の中であなたは赤い着物を着ているわ。なんて美しいのでしょう！

奈々　：ありがとう。おじの結婚式で母がその写真を撮ったの。

ケイト：あなたの着物の花柄が素晴らしいわ。

奈々　：そうね。それは私の家族の大切な着物なの。

ケイト：なぜその着物が大切なの？

奈々　：実は，これは祖母が30年前に母のために買った着物なの。

ケイト：まあ，あなたはお母さんの着物を使ったのね。

奈々　：そう，でも昨年，母はそれを私にくれたの。だからその着物は私のものなのよ。

ケイト：なぜお母さんはそれをあなたにくれたの？

奈々　：この赤い着物には長い袖がついている。母はこの種類の着物が若者用だと思っているので，もうそれを着ないの。

ケイト：私にも似たような経験があるわ。私の母はクローゼットの中に素敵なドレスを持っているのに，それを着ないの。誕生日パーティーに行くとき，私はいつもそれを着るのよ。

奈々　：あなたの友だちはきっとそのドレスを気に入ると思うわ。

ケイト：ありがとう。私がそれを着ていると，みんなが私にどこでそれを見つけたのかきくのよ。

奈々　：古い衣服のデザインは新しいものとは違っているのよね？

ケイト：そう！　私は古着を着るのが楽しいと思う。でも，他人の衣服を着るのはサイズのせいで簡単ではないわ。実は，母のドレスは私には大きかったので，彼女がそれを直してくれたの。誰があなたの着物を直してくれたの？

奈々　：誰も直していないわ。着物は単純な形をしているから，さまざまな人たちに簡単に使われることができるのよ。

ケイト：面白いわね。着物は美しいだけでなく機能的でもあるのね。

奈々　：その通り，だから私は着物が大好きなの。私の赤い着物に新しい命を与えることができて私はうれしいわ。

ケイト：どういう意味？

奈々　：私が私の赤い着物を着れば，それはあなたのお母さんのドレスのようにクローゼットから出る機会がより多くなるでしょう。

ケイト：それは着物を再び利用するためのよい考えね。

奈々　：私は特別な日にそれを着るつもりよ！

3 **【解き方】**「私は～について学ぶことができた」= I could learn about ～。「～を尊重しなければならない」= must respect ～。「地域の文化」= the local culture。

**【答】**（例）Your speech was very good because I could learn about the festival in your country. We must respect the local culture.

4 **【解き方】**(1) ⓐ 文前半から時制が過去の文であることがわかる。feel の過去形は felt。ⓑ「英語で書かれた曲」という意味。「～された」は過去分詞の後置修飾を用いて表す。write の過去分詞は written。

(2) ① 質問は「ダンスリーダーたちは最初の会議で何を決めたかったのですか？」。第2段落の2文目を見る。ダンスリーダーたちは，彼らのダンスにどんな種類の音楽を使うべきか決めたかった。② 質問は「正太と亜希が話すのを止めるまで，良は何をしていましたか？」。第3段落の2文目を見る。良はただ彼らの話を聞いているだけだった。

(3) A. 亜希が有名な日本の曲を提案していることから考える。「『多くの生徒がすでに知っている』曲を使うことによって，私たちのクラスメートは簡単に踊ることができる」という文になる。B. 直前の「もし僕たちが人気のある日本の曲を使ったら，僕たちのダンスは他のクラスのダンスと同じになってしまうかもしれない」という文から考える。正太は「自分たちのダンスを唯一のものにし」たいと考えている。make A B =「A を B にする」。

(4) 第2段落にある亜希の「有名なメロディーを聞けば，観客もより楽しんでくれるでしょう」という言葉や，正太の「観客がそれ（＝昔のアメリカのロック音楽）に興味を持ってくれると思う」という言葉から考える。

良は彼らがどちらも「自分たちのダンスを見ている人たちに楽しんでもらいたい」と考えていると思った。people watching ～＝「～を見ている人たち」。want A to ～＝「A に～してもらいたい」。

(5) 第 6 段落にある良の言葉を見る。have your own ideas ＝「自分たちの考えを持っている」。be afraid to ～＝「～することをおそれる」。to improve ～＝「～をよりよくするために」。

(6) 最終段落の最後にある正太の言葉を見る。realize that ～＝「～ということに気付く」。things which I can do without ～＝「～なしに自分ができること」。be limited ＝「限られている」。

(7) ア．第 2 段落の 1 文目を見る。最初の会議に参加したのはダンスリーダーである亜希，良，正太だけだった。イ．第 2 段落の中ほどを見る。「もし僕たちが人気のある日本の曲を使ったら，僕たちのダンスは他のクラスのダンスと同じになってしまうかもしれない」と言ったのは正太。ウ．「最初，亜希と正太は違う意見を持っていたが，良が彼らがよりよい考えを持つ手助けをした」。第 4・5 段落を見る。内容に合っている。エ．最終段落の最後から 3 文目を見る。正太のクラスは昔のアメリカのロック音楽と人気のある日本の曲を選んだ。

**【答】** (1) ⓐ felt　ⓑ written

(2) (例) ① They wanted to decide what kind of music to use for their dance.(または，What kind of music to use for their dance.)　② He was just listening to them.

(3) イ　(4) エ

(5) 自分の意見をもち，ダンスをよりよくするために，意見を言うことをおそれなかったようす。(同意可)

(6) あなたたちの助けなしに自分ができることは限られているということ。(同意可)　(7) ウ

**◀全訳▶**　毎年 5 月に，私たちの学校では運動会があります。その日に各クラスがダンス演技を披露します。私がクラスのダンスリーダーの 1 人になったとき，私はわくわくしました。亜希と良もリーダーになりました。

4 月のある日，亜希，良，そして私は教室で最初の会議を行いました。私たちはダンスにどんな種類の音楽を使うべきか決めたいと思いました。最初に，亜希が「私たちは有名な日本の曲を選ぶべきよ。多くの生徒がすでに知っている曲を使うことによって，私たちのクラスメートは簡単に踊ることができる。それに，有名なメロディーを聞けば，観客もより楽しんでくれるでしょう」と私たちに言いました。私は彼女の意見に賛成しませんでした。私は亜希に「もし僕たちが人気のある日本の曲を使ったら，僕たちのダンスは他のクラスのダンスと同じになってしまうかもしれない。僕たちのダンスを唯一のものにするために，僕は昔のアメリカのロック音楽を使いたい。僕は観客がそれに興味を持ってくれると思う」と言いました。亜希は「あなたは私たちが英語で書かれた曲を使うと言っているの？　私たちはそんなことをするべきではないわ。私は昔のアメリカのロック音楽が好きだけれど，去年の演技ではどのクラスもそれを使わなかったわ」と言いました。

会議の間，亜希は自分の意見を決して変えず，私も自分の意見を変えませんでした。良はただ私たちの話を聞いているだけでした。とうとう，私と亜紀は話すのを止め，教室が静かになりました。

数分後，良が話し始めました。「あのね，君たちが使いたい音楽は違っているけれど，亜希も正太も同じことがしたいんだよ」 私は驚いて「同じこと？」と言いました。良は「そう。君たちはどちらも僕たちのダンスを見ている人たちに楽しんでもらいたいんだ，そして僕も同感だよ。君たちの意見は素晴らしいので，それらをまとめよう。2 つの曲を使うのはどう？」と答えました。亜希と私は顔を見合わせました。

それから，亜希は「それはいい考えだわ！　昔のアメリカのロック音楽でダンスを始めましょう。きっと観客は驚くと思う」と言いました。私は「素晴らしい！　彼らが驚いたあと，人気のある日本の曲を使おう。観客は一緒に僕たちのダンスを楽しむことができる」と言いました。良は「よし。では僕たちの計画をクラスメートにどう伝えるか話し合おう」と言いました。

会議のあと，私は「良，君は僕たちをよいチームにしてくれたね」と言いました。良はほほ笑んで「いや，君と亜希がそうしたんだよ。君たちは 2 人とも自分の考えを持ち，僕たちのダンスをよりよくするために自分の考えを言うことをおそれなかった。それが僕に影響を与えたんだ」と言いました。

その翌日，私はクラスメートに私たちの計画を話したのですが，その計画が気に入らない生徒もいました。

彼らは「昔のアメリカのロック音楽はかっこよくない」と言いました。そこで亜希は昔のアメリカのロック音楽のCDをクラスメートに見せました。私たちは一緒にそれを聞き，良が踊りました。彼らのサポートのおかげで，クラスメート全員が僕たちに同意し，僕たちは昔のアメリカのロック音楽と人気のある日本の曲を選びました。私は亜希と良に「僕は君たちの助けなしに僕ができることは限られていることに気付いたよ。一緒に素晴らしいダンス演技を作ろう」と言いました。

# 社　会

1 **【解き方】**(1) 小野妹子は，607年に遣隋使として派遣され，聖徳太子が持たせた国書を隋の皇帝に渡した。

(2)『出雲国風土記』のみが完本として残っている。

(3) 保元・平治の乱に勝利し，政治的な地位を高めた。

(4) a. アは豪族の安藤氏が拠点とした津軽半島にあった港。イは朝鮮，エは元の都。b. 琉球王国は，日本や中国，朝鮮半島，東南アジアに船を送り，中継貿易を行った。

(5) 領国の武士や民衆の守るべきことがらがきびしく定められた。

(6) a. イは元禄文化，ウは桃山文化，エは鎌倉文化にかかわりの深いもの。b. 18世紀には，イギリスとフランスは地位を競って戦争を繰り返しており，北アメリカだけでなくインドの植民地でも対立していた。

(7) a. 国民皆兵を原則としたが，実際には多くの免除規定もあった。b. 資料3より，地租の税率が「地価の百分の三（3％)」から，明治十（1877）年には「地価の百分の二ヶ半（2.5％)」に引き下げられていることが読み取れる。1877年には西南戦争が起こったことも関連している。

(8) アは1937年，イは1931年，ウは1941年のできごと。

(9) a. 沖縄は1972年までアメリカ軍の統治下に置かれていたが，佐藤栄作内閣の時に日本復帰が実現した。b. 折れ線グラフより15～64歳の就業者の割合が減少していること，棒グラフより就業者数が増加していることが読み取れる。

**【答】**(1) イ　(2) 風土記　(3) 平清盛

(4) a. ウ　b. 東アジアと東南アジアの間に位置し，万国のかけ橋となった。(同意可)

(5) 分国法(または，家法・家訓)

(6) a. ア　b. イギリスと対立していたフランスが，植民地側で参戦したから。(同意可)

(7) a. 徴兵令　b. 地租の税率を引き下げて，農民の不満をおさえるため。(同意可)　(8) イ→ア→ウ

(9) a. 沖縄が日本に返還された。(同意可)　b. 15～64歳の就業者の割合が減少し，就業者数は増加しているので，65歳以上の就業者数は増加している。(同意可)

2 **【解き方】**(1) a. 津軽平野などが主な産地。b. 近年，地球温暖化が大きな問題となっている。

(2) a. Cは岩手県。奥羽山脈は県の西部に位置する。県庁所在地が仙台市であるのは，Dの宮城県。b. 岩手県はブロイラーの飼育数が多く，畜産が盛んな県であることからウと判断できる。アは人口が4県の中で最も多いことからDの宮城県。エは米の産出額が多いことからBの秋田県。工業出荷額がもっとも多いイはEの福島県。

(3) a. 三陸海岸の沖合いは，暖流の黒潮と寒流の親潮がぶつかる潮目となっている。b. 三陸海岸の入り江は，ふだんは波がおだやかなため，かきやわかめなどの養殖が盛んになっている。

(4) a.「日本海側の気候」は，冬に雪が多い特徴があり，信号機を雪が積もりにくい縦型にする工夫が見られる。b. 阿武隈川の近くは主に標高230mほどの高さの土地が広がっているが，Xの付近では標高265mの表記が見られる。c. 1970年代の石油危機以降，石油以外のエネルギーへの転換が図られ，原子力の割合が高まっていたが，2011年におきた東日本大震災での原子力発電所の事故の影響から利用が見直された。ⓐは火力，ⓑは水力，ⓒは原子力を表す。

**【答】**(1) a. 青森(県)　b. 気温が上昇しており，ももの方が高い気温でも栽培できるから。(同意可)

(2) a. エ　b. ウ　(3) a. 2つの海流がぶつかる場所だから。(同意可)　b. 養殖〔漁業〕(または，養殖業)

(4) a. 冬に多く降る雪が，積もりにくいから。(同意可)　b.（理由）阿武隈川よりXの付近の方が標高が高いから。(同意可)　(土地の利用) ア　c. イ→ウ→ア

3 **【解き方】**(1) a. 本初子午線より東側を東経，西側を西経で表す。b. ⓐは経度0度の経線（本初子午線）が通っているため，対蹠《たいせき》点は，東経（西経）180度上に位置する。

(2) グラフ３は，熱帯の気候で雨季と乾季がはっきりしていることから，「サバナ気候」に属するⓑに当たる。

(3) 輸出品の「パーム油」に注目し，Ⓒのインドネシアと判断する。㋑はⒷのサウジアラビア，㋒はⒶのケニア，㋓はⒹのブラジルに当たる。

(4) a. レアメタルの自給率が低い日本では，不要になった電子機器などからレアメタルを回収して再利用する取り組みがすすめられている。b. かつてアフリカ州を植民地にしたヨーロッパの国々の言語を，共通の言語として使用している。c. 国の経済発展のためには貿易が欠かせないが，自国に港をもたない内陸国は，貿易に不利な面が多い。そのため，道路の整備によって港が利用しやすくなることは，ウガンダの貿易に大きな利益をもたらすと考えられる。

**【答】** (1) a. 本初子午線　b. 太平洋　(2) ⓑ　(3) Ⓒ

(4) a. レアメタル(または，希少金属)　b. 多くの民族がおり，共通の言語が必要だから。(同意可)　c. ウガンダは海に面していないが，港を利用しやすくなる。(同意可)

④ **【解き方】** (1) a. 外国通貨に対する円の価値が低くなることを「円安」という。b. 輸入品に関税をかけたり，輸入を制限したりして，国内の産業を保護する貿易を「保護貿易」という。

(2) a. 憲法によって政府や君主が行使する政治権力を制限し，国民の人権を保障する考え方を立憲主義という。b. 国会は，主権者である国民から選ばれた国会議員によって構成されているため，国権の最高機関とされ，三権の担い手の中でも中心的な地位をしめる。c. 他に，国家賠償請求権や刑事補償請求権がある。アは参政権，イは新しい人権，ウは社会権に当たる。

(3) グラフ５からは，企業のほとんどを中小企業が占めていること，表５からは，企業規模が小さい企業の年次有給休暇の取得率が低いこと，資料５からは，国は年次有給休暇取得の促進に取り組む中小企業を支援していることが読み取れるため，それらを結び付けて書くとよい。

**【答】** (1) a. イ　b. 輸入品の価格が高くなり，国内の産業が保護される。(同意可)

(2) a. カ　b. 三権分立(または，権力分立)　c. エ

(3) 企業の大多数は中小企業であり，国は年次有給休暇取得の促進に取り組む中小企業を支援することで，年次有給休暇の取得率が低い状況を改善しようとしている。(73字)(同意可)

# 理　科

[1]【解き方】(2) ストローとこすり合わせたティッシュペーパーは，ストローと異なる種類の電気を帯びる。ストローAとストローBは同じ種類の電気を帯びる。同じ種類の電気の間には退け合う力，異なる種類の電気の間には引き合う力がはたらく。

(4) 濃度が20％の硝酸カリウム水溶液250gに含まれる硝酸カリウムの質量は，$250\,(g) \times \frac{20}{100} = 50\,(g)$　水の質量は，$250\,(g) - 50\,(g) = 200\,(g)$　10℃の水200gに溶ける硝酸カリウムの最大の質量は，$22\,(g) \times \frac{200\,(g)}{100\,(g)} = 44\,(g)$　よって，結晶となって出てきた硝酸カリウムの質量は，$50\,(g) - 44\,(g) = 6\,(g)$

【答】(1) 衛星　(2) ア　(3) 受精によって両方の親からそれぞれの染色体を受け継ぐから。(同意可)　(4) 6 (g)

[2]【解き方】(1) ② イは単子葉類，ウは裸子植物の特徴。③ a. 表2より，ツバキの葉の表からの蒸散量は，$6.8\,(g) - 6.0\,(g) = 0.8\,(g)$　ツバキの葉の裏からの蒸散量は，$6.8\,(g) - 1.3\,(g) = 5.5\,(g)$　よって，ツバキが葉以外から蒸散した量は，$6.8\,(g) - 0.8\,(g) - 5.5\,(g) = 0.5\,(g)$　b. 気孔の数の割合は，蒸散量の割合と同じと考えてよい。aより，ツバキの葉全体からの蒸散量は，$0.8\,(g) + 5.5\,(g) = 6.3\,(g)$　したがって，ツバキの葉の全体にある気孔の数に対する葉の表側にある気孔の数の割合は，$\frac{0.8\,(g)}{6.3\,(g)} \fallingdotseq 0.13$　表2より，アサガオの葉の表からの蒸散量は，$4.2\,(g) - 2.8\,(g) = 1.4\,(g)$　アサガオの葉の裏からの蒸散量は，$4.2\,(g) - 1.7\,(g) = 2.5\,(g)$　アサガオの葉全体からの蒸散量は，$1.4\,(g) + 2.5\,(g) = 3.9\,(g)$　よって，アサガオの葉の全体にある気孔の数に対する葉の表側にある気孔の数の割合は，$\frac{1.4\,(g)}{3.9\,(g)} \fallingdotseq 0.36$

【答】(1) ① a. ウ　b. 葉緑体　② ア・エ　③ a. 0.5 (g)　b. ウ

(2) ① 単細胞生物　② 水中の酸素が不足するから。(または，分解に大量の酸素を使うから。) (同意可)

[3]【解き方】(1) ② a. 亜鉛原子が2個の電子を失って亜鉛イオンになる。b. 亜鉛原子が亜鉛イオンになるときに放出した電子は，導線中を亜鉛板から銅板に向かって移動する。電流の向きは電子の移動の向きと逆なので，電流は銅板から亜鉛板に向かって流れる。電池では，導線へ電流が流れ出る電極が＋極になる。

(2) ① アは酸素，イは二酸化炭素が発生する。ウは水と硫酸バリウムが生成する。② 表3より，タンクQに入れる酸素の体積が$2\,cm^3$のとき，反応した水素の体積は，$8\,(cm^3) - 4\,(cm^3) = 4\,(cm^3)$　水素$1\,cm^3$が減少するのにかかる時間は5分なので，モーターが回転する時間は，$5\,(分) \times \frac{4\,(cm^3)}{1\,(cm^3)} = 20\,(分)$　同様に，タンクQに入れる酸素の体積が$4\,cm^3$のとき，反応した水素の体積は$8\,cm^3$。モーターが回転する時間は，$5\,(分) \times \frac{8\,(cm^3)}{1\,(cm^3)} = 40\,(分)$　タンクQに入れる酸素の体積を$4\,cm^3$以上にしても，それ以上反応する水素がないので，モーターの回転は40分で止まる。

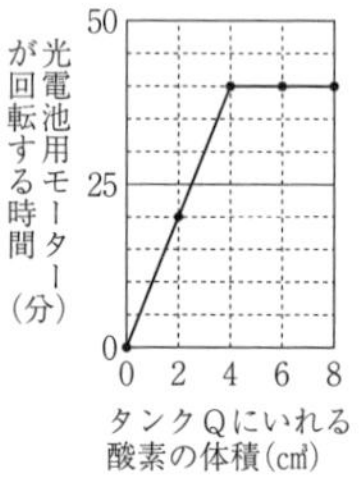


(3) ポリエチレンの袋に水素と空気を体積比1：1で入れたとき，空気中の窒素と酸素の体積比が4：1なので，水素，窒素，酸素の体積比は，$1 : \left(1 \times \frac{4}{5}\right) : \left(1 \times \frac{1}{5}\right) = 5 : 4 : 1$　水素と酸素が2：1で反応し，酸素がすべて反応したので，残った気体は水素と窒素で，その体積比は，$(5 - 2) : 4 = 3 : 4$　残った気体の体積は$28\,cm^3$なので，ポリエチレンの袋の中に残っている水素の体積は，$28\,(cm^3) \times \frac{3}{3 + 4} = 12\,(cm^3)$

【答】(1) ① 電離　② a. $Zn \rightarrow Zn^{2+} + 2e^-$　b. イ　③ 金属板の面積も変えたから。(同意可)

(2) ① エ　② (前図)　(3) 12 $(cm^3)$

4 **【解き方】** (2) ① 前線Aは温暖前線。温暖前線が通過すると，気温が上がり，風向が南よりに変わる。

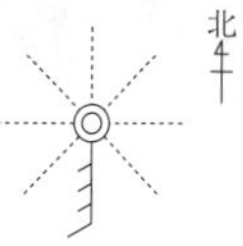


(3) 加湿器の貯水タンクの水120gによって上昇した部屋の湿度は，50 (%) − 35 (%) = 15 (%) 飽和しているとき，湿度は100 %になるので，湿度100 %の部屋に含まれる水蒸気の質量は，$120\,(\mathrm{g}) \times \frac{100\,(\%)}{15\,(\%)} = 800\,(\mathrm{g})$ よって，この気温に対する飽和水蒸気量は，$\frac{800\,(\mathrm{g})}{50\,(\mathrm{m}^3)} = 16\,(\mathrm{g/m}^3)$

**【答】** (1) (前図) (2) ① ウ ② 下降気流が生じるから。(同意可) (3) 16 ($\mathrm{g/m}^3$)

5 **【解き方】** (2) 図11より，花こう岩は深成岩なので，等粒状組織をもつ。また，マグマのねばりけが強いので，岩石の色は白っぽい。

**【答】** (1) ① 風化 ② (記号) ウ (理由) 粒が最も小さいから。(同意可) (2) イ

6 **【解き方】** (1) ② b. 金属球の質量が，$\frac{60\,(\mathrm{g})}{120\,(\mathrm{g})} = \frac{1}{2}$ (倍)になると，金属球にはたらく重力の大きさは $\frac{1}{2}$ 倍になり，重力の斜面に平行な分力の大きさも $\frac{1}{2}$ 倍になるので，質量60gの金属球でばねばかりの値が0.45Nのときの斜面の角度は，質量120gの金属球でばねばかりの値が，0.45 (N) × 2 (倍) = 0.9 (N)になるときの斜面の角度と等しい。図13より，ばねばかりの値が0.9Nのときの斜面の角度を読み取る。

(3) ① 図16より，1.6秒以降，金属球Pの速さが一定になっているので，金属球Pは1.6秒でBに達することがわかる。区間ABで金属球Pが斜面を下っているとき，速さはしだいに大きくなるので，区間ABの中点までの前半分を通過するのにかかる時間は，中点から後ろ半分を通過するのにかかる時間よりも長い。② 金属球RがCに達したときの速さは，金属球Pが図15の装置でCに達したときの速さの2倍なので，金属球Rが区間BCを通過するのにかかる時間は，金属球Pの $\frac{1}{2}$ 倍。図16より，金属球Pが区間BCを通過するのにかかる時間は，2.4 (s) − 1.6 (s) = 0.8 (s) したがって，金属球Rが区間BCを通過するのにかかる時間は，$0.8\,(\mathrm{s}) \times \frac{1}{2}$ (倍) = 0.4 (s) 金属球RがBに達するまでの時間は，1.2 (s) − 0.4 (s) = 0.8 (s)で，区間ABでは金属球Rの速さは時間に比例して大きくなる。よって，金属球Rの速さが1になるのは，金属球Rが動き始めてから，$0.8\,(\mathrm{s}) \times \frac{1}{2} = 0.4\,(\mathrm{s})$ より，0.4秒後。

**【答】** (1) ① 〔ばねを〕引く力 (同意可) ② a. 重力の斜面に平行な分力の大きさが大きくなるから。(同意可) b. オ

(2) ① 力学的エネルギー ② 運動エネルギーが大きいため，移動距離は大きくなる。(同意可)

(3) ① ア ② 0.4 (秒後)

# 国　語

1 【解き方】問二. 上の漢字が下の漢字を修飾している。アは，反意の漢字の組み合わせ。イは，上の漢字が動作を表し，下の漢字がその対象を表している。エは，上の漢字が主語，下の漢字が述語の関係。

問三.「俳句は伝統文化」という言葉がどうしても許せなかったハセオに対して，校長先生は「発言の取り消しはしない」代わりに,「校長先生の発言は…ないがしろにするものだ」というハセオの言葉を「生徒から問われた」宿題として「考えておく」と言ったことに着目する。

問四. ユミは,「自分と同じように言葉に助けられた人がいたということがうれしくて」ハセオの句を選んだと振り返っている。

問五.「言葉」について,「形がなくて，すぐに消えてしまう」「雪のように」と感じていることから考える。

問六.「俳句は伝統文化」と言った校長先生に，ハセオは「いまの自分の気持ちや，体験を盛るための器として，自分は俳句をやっている」と訴えている。また，ユミはハセオの句から「『そら』には，かけがえのない友人の名前を，掛けてある」と読み取っている。

【答】問一. (あ) ごうか　(い) 胸　(う) ひそ(んで)　問二. ウ　問三. 俳句とはな

問四. 自分と同じように言葉に助けられた人がいたことがうれしかったから。(32字)（同意可）　問五. ア

問六. いまの自分の気持ちや，体験を盛るために俳句をやっており,「そら」に友人の名前を掛けて隠した。(46字)（同意可）

2 【解き方】問二.「ない」をつけると，直前の音が「エ段」の音になる下一段活用。他は,「ない」をつけると，直前の音が「ア段」の音になる五段活用。

問三.「新聞やテレビの報道」で知る「地球上で起こっているさまざまな出来事」と,「自分の毎日の生活」が「どうつながっているのか」を理解することは難しいと述べていることをおさえる。

問四.「中間世界」の「仕組み」は「さまざまな要因が複雑に絡まっていて，容易に見通せるものでは」ないことについて,「政治」を例にあげて「具体的」に説明している。

問五.「政治」「介護や看護」「芸術制作の現場」などの「中間世界」は,「さまざまな要因が複雑に絡まっていて，容易に見渡せるものでは」ないので,「わからない問題」に対して,「わかっていないことをきちんと知ること…これは大事ということを知ることが重要」「そのうえで，わからないものにわからないまま的確に対応する術を磨いてゆかなければなりません」と述べている。

問六.「芸術制作の現場」では，ここにはこれしかありえないといった「必然性」が生じているので,「曖昧な感情を曖昧なまま正確に表現することが求められている」と述べている。

【答】問一. (あ) 暮(らして)　(い) 観客　(う) どうりょう　問二. エ　問三. 相当な知識と想像力　問四. イ

問五. さまざまな要因が複雑に絡まっているため，わからないものにわからないまま的確に対応する術を磨くこと〔が必要〕。(49字，または52字)（同意可）

問六. エ

3 【解き方】問一. 新入生に対して特に伝えたい内容であるので，新入生に向かって話をするように注意する。

問二.「教えてもらい」の動作主は陸上部員なので,「山田先生」への敬意は,「もらう」の謙譲語「いただく」を用いて表す。

問三.「練習内容」の情報として必要のないものを探す。

問四.「見学会」の情報について,「あさって」「持ち物」「グラウンド西側に集合」と伝えていることから考える。

問五.「合言葉」を「共有」し,「一つのチームとして結束」している「陸上部員の活動する姿勢」について表現するので，メモの②の意味があてはまる。

【答】問一. ウ　問二. 教えていただき　問三. 長距離の部　問四.〔見学会の〕集合時間（同意可）

問五. 仲間と互いに競い合い，励まし合う陸上部員の姿勢（同意可）

4 **【解き方】** 問一．語頭以外の「は・ひ・ふ・へ・ほ」は「わ・い・う・え・お」にする。

問二．イは，直前に「頼義見て」とあるので，頼義が主語。他は，すべて九郎。

問三．頼義は，九郎の「もののぐの出たち奇麗」なことに対して「気色を損じ，いまいましき有様」であったが，九郎が「黒革縅の古き」を着ている姿を見て，喜ばしく思っている。

問四．命を落とすことになることについて，「されば，敵にむかひて亡びやすし」と言っているので，直前の「奇麗にたからをつひやせば…扶持すべきちからなし」に注目。

**【答】** 問一．かまえて　問二．イ

問三．きらびやかなよそおいの武具から黒色のよろいで古いもの〔に変化したから〕。(同意可)

問四．着飾ることに金銭をついやすと家が貧しくなり，良い家来を召し抱えられなくなるという考え。(同意可)

**◀口語訳▶**　源頼義の家来に，近江の国の住人である，日置の九郎という者がいた。馬，よろいなどの武具のよそおいはきらびやかだった。頼義はこれを見て機嫌を悪くし，感心しない様子で，おまえは，きっと命を落とすだろう，はやく（それらを）売り払ってしまいなさい，それも味方の陣には売ってはならない，敵の方へ売りなさい（とおっしゃった)。九郎は恐縮して，後日のいくさに，再び以前に劣らぬようなきらびやか極まりない武具を着た。着替えの代品だと言っている。頼義は，やはり命を落とす格好である，売り払いなさい，絶対に着てはいけないと（おっしゃった)。次の日，（九郎は）黒色のよろいで古いものを着た。頼義は，これこそ喜ばしく結構であるとのお言葉を（九郎に）かけた。着飾ることに金銭をついやせば，家が貧しくなり，良い家来を召し抱えることができなくなるので，それゆえ，敵に相対して死にやすいものだ，とお言葉があったものだった。

5 **【答】**（例）私は「文字や表記の仕方・文章の書き方」に関心があると答えた人が，30％未満であることに注目した。最近では，スマートフォンで文字を入力すると簡単に変換されるため．実際に文字を書こうとすると漢字がすぐに出てこないことが多い。文章についても，AIの文章作成の能力を使うと自分で考えずに書くことができる。このことから，この項目に関心のある人が少ないのではないかと考えた。(180字)

~MEMO~

# 静岡県公立高等学校

## 2022年度
## 入学試験問題

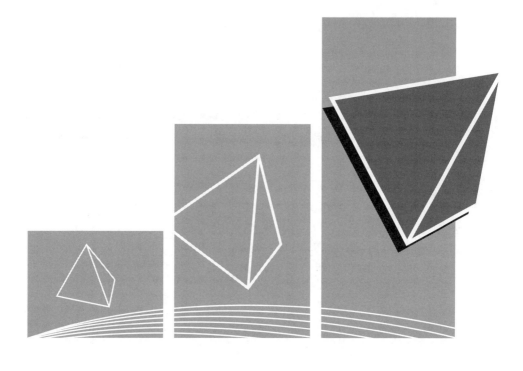

# 数学

時間　50分　　　　満点　50点

1　次の(1)～(3)の問いに答えなさい。

(1)　次の計算をしなさい。

ア　$6 + 8 \times (-3)$　(　　　)

イ　$(8a^2b + 36ab^2) \div 4ab$　(　　　)

ウ　$\dfrac{4x + y}{5} - \dfrac{x - y}{2}$　(　　　)

エ　$\sqrt{7}\,(9 - \sqrt{21}) - \sqrt{27}$　(　　　)

(2)　$a = \dfrac{2}{7}$ のとき，$(a - 5)(a - 6) - a(a + 3)$ の式の値を求めなさい。(　　　)

(3)　次の2次方程式を解きなさい。(　　　)

$(x - 2)^2 = 16$

2　次の(1)～(3)の問いに答えなさい。

(1)　図1において，点Aは直線$\ell$上の点である。2点A，Bから等しい距離にあり，直線APが直線$\ell$の垂線となる点Pを作図しなさい。

ただし，作図には定規とコンパスを使用し，作図に用いた線は残しておくこと。

図1

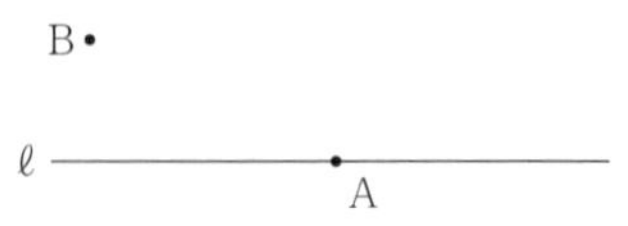


(2)　水4Lが入っている加湿器がある。この加湿器を使い続けると水がなくなるまでに$x$時間かかるとする。このときの，1時間当たりの水の減る量を$y$mLとする。$y$を$x$の式で表しなさい。

(　　　)

(3)　袋の中に6個の玉が入っており，それぞれの玉には，図2のように，－3，－2，－1，0，1，2の数字が1つずつ書いてある。この袋の中から同時に2個の玉を取り出すとき，取り出した2個の玉に書いてある数の和が正の数になる確率を求めなさい。ただし，袋から玉を取り出すとき，どの玉が取り出されることも同様に確からしいものとする。(　　　)

図2

袋に入っている玉

3　ある場所における，毎年4月の1か月間に富士山が見えた日数を調べた。表1は，2010年から2019年までの10年間について調べた結果をまとめたものである。

このとき，次の(1)，(2)の問いに答えなさい。

(1)　表1について，富士山が見えた日数の範囲を求めなさい。

(　　　日)

(2)　2020年の4月の1か月間に富士山が見えた日数が分かったので，2011年から2020年までの10年間で，表1をつくり直したところ，富士山が見えた日数の中央値は6.5日になった。また，2011年から2020年までの10年間の，富士山が見えた日数の平均値は，2010年から2019年までの10年間の平均値より0.3日大きかった。2010年と2020年の，4月の1か月間に富士山が見えた日数は，それぞれ何日であったか，答えなさい。2010年(　　　日)　2020年(　　　日)

表1

| 富士山が見えた日数(日) | 年数(年) |
|---|---|
| 1 | 1 |
| 2 | 0 |
| 3 | 1 |
| 4 | 3 |
| 5 | 0 |
| 6 | 1 |
| 7 | 3 |
| 8 | 0 |
| 9 | 0 |
| 10 | 0 |
| 11 | 0 |
| 12 | 1 |
| 計 | 10 |

4　Sさんは，2つの水槽A，Bで，合わせて86匹のメダカを飼育していた。水の量に対してメダカの数が多かったので，水だけが入った水槽Cを用意し，水槽Aのメダカの $\frac{1}{5}$ と，水槽Bのメダカの $\frac{1}{3}$ を，それぞれ水槽Cに移した。移した後のメダカの数は，水槽Cの方が水槽Aより4匹少なかった。

このとき，水槽Cに移したメダカは全部で何匹であったか。方程式をつくり，計算の過程を書き，答えを求めなさい。

(方程式と計算の過程)(　　　　　　　　　　　　　　　　　　　　)

(答)(　　　匹)

5　図3の立体は，△ABCを1つの底面とする三角柱である。この三角柱において，∠ACB = 90°，AC = BC，AB = 12cm，AD = 3cmであり，側面はすべて長方形である。また，点Pは，点Eを出発し，毎秒1cmの速さで3辺ED，DA，AB上を，点D，Aを通って点Bまで移動する。

図3

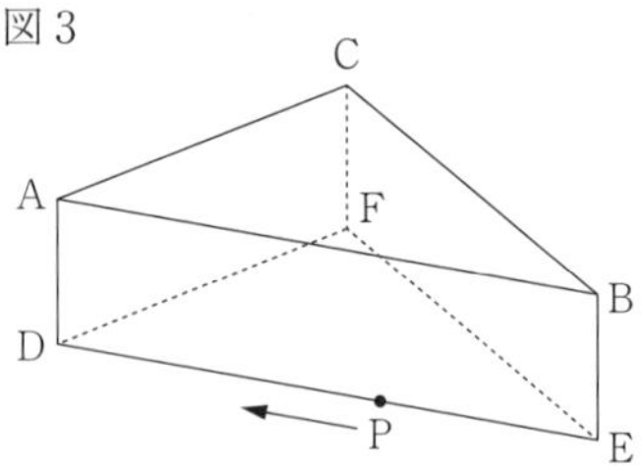


このとき，次の(1)〜(3)の問いに答えなさい。

(1)　点Pが辺ED上にあり，△ADPの面積が $6\,\mathrm{cm}^2$ となるのは，点Pが点Eを出発してから何秒後か，答えなさい。(　　　秒後)

(2)　点Pが点Eを出発してから14秒後のとき，△APEを，辺APを軸として1回転させてできる立体の体積を求めなさい。ただし，円周率は $\pi$ とする。(　　　$\mathrm{cm}^3$)

(3)　この三角柱において，図4のように点Pが辺AB上にあり，CP + PDが最小となるときの，線分PFの長さを求めなさい。

(　　　cm)

図4

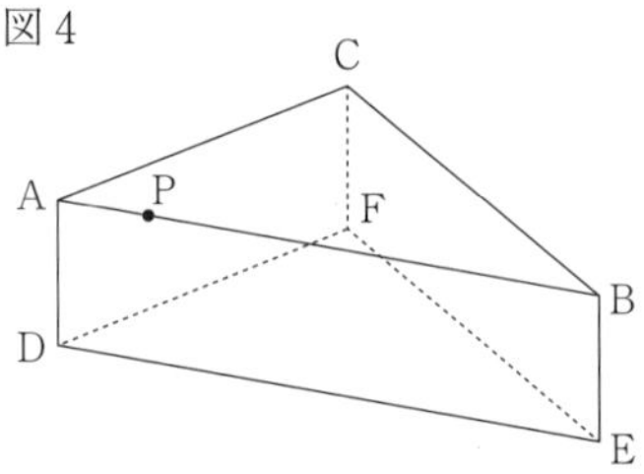


6　図5において，①は関数 $y = ax^2$ $(a > 0)$ のグラフである。2点A，Bは，放物線①上の点であり，その $x$ 座標は，それぞれ−2，4である。また，点Cの座標は(−2，−3)である。

図5

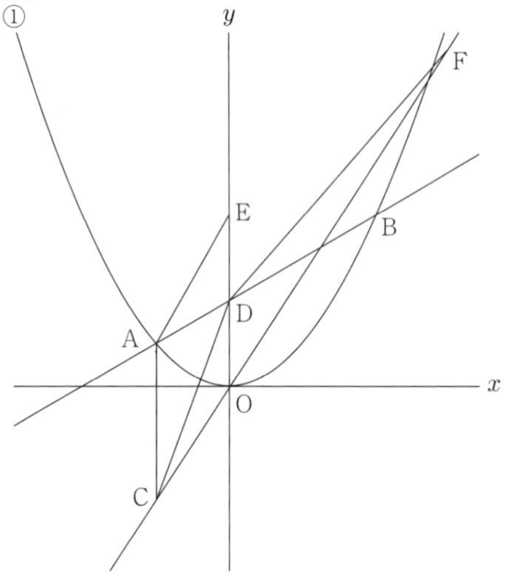


このとき，次の(1)〜(3)の問いに答えなさい。

(1)　$x$ の変域が $-3 \leqq x \leqq 2$ であるとき，関数 $y = ax^2$ の $y$ の変域を，$a$ を用いて表しなさい。(　　　)

(2)　点Cを通り，直線 $y = -3x + 1$ に平行な直線の式を求めなさい。(　　　)

(3)　直線ABと $y$ 軸との交点をDとし，$y$ 軸上にOD = DEとなる点Eをとる。点Fは直線CO上の点であり，その $y$ 座標は9である。△DCFの面積が四角形ACDEの面積の2倍となるときの，$a$ の値を求めなさい。求める過程も書きなさい。

(求める過程)(　　　　　　　　　　　)　(答)(　　　)

7　図6において，3点A，B，Cは円Oの円周上の点である。∠ABCの二等分線と円Oとの交点をDとし，BDとACとの交点をEとする。$\overset{\frown}{AB}$上にAD = AFとなる点Fをとり，FDとABとの交点をGとする。

このとき，次の(1)，(2)の問いに答えなさい。

図6

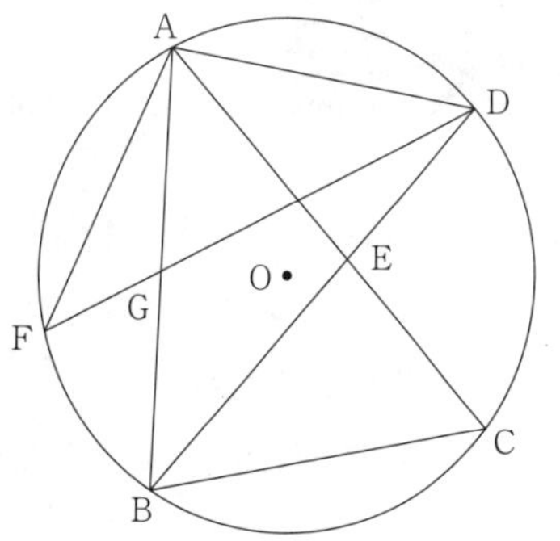


(1)　△AGD ∽ △ECBであることを証明しなさい。

[　　　　　　　　　　　　　　　　]

(2)　$\overset{\frown}{AF}$ : $\overset{\frown}{FB}$ = 5 : 3，∠BEC = 76°のとき，∠BACの大きさを求めなさい。(　　　　)

# 英語

時間　50分　　　満点　50点

（編集部注）　放送問題の放送原稿は英語の末尾に掲載しています。
音声の再生についてはもくじをご覧ください。

1　放送による問題

(1)　健太（Kenta）とメアリー（Mary）の会話を聞いて，質問の答えとして最も適切なものを選ぶ問題　A（　　）　B（　　）　C（　　）　D（　　）

A　ア　イ　ウ　エ

B　ア　イ　ウ　エ

C

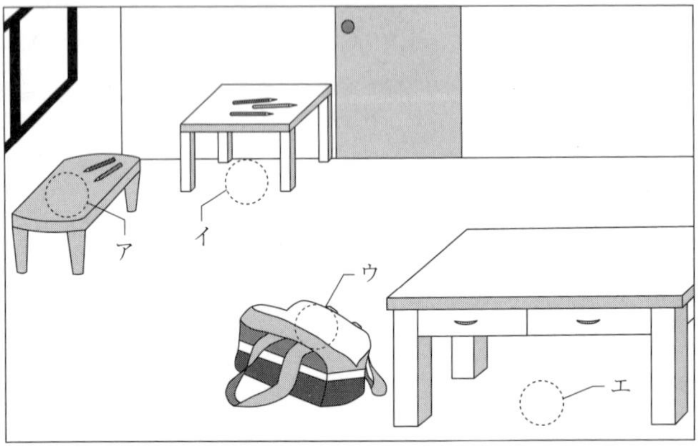


D

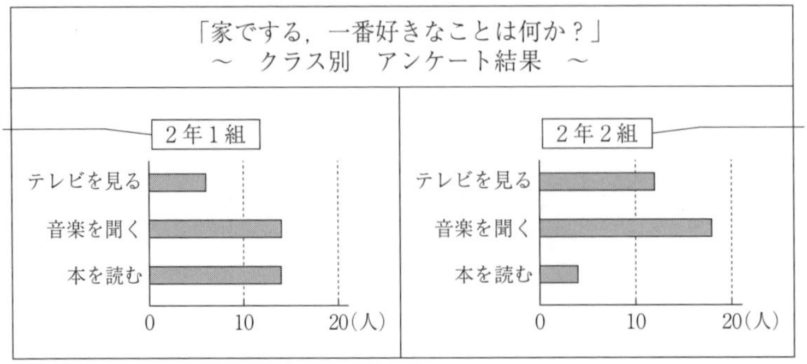

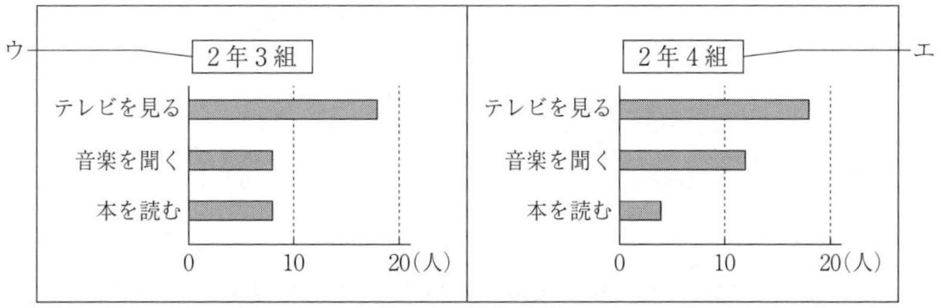


(2) 健太の話を聞いて，質問に対する答えとなるように（　　）の中に適切な数字や語，語句を記入する問題

質問1　How long did Kenta's parents stay in Nagano?

They stayed there for (　　　) days.

質問2　What did Kenta do with his sister before breakfast?

He (ⓐ　　　) the (ⓑ　　　) with his sister.

質問3　Why were Kenta's parents surprised when they came home?

Because Kenta (＿＿＿＿＿＿＿＿＿＿＿＿＿＿＿＿＿＿＿＿).

2　次の英文は，静岡県でホームステイをしているジュディ（Judy）と，クラスメートの京子（Kyoko）との会話である。この英文を読んで，(1)～(5)の問いに答えなさい。

（*After winter vacation, Judy and Kyoko are talking at school.*）

Judy　：　Thank you for your New Year's card, *nengajo*. It was very beautiful, so I showed it to all of my host family.

Kyoko：　[　A　]　It is made of traditional Japanese paper called *washi*.

Judy　：　I like *washi*, and my host family showed me an interesting video about it.

Kyoko：　A video?　[　B　]

Judy　：　The video was about old paper documents in Shosoin. The paper documents were made of *washi* about 1,300 years ago. People have used *washi* since then.

Kyoko：　That's very long! I didn't know that.

Judy　：　When we read a variety（ ⓐ ）information written on *washi*, we can find things about the life in the past.

Kyoko：　I see. *Washi* is important because we can（ ⓑ ）the long history of Japan, right? I've never thought of that. I'm happy I can understand Japanese culture more.

Judy　：　By the way, where did you get the beautiful postcard?

Kyoko：　I made it at a history museum.

Judy　：　Do you mean you made *washi* by yourself?

Kyoko：　[　C　]　I made a small size of *washi*, and used it as a postcard.

Judy　：　Wonderful! But making *washi* isn't easy.（ ⓒ ）I were you, I would buy postcards at shops.

Kyoko：　Well... You love traditional Japanese things, so I wanted to make a special thing for you by using *washi*. It was fun to［ア　how　　イ　think about　　ウ　could　　エ　create　　オ　I］a great *nengajo*.

Judy　：　Your *nengajo* was amazing! The *nengajo* gave me a chance to know an interesting part of Japanese culture. I found *washi* is not only beautiful but also important in your culture.

Kyoko：　You taught me something new about *washi*, and I enjoyed talking about it with you. If you want, let's go to the museum. [　　　　　]

Judy　：　Yes, of course!

（注）　card：あいさつ状　　host family：ホストファミリー　　be made of：～から作られている
document：文書　　Shosoin：正倉院（東大寺の宝庫）　　past：過去
think of：～について考える　　by the way：ところで　　postcard：はがき
by yourself：(あなたが) 自分で　　chance：機会

(1)　会話の流れが自然になるように，本文中の[　A　]～[　C　]の中に補う英語として，それぞれア～ウの中から最も適切なものを１つ選び，記号で答えなさい。

A（　　　）　B（　　　）　C（　　　）

A　ア I'm glad to hear that.　イ Don't be angry.　ウ I'll do my best.

B　ア Here you are.　イ You're welcome.　ウ Tell me more.

C　ア That's right.　イ Did you?　ウ I don't think so.

(2) 本文中の( ⓐ )～( ⓒ )の中に補う英語として，それぞれア～エの中から最も適切なものを1つ選び，記号で答えなさい。ⓐ(　　) ⓑ(　　) ⓒ(　　)

( ⓐ ) ア for　イ of　ウ at　エ with

( ⓑ ) ア borrow　イ lose　ウ finish　エ learn

( ⓒ ) ア Because　イ When　ウ If　エ Before

(3) 本文中の［　　］の中のア～オを，意味が通るように並べかえ，記号で答えなさい。

(　　)(　　)(　　)(　　)(　　)

(4) 本文中の□で，京子は，今度の日曜日の都合はよいかという内容の質問をしている。その内容となるように，□の中に，適切な英語を補いなさい。

(　　　　)

(5) 次の英文は，ジュディがこの日に書いた日記の一部である。本文の内容と合うように，次の□の中に補うものとして，本文中から最も適切な部分を3語で抜き出しなさい。

(　　　　)

During winter vacation, Kyoko sent me a *nengajo* made of *washi* and I watched a video about it. So, I found *washi* is beautiful and important. Today, I told her about the video, and she found *washi* has a long history. I think her *nengajo* helped us □ very well. Also, she wanted to send me something special. She is wonderful!

3　次の英文は，正太（Shota）とマーク（Mark）との会話である。会話の流れが自然になるように，次の［(1)］，［(2)］の中に，それぞれ7語以上の英語を補いなさい。

(1)(　　　　　　　　　　　　　　　　　　　　　　　　　　　　　　　　　　)

(2)(　　　　　　　　　　　　　　　　　　　　　　　　　　　　　　　　　　)

Shota：　Hi, Mark. Let's go to the sea next week.

Mark：　OK. Let's go there by bike because ［(1)］

Shota：　I understand, but using a train is better. If we use a train, ［(2)］

Mark：　I see.

4　由美（Yumi）は，友人のルーシー（Lucy）にメールを送ることにした。伝えたいことは，来月，英語を勉強している子供たちに英語の歌を歌ってあげるつもりなので，ルーシーも私の部屋に来てピアノを弾いてくれないかということである。あなたが由美なら，このことを伝えるために，どのようなメールを書くか。次の［　　］の中に英語を補い，メールを完成させなさい。

| |
|---|
| Hello, Lucy.<br><br>［　　］<br><br>Bye,<br>Yumi |

5　次の英文は，バスケットボール部に所属する中学生の直人（Naoto）が，祖母とのできごとを振り返って書いたものである。この英文を読んで，(1)～(7)の問いに答えなさい。

One day in spring, I saw a poster in my classroom. The poster said, “Let’s plant sunflowers in the town park together!” It was an event planned by a volunteer group in our town. I didn’t think it was interesting, so I ⓐ(take) my bag and left the classroom.

Next Saturday morning, I went to school to practice basketball. When I was walking by the town park, I saw my grandmother was planting sunflowers with some people in the park. Then, I remembered that poster. I asked her, “Are you in this volunteer group?” She answered, “Yes. We pick up trash in this park every Saturday. But today, we came here to plant sunflowers. I planned this new event.” I said to her, “Really? Why did you plan it?” She said, “Many young people in this town want to live in big cities in the future. It’s sad to me. If beautiful sunflowers are in this large park, I think some of them will find this town is a wonderful place.” She also said, “How about joining us, Naoto? I sent posters to many places, but we have only ten people now.” I thought, “This park is large. Planting sunflowers with only ten people is hard. She [ A ], but I have my basketball practice.” So, I said to her, “Sorry, I have to go to school,” and started [ B ]. She looked sad.

When I arrived at my school gym, I thought it was too large. Our team had eight members, but two of them didn’t come on that day. Three members and I practiced hard, but two members didn’t. They sometimes stopped ⓑ(run) and sat down during the practice. They said, “We always have to practice the same things because we are a small team. We can’t win the games without more teammates.” When I listened to them, I felt sad. I thought, “[　　　], but I believe that there is a way to become a strong team.” I wanted to say something to them, but I didn’t.

After the practice, I walked by the town park again. Then, I was surprised. About thirty people were planting sunflowers in the park. I found my grandmother there. I asked her, “Why are there so many people here?” She answered, “I saw many people in the park, so I told them why we were planting sunflowers. Then, many of them joined us.” I asked her, “Is that everything you did?” “Yes, I just talked with them,” she answered. Her words gave me an answer to my problem. Then, I joined the event and worked with her.

After the event, I told her about my basketball team and said, “Today, I found that talking with other people is necessary to change something. Next week, I’ll tell my teammates that I want to make a strong team together. I hope they will understand me.” She listened to me and smiled.

（注）The poster said：ポスターに～と書いてある　plant：～を植える　sunflower：ひまわり
volunteer：ボランティアの　pick up：～を拾う　trash：ごみ　member：部員
teammate：チームメート

(1)　本文中のⓐ，ⓑの（　　）の中の語を，それぞれ適切な形に直しなさい。

ⓐ(　　　)　ⓑ(　　　)

(2) 次の質問に対して，英語で答えなさい。

① What was Naoto's grandmother doing when Naoto was walking by the park on Saturday morning?

(　　　　　　　　　　　　　　　　　　　　　　　　　　　　)

② How many students were there at the basketball practice on Saturday?

(　　　　　　　　　　　　　　　　　　　　　　　　　　　　)

(3) 本文中の A ， B の中に補う英語の組み合わせとして，次のア～エの中から最も適切なものを１つ選び，記号で答えなさい。(　　　)

ア　A：needs more people　　B：working in the park

イ　A：needs more people　　B：walking to school

ウ　A：doesn't need any people　　B：working in the park

エ　A：doesn't need any people　　B：walking to school

(4) 本文中の□の中に補う英語として，次のア～エの中から最も適切なものを１つ選び，記号で答えなさい。(　　　)

ア　We don't have many members　　イ　We don't have a place to practice

ウ　Our team always win the games　　エ　Our team always enjoy the practice

(5) 直人の祖母がイベントを計画したのは，祖母がどのようなことを悲しいと感じているからか。祖母が悲しいと感じていることを，日本語で書きなさい。

(　　　　　　　　　　　　　　　　　　　　　　　　　　　　)

(6) 直人は，バスケットボールの練習のあとに祖母と会話をし，どのようなことが分かったと話しているか。直人が話している，祖母と会話をして分かったことを，日本語で書きなさい。

(　　　　　　　　　　　　　　　　　　　　　　　　　　　　)

(7) 次のア～エの中から，本文の内容と合うものを１つ選び，記号で答えなさい。(　　　)

ア　When Naoto saw a poster at school, he wanted to be a member of the volunteer group.

イ　Naoto's grandmother was in a volunteer group and planted sunflowers every spring.

ウ　Because Naoto's grandmother sent posters to schools, about thirty people joined the event.

エ　Naoto planted sunflowers with his grandmother in the park after his basketball practice.

## 〈放送原稿〉

2022年度静岡県公立高等学校入学試験英語放送による問題

はじめに，(1)を行います。これから，中学生の健太（Kenta）と留学生のメアリー（Mary）が，英語でA，B，C，Dの4つの会話をします。それぞれの会話のあとに，英語で質問をします。その質問の答えとして最も適切なものを，ア，イ，ウ，エの4つの中から1つ選び，記号で答えなさい。なお，会話と質問は2回繰り返します。

では，始めます。

A　Kenta：　You look tired, Mary. What time did you go to bed yesterday?

Mary ：　At eleven thirty.

Kenta：　Oh, that's late. I always go to bed between ten and eleven.

Mary ：　I usually go to bed at ten thirty, but I had many things to do yesterday.

質問　What time did Mary go to bed yesterday?

（Aを繰り返す）（6秒休止）

B　Mary ：　I have a presentation about Japanese food next week. What should I do?

Kenta：　First, you should go to the library. Then, how about visiting a Japanese restaurant to ask some questions? After that, you can cook some Japanese food at your house.

Mary ：　Thank you, but I went to the library yesterday. So, first, to find a Japanese restaurant, I'll use the Internet in the computer room this afternoon.

Kenta：　That's a good idea.

質問　What will Mary do first this afternoon?

（Bを繰り返す）（6秒休止）

C　Kenta：　Did you see my dictionary?

Mary ：　I saw a dictionary on the table by the window.

Kenta：　It's yours. I checked my bag, too, but I couldn't find mine.

Mary ：　Umm... Look! There is a dictionary under that desk.

Kenta：　The desk by my bag?

Mary ：　No, the desk by the door. Some pencils are on it.

Kenta：　Oh, that's mine.

質問　Where is Kenta's dictionary?

（Cを繰り返す）（6秒休止）

D　Kenta：　What is the most popular thing to do at home in your class, Mary?

Mary ：　Look at this paper. Watching TV is the most popular in my class.

Kenta：　Really? In my class, listening to music is more popular than watching TV. Reading books is not popular.

Mary ：　In my class, reading books is as popular as listening to music.

質問　Which is Mary's class?

（Dを繰り返す）（6秒休止）

次に，(2)を行います。これから，中学生の健太（Kenta）が，英語で話をします。その話の内容について，問題用紙にある3つの質問をします。それぞれの質問に対する正しい答えとなるように，（　　）の中に，適切な数字や語，語句を記入しなさい。なお，先に問題用紙にある質問を2回繰り返し，そのあとで話を2回繰り返します。

では，始めます。

質問1　How long did Kenta's parents stay in Nagano?（繰り返す）

（2秒休止）

質問2　What did Kenta do with his sister before breakfast?（繰り返す）

（2秒休止）

質問3　Why were Kenta's parents surprised when they came home?（繰り返す）

（2秒休止）

続いて，話をします。

I live with my father, mother, and sister. My parents and my sister work hard every day.

Last summer, my parents went to Nagano to meet their friends and stayed there for seven days. My sister and I didn't go with them. When my parents stayed in Nagano, we did different things in our house. I cooked breakfast and dinner. My sister washed the dishes. But we cleaned the house together before breakfast. Life without our parents was hard but fun.

When my parents came home, they were surprised because I made a cake for them. They ate the cake and told me it was very good. So, I was happy.

Now I sometimes cook dinner for my family.

（繰り返す）（20秒休止）

これで放送による問題を終わります。

# 社会

時間　50分　　　満点　50点

1　次の略年表を見て，(1)～(7)の問いに答えなさい。

| 時代 | 飛鳥《あすか》 | 奈良《なら》 | 平安 | 鎌倉 | 室町 | 安土《あづち》桃山 | 江戸 | 明治 | 大正 | 昭和 | 平成 |
|---|---|---|---|---|---|---|---|---|---|---|---|
| 日本のできごと | ①大化の改新が始まる | 荘園《しょうえん》ができ始める | ②国風文化が栄える | ③鎌倉幕府がほろびる | ④ヨーロッパ人が来航する | 太閤《たいこう》検地が始まる | Ⓐ | ⑤産業革命が進む | 大正デモクラシーが始まる | ⑥国際連合に加盟する | 京都議定書が採択される |

(1)　傍線部①に関するa，bの問いに答えなさい。

a　傍線部①とよばれる政治改革を始め，のちに即位して天智《てんじ》天皇となった人物はだれか。その人物名を書きなさい。(　　　)

b　次の文は，傍線部①が始まった後におこったできごとについてまとめたものである。文中の(　あ　)，(　い　)に当てはまる語として正しい組み合わせを，後のア～エの中から1つ選び，記号で答えなさい。(　　　)

朝鮮半島に大軍を送った倭《わ》（日本）は，唐と(　あ　)の連合軍と戦った。この(　い　)に敗れた倭（日本）は朝鮮半島から退いた。その後，朝鮮半島は(　あ　)によって統一された。

ア　あ　百済《くだら》　い　白村江《はくすきのえ》の戦い　　イ　あ　新羅《しらぎ》　い　白村江の戦い

ウ　あ　百済　い　壬申《じんしん》の乱　　エ　あ　新羅　い　壬申の乱

(2)　傍線部②の特色の1つとして，かな文字が発達したことがあげられる。かな文字を用いて，清少納言《せいしょうなごん》が書いた随筆は何とよばれるか，その名称を書きなさい。(　　　)

(3)　傍線部③に関するa～cの問いに答えなさい。

a　元寇《げんこう》（モンゴル帝国の襲来）の後に，傍線部③が行ったことを，次のア～エの中から1つ選び，記号で答えなさい。(　　　)

ア　御成敗式目を制定した。　　イ　銀閣を建てさせた。

ウ　勘合貿易を始めた。　　エ　徳政令を出した。

b　資料1は，鎌倉時代に，ある御家人が，自らの家の相続について書いた文書の一部を要約したものである。資料1から，この文書を書いた御家人は，相続方法を変えたことが分かる。資料1から読み取れる，この御家人が相続方法を変えた理由を，今までの相続方法を続けた場

資料1

私が先祖から受け継いできた領地を，嫡子《ちゃくし》（家の跡継ぎとなる子）に譲る。今までのように，嫡子以外の子にも，私が受け継いできた領地の一部を譲るべきだろうが，嫡子以外の子にも譲ってしまうと，幕府に緊急事態があったときに対応できないため，嫡子一人に譲ることとする。

（「山内首藤《やまのうちすどう》家文書」より，一部を要約）

合におこる領地への影響とあわせて，簡単に書きなさい。

(　　　　　　　　　　　　　　　　　　　　　　　　　　　　　　　　)

c　後醍醐《ごだいご》天皇は，傍線部③に不満を持つ悪党や武士を味方につけて，傍線部③をほろぼした。傍線部③をほろぼした後醍醐天皇が中心となって行った政治は何とよばれるか。その名称を書きなさい。(　　　　)

(4)　図1は，傍線部④などの来航のようすが描かれたものである。図1に関するa，bの問いに答えなさい。

図1

a　図1に描かれている傍線部④の多くは，ポルトガル人やスペイン人である。16世紀から17世紀にかけて来日したポルトガル人やスペイン人と，日本人との間で行われた貿易は何とよばれるか。その名称を書きなさい。

(　　　　)

b　図1には，宣教師が描かれている。1549年に来日したザビエル以降，イエズス会の宣教師が次々と来日した。ポルトガルがイエズス会の海外布教を支援した理由を，宗教改革の影響が分かるように，簡単に書きなさい。

(　　　　　　　　　　　　　　　　　　　　　　　　　　　　　　　　)

(5)　次のア～ウは，略年表中のⒶの期間におこったできごとについて述べた文である。ア～ウを時代の古い順に並べ，記号で答えなさい。(　　→　　→　　)

ア　田沼意次《たぬまおきつぐ》は，商工業者が株仲間をつくることを奨励した。

イ　徳川綱吉《とくがわつなよし》は，極端な動物愛護政策である生類憐《あわれ》みの令を出した。

ウ　井伊直弼《いいなおすけ》は，幕府の政策に反対する大名や公家《くげ》などを処罰した。

(6)　明治時代の中期に，日本では傍線部⑤が進んだ。グラフ1は，1882年と1897年における，日本の輸入総額に占める品目別の輸入額の割合を示している。グラフ1に関するa，bの問いに答えなさい。

グラフ1

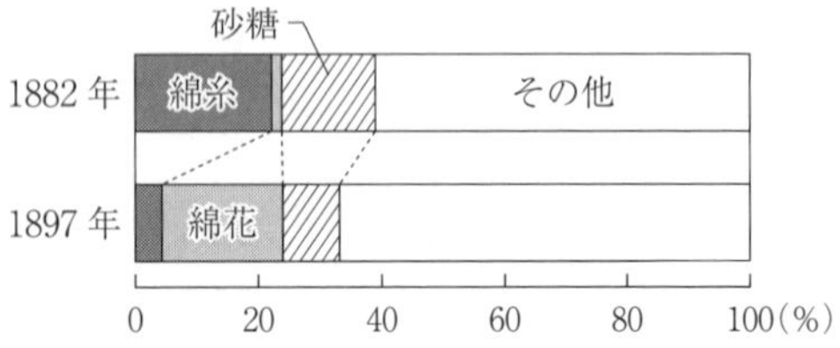


注　「大日本外国貿易年表」により作成

a　グラフ1から，1897年の綿花の輸入の割合が，1882年よりも上がっていることが分かる。グラフ1から考えられる，1882年から1897年の間に，綿花の輸入の割合が上がった理由を，傍線部⑤の影響による綿糸の国内生産量の変化に関連づけて，簡単に書きなさい。

(　　　　　　　　　　　　　　　　　　　　　　　　　　　　　　　　)

b　1882年における砂糖の主な輸入先は台湾であった。台湾は，1882年から1897年の間に結ばれた条約によって，日本に譲られた。台湾を日本に譲る内容が含まれている条約を，次のア～エの中から1つ選び，記号で答えなさい。(　　　　)

ア　下関《しものせき》条約　　イ　日米和親条約　　ウ　ベルサイユ条約　　エ　ポーツマス条約

(7)　傍線部⑥に関するa，bの問いに答えなさい。

a　日本が傍線部⑥に加盟した年におこった，日本の傍線部⑥への加盟に影響を与えたできごと

を，次のア～エの中から１つ選び，記号で答えなさい。(　　　)

ア　ポツダム宣言を受諾した。　　　イ　サンフランシスコ平和条約が結ばれた。

ウ　日本とソ連が国交を回復した。　エ　日中共同声明に調印した。

b　表１は，1945 年と 2019 年における，傍線部⑥の加盟国数を，地域別に示したものである。表１から，1945 年と比べて，2019 年の総会における，地域別に見たときの影響力は，南北アメリカが最も低下していると考えられる。表１から考えられる，1945 年と比べて，2019 年の総会における南北アメリカの影響力が低下している理由を，総会における加盟国の投票権に関連づけて，簡単に書きなさい。

(　　　　　　　　　　　　　　　　　　　　　　　　　　　　)

表１

| | 1945 年（か国） | 2019 年（か国） |
|---|---|---|
| 南北アメリカ | 22 | 35 |
| ヨーロッパ | 14 | 43 |
| アジア | 9 | 47 |
| アフリカ | 4 | 54 |
| オセアニア | 2 | 14 |
| 合計 | 51 | 193 |

注　国際連合資料により作成

2　次の(1)～(6)の問いに答えなさい。なお，地図1の中のA～Eは県を示している。

(1)　Cに関するa，bの問いに答えなさい。

a　Cの県庁所在地には，世界文化遺産に登録された原爆ドームがある。Cの県名を書きなさい。(　　　　県)

b　Cの県庁所在地の中心部は，河口付近に広がった平地に位置している。一般に，河口付近には，川が運んできた細かい土砂が堆積して平地ができやすい。河口付近に川が運んできた細かい土砂が堆積してできた平地は何とよばれるか。その名称を書きなさい。(　　　　)

地図1

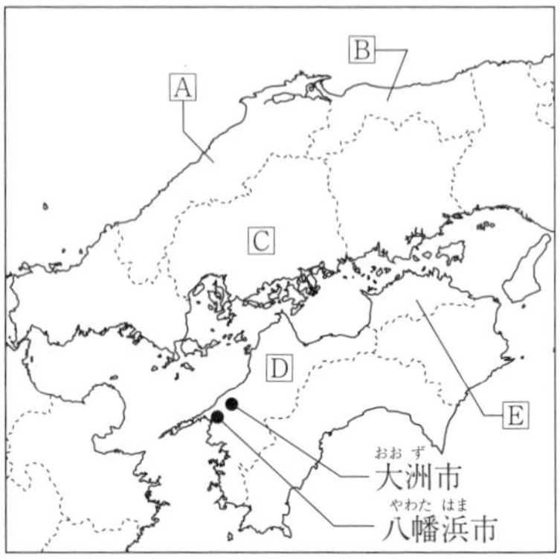


(2)　表2は，2015年における，A～Eの，総人口，65歳以上の人口，総面積，総面積に占める過疎地域の面積の割合を示している。表2から読み取れることとして正しいものを，次のア～エの中から1つ選び，記号で答えなさい。

(　　　　)

表2

| | 総人口(千人) | 65歳以上の人口(千人) | 総面積(km$^2$) | 過疎地域の面積の割合(%) |
|---|---|---|---|---|
| A | 694 | 223 | 6,708 | 85.4 |
| B | 573 | 169 | 3,507 | 56.5 |
| C | 2,844 | 774 | 8,479 | 63.3 |
| D | 1,385 | 417 | 5,676 | 65.2 |
| E | 976 | 286 | 1,877 | 36.8 |

注　総務省資料などにより作成

ア　総面積が小さい県ほど，過疎地域の面積の割合が低い。

イ　総人口が少ない県ほど，過疎地域の面積の割合が低い。

ウ　総面積が大きい県ほど，65歳未満の人口が多い。

エ　総人口が多い県ほど，65歳未満の人口が多い。

(3)　図2は，地図1の八幡浜市と大洲市の，一部の地域を示した地形図である。図2には，－・・－(市の境界)が見られる。図2から読み取れる，－・・－の西側の土地のようすや利用について述べた文として正しいものを，次のア～エの中から1つ選び，記号で答えなさい。(　　　　)

図2

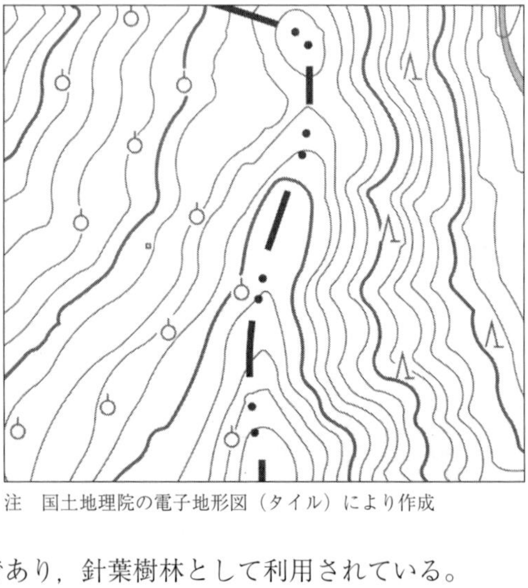

注　国土地理院の電子地形図（タイル）により作成

ア　－・・－の東側と比べて斜面の傾きが急であり，果樹園として利用されている。

イ　－・・－の東側と比べて斜面の傾きが急であり，針葉樹林として利用されている。

ウ　－・・－の東側と比べて斜面の傾きがゆるやかであり，果樹園として利用されている。

エ　－・・－の東側と比べて斜面の傾きがゆるやかであり，針葉樹林として利用されている。

(4)　グラフ2は，1960年度から2010年度における，野菜と果実の，国内自給率の推移を示している。グラフ3は，1960年度から2010年度における，野菜と果実の，国内生産量と輸入量の推移を示している。グラフ3のア～エは，野菜の国内生産量，野菜の輸入量，果実の国内生産量，果実の輸入量のいずれかを表している。グラフ2を参考にして，果実の国内生産量と，果実の輸入量に当たるものを，グラフ3のア～エの中から1つずつ選び，記号で答えなさい。

果実の国内生産量(　　　)　果実の輸入量(　　　)

グラフ2

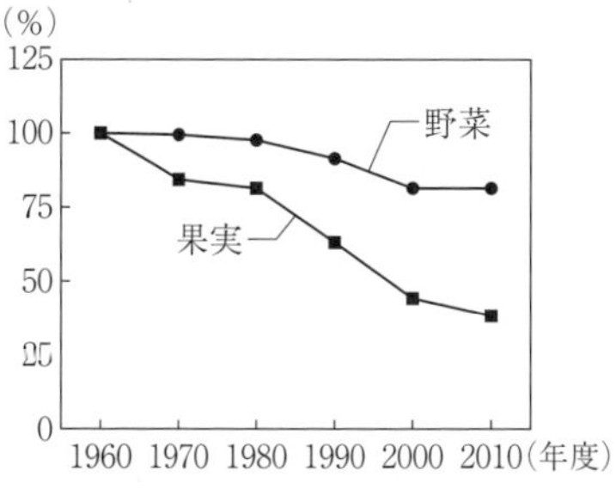

注 「数字でみる日本の100年」により作成

グラフ3

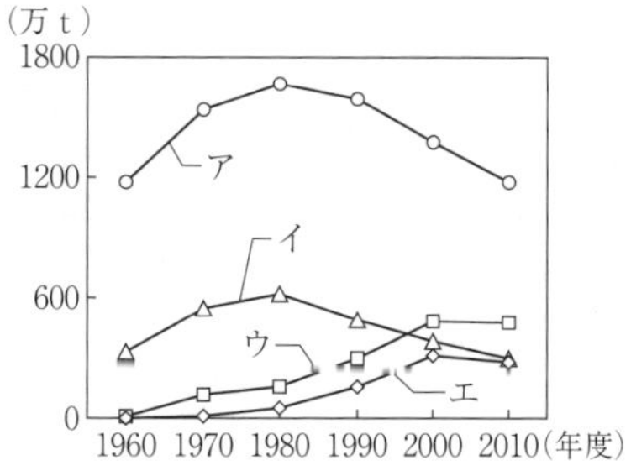

注 「数字でみる日本の100年」により作成

(5) 瀬戸内工業地域に関するa，bの問いに答えなさい。

a 関東地方から九州地方北部にかけては，瀬戸内工業地域などの工業地域が帯状につらなっている。関東地方から九州地方北部にかけてつらなっている，帯状の工業地域は何とよばれるか。その名称を書きなさい。(　　　)

b 表3は，2019年における，日本の原油の，生産量と輸入量を示している。瀬戸内工業地域の臨海部には，石油化学工業の工場群が形成されている。日本において，石油化学工業の工場群が，臨海部に形成されるのはなぜか。その理由を，表3から読み取れることに関連づけて，簡単に書きなさい。

(　　　　　　　　　　　　　　　　　　　　　　　　　　　　　　　　　)

表3

| | 生産量<br>(千 kL) | 輸入量<br>(千 kL) |
|---|---|---|
| 2019年 | 522 | 175,489 |

注 「日本国勢図会 2020／21」により作成

(6) 図3は，塩田において塩の生産を行っているようすを撮影した写真である。瀬戸内海沿岸では，潮の干満差や気候を生かし，遠浅の海岸に引き入れた海水を乾燥させて塩を生産する塩田が見られた。現在，瀬戸内海沿岸の一部の塩田の跡地では，その気候を生かした発電が行われるようになっている。瀬戸内海沿岸の一部の塩田の跡地で行われるようになっている，瀬戸内海沿岸の気候を生かした発電方法として最も適しているものを，次のア～エの中から1つ選び，記号で答えなさい。また，瀬戸内海沿岸の塩田の跡地がその発電方法に適している理由を，瀬戸内海沿岸の気候の特徴に着目して，簡単に書きなさい。

図3

注 塩事業センターウェブサイトより

記号(　　　)

理由(　　　　　　　　　　　　　　　　　　　　　　　　　　　　　　　)

ア 火力発電　　イ 原子力発電　　ウ 太陽光発電　　エ 地熱発電

3　後の(1)〜(4)の問いに答えなさい。なお，地図２は，緯線と経線が直角に交わった地図であり，地図２の中のⓐ〜ⓒは都市を示している。

地図２

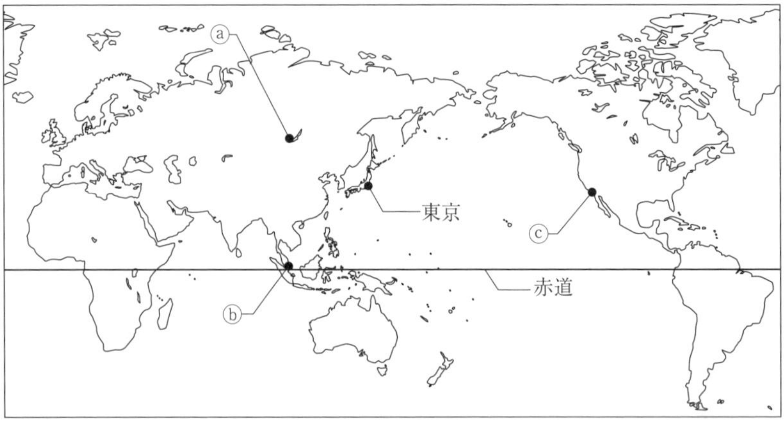


(1)　次のア〜エの中から，東京を通る緯線と同じ緯線が通らない大陸に当たるものを１つ選び，記号で書きなさい。(　　　)

ア　オーストラリア大陸　　イ　ユーラシア大陸　　ウ　アフリカ大陸　　エ　北アメリカ大陸

(2)　地図２のⓐ〜ⓒに関するａ，ｂの問いに答えなさい。

ａ　グラフ４のア〜ウは，地図２のⓐ〜ⓒのいずれかの都市の，気温と降水量を示したものである。グラフ４のア〜ウの中から，ⓐの都市の，気温と降水量を示したものを１つ選び，記号で答えなさい。(　　　)

グラフ４

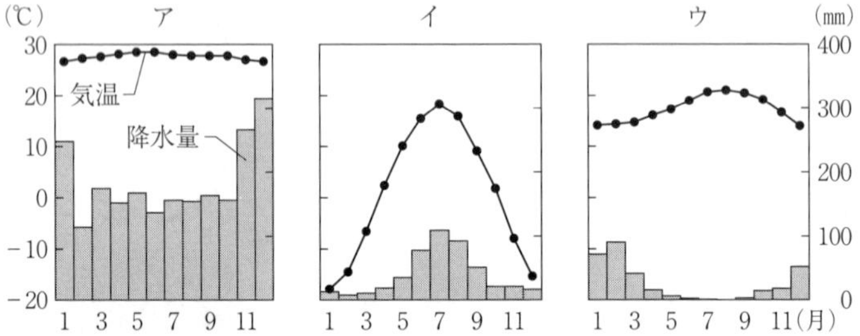


注　「令和３年　理科年表」により作成

ｂ　ⓒは，ⓑと16時間の時差がある。ⓑの現地時間が８月３日午前10時のとき，ⓒの現地時間は何月何日何時であるかを，午前，午後の区別をつけて書きなさい。なお，サマータイム（夏に時間を標準時より一定時間進める制度）は考えないものとする。(　　月　　日　　　時)

(3)　東南アジアに関するａ，ｂの問いに答えなさい。

ａ　東南アジア地域の安定と発展を目指し，東南アジアの国々によって結成された組織の名称の略称は何とよばれるか。その略称を，アルファベットで書きなさい。(　　　)

ｂ　表４は，マレーシア，タイ，インドネシア，フィリピン，日本の，2000年，2010年，2018年における，人口と１人当たりの国民総所得を示している。近年，日本の製造業だけでなく，日本の商業・サービス業も東南アジアに進出するようになっている。日本の商業・サービス業が東南アジアに進出する理由を，表４から読み取れることとあわせて，簡単に書きなさい。ただし，市《し》場《じょう》という語を用いること。

（　　　　　　　　　　　　　　　　　　　　　　　　　　　　　　　　　　　　　　）

表４

| | 人口（万人） | | | １人当たりの国民総所得（ドル） | | |
|---|---|---|---|---|---|---|
| | 2000年 | 2010年 | 2018年 | 2000年 | 2010年 | 2018年 |
| マレーシア | 2,319 | 2,821 | 3,153 | 3,716 | 8,753 | 10,968 |
| タイ | 6,295 | 6,720 | 6,943 | 1,968 | 4,864 | 6,925 |
| インドネシア | 21,151 | 24,183 | 26,767 | 804 | 3,147 | 3,773 |
| フィリピン | 7,799 | 9,397 | 10,665 | 1,218 | 2,560 | 3,723 |
| 日本 | 12,752 | 12,854 | 12,720 | 38,874 | 45,490 | 40,529 |

注　「世界国勢図会 2020／21」などにより作成

(4)　農産物は，気候や需要量などの影響を受け，生産量が変化する。穀物は，主に食用や飼料用などに用いられるが，新たな用途が開発されると生産量が増加することがある。グラフ５は，1990年から2015年における，米，小麦，とうもろこしの，世界全体の生産量の推移を示している。地球環境問題に関係して生産量が増えている，グラフ５のⒶに当たるものは何か。次のア～ウの中から１つ選び，記号で答えなさい。また，Ⓐの生産量が増えている理由として考えられることを，地球環境問題に関係する新たな用途に着目して，簡単に書きなさい。

グラフ５

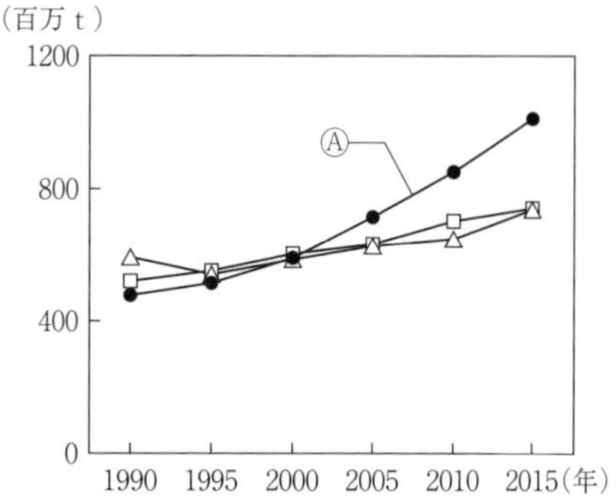


注　「世界国勢図会 2018／19」などにより作成

記号（　　　）

理由（　　　　　　　　　　　　　　　　　　　　　　　　　　　　　　　　　　　　）

ア　米　　イ　小麦　　ウ　とうもろこし

4　次の(1)～(3)の問いに答えなさい。

(1)　次の文は，日本国憲法第 96 条に定められている，憲法改正の手続きについてまとめたものである。この文に関する a～c の問いに答えなさい。

日本国憲法の改正は，ⓐ衆議院と参議院の，それぞれ総議員の（ あ ）の賛成を得て，国会が発議する。この発議を受けて行われる（ い ）で，国民の承認を得ると改正案が成立し，ⓑ天皇が国民の名で公布する。

a　文中の下線部ⓐの議員は，それぞれ選挙で選ばれる。下線部ⓐの議員選挙でとられている，得票数に応じて政党に議席を配分するしくみは何とよばれるか。その名称を書きなさい。

（　　　制）

b　文中の（ あ ），（ い ）に当てはまる語として正しい組み合わせを，次のア～エの中から 1 つ選び，記号で答えなさい。（　　　）

ア　あ　過半数　　い　国民投票
イ　あ　過半数　　い　国民審査
ウ　あ　3 分の 2 以上　　い　国民投票
エ　あ　3 分の 2 以上　　い　国民審査

c　文中の下線部ⓑは，天皇が，内閣の助言と承認によって行う，形式的・儀礼的な行為の 1 つである。天皇が，内閣の助言と承認によって行う，形式的・儀礼的な行為は何とよばれるか。その名称を書きなさい。（　　　）

(2)　経済に関する a，b の問いに答えなさい。

a　次の文は，日本銀行が行う公開市場操作について述べたものである。文中の（ あ ）～（ う ）に当てはまる語として正しい組み合わせを，後のア～クの中から 1 つ選び，記号で答えなさい。

（　　　）

好景気（好況）のとき，日本銀行は国債を（ あ ）。それによって一般の銀行は手持ちの資金が（ い ）ために，企業などへの貸し出しに慎重になる。その結果，景気が（ う ）。

ア　あ　買う　　い　増える　　う　回復する
イ　あ　買う　　い　増える　　う　おさえられる
ウ　あ　買う　　い　減る　　う　回復する
エ　あ　買う　　い　減る　　う　おさえられる
オ　あ　売る　　い　増える　　う　回復する
カ　あ　売る　　い　増える　　う　おさえられる
キ　あ　売る　　い　減る　　う　回復する
ク　あ　売る　　い　減る　　う　おさえられる

b　電気・ガス・水道などは，それぞれの地域で供給者が独占状態であることがほとんどである。これらは安定的に供給される必要があり，価格を自由に決めることが許されていない。電気・ガス・水道の料金のように，政府などが決定・認可する価格は何とよばれるか。その名称を書きなさい。また，この価格の決定・認可に政府などが関わり，価格の上昇などを規制する理由を，簡単に書きなさい。

名称(　　　　)

理由(　　　　　　　　　　　　　　　　　　　　　　　　　　　　　　　　　　)

(3) 1990年代から，地方自治に関する改革が行われている。資料2は，1999年に制定された，地方分権一括法の施行前後の，変化のようすをまとめたものである。グラフ6は，2006年度税制改正の前後の，年収500万円の世帯における，所得税（国に納める直接税）と住民税（都道府県と市町村に納める直接税）の，1年間の負担合計額を，所得税と住民税に分けて示している。グラフ7は，1997年度と2007年度の，全国の地方自治体の収入の総額を，自主財源と依存財源に分けて示している。国が地方自治に関する改革で行った，財政面での改革のねらいを，資料2から分かる，地方分権一括法を制定した目的と，グラフ6とグラフ7から分かる，改革の内容に関連づけて，70字程度で書きなさい。

資料2

・地方分権一括法の施行前

国と地方自治体は上下・主従の関係であり，地方自治体の仕事に国が強く関与したり，国が行うべき仕事を地方自治体が国の代わりに行ったりすることがあった。

・地方分権一括法の施行後

国と地方自治体は対等・協力の関係となり，各地方自治体が特性を生かし，みずからの判断や責任に基づいた政治を行いやすくなった。

注　総務省資料などにより作成

グラフ6

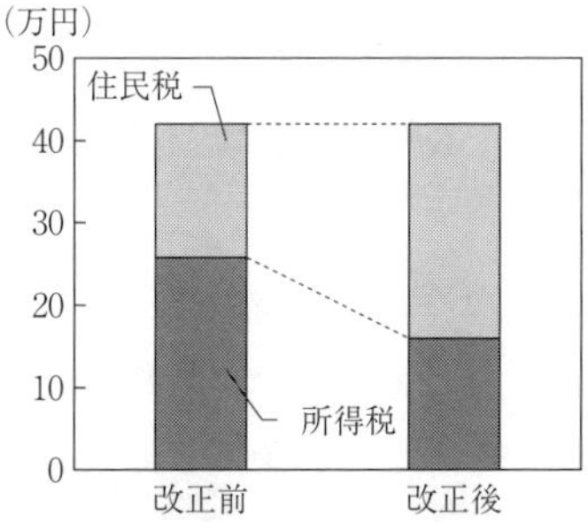


注1　総務省資料により作成
注2　所得税と住民税の負担額は，独身者の場合を示している。

グラフ7

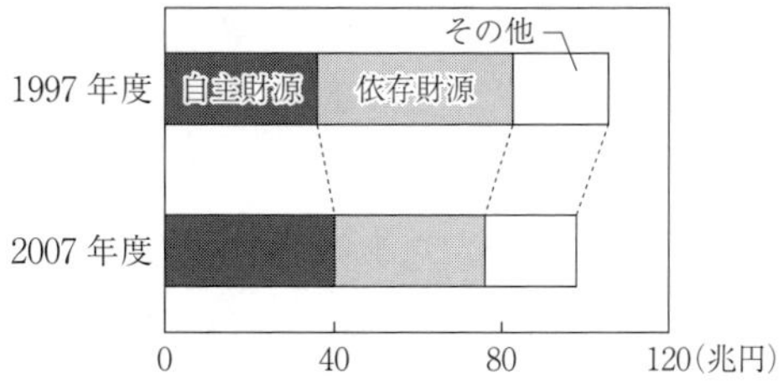


注　総務省資料により作成

# 理科

時間　50分　　　　満点　50点

1　次の(1)～(4)の問いに答えなさい。

(1)　図1は，アブラナのめしべをカッターナイフで縦に切り，その断面をルーペで観察したときのスケッチである。図1のAは，めしべの根元のふくらんだ部分であり，Aの内部には胚珠《はいしゅ》があった。Aは何とよばれるか。その名称を書きなさい。

図1

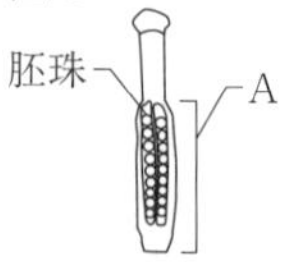


(　　　)

(2)　図2のように，モノコードを用いて音の高さを調べる実験を行った。はじめに，弦をはじいたところ，440Hzの音が出た。次に，弦の張りを強くし，440Hzの音を出すために，木片を移動させた。次の文が，弦の張りを強くしたときに440Hzの音を出すための操作について適切に述べたものとなるように，文中の（ あ ），（ い ）のそれぞれに補う言葉の組み合わせとして，下のア～エの中から正しいものを1つ選び，記号で答えなさい。ただし，木片と三角台の中央付近の弦をはじくものとし，弦をはじく強さは変えないものとする。(　　　)

図2

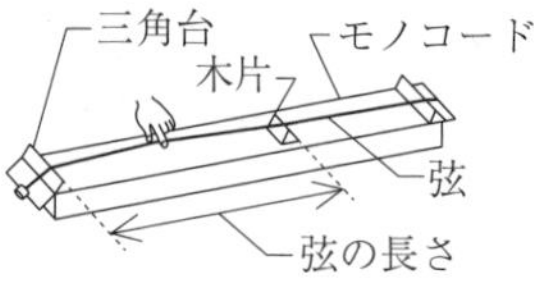


弦の張りを強くすると振動数が（ あ ）なり，440Hzの音よりも高い音が出る。そこで，440Hzの音を出すためには，図2の「弦の長さ」を（ い ）する方向に木片を移動させる。

ア　あ　少なく（小さく）　　い　長く　　イ　あ　多く（大きく）　　い　長く

ウ　あ　少なく（小さく）　　い　短く　　エ　あ　多く（大きく）　　い　短く

(3)　マグネシウムを加熱すると，激しく熱と光を出して酸素と化合し，酸化マグネシウムができる。この化学変化を，化学反応式で表しなさい。なお，酸化マグネシウムの化学式はMgOである。

(　　　　　　　　　)

(4)　海に比べると，陸の方があたたまりやすく，冷めやすい。そのため，夏のおだやかな晴れた日の昼間に，陸上と海上で気温差が生じて，海岸付近で風が吹く。夏のおだやかな晴れた日の昼間に，陸上と海上で気温差が生じて，海岸付近で吹く風の向きを，そのときの陸上と海上の気圧の違いとあわせて，簡単に書きなさい。

(　　　　　　　　　　　　　　　　　　　　　　　　　　　　)

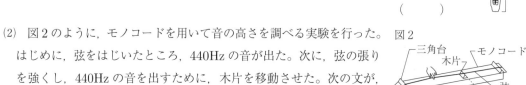

2 いろいろな生物とその共通点，生物の体のつくりとはたらき及び自然と人間に関する(1)～(3)の問いに答えなさい。

(1) 図3は，ある森林の中の一部の生物を，食物連鎖に着目して分けた模式図である。

図3

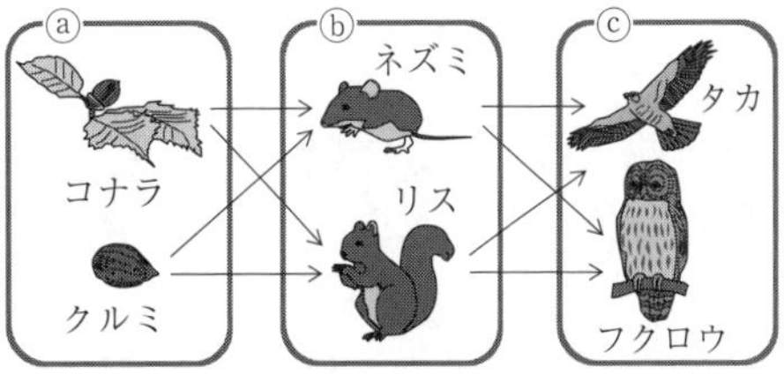


(注) 矢印（→）は食べる・食べられるの関係を表し，矢印の先の生物は，矢印のもとの生物を食べる。

① ⓑのネズミはホニュウ類，ⓒのタカは鳥類に分類される。次のア～エの中から，ネズミとタカに共通してみられる特徴として，適切なものを2つ選び，記号で答えなさい。(　　　)

ア えらで呼吸する。

イ 肺で呼吸する。

ウ 背骨がある。

エ 体の表面はうろこでおおわれている。

② ネズミには，ヒトと同様に，外界の刺激に対して反応するしくみが備わっている。図4は，ヒトの神経系の構成についてまとめたものである。図4の(あ)，(い)のそれぞれに適切な言葉を補い，図4を完成させなさい。あ(　　　)　い(　　　)

図4

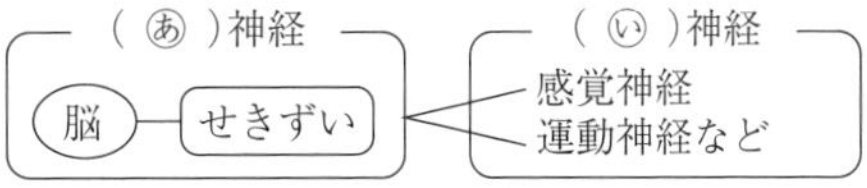


③ 森林にある池を観察すると，水中にコイの卵があった。また，池の近くにはトカゲの卵があった。コイは水中に産卵するのに対して，トカゲは陸上に産卵する。トカゲの卵のつくりは，体のつくりと同様に，陸上の生活環境に適していると考えられる。トカゲの卵のつくりが陸上の生活環境に適している理由を，コイの卵のつくりと比べたときの，トカゲの卵のつくりの特徴が分かるように，簡単に書きなさい。

(　　　　　　　　　　　　　　　　　　　　　　　　　　　　　　　　　　　　　　　)

④ 図3の，ⓑの生物とⓒの生物の数量のつり合いがとれた状態から，何らかの原因でⓒの生物の数量が減少した状態になり，その状態が続いたとする。図5は，このときの，ⓑの生物とⓒの生物の数量の変化を模式的に表したものである。図5のように，ⓑの生物の数量が増加すると考えられる理由と，その後減少すると考えられる理由を，食物連鎖の食べる・食べられるの関係が分かるように，それぞれ簡単に書きなさい。ただし，ⓑの生物の増減は，図3の食物連鎖のみに影響されるものとする。

図5

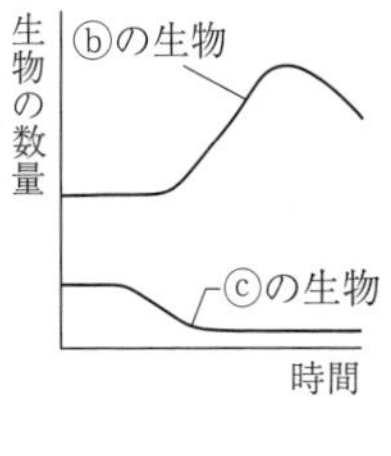


増加(　　　　　　　　　　　　　　　　　　　　　　　　　　　　　　　　　　　)

減少(　　　　　　　　　　　　　　　　　　　　　　　　　　　　　　　　　　　)

(2) 図6のように，森林の土が入ったビーカーに水を入れて，よくかき混ぜてから放置し，上ずみ液を試験管A，Bに移した。試験管B内の液だけを沸騰させたのちに，それぞれの試験管に，こまごめピペットでデンプン溶液を加えて，ふたをして数日間放置した。その後，それぞれの試験管にヨウ素液を加えて色の変化を調べたところ，試験管内の液の色は，一方は青紫色に変化し，もう一方は青紫色に変化しなかった。

ヨウ素液を加えたとき，試験管内の液の色が青紫色に変化しなかったのは，A，Bどちらの試験管か。記号で答えなさい。また，そのように考えられる理由を，微生物のはたらきに着目して，簡単に書きなさい。

記号(　　　)

理由(　　　　　　　　　　　　　　　　　　　　　　　　　　　　　　　　　　　　　　　)

図6

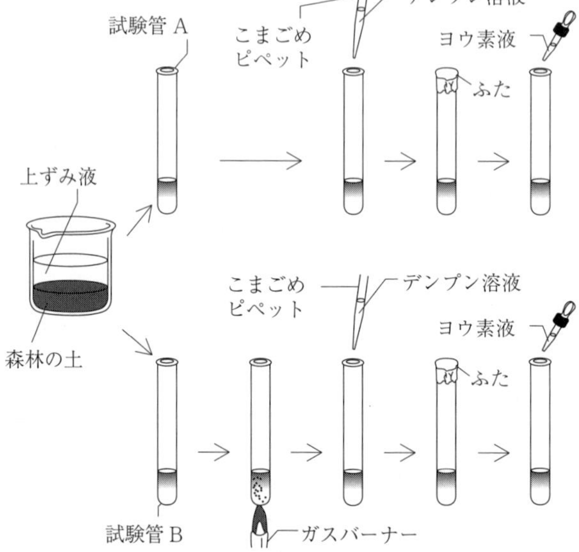


(3)　植物などの生産者が地球上からすべていなくなると，水や酸素があっても，地球上のほとんどすべての動物は生きていくことができない。植物などの生産者が地球上からすべていなくなると，水や酸素があっても，地球上のほとんどすべての動物が生きていくことができない理由を，植物などの生産者の果たす役割に関連づけて，簡単に書きなさい。

(　　　　　　　　　　　　　　　　　　　　　　　　　　　　　　　　　　　　　　　　　　)

3 電流とその利用及び運動とエネルギーに関する(1)～(3)の問いに答えなさい。

(1) 図7のように，厚紙でできた水平面の上に方位磁針を置いて，導線に矢印（⟶）の向きに電流を流した。また，図8は，方位磁針を模式的に表したものである。

図7

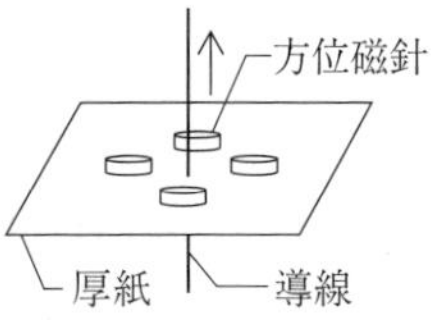


図8

① 図7で用いた導線は，電流を通しやすい銅の線が，電流をほとんど通さないポリ塩化ビニルにおおわれてできている。ポリ塩化ビニルのように，電流をほとんど通さない物質は何とよばれるか。その名称を書きなさい。(　　　)

② 次のア～エの中から，図7を真上から見たときの，方位磁針の針の向きを表した図として，最も適切なものを1つ選び，記号で答えなさい。ただし，導線に流れる電流がつくる磁界以外の影響は無視できるものとする。(　　　)

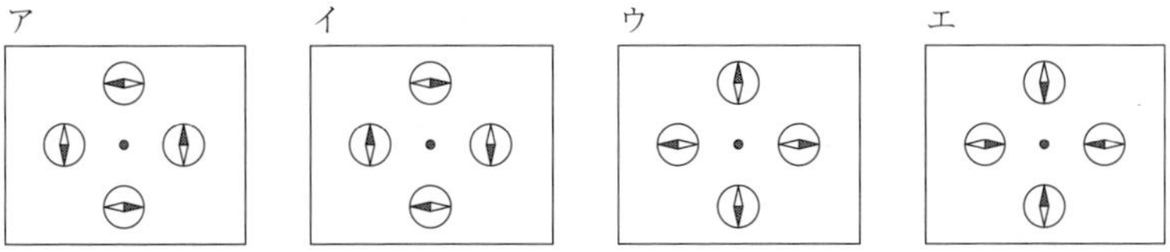


(2) 図9のように，水平面に置いた2つの直方体の磁石の間にコイルがある。コイルの導線ABが水平面に対して平行であるとき，AからBの向きに電流が流れるように，コイルに電流を流したところ，コイルは矢印（⟹）の向きに力を受けて，P―Qを軸として回転を始めたが，1回転することはなかった。

図9

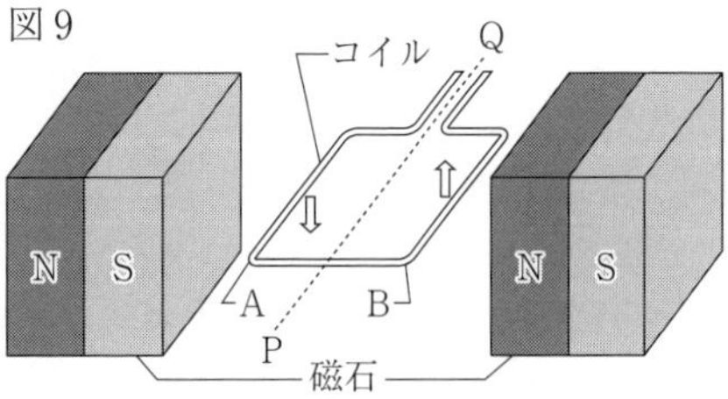


① 図10は，図9のコイルをPの方向から見た模式図であり，導線ABは，水平面に対して平行である。コイルに電流を流したとき，コイルが，図10の位置から矢印（➡）の向きに，回転を妨げられることなく1回転するためには，コイルが回転を始めてから，AからBの向きに流れている電流の向きを，BからAの向きに変え，その後，さらにAからBの向きに変える必要がある。コイルが，回転を妨げられることなく1回転するためには，コイルが回転を始めてから，コイルのBがどの位置にきたときに，コイルに流れる電流の向きを変えればよいか。図10のア～エの中から，その位置として，適切なものを2つ選び，記号で答えなさい。(　　　)

図10

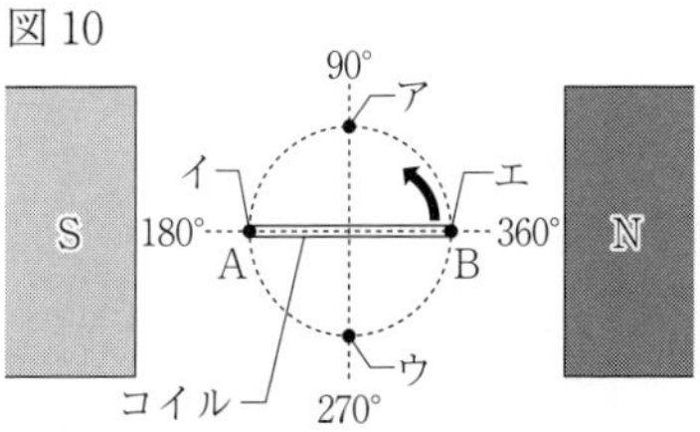


② 図9のコイルを，電流を流さずに手で回転させると，電磁誘導が起こり，電気エネルギーがつくられる。家庭で利用する電気エネルギーの多くは，この現象を利用して，水力発電所や火力発電所などの発電所でつくられている。次の文が，水力発電所で電気エネルギーがつくられるまでの，エネルギーの移り変わりについて適切に述べたものとなるように，文中の（ あ ），（ い ）に補う言葉を，あとのア～エの中から1つずつ選び，記号で答えなさい。

あ(　　　)　い(　　　)

ダムにためた水がもつ（ ㋐ ）は，水路を通って発電機まで水が流れている間に（ ㋑ ）となり，電磁誘導を利用した発電機で（ ㋑ ）は電気エネルギーに変換される。

ア　熱エネルギー　　イ　位置エネルギー　　ウ　化学エネルギー　　エ　運動エネルギー

(3)　同じ材質でできた，3種類の電熱線P，Q，Rを用意する。電熱線P，Q，Rのそれぞれに4Vの電圧を加えたときの消費電力は，4W，8W，16Wである。図11のように，発泡ポリスチレンの容器に入っている100gの水に，電熱線Pを入れる。電熱線Pに加える電圧を4Vに保ち，ガラス棒で水をかき混ぜながら1分ごとの水の温度を温度計で測定した。その後，電熱線Q，Rについて，水の量を100g，加える電圧を4Vに保ち，同様の実験を行った。図12は，このときの，電熱線P，Q，Rのそれぞれにおける，電流を流した時間と水の上昇温度の関係を示している。ただし，室温は常に一定であり，電熱線P，Q，Rのそれぞれに電流を流す前の水の温度は，室温と同じものとする。

図11

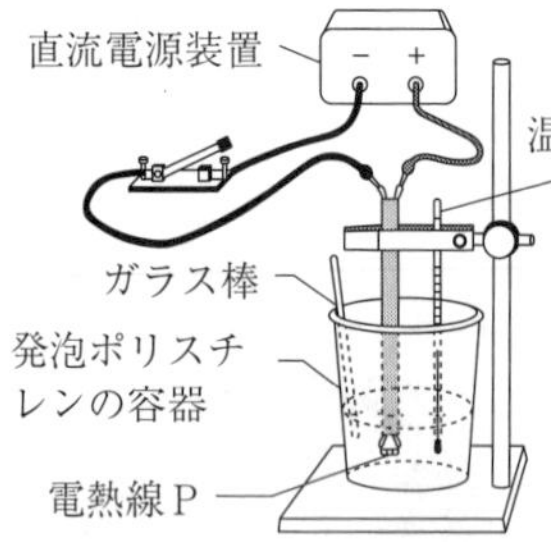


図12

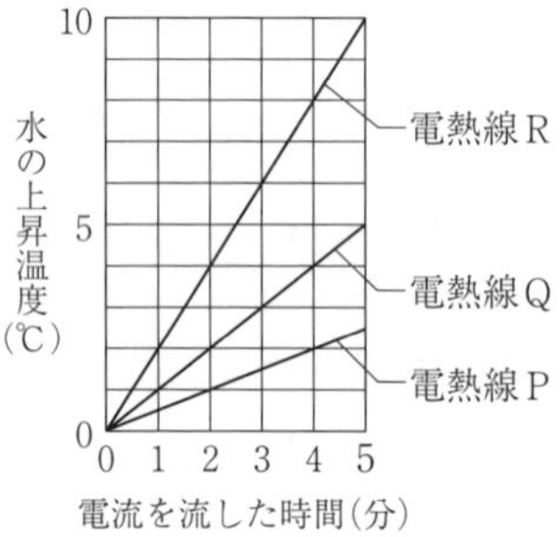


①　電圧計と電流計を1台ずつ用いて，図11の，電熱線Pに加わる電圧と電熱線Pに流れる電流を調べた。図11の，電熱線Pに加わる電圧と電熱線Pに流れる電流を調べるための回路を，回路図で表すとどのようになるか。図13の電気用図記号を用いて，図14を適切に補い，回路図を完成させなさい。

図13

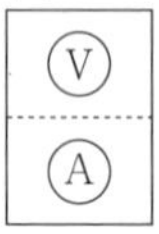


図14

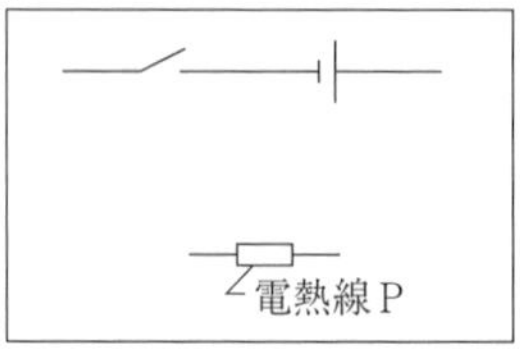


②　図12をもとにして，電熱線に4分間電流を流したときの，電熱線の消費電力と100gの水の上昇温度の関係を表すグラフを，図15にかきなさい。

図15

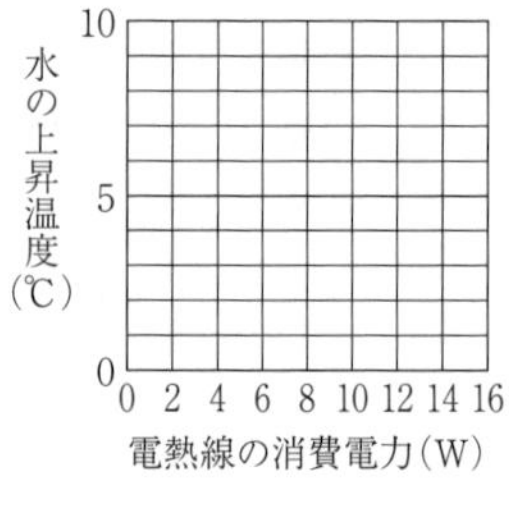


③　電熱線Qと電熱線Rを直列につないだ。電熱線Qと電熱線Rに加えた電圧の和が7.5Vのとき，電熱線Qの消費電力は何Wか。計算して答えなさい。(　　　W)

4 大地の成り立ちと変化に関する(1), (2)の問いに答えなさい。

(1) 地層に見られる化石の中には，ある限られた年代の地層にしか見られないものがあり，それらの化石を手がかりに地層ができた年代を推定することができる。地層ができた年代を知る手がかりとなる化石は，一般に何とよばれるか。その名称を書きなさい。(　　　)

(2) 図16は，ある地域のA地点～C地点における，地表から地下15mまでの地層のようすを表した柱状図である。また，標高は，A地点が38m，B地点が40m，C地点が50mである。

図16

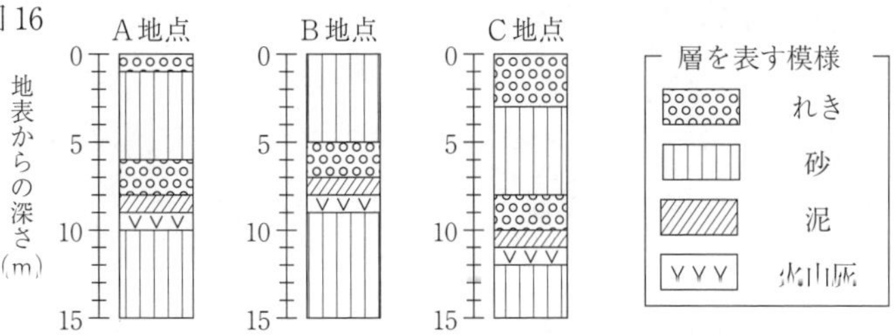


① れき岩，砂岩，泥岩《でいがん》は，一般に，岩石をつくる粒の特徴によって区別されている。次のア～エの中から，れき岩，砂岩，泥岩を区別する粒の特徴として，最も適切なものを1つ選び，記号で答えなさい。(　　　)

ア　粒の成分　　イ　粒の色　　ウ　粒のかたさ　　エ　粒の大きさ

② 図16のれきの層には，角がけずられて丸みを帯びたれきが多かった。図16のれきが，角がけずられて丸みを帯びた理由を，簡単に書きなさい。

(　　　　　　　　　　　　　　　　　　　　　　　　　　　　)

③ A地点～C地点を含む地域の地層は，A地点からC地点に向かって，一定の傾きをもって平行に積み重なっている。A地点～C地点を上空から見ると，A地点，B地点，C地点の順に一直線上に並んでおり，A地点からB地点までの水平距離は0.6kmである。このとき，B地点からC地点までの水平距離は何kmか。図16をもとにして，答えなさい。ただし，この地域の地層は連続して広がっており，曲がったりずれたりしていないものとする。(　　　km)

5　地球と宇宙に関する(1), (2)の問いに答えなさい。

(1)　月に関する①, ②の問いに答えなさい。

①　次のア～エの中から，月について述べた文として，適切なものを1つ選び，記号で答えなさい。(　　　)

ア　太陽系の惑星である。　　　　　　　　イ　地球のまわりを公転している天体である。

ウ　自ら光を出している天体である。　　　エ　地球から見た月の形は1週間でもとの形になる。

②　次の文が，月食が起こるしくみについて述べたものとなるように，□を，影という言葉を用いて，適切に補いなさい。(　　　　　　　　　　　　)

月食は，月が□ことで起こる。

(2)　図17のⓐ～ⓒは，静岡県内のある場所で，ある年の1月2日から1か月ごとに，南西の空を観察し，おうし座のようすをスケッチしたものであり，観察した時刻が示されている。また，ⓐには，おうし座の近くで見えた金星もスケッチした。

図17

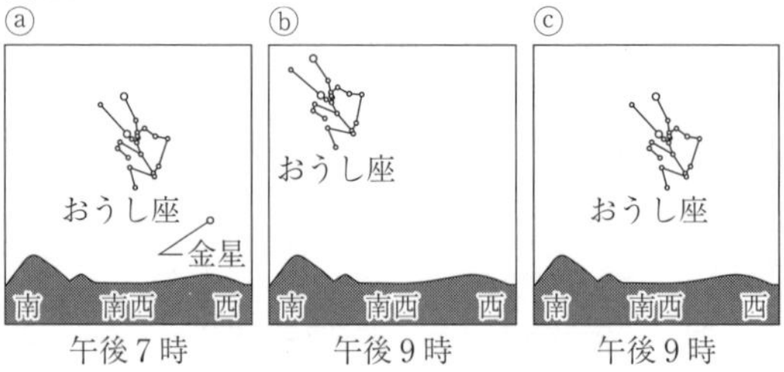


①　図17のⓐ～ⓒのスケッチを，観察した日の早い順に並べ，記号で答えなさい。(　　→　　→　　)

②　図18は，図17のⓐを観察した日の，地球と金星の，軌道上のそれぞれの位置を表した模式図であり，このときの金星を天体望遠鏡で観察したところ，半月のような形に見えた。この日の金星と比べて，この日から2か月後の午後7時に天体望遠鏡で観察した金星の，形と大きさはどのように見えるか。次のア～エの中から，最も適切なものを1つ選び，記号で答えなさい。ただし，地球の公転周期を1年，金星の公転周期を0.62年とし，金星は同じ倍率の天体望遠鏡で観察したものとする。(　　　)

図18

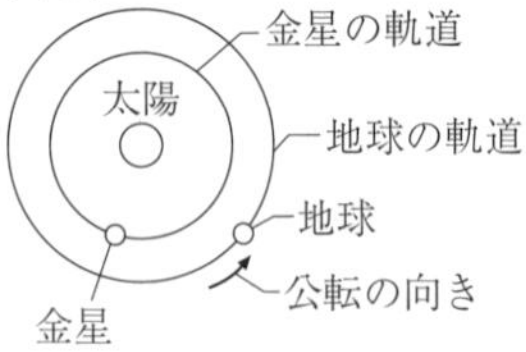


ア　2か月前よりも，細長い形で，小さく見える。

イ　2か月前よりも，丸い形で，小さく見える。

ウ　2か月前よりも，細長い形で，大きく見える。

エ　2か月前よりも，丸い形で，大きく見える。

6　身の回りの物質及び化学変化とイオンに関する(1)，(2)の問いに答えなさい。

(1)　気体に関する①，②の問いに答えなさい。

①　次のア～エの中から，二酸化マンガンを入れた試験管に過酸化水素水（オキシドール）を加えたときに発生する気体を１つ選び，記号で答えなさい。（　　　）

ア　塩素　　イ　酸素　　ウ　アンモニア　　エ　水素

②　図19のように，石灰石を入れた試験管Pにうすい塩酸を加えると二酸化炭素が発生する。ガラス管から気体が出始めたところで，試験管Q，Rの順に試験管２本分の気体を集めた。

図19

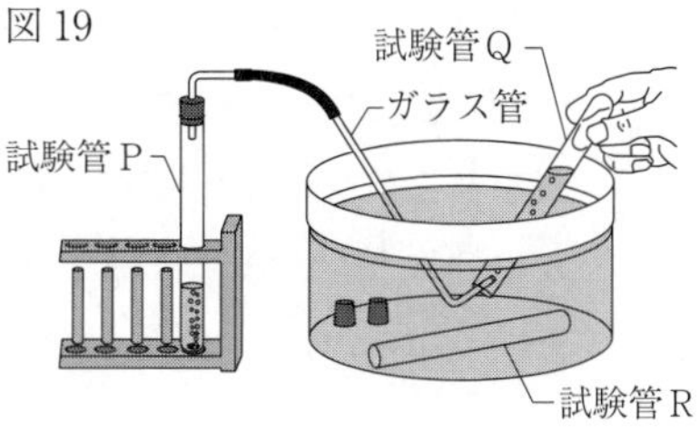


a　試験管Rに集めた気体に比べて，試験管Qに集めた気体は，二酸化炭素の性質を調べる実験には適さない。その理由を，簡単に書きなさい。

（　　　　　　　　　　　　　　　　　　　　　　　　　　　　　　　）

b　二酸化炭素は，水上置換法のほかに，下方置換法でも集めることができる。二酸化炭素を集めるとき，下方置換法で集めることができる理由を，**密度**という言葉を用いて，簡単に書きなさい。

（　　　　　　　　　　　　　　　　　　　　　　　　　　　　　　　）

c　二酸化炭素を水に溶かした溶液を青色リトマス紙につけると，青色リトマス紙の色が赤色に変化した。次のア～エの中から，二酸化炭素を水に溶かした溶液のように，青色リトマス紙の色を赤色に変化させるものを１つ選び，記号で答えなさい。（　　　）

ア　うすい硫酸　　イ　食塩水　　ウ　エタノール　　エ　水酸化バリウム水溶液

(2)　塩酸に含まれている水素イオンの数と，水酸化ナトリウム水溶液に含まれている水酸化物イオンの数が等しいときに，この２つの溶液をすべて混ぜ合わせると，溶液は中性になる。

質量パーセント濃度が３％の水酸化ナトリウム水溶液が入ったビーカーXを用意する。また，ビーカーAを用意し，うすい塩酸20$cm^3$を入れ，BTB溶液を数滴加える。図20のように，ビーカーAに，ビーカーXの水酸化ナトリウム水溶液を，ガラス棒でかき混ぜながらこまごめピペットで少しずつ加えていくと，8$cm^3$加えたところで溶液は中性となり，このときの溶液の色は緑色であった。図21は，ビーカーAについて，加えたビーカーXの水酸化ナトリウム水溶液の体積と，ビーカーA内の溶液中に含まれている水素イオンの数の関係を表したものである。ただし，水酸化ナトリウム水溶液を加える前のビーカーA内の溶液中に含まれている水素イオンの数を$n$個とし，塩化水素と水酸化ナトリウムは，溶液中において，すべて電離しているものとする。

図20

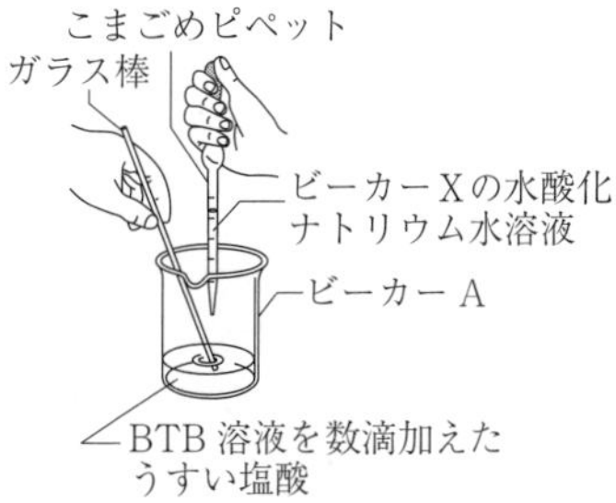


図21

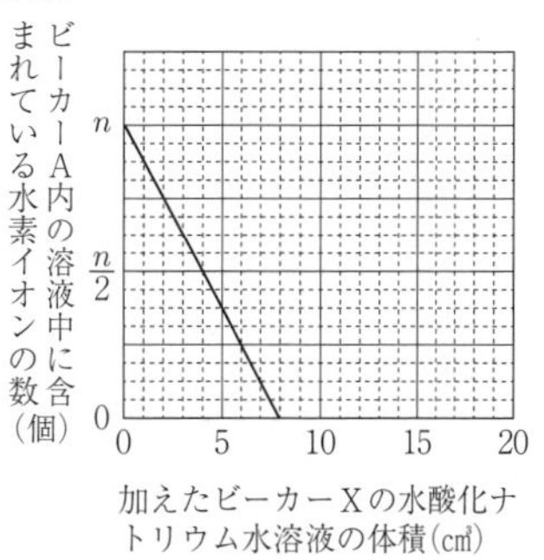

① 質量パーセント濃度が3％の水酸化ナトリウム水溶液が50gあるとき，この水溶液の溶質の質量は何gか。計算して答えなさい。(　　　g)

② 酸の水溶液とアルカリの水溶液を混ぜ合わせると，水素イオンと水酸化物イオンが結びついて水が生じ，酸とアルカリの性質を打ち消し合う反応が起こる。この反応は何とよばれるか。その名称を書きなさい。(　　　)

③ ビーカーA内の溶液が中性になった後，ビーカーXの水酸化ナトリウム水溶液をさらに6 cm$^3$ 加えたところ，溶液の色は青色になった。溶液が中性になった後，水酸化ナトリウム水溶液をさらに加えていくと，溶液中の水酸化物イオンの数は増加していく。ビーカーA内の溶液が中性になった後，ビーカーXの水酸化ナトリウム水溶液をさらに6 cm$^3$ 加えたときの，ビーカーA内の溶液中に含まれている水酸化物イオンの数を，$n$を用いて表しなさい。(　　　個)

④ ビーカーXとは異なる濃度の水酸化ナトリウム水溶液が入ったビーカーYを用意する。また，ビーカーB，Cを用意し，それぞれに，ビーカーAに入れたものと同じ濃度のうすい塩酸20cm$^3$ を入れる。ビーカーBにはビーカーX，Yの両方の水酸化ナトリウム水溶液を，ビーカーCにはビーカーYの水酸化ナトリウム水溶液だけを，それぞれ加える。ビーカーB，Cに，表1で示した体積の水酸化ナトリウム水溶液を加えたところ，ビーカーB，C内の溶液は，それぞれ中性になった。表1のあに適切な値を補いなさい。

表1

| | X | Y |
|---|---|---|
| B | 3 cm$^3$ | 15cm$^3$ |
| C | 0 | ( あ ) cm$^3$ |

(　　　)

5 あなたのクラスでは、総合的な学習の時間の授業で環境問題について調べたことを、班ごとに発表することになった。あなたの班は、マイクロプラスチックによる環境への影響を調べ、調べた内容を図のようにまとめた。そして、調べた内容を他の班の生徒へ効果的に伝えるために、発表の際、図とともに、A、Bのポスターのどちらかを掲示することにした。

あなたなら、マイクロプラスチックによる環境への影響について調べた内容を他の班の生徒へ効果的に伝えるために、図とともに掲示するポスターとして、AとBのどちらがより適切と考えるか。AとBのどちらかを選び、それを選んだ理由を含めて、あなたの考えを書きなさい。ただし、次の条件1、2にしたがうこと。

条件1　一マス目から書き始め、段落は設けないこと。

条件2　字数は、百五十字以上、百八十字以内とすること。

図

**マイクロプラスチックによる環境への影響**

**◯マイクロプラスチックとは？**

大きさが5㎜以下のプラスチック片

**◯どのようにできるの？**

**ビニール袋**や**ペットボトル**等のプラスチック製品が適切に処理されずに，主に川から海に流れ出る。

⇒海に流れ出た**プラスチック製品**が，波や紫外線などの影響により細かくなってできる。

**◯マイクロプラスチックは有害？**

・マイクロプラスチックは自然には分解されにくい。

・マイクロプラスチックには有害な化学汚染物質が付着しやすい。

・海洋生物がえさと間違えて食べてしまい，成長に影響が出たり，死亡率が上昇したりする可能性がある。

・海洋生物が取り込んだ化学汚染物質は，その生物の体内にたまっていき，その生物を食べた別の生物の体内にもたまっていく可能性がある。

参考：『海洋プラスチックごみ問題の真実』
磯辺篤彦著 令和2年 化学同人 など

A

佳作（小学生の部）伊藤克規さん

B

佳作（中学生の部）岡　美晴さん

（令和二年度「こども教育支援財団　環境教育ポスター公募展」による。）

4　次の文章を読んで、あとの問いに答えなさい。

注①東下野守《とうしもつけのかみ》は、和歌の道に達し《深く通じ》、注②古今伝授《こきんでんじゅ》の人なりしが、注③宗祇《そうぎ》法師が、はるばる東国にアくだりて、野州《やしう》に謁して《東下野守お会いして》古今の伝授を得けり《受けた》。然《しか》るに《さて》、下野守、注④小倉山《をぐらやま》の色紙、百枚所持したまひけるに、宗祇が志《宗祇の思い》を感じて五十枚与へらる《お与えになる》。宗祇、京都へイ帰りし時、いづれにてかありけん《どこの誰かもわからない》注⑤水主《かこ》に、かの《その》色紙一枚ウくれて、これは天下の重宝《ちょうほう》にて、汝《なんぢ》、水主をやめて世を安くおくる《安心して生活できる》程の注⑥料《しろ》となるものなりといひふくむ《言い聞かせる》。水主へ与へくるる《与えてやる》程の事なれば、知れる人《知り合い》毎《ごと》に一枚づつ、五十枚を皆くれたり。当時《現在》、世にエ残りしは、宗祇の《宗祇によって》散らされたる色紙なり。野州の方にありし五十枚は、野州没落の時《領地を奪われた時》、焼失して一字も残らずとなり。宗祇の意《考え》は、天下の重宝なれば、私にすべきにあらず《一人だけで所有するべき》、諸方《しょはう》に散らしおきなば《あちこちに散らしておけば》、時うつり世変わりしても少しは残るべし《残るだろう》、一所《ひとところ》《同じ所》にありては、不慮の変《思いがけない出来事》にて皆うするなるべし《失ってしまうだろう》と思ひてのことなり。

誠に宗祇の志《考え》、ありがたきことにあり《立派なことである》。

（日夏繁高《ひなつしげたか》「兵家茶話《へいかちゃわ》」より）

（注）① 東常縁《とうつねより》。室町時代の歌人で、美濃国《みののくに》郡上《ぐじょう》の領主。
② 「古今和歌集」の解釈の秘話を弟子に伝えること。東常縁が始めたとされる。
③ 室町時代の連歌師。
④ 百人一首が、一枚に一首ずつ書かれた色紙。
⑤ 船頭。小舟を操ることを職業とする人。
⑥ 金銭。

問一　二重傍線（═）部を、現代かなづかいで書きなさい。（　　　）

問二　波線（〰）部ア～エの中で、その主語に当たるものが他と異なるものを一つ選び、記号で答えなさい。（　　）

問三　宗祇が船頭（水主）に渡した天下の重宝である「小倉山の色紙」一枚には、どれくらいの価値があると、宗祇は船頭に伝えているか。宗祇が船頭に伝えている「小倉山の色紙」一枚の価値を、現代語で簡単に書きなさい。

（　　　　　　　　　　）

問四　「小倉山の色紙」を傍線（――）部のように考えた宗祇は、どのような行動をとったか。「小倉山の色紙」を傍線（――）部のように考えた宗祇がとった行動を、宗祇が「小倉山の色紙」を一人だけで所有することでおこりうる問題を含めて、簡単に書きなさい。

（　　　　　　　　　　）

[3] 次の文章は、図書委員会の委員長が、昼の放送で連絡事項を伝達するためにまとめている原稿である。あなたは、図書委員会の委員長から原稿についての助言を頼まれた。この文章を読んで、あとの問いに答えなさい。

図書委員会では、図書室を快適に利用してもらうために、今年は本の整頓や図書室の清掃を重点的に行っています。
このような努力が1十分な結果として現れたためか、先月と先々月の図書室の来室者数の合計は、昨年度の同時期に比べて二割増加していました。
一方で、本の貸出冊数はそれほど増えてはいませんでした。貸出冊数が増えていない原因について、本を選ぶ際に、タイトルや表紙からだけでは本の面白さが伝わらず、読む本を選べないからではないか、と図書委員会の顧問の先生は2言っていました。図書委員会では、これを課題と考えています。
これまで、3毎月一回のペースで作ってきた図書通信を通じて、本の紹介する活動を行ってきました。しかし、それだけでは、本の魅力を十分に伝えきることができていなかったのではないか、と考えました。
そこで、新たな企画として、本の人気投票を実施したいと思います。[1]皆さんに投票してもらうため、図書委員が毎月、候補の本を数冊選びます。[2]その情報を参考にして、興味をもった本について、図書室に置いてある投票箱へ投票してもらいます。[3]皆さんの投票の結果は毎月、昇降口へ掲示します。[4]人気の出そうな本は、早めの貸出手続きをお勧めします。

問一　傍線部1を簡潔に表すために、慣用句を使った表現にしたい。傍線部1とほぼ同じ意味を表すように、次の（　）に適切な漢字一字を入れて、慣用句を使った表現を完成させなさい。
（　）を結んだ

問二　傍線部2を、「図書委員会の顧問の先生」に対する敬意を表す表現にしたい。傍線部2を、敬意を表す表現に改めなさい。（　）

問三　傍線部3を、助詞だけを一語直すことによって、適切な表現にしたい。傍線部3の中の、直すべき助詞を含む一つの文節を、適切な形に直して書きなさい。（　）

問四　本文中に、次の一文を補いたい。補うのに最も適切な箇所を、[1]～[4]の、いずれかの番号で答えなさい。（　）
それらのあらすじやおすすめポイントなどを図書委員がまとめ、図書室の壁に掲示します。

問五　あなたは、原稿が企画の説明で終わっていると考え、原稿の最後に次の文を付け加えたほうがよいと委員長に提案した。文が、本文で図書委員会が伝えたかった内容となるように、【　】の中に入る適切な言葉を考えて、十字以内で書きなさい。

図書委員会としては、この企画を通して、皆さんに、本の面白さや魅力を感じてもらい、【　】につなげたいと思いますので、ぜひ投票に来てください。

がいます。そのへんが非常に微妙なのですが、柳宗悦《やなぎむねよし》が㋒戒めているのは、知識にがんじがらめ（注②）にされてしまって自由で柔軟な感覚を失うな、ということでしょう。おのれの直感をエ信じて感動しよう、というのです。どんなに偉い人が、どんなにオ有名な評論家が、自分とまったく正反対の意見をのべていたり解説をしていたとしても、その言葉に惑わされるなということです。

作品と対するのは、この世界でただひとりの自分です。自分には自分流の感じかたがあり、見かたがあります。たとえ百万人の人が正反対のことを言っていたとしても、自分が感じたことは絶対なのです。しかし、また、その絶対に安易によりかかってしまうと人間は単なる独断と偏見におちいってしまう。

自分の感性を信じつつ、なお一般的な知識や、他の人々の声に耳をかたむける余裕、このきわどいバランスの上に私たちの感受性というものは成り立たねばなりません。それは難しいことですが、少なくとも柳宗悦の言葉は、私たちに2〈知〉の危険性というものを教えてくれます。

（五木寛之《いつきひろゆき》「生きるヒント」より〉

（注）① 日本の美術評論家である柳宗悦《やなぎむねよし》の言葉。
② 縛られて身動きの取れない状態。

問一　二重傍線（‖）部㋐、㋑のひらがなを漢字に直し、㋒の漢字に読みがなをつけなさい。

㋐（　　）㋑（　　かな）㋒（　　めて）

問二　波線（〰）部ア～オの中には、品詞の分類からみて同じものがある。それは、どれとどれか。記号で答えなさい。（　　と　　）

問三　傍線部1は、本文全体の中で、どのような働きをしているか。その説明として、最も適切なものを、次のア～エの中から一つ選び、記号で答えなさい。（　　）

ア　柳宗悦の言葉をそのまま引用することで、本文の展開に対する興味や関心を読者に持たせる働き。
イ　引用した柳宗悦の言葉を筆者自身が解釈することで、本文で述べたい内容を読者に提示する働き。
ウ　筆者の言葉を抽象的な表現で言い換えることで、本文の展開を読者に分かりやすく説明する働き。
エ　筆者の考え方を柳宗悦の言葉を用いて表現することで、柳宗悦の主張への疑問を読者に投げかける働き。

問四　次のア～エの中から、本文中の□の中に補う語として、最も適切なものを一つ選び、記号で答えなさい。（　　）

ア　それとも　　イ　もしくは　　ウ　しかし　　エ　なぜなら

問五　本文には、筆者の考える、ものごとに対するときの理想的な過程について述べた一文がある。その一文の、最初の五字を抜き出しなさい。□□□□□

問六　筆者は、本文で、作品に対するときの危険性の一つとして、傍線部2について述べているが、筆者が述べている、傍線部2とは異なる危険性についても述べている。傍線部2とは異なる危険性を、五十字程度で書きなさい。

きて、「ハセ」に嫌われたくなかったから。

エ　「僕」に対して謝罪する「ハセ」の発言を聞き、「ハセ」の素直で悪意のない表情を見たから。

2　次の文章を読んで、あとの問いに答えなさい。

注①見テ　知リソ　知リテ　ナ見ソ

見てから知るべきである、知ったのちに見ようとしないほうがいい、という意味でしょうが、実はもっとア深い意味があるような気がする。つまり、われわれは〈知る〉ということをイとても大事なこととして考えています。しかし、ものごとを判断したり、それを味わったりするときには、その(あ)よび知識や固定観念がかえって邪魔になることがある。だから、1まず見ること、それに触れること、体験すること、そしてそこから得る直感を大事にすること、それが大切なのだ、と言っているのではないでしょうか。

ひとつの美術作品にむかいあうときに、その作家の経歴や、その作品の意図するものや、そして世間でその作品がどのように評価されているか、また、有名な評論家たちがどんなふうにその作品を批評しているか、などという知識が頭の中にたくさんあればあるほど、一点の美術品をすなおに、自分の心のおもむくままに見ることが困難になってくる。それが人間というものなのです。実際にものを見たり接したりするときには、これまでの知識をいったん横へ置いておき、そして裸の心で自然に、また無心にそのものと接し、そこからうけた直感を大切にし、そのあとであらためて、横に置いていた知識をふたたび引きもどして、それと照らしあわせる、こんなことができれば素晴らしいことです。そうできれば、私たちの得る感動というものは、知識の光をうけてより深く、より遠近感を持った、(い)ゆたかなものになることはまちがいありません。□、実はこれはなかなかできないことです。

では、われわれは知る必要がウないのか、勉強する必要もなく、知識を得る必要もないのか、というふうに問われそうですが、これもまたち

ちゃんと干しておきなさい。」先生は優しい口調で言った。

僕たちは土のにおいのする雑巾を持って廊下に出た。すでに三時間目が始まっていたので、廊下には誰もいなかった。

僕は、雑巾がけをしているあいだじゅう、この人はどうして僕をかばったのかと、ずっと考えていた。どう考えても僕が悪いのだ。面倒だから告げ口みたいなことをしなかっただけで、本当は怒っているに違いない。とにかく謝らなければいけないと思った。

唾を飲みこんで、今度こそ声が出ますようにと祈った。でも、このときもうまく声が出せなかった。謝るという簡単なことが、どうして僕にはできないんだ。

3もじもじしていると、僕より先にハセが口を開いた。「いけね、怒らせちゃったな。むりやりノート覗きこんでごめん。でもさっきの絵、おれにも描いてくれよ。ほんとはずっと前から描いてほしいと思ってたんだ。おれ、絵、へただからさ。」

日焼けした顔が、無邪気に笑っていた。その笑顔に、僕は、また4ぽろぽろと涙をこぼしながら、首を縦に振ることしかできなかった。

このときからずっと、いつだってハセは僕が注③躊躇《ちゅうちょ》してできないことを簡単にこなして、僕の前を歩いていく。僕には、そんなハセの背中がたまにまぶしく見える。

（小嶋陽太郎《こじまようたろう》「ぼくのとなりにきみ」より）

（注）① 性格の明るくない人。
② 言いふらすこと。
③ ためらうこと。

問一　二重傍線（═）部あ、いの漢字に読みがなをつけ、うのひらがなを漢字に直しなさい。

あ（　　）　い（　　）　う（　　んで）

問二　次のア～エの中から、本文中の［　　］の中に補う言葉として、最も適切なものを一つ選び、記号で答えなさい。（　　）

ア　気をまぎらわす　　イ　心を合わせる
ウ　気を悪くする　　エ　心を痛める

問三　本文には、教室にいた「僕」が、傍線部1と感じたことが分かる一文がある。その一文の、最初の五字を抜き出しなさい。

問四　本文には、植木鉢が床に落ちて割れた場面があり、傍線部2のように述べている。本文中から、「僕」は、植木鉢が床に落ちていく時間を、どのように感じていたと読み取ることができるか。植木鉢の落下にかかった実際の時間を含めて、簡単に書きなさい。

（　　）

問五　「僕」が、傍線部3のようになっていたのはなぜか。その理由を、本文中のⓐで示した部分から分かる、植木鉢が割れた原因に対しての「僕」の認識と、「僕」が考える「僕」のとるべき行動を含めて、四十字程度で書きなさい。

問六　次のア～エの中から、「僕」が傍線部4のようになっていた理由として、最も適切なものを一つ選び、記号で答えなさい。（　　）

ア　「近くで見ていた女子」に、「ハセ」を突き飛ばしたことを先生に言われそうになったから。
イ　「ハセ」にむりやりノートを覗きこまれたことを、まだ許す気持ちにはなれなかったから。
ウ　「僕」にできないことを簡単にこなす「ハセ」の姿をずっと見て

# 国語

時間　五〇分
満点　五〇点

1　次の文章を読んで、あとの問いに答えなさい。

ハセとは小三で同じクラスになった。そのころの僕は、いまよりもっとうじうじしていてクラスに友達がひとりもいなかった。もともと消極的だし、あ臆病なので、友達ができるのに人より何倍も時間がかかる。それまで時間をかけて仲が良くなった同級生はみな別のクラスになってしまい、にぎやかな教室の中で、僕はいつもひとりだった。やることがないので、僕はよくノートに絵を描いていた。当時流行《はや》っていたアニメのキャラクターの絵だ。べつに、絵が好きなわけではなかった。休み時間にひとりぼっちであるという情けない状況から［　　］ための行動だった。

その日の休み時間も、僕は絵を描いていた。窓際《まどぎわ》の席だった。ノートに突然人影が落ちて、声がした。「すげえ。おまえ、絵、うまいな!」

顔を上げると、今年から同じクラスになった、声の大きな男子がいた。たしか、はせがわくん……と僕は思った。うまいなあ、と彼はもう一度言った。僕の絵はべつにうまくなかったし、ほめられるようなものでもなかった。ただ、休み時間にひとり、窓際で絵を描いている僕に気をつかってくれたのだろう。もしかしたら、本当にうまいと思って話しかけてくれたのかもしれないけど、それはわからない。

「なあ、ほかのも見せてくれよ。」

ハセは持ち前の無邪気さで、僕のノートをぐっと覗《のぞ》きこんできた。僕は1急に話しかけられた驚きと、ひっそりと描いていた絵を見られた恥ずかしさで動転し、その瞬間に、なぜかハセを左手で強く払いのけてしまった。ハセは「うおっ」と言ってよろめいた。体勢をくずした拍子に、窓際に飾られていた植木鉢に肘をぶつけた。

2僕はその瞬間を、いまでもスローモーションで思い出すことができる。植木鉢が落ちて床にぶつかり、割れた。落下はおそらく一秒にも満たないくらいの時間だったが、僕には永遠にも感じられた。でも永遠なわけはなく、ちゃんと床にぶつかって割れた。すごく、大きな音がした。肥料の混ざった茶色い土が床に散らばり、むっとしたにおいが鼻をついた。

終わった。瞬間的に、僕はそう思った。大げさではなく、当時八歳だった僕は、本当にそう思ったのだ。教室で植木鉢を割るなんて、人生が終わるくらいの最悪な出来事だった。そして何よりもこたえたのが、これで間違いなく長谷川《はせがわ》君には嫌われただろうし、彼は僕を、注①根暗《ねくら》のうえに話しかけただけで突き飛ばしてきたイヤなやつとして、クラス中に注②吹《ふい》聴《ちょう》して回るだろう、ということだった。

いまこの瞬間に、消えてなくなりたいと思った。でも、僕は一歩も動くことができなかった。せめて謝らなければ、と思ったが、い喉がカラカラに渇いて、まともに声が出なかった。すぐに先生が駆けつけてきた。

「どうしたの!」

ⓐ近くで見ていた女子が、佐久田《さくた》君が長谷川君を、と言いかけた瞬間、

「佐久田君とうあそんでたら植木鉢にぶつかって割ってしまいました。」

さえぎるようにハセは言った。

先生は僕たちを廊下に連れて行って短く説教し、それから一緒に、割れた植木鉢と散らばった土を片づけ、汚れた床をきれいに雑巾で拭いた。雑巾がけをする最中、ぽろぽろと涙がこぼれて床に落ちるたび、それを気づかれないように素早く拭き取るのに、僕はいそがしかった。

「植木鉢は先生が片づけておくから、二人とも、雑巾、水道で洗って

# 2022年度／解答

## 数　学

1 【解き方】(1) ア．与式 $= 6 - 24 = -18$　イ．与式 $= 8a^2b \times \dfrac{1}{4ab} + 36ab^2 \times \dfrac{1}{4ab} = 2a + 9b$　ウ．与式 $= \dfrac{2(4x + y) - 5(x - y)}{10} = \dfrac{8x + 2y - 5x + 5y}{10} = \dfrac{3x + 7y}{10}$　エ．与式 $= 9\sqrt{7} - 7\sqrt{3} - 3\sqrt{3} = 9\sqrt{7} - 10\sqrt{3}$

(2) 与式 $= a^2 - 11a + 30 - a^2 - 3a = -14a + 30 = -14 \times \dfrac{2}{7} + 30 = -4 + 30 = 26$

(3) $x - 2 = \pm 4$ より，$x = 2 \pm 4$ なので，$x = -2,\ 6$

【答】(1) ア．$-18$　イ．$2a + 9b$　ウ．$\dfrac{3x + 7y}{10}$　エ．$9\sqrt{7} - 10\sqrt{3}$　(2) 26　(3) $x = -2,\ 6$

2 【解き方】(1) 辺ABの垂直二等分線と，点Aを通る直線 $\ell$ の垂線との交点がPとなる。

(例)

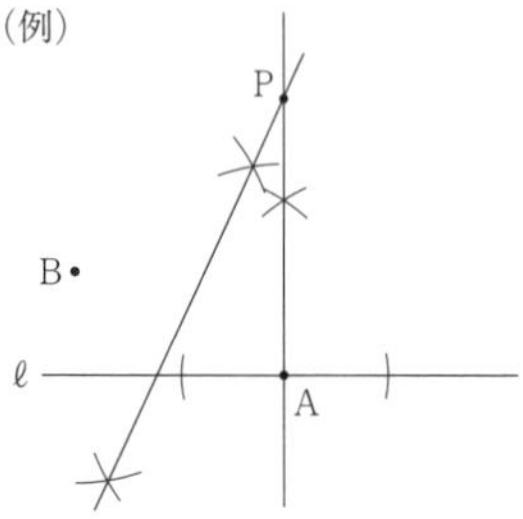


(2) 4Lは，$4 \times 1000 = 4000$ (mL)　$x$ 時間で減る水の量は，$y \times x = xy$ (mL) だから，$xy = 4000$　よって，$y = \dfrac{4000}{x}$

(3) 取り出し方は，$(-3,\ -2)$，$(-3,\ -1)$，$(-3,\ 0)$，$(-3,\ 1)$，$(-3,\ 2)$，$(-2,\ -1)$，$(-2,\ 0)$，$(-2,\ 1)$，$(-2,\ 2)$，$(-1,\ 0)$，$(-1,\ 1)$，$(-1,\ 2)$，$(0,\ 1)$，$(0,\ 2)$，$(1,\ 2)$ の15通り。和が正の数になるのは，$(-1,\ 2)$，$(0,\ 1)$，$(0,\ 2)$，$(1,\ 2)$ の4通りだから，確率は $\dfrac{4}{15}$。

【答】(1) (前図)　(2) $y = \dfrac{4000}{x}$　(3) $\dfrac{4}{15}$

3 【解き方】(1) 最大が12日，最小が1日より，$12 - 1 = 11$ (日)

(2) 平均値より，2020年の日数の方が，2010年よりも，$0.3 \times 10 = 3$ (日)多い。また，2011年から2020年の中央値が6.5日だから，小さい方から5番目が6日，6番目が7日となる。2010年から2019年の10年間では，小さい方から5番目が4日，6番目が6だから，2010年の日数が1日，3日，4日のどれかで，2020年の日数が7日以上と考えられる。したがって，2010年が4日で，2020年は7日。

【答】(1) 11 (日)　(2) (2010年) 4 (日)　(2020年) 7 (日)

4 【解き方】水槽AとBのメダカをそれぞれ，$x$ 匹，$y$ 匹とすると，全体の数より，$x + y = 86$……①　また，水槽Cに移したメダカの数より，$x \times \dfrac{1}{5} + y \times \dfrac{1}{3} = x \times \left(1 - \dfrac{1}{5}\right) - 4$ なので，式を整理して，$9x - 5y = 60$……②　①×5＋②より，$14x = 490$ なので，$x = 35$　①に代入して，$35 + y = 86$ より，$y = 51$　よって，求める答えは，$35 \times \dfrac{1}{5} + 51 \times \dfrac{1}{3} = 7 + 17 = 24$ (匹)

【答】24 (匹)

5 【解き方】(1) $\dfrac{1}{2} \times \mathrm{DP} \times 3 = 6$ より，$\mathrm{DP} = 4$ (cm)なので，$\mathrm{EP} = 12 - 4 = 8$ (cm)　よって，$8 \div 1 = 8$ (秒後)

(2) 点Pは，辺AD上にあり，$\mathrm{AP} = (12 + 3) - 1 \times 14 = 1$ (cm)　よって，求める体積は，底辺の円の中心が点Dで，半径が $\mathrm{DE} = 12$cm，高さが $\mathrm{AD} = 3$ cmの円すいから，底面の円の中心が点Dで，半径が $\mathrm{DE} =$

12cm，高さが，$PD = AD - AP = 3 - 1 = 2$ (cm)の円すいをひけばよいので，$\frac{1}{3}\pi \times 12^2 \times 3 - \frac{1}{3}\pi \times 12^2 \times 2 = \frac{1}{3}\pi \times 12^2 \times (3 - 2) = 48\pi$ $(cm^3)$

(3) $CP + PD$ が最小となるのは，右図のように展開図の一部である△ABCと四角形ADEBにおいて，線分CDとABの交点をPとする場合。CからABに垂線CHをひくと，HはABの中点，△ACHは直角二等辺三角形となるから，$AH = HC = 12 \div 2 = 6$ (cm)　△ADP∽△HCPより，$AP : HP = AD : HC = 3 : 6 = 1 : 2$ なので，$PH = AH \times \frac{2}{1 + 2} = 6 \times \frac{2}{3} = 4$ (cm)

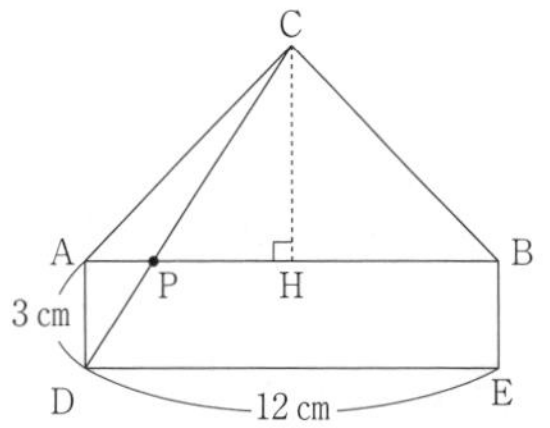


△HCPは直角三角形なので，三平方の定理より，$CP = \sqrt{4^2 + 6^2} = 2\sqrt{13}$ (cm)　図4の△CPFも直角三角形なので，$PF = \sqrt{(2\sqrt{13})^2 + 3^2} = \sqrt{61}$ (cm)

**【答】** (1) 8 (秒後)　(2) $48\pi$ $(cm^3)$　(3) $\sqrt{61}$ (cm)

6 **【解き方】** (1) 最小値は，$x = 0$ のとき，$y = 0$　最大値は，$x = -3$ のとき，$y = a \times (-3)^2 = 9a$　よって，$0 \leqq y \leqq 9a$

(2) 求める直線は，傾きが $-3$ より，$y = -3x + b$ とすると，$-3 = -3 \times (-2) + b$　よって，$b = -9$ だから，$y = -3x - 9$

(3) 直線OCの式は，傾きが，$\frac{-3}{-2} = \frac{3}{2}$ より，$y = \frac{3}{2}x$　点Fの $x$ 座標は，$9 = \frac{3}{2}x$ より，$x = 6$ だから，F (6，9)　点A，Bの $y$ 座標はそれぞれ，$y = a \times (-2)^2 = 4a$，$y = a \times 4^2 = 16a$ なので，A $(-2,\ 4a)$，B $(4,\ 16a)$　直線ABの傾きは，$\frac{16a - 4a}{4 - (-2)} = 2a$ なので，式を $y = 2ax + c$ とすると，$16a = 2a \times 4 + c$ より，$c = 8a$ なので，$y = 2ax + 8a$　よって，D $(0,\ 8a)$ なので，点Eの $y$ 座標は，$8a \times 2 = 16a$ で，E $(0,\ 16a)$　$\triangle DCF = \triangle DOC + \triangle DOF = \frac{1}{2} \times 8a \times 2 + \frac{1}{2} \times 8a \times 6 = 8a + 24a = 32a$　また，ED // ACより，四角形ACDEは台形で，$AC = 4a - (-3) = 4a + 3$，$ED = 16a - 8a = 8a$ より，面積は，$\frac{1}{2} \times \{8a + (4a + 3)\} \times 2 = 12a + 3$　したがって，$32a = (12a + 3) \times 2$ より，$8a = 6$ なので，$a = \frac{3}{4}$

**【答】** (1) $0 \leqq y \leqq 9a$　(2) $y = -3x - 9$　(3) $\frac{3}{4}$

7 **【解き方】** (2) $\angle ADG = 5t$ とすると，(1)より，$\angle EBC = \angle ADG = 5t$　また，$\overset{\frown}{AF} : \overset{\frown}{FB} = 5 : 3$ なので，$\angle ECB = \angle ADB = \angle ADG \times \frac{5 + 3}{5} = 8t$　よって，△EBCにおいて，$76° + 5t + 8t = 180°$ より，$t = 8°$　(1)の⑦より，$\angle BAC = \angle BEC - \angle EBC = 76° - 5 \times 8° = 36°$

**【答】** (1) △AGDと△ECBにおいて，仮定より，$\angle ABD = \angle EBC$……①　$\overset{\frown}{AD}$に対する円周角より，$\angle ABD = \angle AFD$……②　$AD = AF$ から，△AFDは二等辺三角形なので，$\angle AFD = \angle ADG$……③　①，②，③より，$\angle ADG = \angle EBC$……④　また，$\overset{\frown}{CD}$に対する円周角より，$\angle DAC = \angle EBC$……⑤　$\angle DAG = \angle DAC + \angle BAC$……⑥　△ABEの内角と外角の関係より，$\angle BEC = \angle ABD + \angle BAC$ で，①より，$\angle BEC = \angle EBC + \angle BAC$……⑦　⑤，⑥，⑦より，$\angle DAG = \angle BEC$……⑧　したがって，④，⑧より，2組の角がそれぞれ等しいので，△AGD∽△ECB

(2) 36°

# 英　語

1 【解き方】(1) A メアリーは昨夜，することがたくさんあったので11時30分に寝た。B メアリーは今日の午後，コンピュータ室でインターネットを使うことにすると言っている。C 健太の辞書はドアのそばの机の下にあるとメアリーは言っている。D メアリーのクラスでは「テレビを見ることが一番人気がある」，「本を読むことは音楽を聞くことと同じくらい人気がある」と言っている。

(2) 質問1. 健太の両親は長野に「7日間」滞在した。質問2. 健太は朝食前，姉と一緒に「家の掃除をした」。質問3. 両親が驚いたのは，健太が「彼らのためにケーキを作った」から。

【答】(1) A エ　B エ　C イ　D ウ

(2) 質問1. 7（または，seven）　質問2. （例）ⓐ cleaned　ⓑ house　質問3. （例）made a cake for them

◀全訳▶　(1)

A

健太　　：疲れているようだね，メアリー。昨日は何時に寝たの？

メアリー：11時30分よ。

健太　　：へえ，それは遅いね。僕はいつも10時から11時の間に寝るよ。

メアリー：私はたいてい10時30分に寝るのだけれど，昨日はすることがたくさんあったの。

質問：昨日，メアリーは何時に寝ましたか？

B

メアリー：来週，日本の食べ物についての発表をするの。私は何をするべきかしら？

健太　　：まず，図書館に行くべきだよ。それから，質問をするために和食レストランを訪れてはどう？　そのあと，君の家で日本の食べ物を作ってみればいいよ。

メアリー：ありがとう，でも昨日図書館に行ったの。だからまず，和食レストランを見つけるために，今日の午後コンピュータ室でインターネットを使うことにするわ。

健太　　：それはいい考えだね。

質問：今日の午後，メアリーは最初に何をするつもりですか？

C

健太　　：僕の辞書を見かけた？

メアリー：窓のそばのテーブルの上で辞書を見たわよ。

健太　　：それは君のだよ。バッグも調べたけれど，僕のものが見つからなかったんだ。

メアリー：うーん…。見て！　あの机の下に辞書がある。

健太　　：僕のバッグのそばの机？

メアリー：いいえ，ドアのそばの机よ。その上に何本かのえんぴつがある。

健太　　：ああ，それが僕のだ。

質問：健太の辞書はどこにありますか？

D

健太　　：君のクラスで，家でする最も人気のあることは何，メアリー？

メアリー：この紙を見て。私のクラスではテレビを見ることが一番人気があるわ。

健太　　：本当に？　僕のクラスでは，テレビを見ることより音楽を聞くことの方が人気がある。本を読むことは人気がないよ。

メアリー：私のクラスでは，本を読むことは音楽を聞くことと同じくらい人気があるわ。

質問：メアリーのクラスはどれですか？

(2)

質問 1. 健太の両親はどれくらいの間，長野に滞在しましたか？

質問 2. 健太は朝食前に彼の姉と一緒に何をしましたか？

質問 3. 帰宅したとき，健太の両親はなぜ驚いたのですか？

私は父，母，そして姉と一緒に暮らしています。両親と姉は毎日一生懸命に働いています。

昨年の夏，両親は友人たちに会うため長野へ行き，そこに 7 日間滞在しました。姉と私は一緒に行きませんでした。両親が長野に滞在しているとき，私たちは家で別々のことをしました。私は朝食と夕食を作りました。姉は皿を洗いました。でも私たちは朝食前，一緒に家の掃除をしました。両親がいない生活は大変でしたが楽しかったです。

両親が帰宅したとき，私が彼らのためにケーキを作ったので彼らは驚きました。彼らはそのケーキを食べ，それはとてもおいしいと言ってくれました。だから私はうれしかったです。

今，私は時々家族のために夕食を作っています。

2 **【解き方】** (1) A. 京子からの年賀状がとてもきれいだったから，ホストファミリー全員に見せたというジュディの言葉を聞いて京子は喜んでいる。I'm glad to hear ～=「私は～を聞いてうれしい」。B. ジュディのホストファミリーがジュディに和紙に関する興味深いビデオを見せてくれたと聞いて，京子はそれについてもっと詳しく話してほしいと思っている。C. ジュディの「あなたが自分で和紙を作ったということ？」というせりふに対する返答。

(2) ⓐ「いろいろな～」= a variety of ～。ⓑ「日本の長い歴史を『学ぶ』ことができるから，和紙は大切だ」という意味になる。ⓒ 直後の I were から仮定法の文ということがわかる。「もし私が～だったら」= if I were ～。

(3)「どのようにすれば素敵な年賀状を作ることができるのかということを考えるのは楽しかった」という意味になる。「～を考えるのは楽しかった」= it was fun to think about ～。「どのようにすれば私が～できるか」= how I could ～。It was fun to think about how I could create a great *nengajo*.となる。

(4)「次の日曜日は暇ですか？」などの文が入る。「暇だ」= be free。

(5) 空欄を含む文は「彼女の年賀状は私たちがとてもよく『日本文化を理解する』手助けをしてくれたと思う」という意味になる。京子の 4 番目のせりふを利用する。

**【答】** (1) A. ア B. ウ C. ア (2) ⓐ イ ⓑ エ ⓒ ウ (3) イ，ア，オ，ウ，エ

(4) (例) Are you free next Sunday? (5) understand Japanese culture

**◀全訳▶** (冬休みのあと，ジュディと京子が学校で話しています)

ジュディ：新年のあいさつ状である年賀状をありがとう。とてもきれいだったから，ホストファミリー全員にそれを見せたのよ。

京子　：私はそれを聞いてうれしいわ。それは和紙とよばれる伝統的な日本の紙から作られているのよ。

ジュディ：私は和紙が好きなの，そしてホストファミリーが私にそれに関する興味深いビデオを見せてくれたの。

京子　：ビデオ？　もっと私に教えて。

ジュディ：そのビデオは正倉院にある古い紙の書類についてのものだった。その紙の書類は約 1,300 年前に和紙から作られたの。人々はその時から和紙を使っているのよ。

京子　：それはとても長い期間ね！　それは知らなかったわ。

ジュディ：和紙に書かれたいろいろな情報を読めば，私たちは過去の生活に関することを知ることができるわ。

京子　：なるほど。日本の長い歴史を学ぶことができるから和紙は大切なのね？　私は一度もそのことについて考えたことがなかった。日本文化をより理解することができてうれしいわ。

ジュディ：ところで，あなたはどこであのきれいなはがきを手に入れたの？

京子　：歴史博物館でそれを作ったのよ。

ジュディ：あなたが自分で和紙を作ったということ？

京子　　：その通り。私は小さいサイズの和紙を作り，それをはがきとして利用したのよ。

ジュディ：素晴らしい！　でも和紙を作るのは簡単ではないわ。もし私があなただったら，店ではがきを買うでしょうね。

京子　　：あのね…。あなたは伝統的な日本のものが大好きだから，私は和紙を使ってあなたのために特別なものを作りたかったの。どのようにすれば素敵な年賀状を作ることができるのかということを考えるのは楽しかったわ。

ジュディ：あなたの年賀状は素晴らしかったわ！　その年賀状は私に日本文化の興味深い部分を知る機会を与えてくれた。和紙はきれいであるだけでなく，あなたたちの文化の中で重要であることも知ったわ。

京子　　：あなたが和紙に関する新しいことを教えてくれたから，あなたとそれについて楽しく話せたわ。もしよければ，博物館へ行きましょう。次の日曜日は暇？

ジュディ：ええ，もちろん！

3 **【解き方】**(1) 海まで自転車で行くことを提案する理由を書く。「来週は雨が降らないだろうから」などが考えられる。

(2)「もし私たちが電車を使えば」に続けて，電車を利用した方がいい理由を書く。「早く海に着くことができる」などが考えられる。

**【答】**（例）(1) it will not be rainy next week.（7 語）(2) we can get to the sea earlier.（7 語）

4 **【解き方】**「～に英語の歌を歌ってあげる」= sing English songs for ～。「～を勉強している子供たち」= children studying ～。「～してくれませんか？」= Will（または，Can）you ～?。

**【答】**（例）I will sing English songs for the children studying English next month. Will you come to my room and play the piano?

5 **【解き方】**(1) ⓐ 文前半にある didn't から過去形の文であることがわかる。take の過去形は took。ⓑ「～するのをやめる」= stop ～ing。stop to run にすると「走るために立ち止まる」という意味になる。

(2) ① 質問は「土曜日の朝に直人が公園のそばを歩いていたとき，直人の祖母は何をしていましたか？」。第 2 段落の 2 文目を見る。直人の祖母は何人かの人たちと一緒にひまわりを植えていた。② 質問は「土曜日のバスケットボールの練習には何人の生徒がいましたか？」。第 3 段落の 2 文目を見る。8 人の部員のうち，2 人が来ていなかった。

(3) 各空欄の直前にある直人の「たった 10 人でひまわりを植えるのは大変だ」，「学校に行かなければならない」という言葉から考える。A は「彼女はもっと多くの人を必要としている」，B は「学校へ歩き始めた」という表現が入る。

(4) 直前にあるチームメートの「もっと多くのチームメートがいないと試合に勝つことができない」という言葉から考える。直人は「僕たちには多くの部員がいないけれど，強いチームになるための方法があると信じている」と思った。

(5) 第 2 段落の中ほどにある直人の祖母の言葉を見る。直人の祖母は，町の多くの若者が，将来，大都市に住みたいと思っていることを悲しく思っている。

(6) 最終段落の 1 文目を見る。talking with other people =「他の人と話すこと」。to change something =「何かを変えるためには」。

(7) ア．第 1 段落の最終文を見る。ポスターを見たが，直人はそれに興味を持たなかった。イ．第 2 段落の 5 文目にある直人の祖母の言葉を見る。直人の祖母は毎週土曜日に公園のごみ拾いのボランティアをしているが，その土曜日はひまわりを植えるという活動をしていた。「毎年春に」ひまわりを植えていたわけではない。ウ．第 2 段落の後半にある直人の祖母の言葉を見る。直人の祖母は多くの場所にポスターを送ったが，10 人しか集まらなかった。エ．「バスケットボールの練習後，直人は公園で祖母と一緒にひまわりを植えた」。第 4 段落の最終文を見る。正しい。

**【答】** ⑴ ⓐ took　ⓑ running

⑵ (例) ① She was planting sunflowers〔with some people in the park〕.　② There were six students.(または，Six.)

⑶ イ　⑷ ア　⑸ 町の多くの若者が，将来，大都市に住みたいと思っていること。(同意可)

⑹ 何かを変えるためには，他の人と話すことが必要であること。(同意可)　⑺ エ

**◀全訳▶**　春のある日，僕は教室にあるポスターを見ました。そのポスターには「一緒に町の公園でひまわりを植えましょう！」と書いてありました。それは僕たちの町のボランティア団体によって計画されたイベントでした。僕はそれが面白いものであるとは思わなかったため，かばんを取って教室を出ました。

次の土曜日の朝，僕はバスケットボールを練習するために学校へ行きました。僕が町の公園のそばを歩いていたとき，公園で僕の祖母が何人かの人たちと一緒にひまわりを植えているのを見ました。そのとき，僕はあのポスターを思い出しました。僕は彼女に「おばあちゃんはこのボランティア団体に入っているの？」と聞きました。「そうよ。私たちは毎週土曜日にこの公園でごみを拾っているの。でも私たちは今日，ひまわりを植えるためにここに来たのよ。私がこの新しいイベントを計画したの」と答えました。僕は彼女に「本当？　どうしてそれを計画したの？」と言いました。彼女は「この町の多くの若者は，将来，大都市に住みたいと思っている。私にはそれが悲しいの。もしこの大きな公園にきれいなひまわりがあれば，彼らのうちの何人かはこの町が素晴らしい場所であると気づいてくれると思うの」と言いました。彼女はまた，「私たちと一緒にやらない，直人？　私は多くの場所にポスターを送ったけれど，まだ10人しか集まっていないの」と言いました。僕は「この公園は広い。たった10人でひまわりを植えるのは大変だ。彼女はもっと多くの人を必要としているけれど，僕にはバスケットボールの練習がある」と思いました。だから僕は彼女に「ごめん，学校に行かなければならないんだ」と言い，学校へ歩き始めました。彼女は悲しそうでした。

学校の体育館に着いたとき，僕はそこが広すぎると思いました。僕たちのチームには8人の部員がいましたが，その日はそのうち2人が来ていませんでした。3人の部員と僕は熱心に練習しましたが，2人の部員はそうではありませんでした。練習中に彼らは時々走るのをやめて座りました。彼らは「小さなチームなので，僕たちはいつも同じことを練習しなければならない。もっと多くのチームメートがいないと試合に勝つことができない」と言いました。彼らの言葉を聞いたとき，僕は悲しく感じました。僕は「僕たちには多くの部員がいないけれど，強いチームになるための方法があると信じている」と思いました。僕は彼らに何かを言いたかったのですが，言いませんでした。

練習後，僕はもう一度町の公園のそばを歩きました。そのとき，僕は驚きました。約30人の人々が公園でひまわりを植えていました。僕はそこに祖母を見つけました。僕は彼女に「なぜここにこんなに多くの人がいるの？」と聞きました。彼女は「公園で多くの人たちを見かけたので，彼らになぜ私たちがひまわりを植えているのか話したの。すると，彼らの多くが私たちに加わってくれたのよ」と答えました。僕は彼女に「それがおばあちゃんがしたすべてのこと？」と聞きました。「そう，彼らと話しただけよ」と彼女は答えました。彼女の言葉は，僕の問題に対する答えを与えてくれました。そして，僕はそのイベントに参加して，彼女と一緒に作業をしました。

イベント終了後，僕は彼女にバスケットボールチームのことを話し，「今日，僕は何かを変えるためには，他の人と話すことが必要だということがわかった。来週，チームメートたちに一緒に強いチームを作りたいと伝えるよ。彼らが僕のことを理解してくれることを望んでいる」と言いました。彼女は僕の話を聞いてほほ笑みました。

# 社　会

1 【解き方】(1) a. 中臣鎌足らとともに改革を行った人物。b.「百済」は唐と新羅の連合軍に敗れ，滅亡した。日本が朝鮮半島に軍を送ったのは，「百済」の復興を支援することが目的だった。

(3) a. 生活に困窮した御家人を救うため，1297年に借金を帳消しにする命令が出された。b. 分割相続から単独相続へと相続の方法が移り変わっていった。c. 1333年から約2年間続いた政治体制。その後，後醍醐天皇と対立した足利尊氏は京都に北朝を開き，吉野に逃れた後醍醐天皇は南朝を開いた。

(4) a. 当時，ポルトガル人やスペイン人は「南蛮人」と呼ばれていた。b. 宗教改革は，ローマ・カトリック教会のあり方に抵抗する人たち（プロテスタント）が始めた改革。そのため，カトリックの一派であったイエズス会は，ヨーロッパ以外の地域にも布教活動を行うことで，カトリックの勢力を維持しようとした。

(5) アは18世紀，イは17世紀，ウは19世紀のできごと。

(6) a. 綿花から綿糸をつくる工業を紡績業といい，日本では日清戦争の前後から急速に発展した。b. 日清戦争の講和条約を選ぶ。その後，台湾は1945年まで日本の植民地となった。

(7) a. 安全保障理事会における拒否権をもつソ連の賛成を得ることで，日本の国際連合への加盟が実現した。アは1945年，イは1951年，エは1972年のできごと。b.「総会における加盟国の投票権」は，どの国にも1票ずつ与えられている。他の地域の加盟国数の増加割合が南北アメリカの加盟国数の増加割合を上回っていることがポイント。

【答】(1) a. 中大兄皇子　b. イ　(2) 枕草子

(3) a. エ　b. 領地が細分化し，幕府に緊急事態があったときに対応できなくなるから。(同意可)　c. 建武の新政

(4) a. 南蛮貿易　b. プロテスタントが広まったが，カトリックを信仰していたから。(または，宗教改革に対抗し，カトリックを守ろうとしたから。)(同意可)

(5) イ→ア→ウ　(6) a. 綿糸の国内生産量が増え，原料としての綿花の需要が高まったから。(同意可)　b. ア

(7) a. ウ　b. 投票権は平等に1票を与えられており，全加盟国に占める南北アメリカの割合が下がっているから。(同意可)

2 【解き方】(1) b. 水もちが良く，水田などに利用されることが多い。

(2) ア. 総面積が最も大きいCが，過疎地域の面積の割合では3番目に低くなっていることから誤り。イ. 総人口が最も少ないBよりもEの方が過疎地域の面積の割合が低いので誤り。ウ. 65歳未満人口が2番目に多いDは，総面積では3番目に大きくなっているので誤り。

(3) 方位記号がないので，地図の上が北，左が西を示す。傾斜の傾きがゆるやかであるほど，等高線の間隔は広く描かれる。東側にみられる地図記号は針葉樹林を表す。

(4) 国内自給率の低下は，国内生産量の低下と輸入量の増加を意味する。アは野菜の国内生産量，エは野菜の輸入量を示すグラフ。

(5) b. 石油化学製品の原料は原油で，日本は必要な原油のほとんどを海外からタンカーで輸入している。

(6) 瀬戸内海沿岸は，中国山地と四国山地にはさまれ，季節風の影響を受けにくいため，一年を通して温暖で晴天が多く，降水量も比較的少ない気候になっている。

【答】(1) a. 広島(県)　b. 三角州(または，デルタ)　(2) エ　(3) ウ

(4) (果実の国内生産量) イ　(果実の輸入量) ウ

(5) a. 太平洋ベルト　b. 原油の多くを輸入しており，海外から船で運び入れるのに便利であるから。(同意可)

(6) (記号) ウ　(理由) 日照時間が長いから。(または，降水日数が少ないから。)(同意可)

3 【解き方】(1) オーストラリアは国土全体が南半球に位置している。

(2) a. ⓐはタイガが広がる亜寒帯（冷帯）気候に属するので，冬の寒さは厳しい。ⓑは熱帯雨林気候なのでアのグラフ，ⓒは地中海性気候なのでウのグラフとなる。b. 本初子午線をはさんで東にあるⓑの方が時間は進んでいるので16時間を引く。

(3) a. 東南アジア諸国連合の略称。b. 1人当たりの国民総所得が増えているということは，人々の購買力も上がっていると考えられる。

(4)「地球環境問題」のひとつに，二酸化炭素を含む温室効果ガスによる地球温暖化がある。そのため，二酸化炭素を排出する化石燃料に代わり，バイオ燃料などの再生可能エネルギーの利用が進められている。

【答】(1) ア (2) a. イ b. 8(月) 2(日)午後6(時)

(3) a. ASEAN b. 東南アジアの人口や1人当たりの国民総所得が増加しており，市場の拡大が期待できるから。(同意可)

(4) (記号) ウ (理由) バイオ燃料として使われる量が増えているから。(同意可)

4 【解き方】(1) a. ドント方式を使って当選者を決めている。b. 日本国憲法第96条の規定。「国民審査」は，最高裁判所裁判官が適任かどうかを国民が審査する制度。c. 国会の召集，内閣総理大臣の任命（ただし国会の指名に基づく），条約の公布などもこれに含まれる。

(2) a. 日本銀行は好景気の際には，売りオペレーション（売りオペ）を行う。不景気のときは反対に，買いオペレーションを行う。b. 自由競争市場では，需要と供給のバランス次第で価格が大きく上下する可能性があり，人々の生活に直結するものについては価格が安定することが望ましい。

(3) 国税である所得税は国の収入になるが，地方税である住民税は，地方自治体の自主財源を支える収入になる。なお，依存財源は主に国から交付される補助金で占められている。

【答】(1) a. 比例代表(制) b. ウ c. 国事行為

(2) a. ク b. (名称) 公共料金 (理由) 国民の生活に大きな影響を与えるから。(同意可)

(3) 地方分権を推し進めるため，住民税の税収を増やし，自主財源の割合を高めることで，各自治体が自主的な活動を行いやすい体制づくりを目指した。(67字) (同意可)

# 理　　科

1 **【解き方】**(2) 弦の長さが長いほど振動数が少なくなり，低い音が出る。

(3) マグネシウム＋酸素→酸化マグネシウム

**【答】**(1) 子房　(2) イ　(3) $2Mg + O_2 \rightarrow 2MgO$

(4) 海上と比べて陸上の方が気圧が低く，海から陸に向かって風が吹く。(同意可)

2 **【解き方】**(1) ① アは魚類や両生類の子，エは魚類やは虫類に共通してみられる特徴。

**【答】**(1) ① イ・ウ　② ㋐ 中枢　㋑ 末しょう　③ トカゲの卵には殻があり，乾燥に強いから。(同意可)

④ (増加) ⓑの生物を食物とするⓒの生物が減少したから。(減少) ⓑの生物の食物となるⓐの生物が不足するから。(それぞれ同意可)

(2) (記号) A　(理由) 微生物がデンプンを分解したから。(同意可)

(3) 動物は有機物をとり入れることが必要であるが，有機物をつくることができるのは生産者だけだから。(同意可)

3 **【解き方】**(1) ② ねじが進む方向に電流が流れると，ねじを回す向きに磁界ができる。

(2) ① 図10において，A側の導線ははじめ下向きに力が加わり，反時計まわりに回転する。電流の向きが変わらなければ，ウを通過してもA側の導線には下向きの力が加わるため，回転が止まってしまう。したがって，ウで電流の向きを逆にして，A側の導線に上向きの力が加わるようにすればよい。その後，アで電流の向きを元に戻し，再び下向きの力が加わるようにすれば，コイルは止まることなく回転する。② 高い位置にある物体は位置エネルギーをもつ。また，運動する物体は運動エネルギーをもつ。

(3) ① 電流計は回路に直列につなぎ，電圧計は回路に並列につなぐ。② 図12より，消費電力が4Wである電熱線Pに4分間電流を流したときの，水の上昇温度は2℃。同様に，8Wの電熱線Qでの水の上昇温度は4℃，16Wの電熱線Rでの水の上昇温度は8℃。③ 電熱線Qに4Vの電圧を加えると消費電力は8Wとなるので，電熱線Qに流れる電流は，$\frac{8\,(\text{W})}{4\,(\text{V})} = 2\,(\text{A})$　オームの法則より，電熱線Qの抵抗は，$\frac{4\,(\text{V})}{2\,(\text{A})} = 2\,(\Omega)$　同様に，電熱線Rに流れる電流は，$\frac{16\,(\text{W})}{4\,(\text{V})} = 4\,(\text{A})$　電熱線Rの抵抗は，$\frac{4\,(\text{V})}{4\,(\text{A})} = 1\,(\Omega)$　また，電熱線Qと電熱線Rを直列につなぐと，抵抗は，$2\,(\Omega) + 1\,(\Omega) = 3\,(\Omega)$で，流れる電流は，$\frac{7.5\,(\text{V})}{3\,(\Omega)} = 2.5\,(\text{A})$　よって，電熱線Qに加わる電圧は，$2.5\,(\text{A}) \times 2\,(\Omega) = 5\,(\text{V})$より，電熱線Qの消費電力は，$2.5\,(\text{A}) \times 5\,(\Omega) = 12.5\,(\text{W})$

図ア

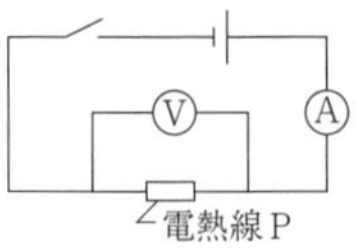


図イ

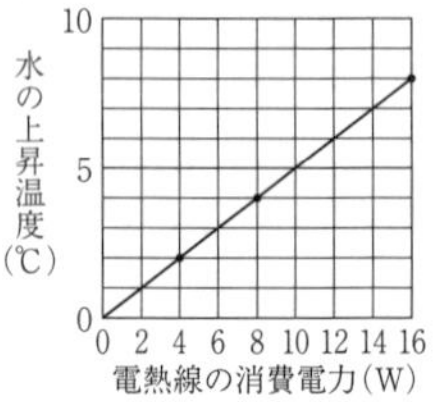


**【答】**(1) ① 不導体(または，絶縁体)　② ア　(2) ① ア・ウ　② ㋐ イ　㋑ エ

(3) ① (前図ア)　② (前図イ)　③ 12.5 (W)

4 **【解き方】**(2) ③ 図16より，A地点の標高は38mなので，火山灰の層の上端の標高は，$38\,(\text{m}) - 9\,(\text{m}) = 29\,(\text{m})$　B地点の標高は40mなので，火山灰の層の上端の標高は，$40\,(\text{m}) - 8\,(\text{m}) = 32\,(\text{m})$　C地点の標高は50mなので，火山灰の層の上端の標高は，$50\,(\text{m}) - 11\,(\text{m}) = 39\,(\text{m})$　A地点からB地点まで，水平距離は0.6kmで，地層は，$32\,(\text{m}) - 29\,(\text{m}) = 3\,(\text{m})$傾いている。また，B地点からC地点までの傾きは，$39\,(\text{m}) - 32\,(\text{m}) = 7\,(\text{m})$　よって，B地点からC地点までの水平距離は，$0.6\,(\text{km}) \times \frac{7\,(\text{m})}{3\,(\text{m})} = 1.4\,(\text{km})$

**【答】**(1) 示準化石　(2) ① エ　② 流水によって運ばれたから。(同意可)　③ 1.4 (km)

5 **【解き方】**(1) ① 月は地球の衛星で，太陽の光を反射して光っている。地球から見た月の形は約1か月でもと

の形になる。

(2) ① 日周運動により，星は1時間で15°ずつ東から西へ移動する。図17より，ⓐのおうし座を午後9時に観察すると，午後7時から2時間経っているので，15°×2(時間)＝30°西に沈んだ位置に見える。星座を毎日同じ時刻に観察すると，星座の位置は東から西へ移動するので，観察した日の早い順に，ⓑ→ⓒ→ⓐ。
② 地球が2か月で移動する角度は，$360° \times \dfrac{2\,(\text{か月})}{12\,(\text{か月})} = 60°$　金星が2か月で移動する角度は，$360° \times \dfrac{2\,(\text{か月})}{12\,(\text{か月}) \times 0.62\,(\text{年})} \fallingdotseq 97°$　よって，金星の方が移動する角度が大きいので，2か月後の金星は地球に近づいている。金星は地球に近いほど細長く，大きく見える。

**【答】** (1) ① イ　② 地球の影に入る（同意可）　(2) ① ⓑ→ⓒ→ⓐ　② ウ

6 **【解き方】** (1) ② c. 二酸化炭素を水に溶かした溶液は酸性。イ・ウは中性，エはアルカリ性。

(2) ① $50\,(\text{g}) \times 0.03 = 1.5\,(\text{g})$　③ ビーカーA内の溶液中に含まれている水素イオンの数は$n$個なので，うすい塩酸20cm$^3$と過不足なく中和する水酸化ナトリウム水溶液8cm$^3$には，$n$個の水酸化物イオンが含まれている。よって，水酸化ナトリウム水溶液6cm$^3$に含まれている水酸化物イオンの数は，$n\,(\text{個}) \times \dfrac{6\,(\text{cm}^3)}{8\,(\text{cm}^3)} = \dfrac{3}{4}n\,(\text{個})$　④ ビーカーAのうすい塩酸20cm$^3$とビーカーXの水酸化ナトリウム水溶液8cm$^3$が過不足なく中和する。表1より，ビーカーBに加えたビーカーXの水酸化ナトリウム水溶液3cm$^3$と過不足なく中和するうすい塩酸の体積は，$20\,(\text{cm}^3) \times \dfrac{3\,(\text{cm}^3)}{8\,(\text{cm}^3)} = 7.5\,(\text{cm}^3)$　よって，ビーカーYの水酸化ナトリウム水溶液15cm$^3$は，うすい塩酸，$20\,(\text{cm}^3) - 7.5\,(\text{cm}^3) = 12.5\,(\text{cm}^3)$と過不足なく中和する。うすい塩酸20cm$^3$と過不足なく中和するビーカーYの水酸化ナトリウム水溶液の体積は，$15\,(\text{cm}^3) \times \dfrac{20\,(\text{cm}^3)}{12.5\,(\text{cm}^3)} = 24\,(\text{cm}^3)$

**【答】** (1) ① イ　② a. 試験管Pの中にあった空気が含まれているから。(同意可)　b. 空気よりも密度が大きいから。(同意可)　c. ア

(2) ① 1.5 (g)　② 中和　③ $\dfrac{3}{4}n$ (個)　④ 24

# 国　語

1 **【解き方】** 問二.「僕」が絵を描くのは,「絵が好きなわけではな」く,「休み時間にひとりぼっちであるという情けない状況」をごまかすためであることから考える。イは,多くの人が心を一つにして協力すること。ウは,不快な気持ちになること。エは,あれこれと心を悩ませること。

問三.「急に話しかけられ」ているので,「すげえ。おまえ,絵,うまいな！」と声をかけられたところに着目する。

問四.すぐあとの「落下はおそらく…僕には永遠にも感じられた」に注目。

問五.「謝るという簡単なことが,どうして僕にはできないんだ」と焦っているので,謝罪をうまく言葉にできずに「僕」がもじもじしていることをおさえる。また,ⓐの部分で,植木鉢が割れたのは「どう考えても僕が悪いのだ」,ハセに「とにかく謝らなければいけない」と思っていることに着目する。

問六.「間違いなく長谷川君には嫌われた」「いまこの瞬間に,消えてなくなりたい」と激しい後悔に襲われていた「僕」が,「むりやりノート覗きこんでごめん」「さっきの絵,おれにも描いてくれよ…ずっと前から描いてほしいと思ってたんだ」とハセに「無邪気」な笑顔で言われたことから考える。

**【答】** 問一.(あ) おくびょう　(い) のど　(う) 遊(んで)　問二.ア　問三.ノートに突

問四.〔おそらく〕一秒にも満たないくらいの時間だったが,永遠のように感じていた。(同意可)

問五.自分が悪いと認識し,ハセに謝らなければいけないが,謝ることができないでいたから。(40字)(同意可)

問六.エ

2 **【解き方】** 問二.活用形のある自立語で,言い切りの形が「～い」となる形容詞。イは副詞,エは動詞「信じる」の連用形,オは形容動詞「有名だ」の連体形。

問三.「と言っているのではないでしょうか」とあるので,柳宗悦の言葉を筆者が解釈したものだとおさえる。また,本文の最後に「柳宗悦の言葉は…教えてくれます」とあるように,文章全体で「見テ　知リソ　知リテナ見ソ」という言葉の解釈について述べていることにも着目する。

問四.「そうできれば,私たちの得る感動というものは…ゆたかなものになる」という仮定に相反して,「実はこれはなかなかできないこと」だと実情を述べている。

問五.「こんなことができれば素晴らしいことです」と理想を述べた言葉に注目。「こんなこと」は,直前の「実際にものを見たり接したりするときには…照らしあわせる」ということを指す。

問六.「〈知〉の危険性」とは,「知識にがんじがらめにされ」ることなので,これ以外の「危険性」を探す。前で,「作品と対する」ときに,「自分が感じたことは絶対」だと「安易によりかかってしまうと…独断と偏見におちいってしまう」と述べている。

**【答】** 問一.(あ) 予備　(い) 豊(かな)　(う) いまし(めて)　問二.ア(と)ウ　問三.イ　問四.ウ

問五.実際にもの

問六.自分が感じたことを絶対と信じ,その絶対に安易によりかかることで,独断と偏見におちいってしまう危険性。(50字)(同意可)

3 **【解き方】** 問二.「言って」の主語は「図書委員会の顧問の先生」なので,尊敬語にする。

問三.文節に分けると,「毎月／一回の／ペースで／作って／きた／図書通信を／通じて,／本の／紹介する／活動を／行って／きました。」となる。「本の紹介する活動を」が日本語として不自然なので,紹介する対象(目的語)が「本」であることがわかるように助詞を直す。

問四.補う一文に,「それらのあらすじやおすすめポイントなど」とあることに注目。「本の人気投票」の企画は,図書委員が紹介する本の中で興味をもった本に投票してもらうものだという点をふまえて,「それら」が候補の本を指すことをおさえる。

問五．まず，付け加える文の内容から，図書委員会が「企画を通して」「つなげたい」ことが入る点をおさえる。原稿の前半に，「図書室の来室者数の合計」は増加したのに，本の「貸出冊数が増えていない」ことが「課題」だとあることに着目する。

**【答】** 問一．実　問二．おっしゃって(または，言われて)（同意可）　問三．本を　問四．2

問五．貸出冊数の増加（同意可）

4 **【解き方】** 問一．語頭以外の「は・ひ・ふ・へ・ほ」は「わ・い・う・え・お」にする。

問二．世に残るのは宗祇によって「散らされたる色紙なり」とあるので，「色紙」が主語。アの主語は，「東国にくだり」東下野守から「古今の伝授」を受けた人物なので宗祇。イの主語は，「京都へ帰」った人物なので，東下野守に会いに行っていた宗祇。ウの主語は，「色紙」を水主に「くれ」た人物なので，宗祇。

問三．宗祇が「水主に，かの色紙一枚くれ」ながら，「これは天下の重宝にて…なるものなり」と言い聞かせていることに着目する。

問四．一人だけで所有するべきではないと「諸方に散らし」たというのは，具体的には，色紙を「知れる人毎に一枚づつ，五十枚を皆くれたり」という行動を指す。また，そのあとに「一所にありては，不慮の変にて皆うするなるべしと思ひてのこと」だと，その行動の理由が説明されている。

**【答】** 問一．たまい　問二．エ　問三．船頭をやめても安心して生活できるくらいの金銭となる価値。(同意可)

問四．〔同じ所にあると〕思いがけない出来事ですべて失ってしまうことがあるので，知り合いごとに一枚ずつ五十枚をすべて与えた。(同意可)

**◀口語訳▶**　東下野守は，和歌の道に深く通じ，「古今和歌集」の解釈の秘話を弟子に伝える人物であったが，宗祇法師が，はるばる東国に下向して，東下野守にお会いして「古今和歌集」の解釈の秘話を受けた。さて，東下野守は，百人一首が一枚に一首ずつ書かれた色紙を，百枚お持ちになっていたところに，宗祇の思いを感じて五十枚をお与えになる。宗祇は，京都へ帰った時，どこの誰かもわからない船頭に，その色紙を一枚与えて，これは天下に並びない大事な宝であって，お前が，船頭をやめて安心して生活できるほどの金銭になるものであると言い聞かせる。船頭へ与えてやるほどのことであるので，知り合いごとに一枚ずつ，五十枚を全部（人に）与えた。現在，この世に残ったものは，宗祇によって（所在を）ばらばらにされた色紙である。東下野守の所にあった五十枚は，東下野守が領地を奪われた時に，焼失して一字も残らないことになった。宗祇の考えは，天下に並びない大事な宝であるので，一人だけで所有するべきではなく，あちこちに散らしておけば，時が経って世の中が変わっても少しは残るだろう，同じ所にあっては，思いがけない出来事によってすべて失ってしまうだろうと思ってのことである。

本当に宗祇の考えは，立派なことである。

5 **【答】**（例）私は，Bの方がより適切と考える。マイクロプラスチックの影響がわかりやすく表現されているからだ。具体的には，汚染物質の付着したマイクロプラスチックを「ゴミ」と表し，生物の体内に蓄積することを表現するために食事風景を描いた点が優れている。誰もが安心して食べたいと思うだろう食事に危険物が混じり，自分が危機にさらされていることを描いたBは，見た人の心に印象深く残る。(180字)

~MEMO~

# 静岡県公立高等学校

## 2021年度
## 入学試験問題

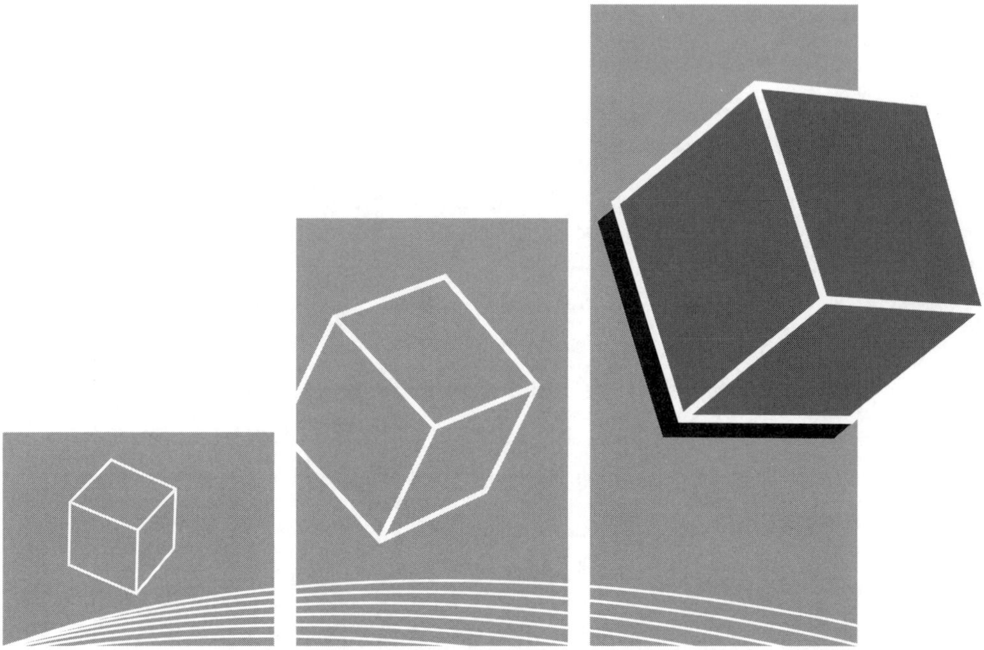

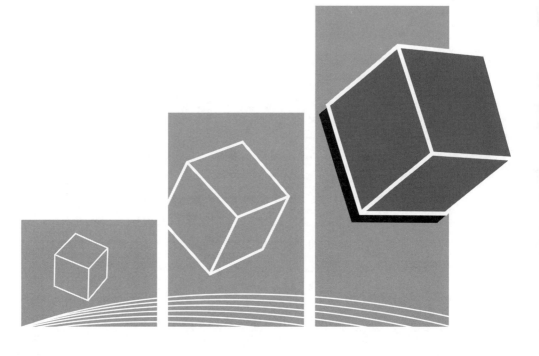

# 数学

時間　50分　　　　満点　50点

1　次の(1)〜(3)の問いに答えなさい。

(1)　次の計算をしなさい。

ア　$18 \div (-6) - 9$　(　　　)

イ　$(-2a)^2 \div 8a \times 6b$　(　　　)

ウ　$\dfrac{4x-y}{7} - \dfrac{x+2y}{3}$　(　　　)

エ　$(\sqrt{5}+\sqrt{3})^2 - 9\sqrt{15}$　(　　　)

(2)　$a = 11$，$b = 43$ のとき，$16a^2 - b^2$ の式の値を求めなさい。(　　　)

(3)　次の2次方程式を解きなさい。(　　　)

$(x-2)(x-3) = 38 - x$

2　次の(1)，(2)の問いに答えなさい。

(1)　図1において，2点A，Bは円Oの円周上の点である。∠AOP = ∠BOPであり，直線APが円Oの接線となる点Pを作図しなさい。

ただし，作図には定規とコンパスを使用し，作図に用いた線は残しておくこと。

図1

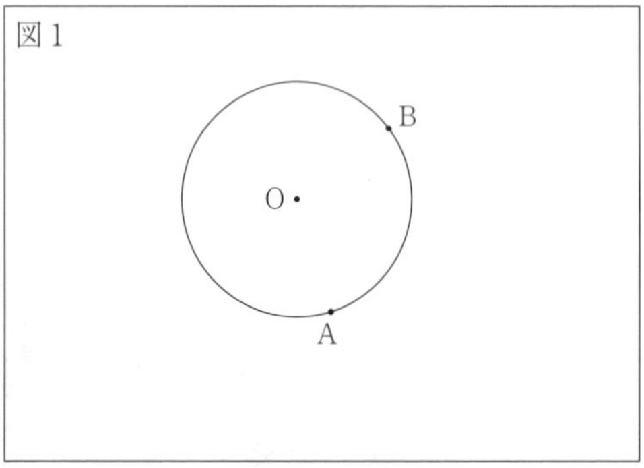


(2)　1から3までの数字を1つずつ書いた円形のカードが3枚，4から9までの数字を1つずつ書いた六角形のカードが6枚，10から14までの数字を1つずつ書いた長方形のカードが5枚の，合計14枚のカードがある。図2は，その14枚のカードを示したものである。

1から6までの目がある1つのさいころを2回投げ，1回目に出る目の数を $a$，2回目に出る目の数を $b$ とする。

このとき，次のア，イの問いに答えなさい。

図2

ア　14枚のカードに書かれている数のうち，小さい方から $a$ 番目の数と大きい方から $b$ 番目の数の和を，$a$，$b$ を用いて表しなさい。(　　　)

イ　14枚のカードから，カードに書かれている数の小さい方から順に $a$ 枚取り除き，さらに，カードに書かれている数の大きい方から順に $b$ 枚取り除くとき，残ったカードの形が2種類になる確率を求めなさい。ただし，さいころを投げるとき，1から6までのどの目が出ることも同様に確からしいものとする。(　　　)

3　ある中学校の，3年1組の生徒30人と3年2組の生徒30人は，体力測定で長座体前屈を行った。このとき，次の(1)，(2)の問いに答えなさい。

(1)　3年1組と3年2組の記録から，それぞれの組の記録の，最大値と中央値を求めて比較したところ，最大値は3年2組の方が大きく，中央値は3年1組の方が大きかった。次のア～エの4つのヒストグラムのうち，2つは3年1組と3年2組の記録を表したものである。3年1組と3年2組の記録を表したヒストグラムを，ア～エの中から1つずつ選び，記号で答えなさい。

3年1組(　　　)　3年2組(　　　)

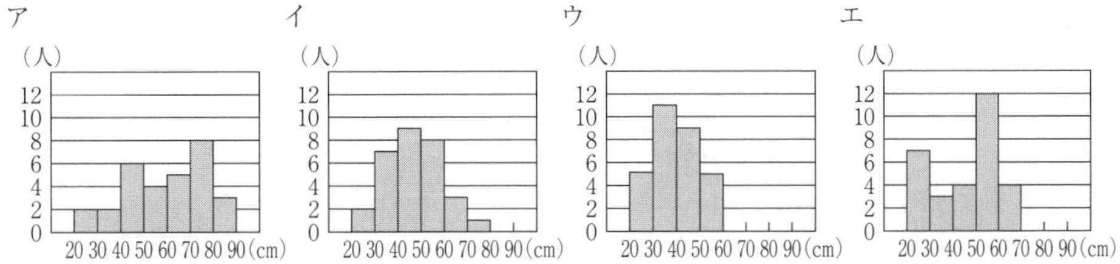


(2)　2つの組の生徒60人の記録の平均値は45.4cmであった。また，この生徒60人の記録のうち，上位10人の記録の平均値は62.9cmであった。2つの組の生徒60人の記録から上位10人の記録を除いた50人の記録の平均値を求めなさい。(　　　cm)

4　ある中学校では，学校から排出されるごみを，可燃ごみとプラスチックごみに分別している。この中学校の美化委員会が，5月と6月における，可燃ごみとプラスチックごみの排出量をそれぞれ調査した。可燃ごみの排出量については，6月は5月より33kg減少しており，プラスチックごみの排出量については，6月は5月より18kg増加していた。可燃ごみとプラスチックごみを合わせた排出量については，6月は5月より5％減少していた。また，6月の可燃ごみの排出量は，6月のプラスチックごみの排出量の4倍であった。

このとき，6月の可燃ごみの排出量と，6月のプラスチックごみの排出量は，それぞれ何kgであったか。方程式をつくり，計算の過程を書き，答えを求めなさい。

(方程式と計算の過程)(　　　　　　　　　　　　　　　　　　　　　　　　　　　　)

(答)　6月の可燃ごみ(　　　kg)　6月のプラスチックごみ(　　　kg)

5　図3の立体は，点Aを頂点とし，正三角形BCDを底面とする三角すいである。この三角すいにおいて，底面BCDと辺ADは垂直であり，AD = 8cm，BD = 12cmである。

このとき，次の(1)～(3)の問いに答えなさい。

(1)　この三角すいにおいて，直角である角はどれか。すべて答えなさい。
(　　　)

図3

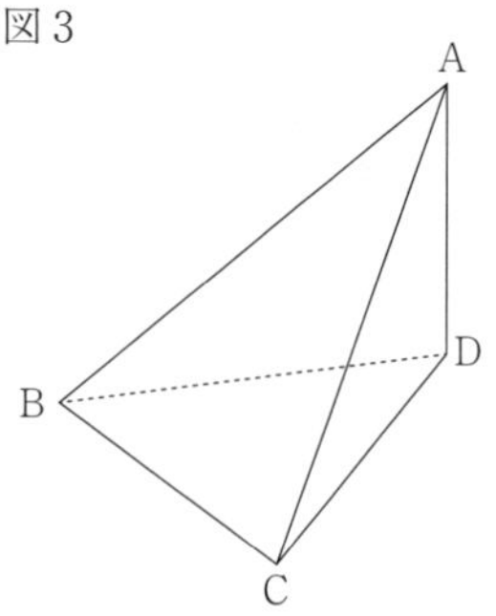


(2)　この三角すいにおいて，図4のように，辺BD，CD上にDP = DQ = 9cmとなる点P，Qをそれぞれとる。四角形BCQPの面積は，△BCDの面積の何倍か，答えなさい。(　　　倍)

図4

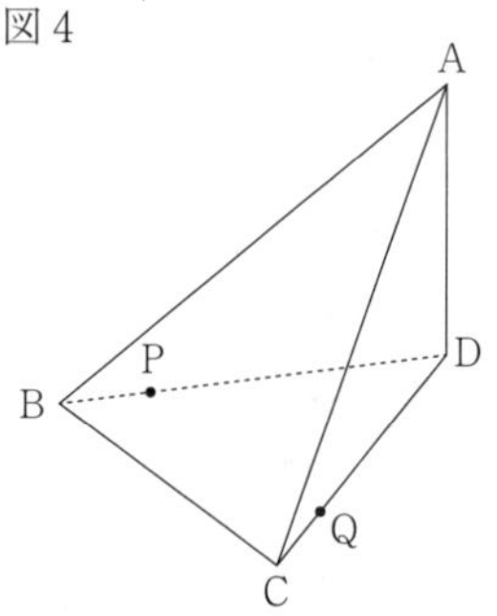


(3)　この三角すいにおいて，図5のように，辺AB，AC，BD，CDの中点をそれぞれK，L，M，Nとし，KNとLMの交点をEとする。線分BEの長さを求めなさい。(　　　cm)

図5

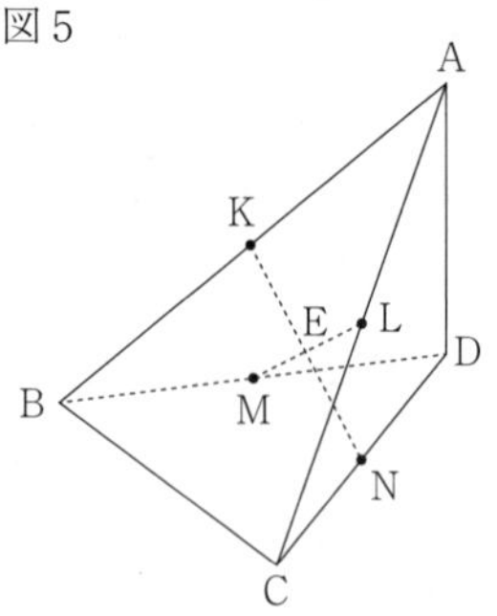

6　図6において，①は関数 $y = ax^2$ $(a > 0)$ のグラフであり，②は関数 $y = -\dfrac{1}{2}x^2$ のグラフである。2点A，Bは，放物線①上の点であり，その $x$ 座標は，それぞれ－3，4である。点Bを通り $y$ 軸に平行な直線と，$x$ 軸，放物線②との交点をそれぞれC，Dとする。

このとき，次の(1)～(3)の問いに答えなさい。

(1)　$x$ の変域が $-1 \leqq x \leqq 2$ であるとき，関数 $y = -\dfrac{1}{2}x^2$ の $y$ の変域を求めなさい。(　　　)

(2)　点Dから $y$ 軸に引いた垂線の延長と放物線②との交点をEとする。点Eの座標を求めなさい。(　　　)

(3)　点Fは四角形AOBFが平行四辺形となるようにとった点である。直線ABと $y$ 軸との交点をGとする。直線CFと直線DGが平行となるときの，$a$ の値を求めなさい。求める過程も書きなさい。

(求める過程)(　　　　　　　　　　　　　　　　　　　)

(答)　$a$ =(　　　)

図6

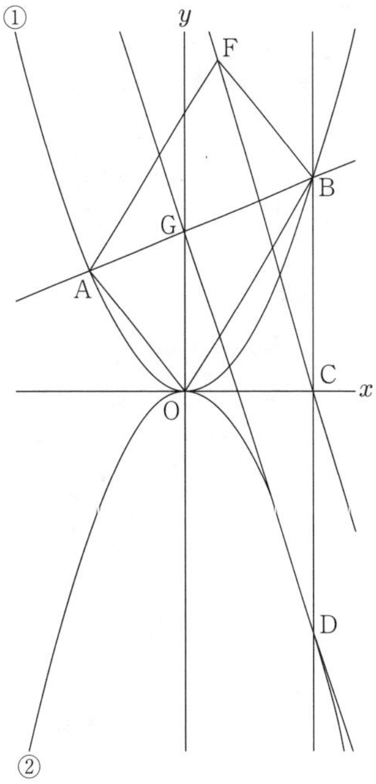


7　図7において，3点A，B，Cは円Oの円周上の点であり，BCは円Oの直径である。$\overset{\frown}{AC}$上に∠OAC＝∠CADとなる点Dをとり，BDとOAとの交点をEとする。点Cを通りODに平行な直線と円Oとの交点をFとし，DFとBCとの交点をGとする。

このとき，次の(1)，(2)の問いに答えなさい。

(1)　△BOE ≡ △DOGであることを証明しなさい。

(　　　　　　　　　　　　　　　　　　　)

(2)　∠BGF＝72°，円Oの半径が6cmのとき，小さい方の$\overset{\frown}{AD}$の長さを求めなさい。ただし，円周率は $\pi$ とする。(　　　cm)

図7

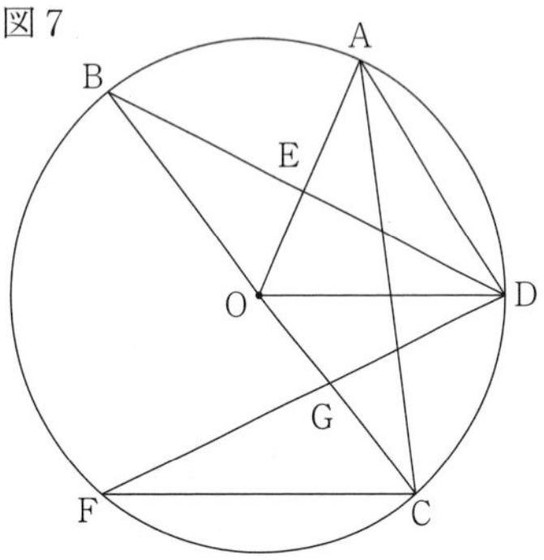

# 英語

時間　50分　　　満点　50点

（編集部注）放送問題の放送原稿は英語の末尾に掲載しています。
音声の再生についてはもくじをご覧ください。

1　放送による問題

(1)　由美（Yumi）とジョン（John）の会話を聞いて，質問の答えとして最も適切なものを選ぶ問題

Ａ(　　　)　Ｂ(　　　)　Ｃ(　　　)　Ｄ(　　　)

Ａ
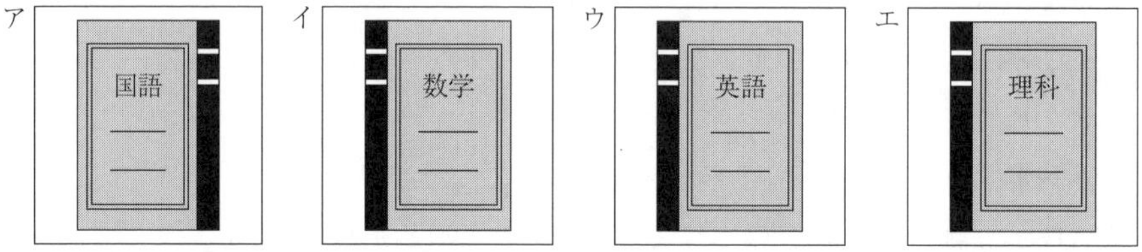


Ｂ

Ｃ

ドッジボール大会　対戦結果

| | クラス | A組 | B組 | C組 | D組 | 結果 |
|---|---|---|---|---|---|---|
| ア | A組 | | × | ○ | × | 1勝 |
| イ | B組 | ○ | | ○ | ○ | 3勝 |
| ウ | C組 | × | × | | × | 0勝 |
| エ | D組 | ○ | × | ○ | | 2勝 |

Ｄ
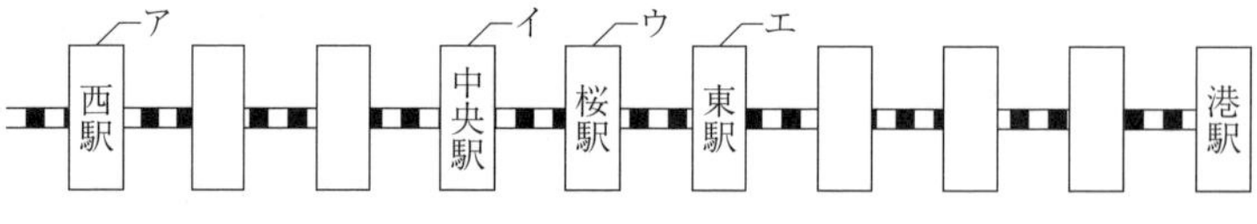


(2)　由美の話を聞いて，質問に対する答えとなるように（　　）の中に適切な語や語句を記入する問題

質問1　What does Yumi want to do in the future?

She wants to (　　　　) with animals.

質問2　What does Yumi's brother do for Pochi?

He (ⓐ　　　　) Pochi (ⓑ　　　　) every month.

質問3　Why was Yumi surprised last Saturday?

Because (　　　　　　　　　　　　　　　　　　　　　　　　　　　　　).

2　次の英文は，拓真（Takuma）と，拓真の通う中学校でALTとして英語を教えているベル先生（Ms. Bell）との会話である。この英文を読んで，(1)～(5)の問いに答えなさい。

(*After school, Takuma and Ms. Bell are talking in the classroom.*)

Takuma：　You have lived in Japan ( ⓐ ) last month. How is your life here?

Ms. Bell：　Wonderful! Japanese people are kind to me. And I recently found something new.

Takuma：　[ A ]

Ms. Bell：　It's *noren*, a cloth hung on the door of a shop. Do you know *noren*?

Takuma：　Of course. [　　　]

Ms. Bell：　*Noren* have a lot of designs. A *noren* is like a curtain or a sign, right?

Takuma：　Yes. Like a curtain, *noren* can protect the things in a shop from the sun.

Ms. Bell：　That's right. Also, like a sign, a *noren* is always hung outside the shop to ( ⓑ ) the name of the shop.

Takuma：　It is not always hung outside the shop.

Ms. Bell：　I didn't know that. When [ア　the shop　イ　put　ウ　the *noren*　エ　into　オ　is]?

Takuma：　Just before the shop closes.

Ms. Bell：　I see. People can know that the shop is open or closed by seeing where the *noren* is. I never knew that there is such a special way of using *noren*.

Takuma：　You've just found something new!

Ms. Bell：　Yes. Also, I recently took many pictures of *noren*. Please look at these!

Takuma：　Wow! So many *noren*!

Ms. Bell：　I saw a lot of *ramen* restaurants. All of them used a red *noren*. Is the color for *ramen* restaurants always red?

Takuma：　[ B ]　*Ramen* restaurants can choose the color.　My favorite *ramen* restaurant uses a white *noren*.

Ms. Bell：　I want to see other *noren*!

Takuma：　In my house, there is a *noren* with a beautiful design. My mother hangs *noren* ( ⓒ ) are good for each season.

Ms. Bell：　*Noren* in houses? I didn't know that. I'd like to see the *noren* used in your house.

Takuma：　Shall I bring some pictures of the *noren*?

Ms. Bell：　[ C ]　I can't wait to see them!

（注）　recently：最近　　cloth：布　　hang：～を掛ける（hungは過去分詞形）
curtain：カーテン　　sign：看板　　protect：～を守る　　outside：～の外に
*ramen*：ラーメン

(1)　本文中の( ⓐ )～( ⓒ )の中に補う英語として，それぞれア～エの中から最も適切なものを1つ選び，記号で答えなさい。ⓐ(　　　)　ⓑ(　　　)　ⓒ(　　　)

( ⓐ )　ア　at　　イ　for　　ウ　with　　エ　since

( ⓑ ) ア carry　イ meet　ウ show　エ wear

( ⓒ ) ア how　イ who　ウ when　エ which

(2) 会話の流れが自然になるように，本文中の［A］～［C］の中に補う英語として，それぞれア～ウの中から最も適切なものを1つ選び，記号で答えなさい。

A (　　) B (　　) C (　　)

［A］ ア What are you doing?　イ How about you?　ウ What's that?

［B］ ア That's too bad.　イ I don't think so.　ウ You're welcome.

［C］ ア Yes, please.　イ Did you?　ウ No, I can't.

(3) 本文中の□で，拓真は，のれんのどこに興味があるのかという内容の質問をしている。その内容となるように，□の中に，適切な英語を補いなさい。

(　　　　)

(4) 本文中の［　］の中のア～オを，意味が通るように並べかえ，記号で答えなさい。

(　)(　)(　)(　)(　)

(5) 次の英文は，拓真がこの日に書いた日記の一部である。本文の内容と合うように，次の□の中に補うものとして，本文中から最も適切な部分を3語で抜き出しなさい。(　　)

Ms. Bell and I talked about *noren*. She recently found *noren* have many designs. She thought a *noren* is used just like a curtain or a sign. But today, she found *noren* is used in □ to tell that the shop is open or not. I'll take some pictures of the *noren* in my house to her.

3　次の英文は，彩香（Ayaka）とニック（Nick）との会話である。会話の流れが自然になるように，次の (1)，(2) の中に，それぞれ7語以上の英語を補いなさい。

(1)(　　　　　　　　　　　　　　　　　　　　　　　　　　　)

(2)(　　　　　　　　　　　　　　　　　　　　　　　　　　　)

Ayaka：　Hi, Nick. You look nice in that shirt.

Nick　：　My mother got it for me on the Internet.

Ayaka：　Buying clothes on the Internet is useful, because (1)

Nick　：　Last week, I visited a store near my house and got a shirt. Buying clothes in stores is sometimes better than on the Internet, because (2)

Ayaka：　I see.

4　翔太（shota）は，カナダ（Canada）へ帰国することになった留学生のキャシー（Cathy）に，メッセージカードを渡すことにした。伝えたいことは，カナダの若者の間で流行している音楽を教えてくれたことに感謝しているということと，電子メール（Eメール）を送るから返信してほしいということである。あなたが翔太なら，これらのことを伝えるために，どのようなメッセージを書くか。次の □ の中に英語を補い，メッセージを完成させなさい。

Dear Cathy.

Shota

[5] 次の英文は，バレーボール部に所属する中学生の早紀（Saki）が，転校生の恵子（Keiko）とのできごとを振り返って書いたものである。この英文を読んで，(1)～(7)の問いに答えなさい。

On the first day after the summer vacation, our class had a new student, Keiko. She ⓐ(stand) in front of us and said, “Hello, my name is Keiko. Nice to meet you.” Everyone in our class gave a warm applause to Keiko. Then, she sat next to me.

In the short break, I found that Keiko and I had the same towel. So, my towel gave me a chance to speak to her. I said to her, “Look at my towel!” Keiko said, “Wow, the character on our towels is my favorite!” Then, [　　] and both of us talked a lot together. When the break finished, I felt we were becoming friends. I thought, “I want to know more about Keiko.”

The next day, I said to Keiko, “I’m on the volleyball team. What club were you in before?” Keiko said, “I was on the volleyball team, too.” At that time, she tried to say something more, but she [ A ] saying the next words. I didn’t know what she wanted to say and what club she wanted to be in, [ B ] to invite her to the practice of our volleyball team. I said to her, “Why don’t you practice volleyball with us after school?” She said, “OK.” Keiko joined our practice on that day. She played volleyball well. In that week, she practiced with us two more days. We had a good time with Keiko and asked her to be on the volleyball team. But she didn’t say anything about it.

On Monday of the next week, just before ⓑ(go) to the gym, I said to Keiko, “You didn’t join the volleyball practice yesterday. Will you join it today?” Then, she said, “Sorry, Saki. I won’t practice volleyball.” I asked, “Oh, why?” Keiko said, “Well... I have something to do.” She left the classroom quickly and didn’t join the volleyball practice. When I was practicing volleyball, I thought only about Keiko.

The next morning, when Keiko came in the classroom, I spoke to her. I said, “Good morning. Well... what did you do yesterday?” Keiko thought about what to say, and then she said, “I joined the practice of the brass band. I want to be a member of it.” I asked, “Why didn’t you tell me about that?” Keiko said, “My last school doesn’t have the brass band, and I have never been in it. So, I’m not sure I will do well. Being a member of it will be a big challenge.” When I heard Keiko’s words, I found the thing she wanted to try was different from the thing I wanted her to do. After school, I said to Keiko, “You should be in the brass band. You will get a good experience and learn something important. I hope you can do well!” Keiko looked glad to hear my words. She said, “OK... I will try.”

Now, Keiko is doing well in the brass band, and she is my best friend.

（注）applause：拍手　break：休憩　towel：タオル　character：キャラクター
brass band：吹奏楽部　member：部員　challenge：挑戦

(1) ⓐ，ⓑの（　）の中の語を適切な形に直しなさい。ⓐ(　　　)　ⓑ(　　　)

(2) 次の質問に対して，英語で答えなさい。

① Why did Saki’s towel give her a chance to speak to Keiko?

(　　　　　　　　　　　　　　　　　　　　　　　　　　　　　　　　　　　)

② How many days did Keiko join the practice of the volleyball team?

(　　　　　　　　　　　　　　　　　　　　　　　　　　　　　　　　　　　)

(3) 本文中の[　　　]の中に補う英語として，次のア～エの中から最も適切なものを１つ選び，記号で答えなさい。(　　　)

ア I didn't listen to Keiko　　イ Keiko finished talking with me

ウ I asked Keiko about many things　　エ Keiko didn't spend the break with me

(4) 本文中の[ A ]，[ B ]の中に補う英語の組み合わせとして，次のア～エの中から最も適切なものを１つ選び，記号で答えなさい。(　　　)

ア A：stopped　　B：but I decided

イ A：didn't stop　　B：but I decided

ウ A：stopped　　B：because I didn't decide

エ A：didn't stop　　B：because I didn't decide

(5) 本文中の下線部で，恵子は，用事があると早紀に伝えて，早紀の誘いを断っている。早紀の誘いを断った日に恵子がしていたことを，日本語で書きなさい。

(　　　　　　　　　　　　　　　　　　　　　　　　　　　　　　　　　　　)

(6) 恵子の不安な気持ちを聞いたとき，早紀はどのようなことに気付いたか。早紀が気付いたことを，日本語で書きなさい。

(　　　　　　　　　　　　　　　　　　　　　　　　　　　　　　　　　　　)

(7) 次のア～エの中から，本文の内容と合うものを１つ選び，記号で答えなさい。(　　　)

ア On the first day as a new student, Keiko sat next to Saki without saying hello to her class.

イ When Keiko was asked to be a member of the volleyball team, she said nothing about it.

ウ After Keiko left the classroom quickly, Saki didn't join the volleyball practice that day.

エ Saki and Keiko left the volleyball team and joined the brass band to get a good experience.

〈放送原稿〉

2021年度静岡県公立高等学校入学試験英語放送による問題

はじめに，(1)を行います。これから，中学生の由美（Yumi）と留学生のジョン（John）が，英語でA，B，C，Dの4つの会話をします。それぞれの会話のあとに，英語で質問をします。その質問の答えとして最も適切なものを，ア，イ，ウ，エの4つの中から1つ選び，記号で答えなさい。なお，会話と質問は2回繰り返します。

では，始めます。

A　John：　Hi, Yumi. What subject did you study yesterday?

Yumi：　I studied Japanese. Did you study it, too?

John：　No. I studied math yesterday. Well, what are you doing now?

Yumi：　I'm doing my English homework. It's really difficult.

John：　I will finish my science homework first. After that, I'll help you.

質問　What subject did John study yesterday?

（Aを繰り返す）（6秒休止）

B　John：　Yumi, you have wanted to see this movie, right? I will see the movie with Takashi tomorrow. Why don't you come with us?

Yumi：　Thank you, but I saw the movie last Sunday.

John：　Really? Who did you go with? With Haruna and Tomoko?

Yumi：　Haruna had a piano lesson and couldn't go on that day. So, I only went with Tomoko.

John：　I see.

質問　Who went to the movie with Yumi last Sunday?

（Bを繰り返す）（6秒休止）

C　Yumi：　All of the games have finished. How many games did your class win?

John：　We didn't win all of them, but we won two games. How about your class?

Yumi：　Not good. My class won just one game, so two classes were better than mine. I wanted to win more games.

John：　Don't be so sad. You had a good time, right?

Yumi：　Of course.

質問　Which is Yumi's class?

（Cを繰り返す）（6秒休止）

D　Yumi：　Our train has just left Nishi Station. We will be at Higashi Station in twenty minutes.

John：　Can we get there without changing trains?

Yumi：　No, we can't. This train only stops at Chuo Station before arriving at Minato Station.

John：　Then, how can we get to Higashi Station?

Yumi： We will change trains at the next station.

John： OK.

質問 Where will Yumi and John change trains?

(Dを繰り返す) (6秒休止)

次に，(2)を行います。これから，中学生の由美（Yumi）が，英語で話をします。その話の内容について，問題用紙にある3つの質問をします。それぞれの質問に対する正しい答えとなるように，(　　)の中に，適切な語や語句を記入しなさい。なお，先に問題用紙にある質問を2回繰り返し，そのあとで話を2回繰り返します。

では，始めます。

質問1 What does Yumi want to do in the future?（繰り返す）

(2秒休止)

質問2 What does Yumi's brother do for Pochi?（繰り返す）

(2秒休止)

質問3 Why was Yumi surprised last Saturday?（繰り返す）

(2秒休止)

続いて，話をします。

I like to go to the zoo to watch animals and people taking care of them. I want to work with animals in the future. So, I like to read books and watch TV programs about animals.

My family loves animals. We have a dog called Pochi. Each of us does a different thing for Pochi. My mother usually gives food to Pochi. My brother washes Pochi twice every month, and I walk Pochi for about thirty minutes every day.

Last Saturday, I walked Pochi to a park and played together with a ball there in the morning. I finished playing with Pochi at noon. One hour after I got home, my father brought another dog home. I was surprised by that.

Now, we have two dogs and enjoy a life with them.

(繰り返す) (20秒休止)

これで放送による問題を終わります。

# 社会

時間　50分　　　満点　50点

1　次の略年表を見て，(1)～(7)の問いに答えなさい。

| 時代 | 飛鳥《あすか》 | 奈良《なら》 | 平安 | 鎌倉 | 室町 | 安土《あづち》桃山 | 江戸 | 明治 | 大正 | 昭和 | 平成 |
|---|---|---|---|---|---|---|---|---|---|---|---|
| 日本のできごと | ①律令《りつりょう》国家が成立する | 天平《てんぴょう》文化が栄える | 院政が始まる | ②鎌倉幕府が成立する<br>（院政が始まる～鎌倉幕府が成立する：Ⓐ） | ③勘合貿易が始まる | ④太閤《たいこう》検地が始まる | ⑤享保《きょうほう》の改革が始まる | 日清《にっしん》戦争がおこる | ⑥第一次世界大戦に参戦する | ⑦ポツダム宣言を受諾する | 京都議定書が採択される |

(1)　傍線部①に関するa～cの問いに答えなさい。

a　傍線部①では，都から地方へ役人が派遣された。傍線部①で，都から地方へ派遣された役人の名称を，次のア～エの中から1つ選び，記号で答えなさい。(　　　)

ア　国司　　イ　執権　　ウ　関白　　エ　防人《さきもり》

b　大宝律令の制定後，傍線部①の新たな都として奈良につくられた都は何とよばれるか。その名称を書きなさい。(　　　)

c　傍線部①では，戸籍をつくることが定められていたが，平安時代になると，戸籍にいつわりが多くなった。表1は，10世紀につくられた戸籍に登録された人の，性別，年齢階級別の人数を示している。表2は，傍線部①で定められた主な税と，その負担者を示している。このことに関する①，②の問いに答えなさい。

表1

| | 男子(人) | 女子(人) |
|---|---|---|
| 16歳以下 | 4 | 0 |
| 17歳～65歳 | 23 | 171 |
| 66歳以上 | 15 | 137 |

注　「延喜二年阿波国《あわのくに》戸籍」により作成

表2

| 税 | 負担者 |
|---|---|
| 租 | 6歳以上の男女 |
| 調 | 17～65歳の男子 |
| 庸 | 21～65歳の男子 |
| 雑徭《ぞうよう》 | 17～65歳の男子 |

①　表1の，男子の人数と女子の人数に大きな差が見られることから，性別のいつわりが行われていたと考えられる。表2をもとにして，人々が性別をいつわった理由を，簡単に書きなさい。(　　　　　　　　　　　　)

②　表1に，66歳以上の人が多く見られることから，実際には死亡している人を，人々が戸籍に登録し続けるといういつわりが行われていたと考えられる。人々が，戸籍に死亡している人を登録し続けた理由を，簡単に書きなさい。

(　　　　　　　　　　　　)

(2)　傍線部②に関するａ，ｂの問いに答えなさい。

ａ　傍線部②の将軍と，御恩と奉公による主従関係を結んだ武士は何とよばれるか。その名称を書きなさい。(　　　)

ｂ　傍線部②は武士の政権である。次のア～ウは，略年表中のⒶの期間におこった，武士に関係したできごとについて述べた文である。ア～ウを時代の古い順に並べ，記号で答えなさい。

(　　→　　→　　)

ア　天皇家や藤原《ふじわら》氏の争いによって，保元《ほうげん》の乱がおこった。

イ　後鳥羽《ごとば》上皇が，朝廷の力を回復させようと考えて兵を挙げた。

ウ　源 頼朝《みなもとのよりとも》が，朝廷に守護と地頭の設置を認めさせた。

(3)　傍線部③において，明《みん》は，朝貢する日本の船に勘合を持たせた。明が，朝貢する日本の船に勘合を持たせた目的を，朝鮮半島や中国の沿岸を襲った集団の名称を用いて，簡単に書きなさい。

(　　　　　　　　　　　　　　　　　　　　　　　　　　　　　　)

(4)　豊臣秀吉《とよとみひでよし》は，傍線部④などを行い，兵農分離を進めた。兵農分離を進めるために，豊臣秀吉が行った，農民などから武器を取り上げた政策は何とよばれるか。その名称を書きなさい。

(　　　)

(5)　傍線部⑤に関するａ，ｂの問いに答えなさい。

ａ　傍線部⑤を行った江戸幕府の８代将軍はだれか。その人物名を書きなさい。(　　　)

ｂ　傍線部⑤は，江戸時代の学問の発達に影響を与えた。図１は，江戸時代後期に杉田玄白らが出版した，「解体新書」の扉絵である。「解体新書」の出版以降に本格的に広まった，ヨーロッパの学術や文化を研究する学問は何とよばれるか。その名称を書きなさい。また，この学問の発達に影響を与えた，傍線部⑤における，ヨーロッパの書物に関する政策の内容を，簡単に書きなさい。

名称(　　　)

内容(　　　　　　　　　　　　　　　　　　　　　　)

図１

(6)　傍線部⑥に関するａ，ｂの問いに答えなさい。

ａ　傍線部⑥は，オーストリア皇太子夫妻が殺害されたことをきっかけに始まり，ドイツが連合国と休戦条約を結んだことで終わった。傍線部⑥の期間中のできごとを，次のア～エの中から１つ選び，記号で答えなさい。(　　　)

ア　日本は国際連盟から脱退した。

イ　日本が韓国《かんこく》を併合した。

ウ　日本が中国に二十一か条の要求を示した。

エ　日本は日独伊三国同盟を結んだ。

ｂ　傍線部⑥の末期以降，欧米の多くの国では，女性の要求にこたえ，女性の参政権が認められるようになった。傍線部⑥の末期以降，欧米の多くの国で，女性の要求を無視できなくなった理由を，傍線部⑥が長期化したことによってつくられた戦争の体制に関連づけて，簡単に書きなさい。(　　　　　　　　　　　　　　　　　　　　　　)

(7)　傍線部⑦後の農村では，農地改革が行われた。グラフ1は，1940年と1950年における，自作農家，自作兼小作農家，小作農家の，戸数の合計に占める，それぞれの農家の割合を示している。農地改革が行われたことによって，戦前からの地主が農村を支配する力はどのように変化したか。その変化を，グラフ1から読み取れる，小作農家の割合の変化に関連づけて，簡単に書きなさい。

グラフ1

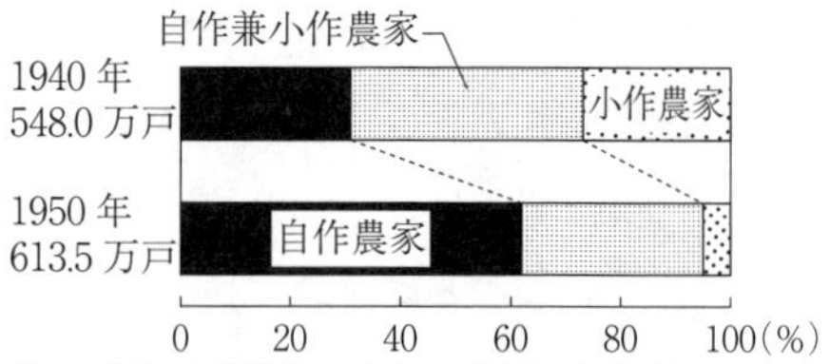


注1　「日本長期統計総覧」などにより作成
注2　自作農家は，耕作地の90％以上が自作地の農家を，自作兼小作農家は，耕作地の10％以上90％未満が自作地の農家を，小作農家は，耕作地の90％以上が小作地の農家を，それぞれ指している。

(　　　　　　　　　　　　　　　　　　　　　　　　　　　　　　　　)

2 次の(1)～(5)の問いに答えなさい。なお，地図１の中のA～Dは県を，ⓐ～ⓒは都市を，それぞれ示している。

地図１

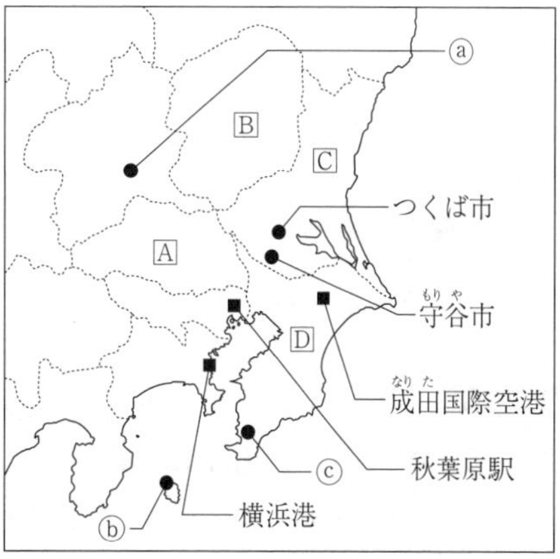


(1) 図２は，日本の南端に位置する島を撮影した写真である。図２に関するａ，ｂの問いに答えなさい。

図２

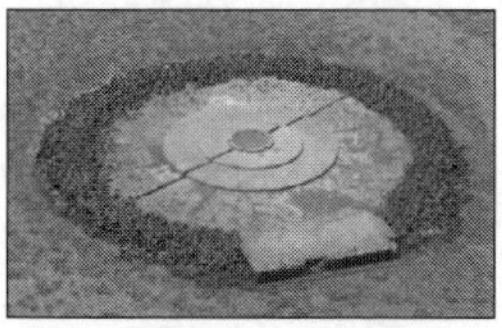

ａ 日本の南端に位置する島の名称を，次のア～エの中から１つ選び，記号で答えなさい。(　　　)

ア 南鳥島　　イ 沖ノ鳥島　　ウ 与那国島　　エ 択捉《えとろふ》島

ｂ 図２の島には護岸工事が施され，領海の外側で，海岸線から200海里以内と定められた範囲を確保している。領海の外側で，海岸線から200海里以内と定められた，沿岸国が水産資源や鉱産資源を利用する権利をもつ範囲は何とよばれるか。その名称を書きなさい。(　　　)

(2) 表３は，2017年における，地図１のA～Dの，総人口，県庁所在地の人口，漁業漁獲量を示している。表３の中のア～エは，A～Dのいずれかを表している。ア～エの中から，Bに当たるものを１つ選び，記号で答えなさい。また，Bの県名を書きなさい。(　　)(　　　県)

表３

| | 総人口（万人） | 県庁所在地の人口（万人） | 漁業漁獲量（万ｔ） |
|---|---|---|---|
| ア | 195.7 | 52.2 | 0.0 |
| イ | 289.2 | 27.3 | 29.8 |
| ウ | 624.6 | 96.6 | 12.0 |
| エ | 731.0 | 128.1 | 0.0 |

注 「データでみる県勢2020」などにより作成

(3) グラフ２のア～ウは，地図１のⓐ～ⓒのいずれかの都市の，気温と降水量を示したものである。グラフ２のア～ウの中から，ⓐの都市の，気温と降水量を示したものを１つ選び，記号で答えなさい。(　　　)

グラフ２

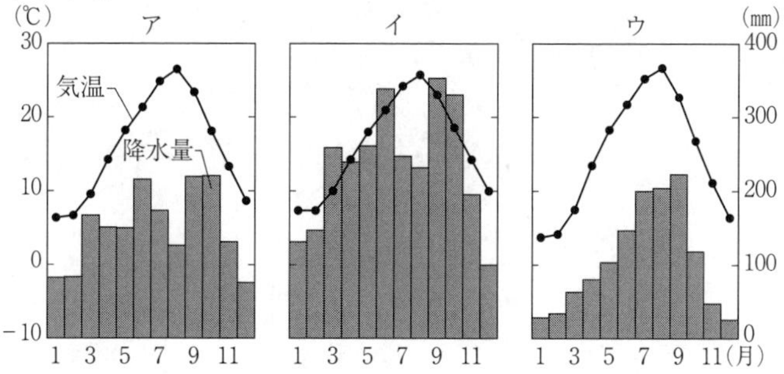


注「平成31年 理科年表」などにより作成

(4) 工業に関するａ，ｂの問いに答えなさい。

a　グラフ3は，2017年における，北関東工業地域，京葉工業地域，京浜工業地帯の，工業出荷額と，それぞれの工業出荷額に占める工業製品の割合を示している。グラフ3のア～ウの中から，北関東工業地域に当たるものを1つ選び，記号で答えなさい。(　　　)

グラフ3

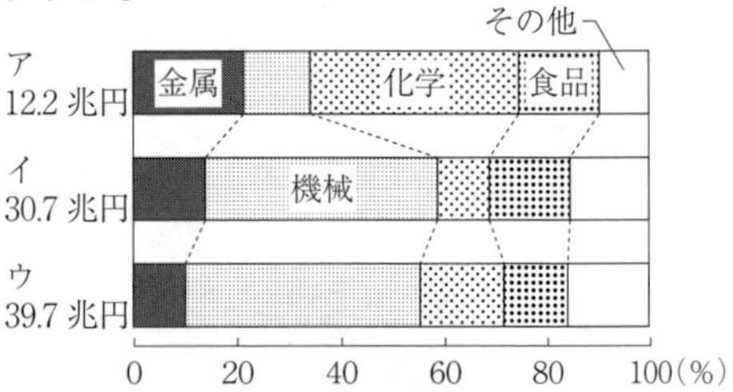


注「データでみる県勢2020」により作成

b　グラフ4は，2019年における，地図1の，成田国際空港と横浜港で扱った輸出品の，重量と金額を示している。成田国際空港と横浜港を比べると，それぞれで扱う輸出品の傾向には，違いがあると考えられる。グラフ4から読み取れる，成田国際空港で扱う輸出品の重量と金額の関係を，横浜港で扱う輸出品の重量と金額の関係との違いに着目して，簡単に書きなさい。

(　　　　　　　　　　　　　　　　　　　　　　　　)

グラフ4

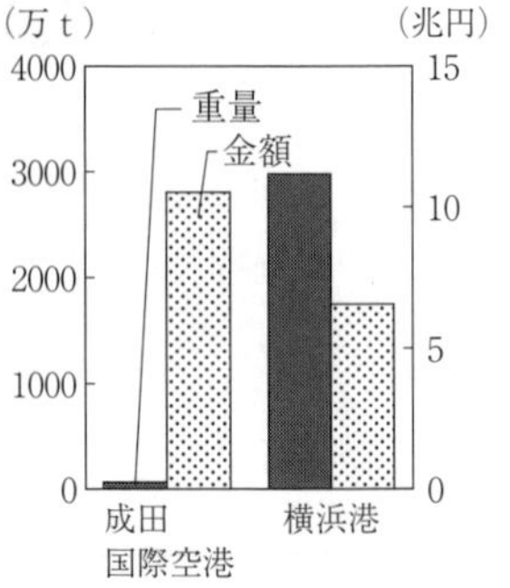


注　東京税関資料などにより作成

(5)　図3は，地図1のつくば市の一部の地域を示した地形図である。図3に関するa～cの問いに答えなさい。

図3

注　国土地理院の電子地形図(タイル)により作成

a　図3には，Y の地図記号が見られる。Y の地図記号が表すものを，次のア～エの中から1つ選び，記号で答えなさい。(　　　)

ア 図書館　　イ 官公署　　ウ 郵便局　　エ 消防署

b 図3の大部分は台地である。関東平野には，富士山などからの火山灰が積もってできた赤土におおわれた台地が多く見られる。関東平野に多く見られる台地をおおう，富士山などからの火山灰が積もってできた赤土は何とよばれるか。その名称を書きなさい。(　　　)

c 2005年に，地図1の秋葉原駅と図3のつくば駅を結ぶ鉄道が開通した。地図1の，つくば市と守谷市は，この鉄道の沿線にある都市である。表4は，2015年における，つくば市と守谷市の，夜間人口（常住人口）と昼間人口（夜間人口から，通勤・通学による人口の流入・流出を加減した人口）を示している。表4から考えられる，つくば市の通勤・通学による人の動きの特徴を，図3から読み取れる，つくば市の，夜間人口と昼間人口の違いに影響を与えているつくば市の特徴に関連づけて，簡単に書きなさい。

(　　　　　　　　　　　　　　　　　　)

表4

| | 夜間人口(人) | 昼間人口(人) |
|---|---|---|
| つくば市 | 226,963 | 244,164 |
| 守谷市 | 64,753 | 53,615 |

注　総務省資料により作成

3　次の(1)～(4)の問いに答えなさい。なお，地図2は，緯線と経線が直角に交わった地図であり，地図3は，東京を中心とし，東京からの距離と方位が正しい地図である。地図2の中のA，Bは国を，地図2と地図3の中のⓐは都市を，地図3の中のXは大陸を，それぞれ示している。

地図2

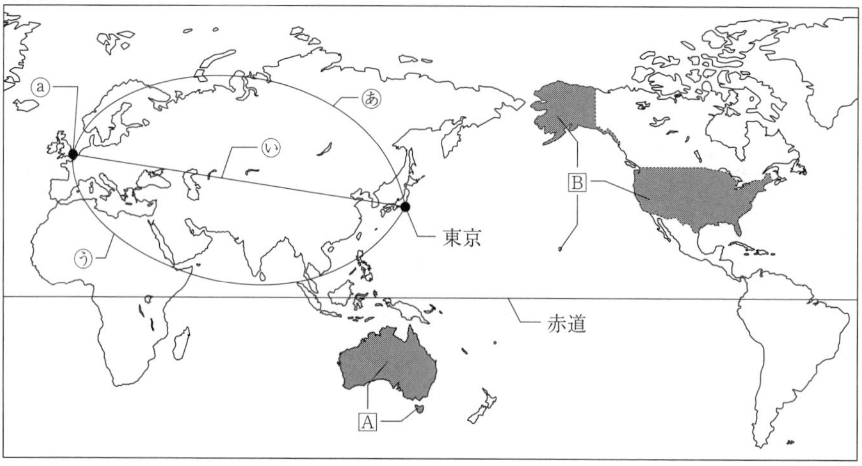


(1)　地図2，地図3に関するa～cの問いに答えなさい。

地図3

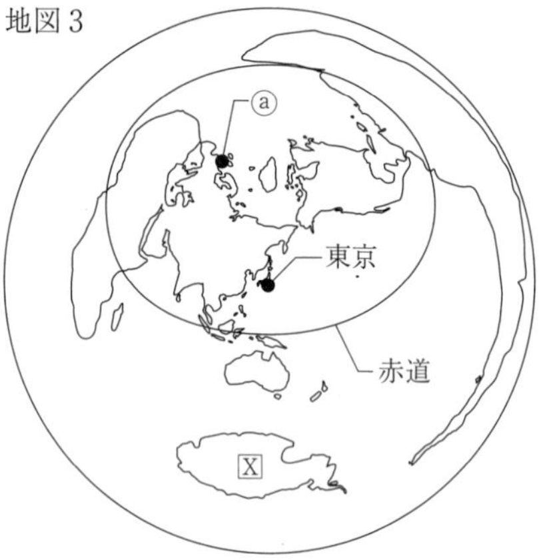


a　航空機を利用して東京からⓐに行くときの最短経路を示したものとして最も適切なものを，地図2のあ～うの中から1つ選び，記号で答えなさい。(　　　)

b　地図3のXは，世界の六大陸のうちの1つである。Xの大陸の名称を書きなさい。(　　　大陸)

c　地図2において，赤道は直線で示されるが，地図3において，赤道は曲線で示される。地図3において，直線ですべて示される線を，次のア～エの中から1つ選び，記号で答えなさい。(　　　)

ア　東京を通る緯線　　イ　ⓐを通る緯線　　ウ　東京を通る経線　　エ　ⓐを通る経線

(2)　次の文は，ⓐの気候についてまとめたものである。文中の（ あ ），（ い ）に当てはまる語として正しい組み合わせを，後のア～エの中から1つ選び，記号で答えなさい。(　　　)

ⓐは，大西洋を北上する（ あ ）の北大西洋海流と，その上空を吹く偏西風の影響を受けて，（ い ）気候となる。

ア　あ　寒流　　い　地中海性　　イ　あ　寒流　　い　西岸海洋性

ウ　あ　暖流　　い　地中海性　　エ　あ　暖流　　い　西岸海洋性

(3)　表5は，A，B，インド，イギリスの，1970年，1990年，2010年における人口と，1985～1990年と2005～2010年における自然増加率（出生率から死亡率を引いた数）を示している。表5に関するa，bの問いに答えなさい。

表5

| | 人口(万人) | | | 自然増加率(‰) | |
|---|---|---|---|---|---|
| | 1970年 | 1990年 | 2010年 | 1985～1990年 | 2005～2010年 |
| [A] | 1,279 | 1,696 | 2,216 | 7.6 | 5.9 |
| [B] | 20,951 | 25,212 | 30,901 | 6.3 | 6.4 |
| インド | 55,519 | 87,328 | 123,428 | 20.7 | 14.5 |
| イギリス | 5,557 | 5,713 | 6,346 | 1.5 | 2.3 |

注1　「世界の統計2020」などにより作成
注2　‰（パーミル）は，千分率のこと。1‰は1000分の1。

a　インドの急激な人口増加は，出生率が高いまま，死亡率が下がったためであると考えられる。インドに見られるような，急激な人口増加は何とよばれるか。その名称を書きなさい。

（　　　）

b　表5から，[A]と[B]の人口増加の理由には，インドの人口増加の主な理由とは異なる理由があると考えられる。[A]と[B]の人口増加の理由を，[A]と[B]が国家として形成されてきた過程に着目して，簡単に書きなさい。（　　　　　　　　　　　　　　　　）

(4)　[A]，[B]に関するa，bの問いに答えなさい。

a　[A]，[B]，日本は，アジア太平洋地域の経済協力のための会議に参加している。この会議の名称の略称は何とよばれるか。その略称を，アルファベットで書きなさい。（　　　）

b　表6は，2013年における，[A]，[B]，インド，イギリスの，小麦の，生産量，輸入量，輸出量，自給率を示している。表6から，[A]や[B]と，インドやイギリスでは，小麦を生産する主な目的が異なっていると考えられる。表6から考えられる，[A]と[B]で小麦を生産する主な目的を，[A]と[B]で行われている大規模な農業による小麦の生産費への影響に関連づけて，簡単に書きなさい。

表6

| | 生産量（万t） | 輸入量（万t） | 輸出量（万t） | 自給率（%） |
|---|---|---|---|---|
| [A] | 2,286 | 28 | 1,817 | 342 |
| [B] | 5,797 | 549 | 3,469 | 170 |
| インド | 9,351 | 3 | 717 | 108 |
| イギリス | 1,192 | 435 | 131 | 82 |

注　「世界国勢図会2019／20」により作成

（　　　　　　　　　　　　　　　　　　　　　　　　　　）

4　次の(1)～(3)の問いに答えなさい。

(1)　社会権に関するa，bの問いに答えなさい。

a　労働者に保障されている，労働基本権に関する①，②の問いに答えなさい。

①　労働基本権は社会権に含まれる権利である。社会権のうち，「健康で文化的な最低限度の生活を営む権利」に当たるものを，次のア～エの中から1つ選び，記号で答えなさい。

(　　　)

ア　請願権　　イ　生存権　　ウ　選挙権　　エ　自己決定権

②　労働基本権のうち，団結権とは，労働者が団結して労働組合を結成する権利である。労働者が団結して労働組合を結成する目的を，労働者と使用者の関係に関連づけて，簡単に書きなさい。(　　　　　　　　　　　　　　　)

b　労働三法のうち，使用者が最低限守るべき，賃金，休日，労働時間などの労働条件について定めた法律は何とよばれるか。その名称を書きなさい。(　　　)

(2)　内閣に関するa～cの問いに答えなさい。

a　次の［　　］の中の文は，日本国憲法の，内閣に関する条文の一部である。文中の（ あ ），（ い ）に当てはまる語として正しい組み合わせを，後のア～エの中から1つ選び，記号で答えなさい。(　　　)

| |
|---|
| 第65条　（ あ ）権は，内閣に属する。<br>第66条①　内閣は，法律の定めるところにより，その首長たる内閣総理大臣及びその他の（ い ）でこれを組織する。 |

ア　あ　立法　　い　国務大臣　　イ　あ　立法　　い　国会議員
ウ　あ　行政　　い　国務大臣　　エ　あ　行政　　い　国会議員

b　国会の信任に基づいて成立し，国会に対して連帯して責任を負う内閣のしくみは何とよばれるか。その名称を書きなさい。(　　　)

c　衆議院による内閣不信任案の可決に対し，内閣が国民の意思を直接問おうとするとき，内閣が国会に対して行うことを，簡単に書きなさい。(　　　　　　　　　　　　　　　)

(3)　農家や農業協同組合などが，自ら生産した農産物を販売する直売所が，全国各地に設立されている。表7は，2017年における，直売所に対する調査結果をまとめたものである。グラフ5は，2018年における，全国の直売所の年間販売金額に占める地元産の割合と，中央卸売市場（卸売市場のうち，地方公共団体などが国の認可を受けて開設したもの）の年間取扱金額に占める地元産の割合を示している。図4は，商品が消費者に届くまでの主な流通経路を示している。表7から分かる，消費者が直売所で商品を購入するときの利点と，表7，グラフ5，図4から考えられる，小売業者から購入する場合と比べて，消費者が商品を購入するときに直売所で発生しやすい問題点を，70字程度で書きなさい。

表7

| | 直売所における販売商品のこだわり | 直売所を営業する上での課題 |
|---|---|---|
| 1位 | 商品鮮度 | 季節による商品不足 |
| 2位 | 同一市町村産の商品のみ販売 | 従業員の人材確保 |
| 3位 | 農薬使用の軽減 | 生鮮物の品質管理 |
| 4位 | 同一都道府県産の商品のみ販売 | 時間帯による商品不足 |

注　都市農山漁村交流活性化機構資料により作成

グラフ5

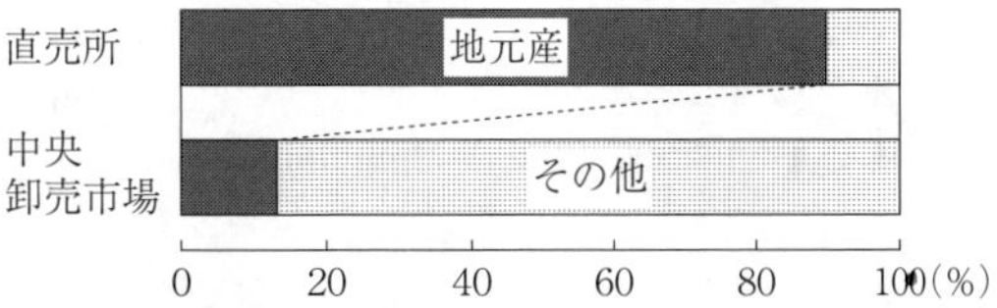


注1　農林水産省資料などにより作成
注2　たとえば静岡県の場合では,「地元産」は静岡県産を示し,「その他」は静岡県以外の都道府県産と外国産を示す。
注3　直売所の年間販売金額は,野菜類,果実類,きのこ類・山菜,畜産物,農産加工品,花き・花木の合計。中央卸売市場の年間取扱金額は,青果,食肉,花き・花木,その他の合計。

図4

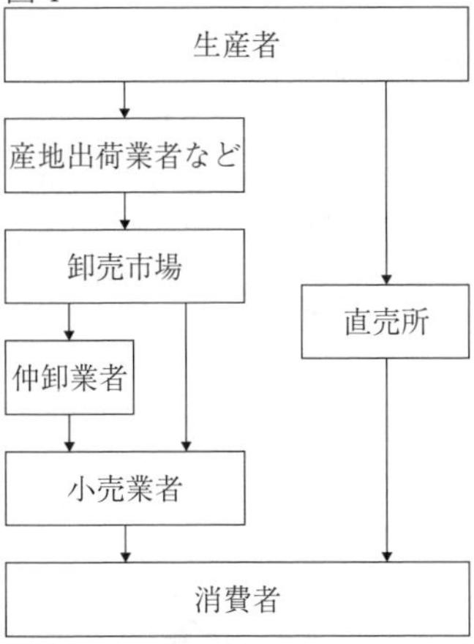


注　全国農業協同組合中央会資料などにより作成

# 理科

時間　50分　　満点　50点

1　次の(1)〜(4)の問いに答えなさい。

(1)　セキツイ動物のうち，外界の温度が変化しても体温がほぼ一定に保たれる動物は何とよばれるか。その名称を書きなさい。(　　　)

(2)　質量パーセント濃度が 12 %の塩化ナトリウム水溶液が 150g あるとき，この水溶液の溶媒の質量は何 g か。計算して答えなさい。(　　　g)

(3)　図1は，静岡県内のある場所における，1年間の太陽の南中高度の推移を破線(………)で表したものである。地球の地軸が公転面に対して垂直であるとしたとき，この場所における1年間の太陽の南中高度の推移を表すグラフはどのようになると考えられるか。図1に実線(——)でかきなさい。

図1

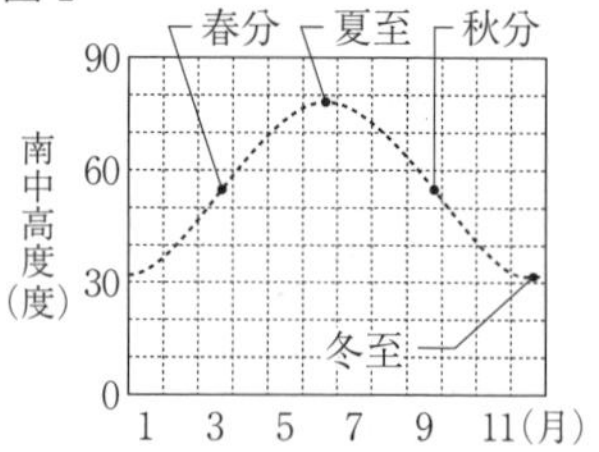


(4)　図2のように，直方体のレンガを表面が水平な板の上に置く。レンガのAの面を下にして置いたときの板がレンガによって受ける圧力は，レンガのBの面を下にして置いたときの板がレンガによって受ける圧力の何倍になるか。計算して答えなさい。(　　　倍)

図2

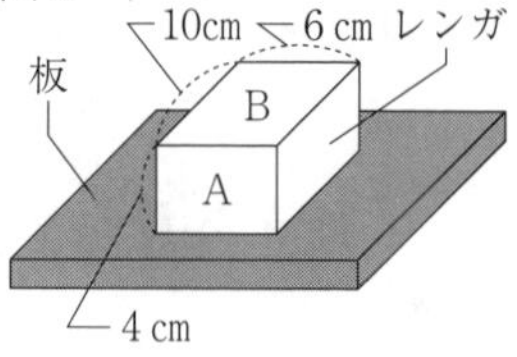

2 植物の生活と種類及び生命の連続性に関する(1)～(4)の問いに答えなさい。

(1) 被子植物に関する①，②の問いに答えなさい。

① 次のア～エの中から，被子植物を１つ選び，記号で答えなさい。(　　　)

ア イチョウ　イ スギ　ウ イヌワラビ　エ アブラナ

② 被子植物の受精に関するa，bの問いに答えなさい。

a 次の文が，被子植物の受精について適切に述べたものとなるように，文中の（ あ ）に言葉を補いなさい。また，文中の（ い ）を**精細胞**，**卵細胞**という２つの言葉を用いて，適切に補いなさい。

あ(　　　)　い(　　　)

花粉がめしべの先端にある（ あ ）につくと，花粉から花粉管がのびる。花粉管がのびることによって，（ い ）ために受精することができる。

b ある被子植物の個体の自家受粉において，精細胞１個の染色体の数を $x$ とするとき，その個体の卵細胞１個の染色体の数と，その個体の受精直後の受精卵１個の染色体の数を，それぞれ $x$ を用いて表しなさい。卵細胞(　　　)　受精卵(　　　)

(2) 図３のように，発芽しているソラマメの根に，等間隔に印を付けた。

図３

① 図３のソラマメの根を，ルーペを用いて観察したところ，細い毛のような部分が見られた。このように，植物の根に見られる，細い毛のような部分は何とよばれるか。その名称を書きなさい。また，この細い毛のような部分が土の細かいすき間に入り込むことで，植物は水や水に溶けた養分を効率よく吸収することができる。この細い毛のような部分が土の細かいすき間に入り込むことで，植物が水や水に溶けた養分を効率よく吸収することができる理由を，簡単に書きなさい。

名称(　　　)

理由(　　　)

② 図４は，根の成長を観察するために，水でしめらせたろ紙をつけた板に，図３のソラマメをピンでとめ，ソラマメが水につからないように，集気びんに水を入れた装置である。図４の装置を暗室に置き，ソラマメの根の成長を観察した。観察を始めて２日後の，このソラマメの根の様子として最も適切なものを，次のア～エの中から１つ選び，記号で答えなさい。(　　　)

図４

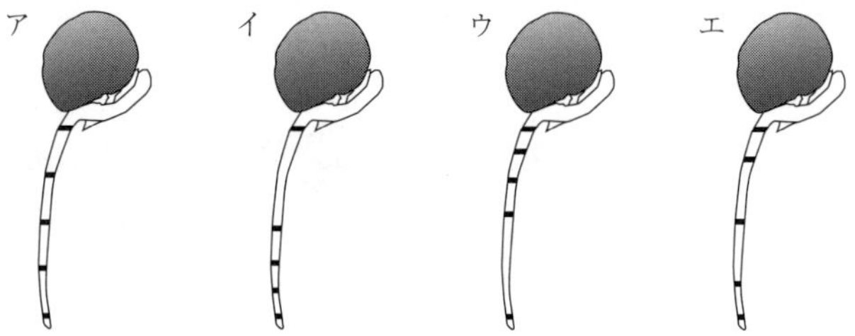


(3) ソラマメの根の体細胞分裂について調べた。図５は，ソラマメの根の１つの細胞が，体細胞分裂によって２つに分かれるまでの過程を表した模式図であり，Aは体細胞分裂を始める前の細胞

を，Bは体細胞分裂後に分かれた細胞を示している。図5の□の中のア～エを体細胞分裂していく順に並べ，記号で答えなさい。(　　→　　→　　→　　)

図5

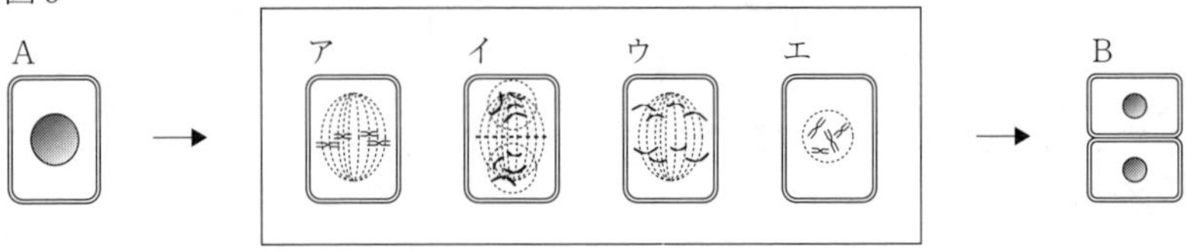


(4)　農作物として果樹などを栽培するとき，無性生殖を利用することがある。農作物として果樹などを栽培するとき，無性生殖を利用する利点を，**染色体**，**形質**という2つの言葉を用いて，簡単に書きなさい。

(　　　　　　　　　　　　　　　　　　　　　　　　　　　　　　)

3　運動とエネルギー，電流とその利用及び身近な物理現象に関する(1)～(4)の問いに答えなさい。

(1)　図6のように，質量400gのおもりを床に置き，おもりとモーターを糸で結ぶ。糸がたるんでいない状態で，モーターに電圧をかけ，糸を等速で巻き上げて，おもりを床から真上に60cm引き上げる。おもりを床から真上に60cm引き上げる仕事をするのに12秒かかったときの，モーターがおもりに対してした仕事の仕事率は何Wか。計算して答えなさい。ただし，100gの物体にはたらく重力の大きさを1Nとし，糸の質量は無視できるものとする。(　　　　W)

図6

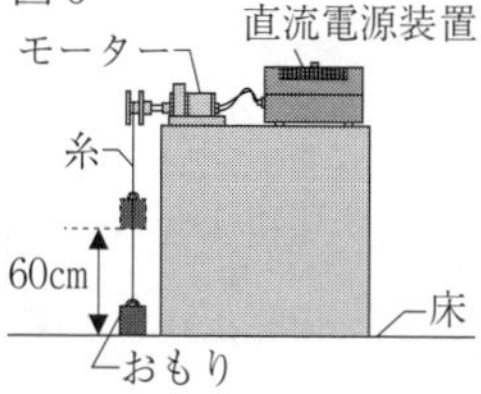


(2)　図7のように，上部に定滑車をつけた斜面を床に固定し，質量400gのおもりを斜面の最も低い位置に置き，おもりとモーターを，定滑車を通した糸で結ぶ。ただし，おもりから定滑車までの糸は斜面と平行であるものとする。

図7

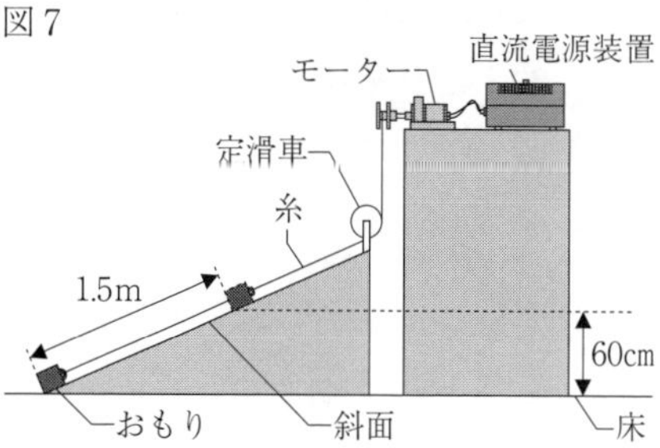


①　図7のモーターに電圧をかけ，糸を等速で巻き上げて，おもりを斜面に沿って1.5m引き上げたところ，おもりの床からの高さは60cmであった。このときのおもりを引く力の大きさは何Nか。計算して答えなさい。ただし，100gの物体にはたらく重力の大きさを1Nとし，定滑車や糸の質量は無視でき，おもりと斜面の間にはたらく摩擦や定滑車の摩擦はないものとする。(　　　　N)

②　おもりが斜面に沿って等速で引き上げられている間において，おもりのもつ力学的エネルギーの大きさは，どのようになっていくと考えられるか。次のア～ウの中から1つ選び，記号で答えなさい。(　　　)

ア　増加していく。　　イ　変わらない。　　ウ　減少していく。

(3)　モーターの内部には，磁石とコイルが使われている。モーターと構造が似ているものに，手回し発電機がある。手回し発電機は，磁石にとり囲まれているコイルを回転させることによって，コイルの内部の磁界が変化し，その変化にともないコイルに電圧が生じて，コイルに電流が流れる現象を利用するしくみになっている。コイルの内部の磁界が変化することでコイルに電圧が生じ，コイルに電流が流れる現象は何とよばれるか。その名称を書きなさい。(　　　)

(4)　図8のように，焦点距離8cmの凸レンズをつけた箱Aに，半透明のスクリーンをつけた箱Bをさしこみ，簡易カメラを作成した。この簡易カメラで観察するときは，箱Bは固定し，箱Aを前後に動かして観察する。ただし，物体に光を当て，明るい物体を観察するものとする。

図8

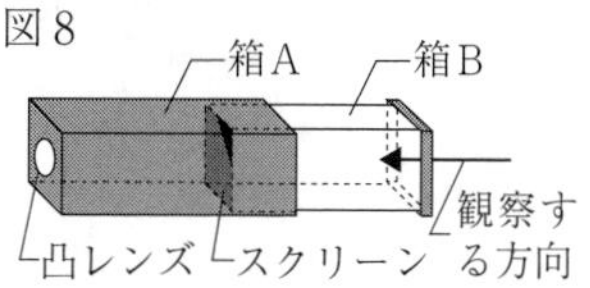


図9

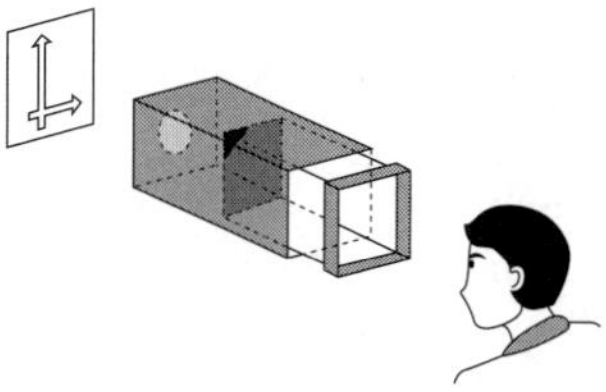

①　図9のように，矢印を組み合わせた図形がかかれた厚紙の中心と，観察者の目，スクリーンの中心，凸レンズの中心が一直線上にくるようにする。箱Aを前後に動かして，凸レンズの位置を調節し，スクリーンにはっきりとした像をうつした。次のア～エの中から，スクリーンにはっきりとした像がうつったときの，観察者側から見えるスク

リーンにうつる像として，最も適切なものを１つ選び，記号で答えなさい。(　　　)

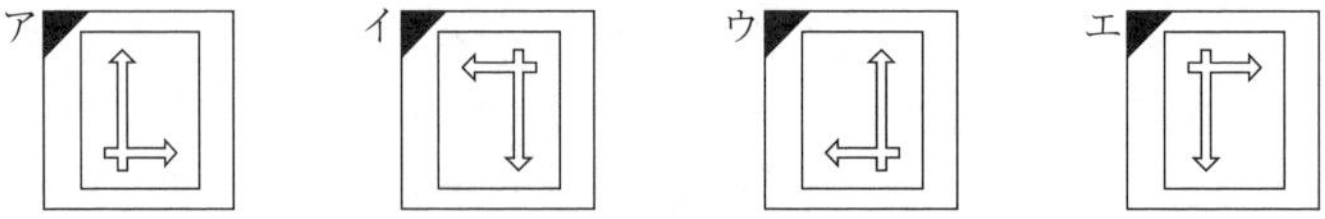


②　焦点距離８cmの凸レンズをつけた図８の簡易カメラで，高さ８cmの平面の物体を，平面の物体の中心が凸レンズの軸（光軸）上にくるように置いて観察し，スクリーンにはっきりとした像をうつした。図10は，このときの，真横から見たようすを模式的に表したものであり，凸レンズの中心からスクリーンの中心までの距離は12cm，凸レンズの中心から平面の物体の中心までの距離は24cmであった。また，図10の凸レンズは，図10の位置からX，Yの矢印の方向に，それぞれ８cmまで動かすことができる。図10をもとにして，a，bの問いに答えなさい。

図10

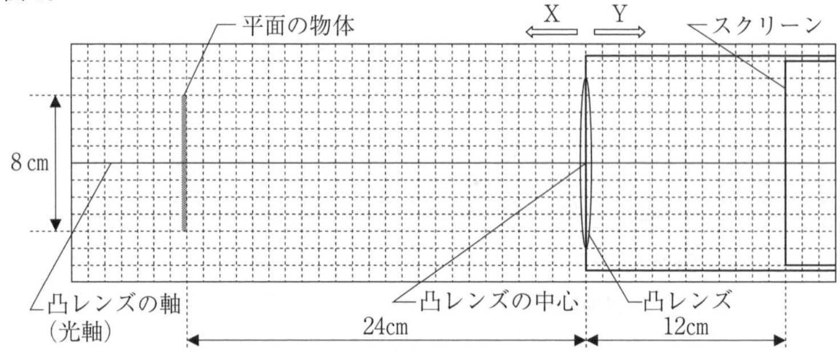


a　スクリーンにうつる像の高さを答えなさい。(　　　cm)

b　平面の物体を，図10の位置から６cm移動させ，凸レンズの中心から平面の物体までの距離を30cmにしたところ，スクリーンにはっきりとした像はうつらなかった。スクリーンにはっきりとした像をうつすためには，凸レンズを，図10の，X，Yのどちらの矢印の方向に動かせばよいか。また，凸レンズを動かしてスクリーンにはっきりとした像がうつるときの像の大きさは，図10でスクリーンにはっきりとうつった像の大きさと比べて，どのように変化するか。右のア～エの中から，凸レンズを動かす方向と，スクリーンにうつる像の大きさの変化の組み合わせとして，最も適切なものを１つ選び，記号で答えなさい。

| | 凸レンズを動かす方向 | スクリーンにうつる像 |
|---|---|---|
| ア | X | 大きくなる |
| イ | X | 小さくなる |
| ウ | Y | 大きくなる |
| エ | Y | 小さくなる |

(　　　)

4 大地の成り立ちと変化に関する(1)，(2)の問いに答えなさい。

(1) 日本付近には，太平洋プレート，フィリピン海プレート，ユーラシアプレート，北アメリカプレートがある。次のア～エの中から，太平洋プレートの移動方向とフィリピン海プレートの移動方向を矢印（⇨）で表したものとして，最も適切なものを１つ選び，記号で答えなさい。

（　　）

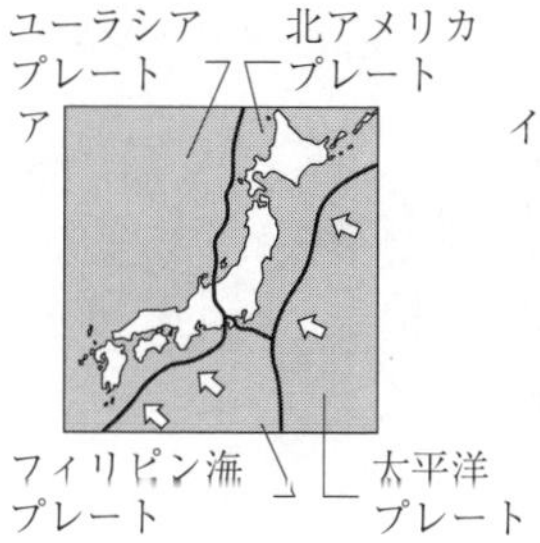

(2) 図11は，中部地方で発生した地震において，いくつかの観測地点で，この地震が発生してからＰ波が観測されるまでの時間（秒）を，○の中に示したものである。

図11

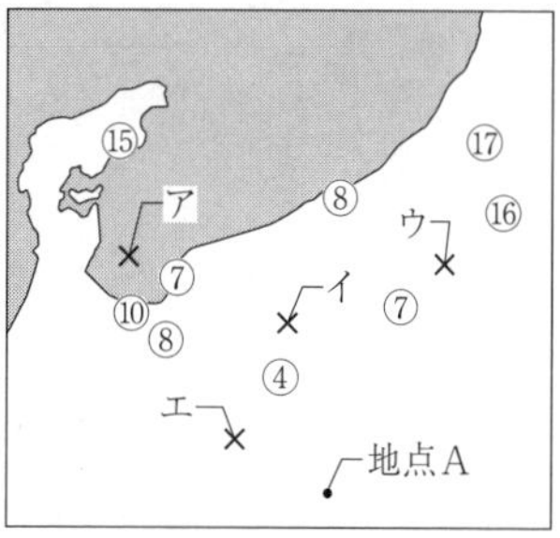


① 図11のア～エの×印で示された地点の中から，この地震の推定される震央として，最も適切なものを１つ選び，記号で答えなさい。ただし，この地震の震源の深さは，ごく浅いものとする。

（　　）

② 次の文が，気象庁によって緊急地震速報が発表されるしくみについて適切に述べたものとなるように，文中の（ あ ），（ い ）のそれぞれに補う言葉の組み合わせとして，下のア～エの中から正しいものを１つ選び，記号で答えなさい。（　　）

緊急地震速報は，Ｐ波がＳ波よりも速く伝わることを利用し，（ あ ）を伝えるＳ波の到達時刻やゆれの大きさである（ い ）を予想して，気象庁によって発表される。

ア あ 初期微動 い 震度　　イ あ 主要動 い 震度

ウ あ 初期微動 い マグニチュード　　エ あ 主要動 い マグニチュード

③ 地震発生後，震源近くの地震計によってＰ波が観測された。観測されたＰ波の解析をもとに，気象庁によって図11の地点Ａを含む地域に緊急地震速報が発表された。震源から73.5km離れた地点Ａでは，この緊急地震速報が発表されてから，３秒後にＰ波が，12秒後にＳ波が観測された。Ｓ波の伝わる速さを3.5km/sとすると，Ｐ波の伝わる速さは何km/sか。小数第２位を四捨五入して，小数第１位まで書きなさい。ただし，Ｐ波とＳ波が伝わる速さはそれぞれ一定であるものとする。（　　　km/s）

5　気象とその変化に関する(1), (2)の問いに答えなさい。

(1)　図12は，ある年の9月3日9時における天気図であり，図中の矢印（──→）は，9月3日の9時から9月4日の21時までに台風の中心が移動した経路を示している。

図12

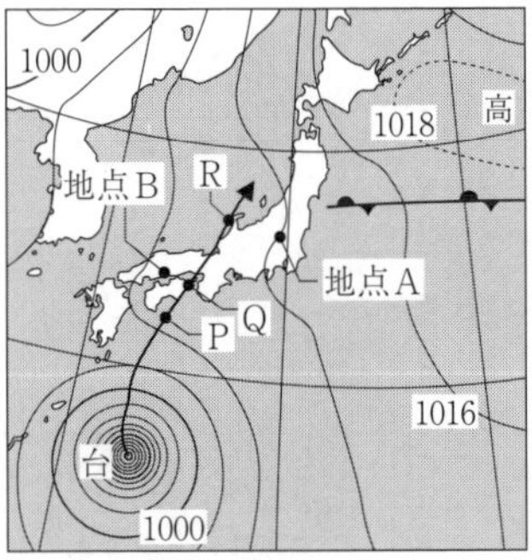


①　図12の地点Aを通る等圧線が表す気圧を答えなさい。

（　　　hPa）

②　図12の中には，前線の一部が見られる。この前線は，勢力がほぼ同じ暖気と寒気がぶつかりあってほとんど動かない前線である。時期によっては梅雨前線や秋雨《あきさめ》前線ともよばれる，勢力がほぼ同じ暖気と寒気がぶつかりあってほとんど動かない前線は何とよばれるか。その名称を書きなさい。（　　　）

③　図12のP，Q，Rは，それぞれ9月4日の9時，12時，18時の台風の中心の位置を表している。次のア～エの中から，台風の中心がP，Q，Rのそれぞれの位置にあるときの，図12の地点Bの風向をP，Q，Rの順に並べたものとして，最も適切なものを1つ選び，記号で答えなさい。（　　　）

ア　北西→南西→南東　　イ　北西→北東→南東　　ウ　北東→北西→南西

エ　北東→南東→南西

(2)　図13は，8月と10月における，台風の主な進路を示したものである。8月から10月にかけて発生する台風は，小笠原《おがさわら》気団（太平洋高気圧）のふちに沿って北上し，その後，偏西風に流されて東寄りに進むことが多い。

図13

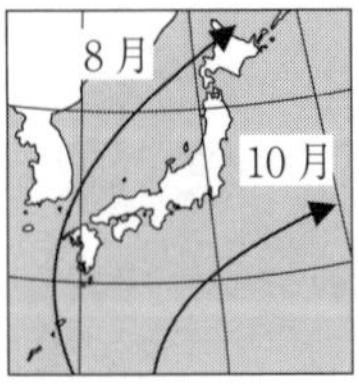


①　小笠原気団の性質を，温度と湿度に着目して，簡単に書きなさい。

（　　　　　　　　　　　　　　　　　　　　　　　）

②　10月と比べたときの，8月の台風の主な進路が図13のようになる理由を，小笠原気団に着目して，簡単に書きなさい。

（　　　　　　　　　　　　　　　　　　　　　　　）

6 化学変化とイオン及び化学変化と原子・分子に関する(1)～(3)の問いに答えなさい。

(1) 図14の装置を用いて，塩化銅水溶液の電気分解を行ったところ，陰極の表面には銅が付着し，陽極の表面からは気体の塩素が発生した。

図14

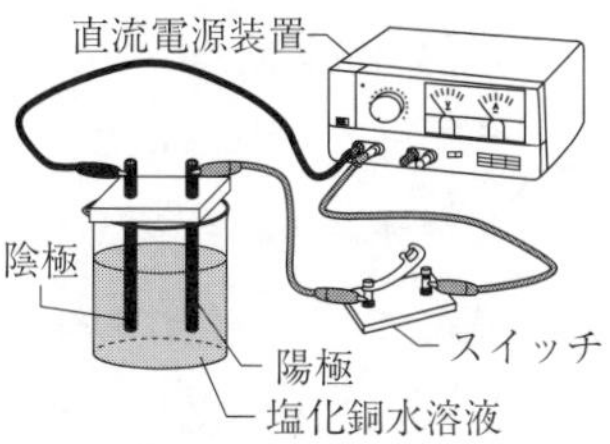


① 銅と塩素は，ともに単体である。次のア～エの中から，単体を1つ選び，記号で答えなさい。(　　　)

ア 酸素　　イ 水　　ウ 硫化鉄　　エ 塩酸

② 塩化銅水溶液の電気分解で，銅と塩素が生じるときの化学変化を，化学反応式で表しなさい。

(　　　　　　　　　　)

③ 塩化銅を水にとかしたときは電流が流れるが，砂糖を水にとかしても電流が流れない。砂糖を水にとかしても電流が流れない理由を，イオンという言葉を用いて，簡単に書きなさい。

(　　　　　　　　　　)

(2) 3つのステンレス皿A～Cを用意する。図15のように，ステンレス皿Aに銅粉0.4gを入れ，5分間加熱する。その後十分に冷ましてから，加熱後の物質の質量をはかる。このように，5分間加熱してから質量をはかるという操作を何回かくり返し，加熱後の物質の質量の変化を調べた。その後，ステンレス皿Bに0.6g，ステンレス皿Cに0.8gの銅粉を入れ，同様の実験を行った。図16は，このときの，加熱回数と加熱後の物質の質量の関係を表したものである。

図15

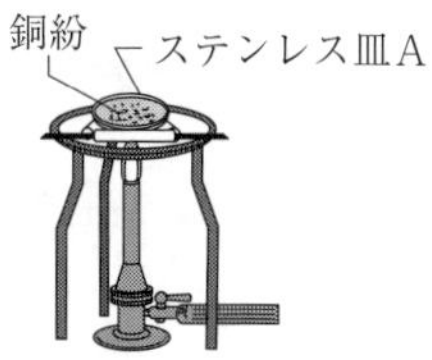


図16

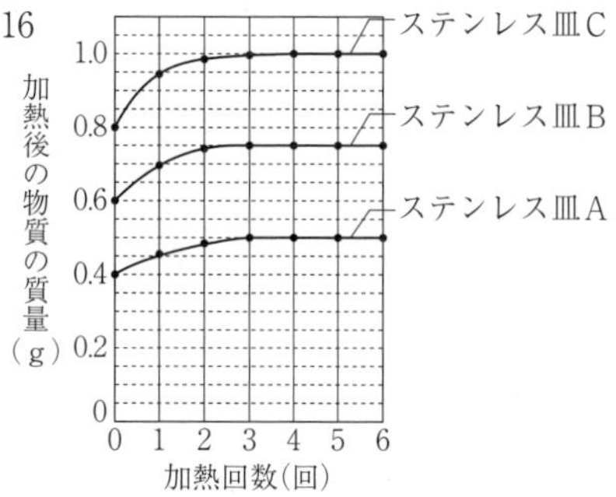


① 図16から，加熱をくり返していくと，ステンレス皿A～Cの加熱後の物質の質量が変化しなくなることが分かる。加熱をくり返していくと，ステンレス皿A～Cの加熱後の物質の質量が変化しなくなる理由を，簡単に書きなさい。

(　　　　　　　　　　)

② 図16をもとにして，銅粉を，質量が変化しなくなるまで十分に加熱したときの，銅の質量と化合する酸素の質量の関係を表すグラフを，図17にかきなさい。

図17

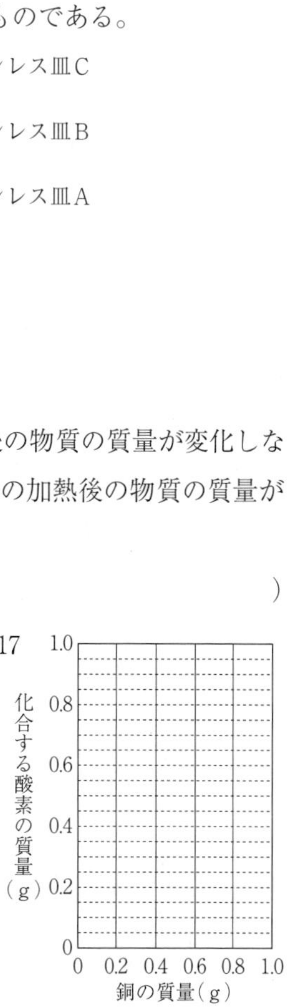

(3)　試験管A，Bを用意し，試験管Aには黒色の酸化銅2.0gと炭素粉末0.15gをよく混ぜ合わせて入れ，試験管Bには黒色の酸化銅2.0gと0.15gよりも少ない量の炭素粉末をよく混ぜ合わせて入れた。図18のように，試験管Aを加熱すると，気体が発生して試験管Cの中の石灰水が白くにごった。気体の発生が終わったところでガラス管を石灰水からとり出し，火を消して，ピンチコックでゴム管を閉じた。その後，試験管Bでも同様の実験を行った。

図18

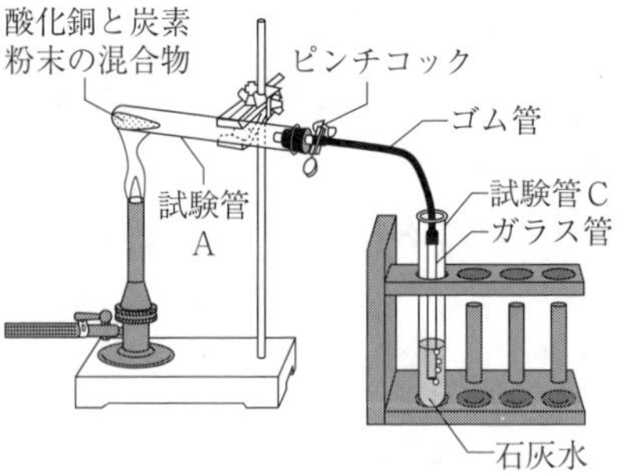


①　石灰水が白くにごったことから，発生した気体は二酸化炭素であることが分かる。この二酸化炭素は，酸化銅が炭素によって酸素をうばわれたときに発生した気体である。このように，酸化物が酸素をうばわれる化学変化は一般に何とよばれるか。その名称を書きなさい。

(　　　)

②　気体の発生が終わった後の試験管Aには銅1.6gだけが残っていた。気体の発生が終わった後の試験管Bに残った物質の質量は1.7gで，試験管Bに残った物質には未反応の酸化銅が混ざっていた。このとき，試験管Bに残っていた未反応の酸化銅の質量は何gか。計算して答えなさい。ただし，酸化銅と炭素粉末の反応以外の反応は起こらないものとする。(　　　g)

5　あなたのクラスでは、国語の授業で、次の［　　］の中の文章が紹介された。

> 読書や一人旅には、一人で過ごす時間の中で、自分なりの楽しさを見つけることができるという魅力があります。そのような、自分が見つけた楽しさを、周囲の人に伝える人もいますが、自分の中だけで楽しむ人もいます。
>
> あなたなら、自分が見つけた楽しさを、周囲の人に伝えますか。

この文章について感想を述べ合ったところ、「**自分が見つけた楽しさは、自分の中だけで楽しめばよい。**」という発言をした人がいた。そこで、この発言について、それぞれが賛成、反対の立場に立って意見を述べることになった。あなたならどちらの立場で、どのような意見を述べるか。そう考える理由を含めて、あなたの意見を書きなさい。ただし、次の条件1、2にしたがうこと。

条件1　一マス目から書き始め、段落は設けないこと。

条件2　字数は、百五十字以上、百八十字以内とすること。

4　次の文章には、江戸時代の大名、板倉重宗《いたくらしげむね》が、京都の警備や訴訟の処理などを行う京都所司代《きょうとしょしだい》を務めたときのことが書かれている。この文章を読んで、あとの問いに答えなさい。

周防守《すはうのかみ》（板倉重宗）は、父伊賀守《いがのかみ》注①の役儀（任務）を受け継いで、二代の誉《ほまれ》（名誉）を得たり。ある時、茶屋長古と言ふ者ア伺候《しこう》しけるに（参上したところ）、「我等《われら》（私）の事、悪し様《ざま》に（悪く言う）批判を聞きたらば（聞いたならば）、言ひ聞かせよ。心得《こころえ》に成るぞ（私の戒めになるのだ）。」と申されしに、長古言はく、「公事《くじ》（裁判）御判断の節《せつ》（時）、非分《ひぶん》に聞こゆる方（道理に合わないように聞こえる方）を、お叱りに成らるるゆゑ（ため）、イうろたへ候《さふら》ひて（うろたえまして）、口上《こうじゃう》前後いたし（話の内容が相違して）、いよいよ（ますます）非公事（道理に合わない訴え）に成り候ふと取りざた仕《つかまつ》るよし（世間の評判でございますと）ウ言ひければ、周防守、手を打ちて、「よくこそ申したれ（よく言ってくれた）。なるほど役所へ出てエ決断する（裁決）に、非公事（道理のない訴え）と見えたる（感じられた）者の面体《めんてい》を見れば（顔かたちを見ると）、先《ま》づ悪《あ》しく（憎く）成りて、自《おのづか》ら（自然と）の怒りを発する（生じる）ゆゑに、それに恐れて不弁の者（口べたな者）は理を言ひ解く（道理を説明する）事、能《あた》はざるべし（できなくなるのだろう）。向後《きゃうこう》（今後）は心得たり。」とて、それより茶注②うすをもうけて（用意して）、これを挽《ひ》き（回し）ながら訴人《そにん》の面《つら》（訴え出た人の顔）を見ずに公事（訴え）を聴かれける。

（神沢《かんざわ》杜口《とこう》「翁草」より）

（注）① 板倉勝重《かつしげ》。江戸時代初期の人。京都所司代を務めた。
② 茶葉を挽いて粉末状にする道具。下の図参照。

問一　二重傍線（‖）部を、現代かなづかいで書きなさい。（　　）

問二　波線（〰〰）部ア～エの中から、その主語に当たるものが同じであるものを二つ選び、記号で答えなさい。（　　と　　）

問三　傍線（――）部について、周防守は、自身の発言の中でその理由を推測して述べている。周防守が述べている、傍線（――）部のようになる理由を、周防守の気質を含めて、簡単に書きなさい。
（　　）

問四　次のア～エの中から、本文から読み取れる、周防守の人物像について述べた文として、最も適切なものを一つ選び、記号で答えなさい。（　　）

ア　周囲からの評判に耳を傾け、父親から伝えられた教訓を固く守り通す人。
イ　周囲からの評判に耳を傾け、現状を改善するための手段を取ることができる人。
ウ　周囲からの評判に耳を傾けるが、任務よりも自分の趣味を優先する人。
エ　周囲からの評判に耳を傾けるが、自分に都合が悪い話は聞き入れない人。

そのために、私たち中学生ができる具体的な方法を、学校の栄養士の方から三つ3聞いたので、伝えます。買い物の際には、冷蔵庫の在庫を確認して食品を買いすぎないこと。調理の際には、作りすぎないこと。また、野菜や果物の皮を厚くむきすぎないことです。
ⓐ

以上で発表を終わります。ありがとうございました。

問一　傍線部1は、受け身の表現にした方が適切であると考えた。傍線部1を、受け身の表現に直しなさい。
（　　　　）

問二　本文中の[　]の中にあるア～エの文を、適切な順序に並べ替えたい。ア～エの文を文脈が通るように並べ替え、記号で答えなさい。
（　→　→　→　）

問三　傍線部2を印象的に表すために、慣用句を使った表現にしたい。傍線部2とほぼ同じ意味になる慣用句を使った表現として、最も適切なものを、次のア～エの中から一つ選び、記号で答えなさい。
（　　）

ア　歯が立ちませんでした　　イ　頭をかかえました
ウ　耳に逆らいました　　エ　肩身が狭くなりました

問四　傍線部3を、「栄養士」に対する敬意を表す表現にしたい。傍線部3を、敬意を表す表現に改めなさい。（　　　）

問五　あなたは、給食委員会の委員長から、本文中の（※）の部分で、次の図を聞き手に示し、本文中のⓐで示した内容につながる一文を入れたいと相談を受けた。（※）の部分に付け加えるのに適切な一文を、図から分かることを含めて、書きなさい。

（　　　　）

図

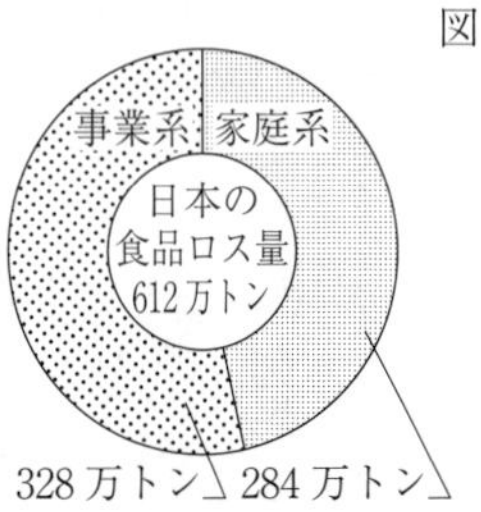


注1　農林水産省資料より作成
注2　数値は平成二十九年度の推計値

問三　本文には、傍線部1について述べた一文がある。その一文の、最初の五字を抜き出しなさい。

問四　次のア～エの傍線部の中から、傍線部2を漢字に直した熟語と同じものを一つ選び、記号で答えなさい。（　）

ア　産業革命が進み、資本主義体制が確立する。

イ　長年の努力が実り、作曲家として大成する。

ウ　不測の事態に備えて、万全の態勢をとる。

エ　雪解けのぬかるみに足を取られて、体勢が崩れる。

問五　筆者は、本文の⑩～⑬の段落で、人間が「不安」を感じるようになった理由を述べている。その理由を、多くの動物にとって恐怖がどのようなものとして進化してきたかを含めて、六十字程度で書きなさい。

問六　次のア～エの中から、本文で述べている内容として適切でないものを一つ選び、記号で答えなさい。（　）

ア　ジェットコースターなど、安全が保証された範囲での恐怖が癖になるのは脳の報酬系が原因だとされる。

イ　恐怖を感じた出来事は記憶に鮮明に残るように、こころをざわざわさせた芸術作品も記憶に残りやすい。

ウ　生き物同士の命のやりとりが淡々とおこなわれる熱帯雨林のような場所にだけ、本当の美は存在する。

エ　美しいものにぞくぞくする感覚は、予測のつかない自然のなかでのざわざわひりひりするような感覚と似ている。

3　次の文章は、給食委員会の委員長が、委員会活動で調べて分かったことを、全校集会で発表するためにまとめている原稿である。あなたは、給食委員会の委員長から原稿についての助言を頼まれた。この文章を読んで、あとの問いに答えなさい。

先日、学校の近くにあるコンビニエンスストアの前を歩いていたときのことです。店頭には、「食品ロスの削減を推進しています」という1表示を掲げていました。現在、食品ロスの削減に向けて、企業や商店などの事業所では、様々な取り組みが始まっているようです。食品ロスという言葉は、どのような意味で使われているのでしょうか。

ア　その食品ロスの現状を理解するために、日本の食品ロス量と国連の食料援助量を調べて、比較してみました。

イ　それは「本来食べることができるのに捨てられる食品」という意味で使われています。

ウ　次に、国連の食料援助量は、年間約三九〇万トンだと分かりました。

エ　まず、日本の食品ロス量は、年間約六一二万トンでした。

日本の食品ロス量は、国連の食料援助量の約一・六倍に相当します。日本では、毎日、国民一人当たり茶わん一杯分の食品を捨てていることになるそうです。食料不足で苦しむ国の人々に対して、2恥ずかしくてひけめを感じました。

日本の食品ロス量の内訳を示した、この図を見てください。（※）

物が「なにか」を認識するより先に、身がすくんで、冷や汗をかき、心臓がどきどきする。ふだん自分の心臓の動きを自覚することはあまりないけれど、このときばかりは心臓がその存在を主張する。自分のからだに、自分の意思や意識をイ超えた「自然」を感じるときでもある。

[7]「また、恐怖の反応として、ウ置かれた状況を正しく把握するために、感覚や知覚が鋭敏になるということもある。神経伝達物質のノルアドレナリンが作用して、注⑥瞳孔も開かれ、世界がいつもより色鮮やかに感じられる。

[8] そして、恐怖を感じた出来事は記憶にも鮮明にエ残る。今後似たような危険に遭遇したときに、もっとすばやく対応できるよう、神経細胞をつなぐ注⑦シナプスの結びつきを強めるからだ。たしかに、こころをざわざわさせた芸術作品も、記憶に残りやすい。

[9] あらためて考えてみると、それは「生きている」ことを実感させるような部分なのかもしれない。恐怖が、危険や死に直面したときのしくみであるからこそ感じる「生きている」という感覚だ。

[10] はじめて注⑧ボルネオの熱帯雨林を(あ)おとずれたとき、驚いたのは、森がたくさんの音にあふれていることだった。圧倒的な種類の鳥や昆虫、ヤモリにカエルに、テナガザル。たくさんの生き物が発する声や音、なかにはいままで聞いたことのないような(い)奇妙な物音までが、折り重なるように聞こえてくる。音だけではない。土のなかから樹高三〇メートルの木々の上まで、大小さまざまな無数の生き物の気配に満ちあふれていた。

[11] 目をオこらすと、生き物同士が関わりあい、いまそこで命のやりとりが淡々とおこなわれている。そのなかに身を置くのは、ざわざわするような、ひりひりするような格別の感覚だった。

[12] そんな(う)ふくざつな生態系のなかでは、すぐ先の未来も予測がつかない。次の瞬間に、おいしい餌にありつけるかもしれないけれど、次の瞬間には捕食者に(え)襲われて命を落とすかもしれない。うっかり大きな生き物に踏みつぶされたり、注⑨スコールで吹き飛ばされたりすることだってある。だからこそ、恐怖は多くの動物にとって、生死に直結するだいじな情動として進化してきた。

[13] 人間の場合はさらに、想像力を手に入れたことで、未来におこりうるよくない出来事を予想し、さきまわりの恐怖を感じるようになった。「不安」だ。だからこそ、危険を遠ざけるために、知恵をしぼって身のまわりの環境をつくりかえてきた。

[14] でも「美しい」ものにぞくぞくする感覚は、頭で考えるもやもやした不安ではない。それは、予測のつかない自然のなかに身を置くときの、ざわざわひりひりするような感覚と似ている。

（齋藤《さいとう》亜矢「ルビンのツボ」より）

(注) ①・④　それぞれ、脳の一部の名称。
②・③・⑤　それぞれ、神経の系統の名称。
⑥　眼球の中央部にある黒い部分。
⑦　神経細胞の間の接合部。
⑧　東南アジアにある島。
⑨　熱帯地方特有の激しいにわか雨。強風や雷を伴うこともある。

問一　二重傍線（‖）部(あ)、(う)のひらがなを漢字に直し、(い)、(え)の漢字に読みがなをつけなさい。

(あ)（　　れた）　(い)（　　）　(う)（　　）　(え)（　　われて）

問二　波線（～～）部ア～オの動詞の中には、活用の種類が一つだけ他と異なるものがある。それはどれか。記号で答えなさい。（　　）

エ　自分の感情を抑えて外に表さないように過ごしてきたこと。

問六　佐藤は、岩崎の言葉を聞いて、傍線部3のような気持ちになった。佐藤が、傍線部3のような気持ちになったのは、岩崎の言葉をきっかけとして、どのようなことを推測したからか。佐藤が推測したことを、本文中のⓑで示した部分から分かる、佐藤に対する岩崎のこれまでの態度を含めて、五十字程度で書きなさい。

---

2　次の文章を読んで、あとの問いに答えなさい。なお、文章中の1～14は、段落を示す番号である。

1　恐怖は、身の危険を回避するための基本的な情動の一つであり、多くの動物に共通して備わっている。危険なものを察知すると、瞬時に身がすくんだり、飛びのいたりする。大脳辺縁系[注①]や、自律神経系[注②]を中心とした原始的なシステムだ。

2　危険に対する選択肢は二つ。逃げるか、ア戦うか。交感神経系[注③]を優位にして、心拍や血圧を上げ、筋肉や脳に優先して血液を送る。だからふだんは出せないような大きな力が発揮できることもある。1「窮《きゅう》鼠《そ》猫を噛《か》む」や「火事場の馬鹿力」の科学的な根拠だ。

3　人間の場合、原始的な恐怖発生システムが作動してから、大脳新皮質[注④]の理性によるシステムで、危険の正体をつきとめる。さまざまな知識や経験を参照して、だいじょうぶ、これは危険ではない、あるいは危険は去ったと判断すると、副交感神経系[注⑤]が優位になり、恐怖の臨戦2たいせいが解かれる。そのほっとするスイッチが、脳の報酬系だ。脳内麻薬物質ともいわれるエンドルフィンなどの神経伝達物質が放出され、快を感じる。ジェットコースターなど、安全が保証された範囲での恐怖が癖になるのはそのせいだとされる。

4　「美しい」が「怖い」と親和的な要因も、一つはこの報酬系にありそうだ。神経美学の川畑秀明《ひであき》さんらの研究によると、絵を見て美しいと感じるときにも、やはり報酬系が関わっているという。

5　自分が恐怖を感じた体験をあらためて思い返してみると、「美しい」につうじる部分はほかにもありそうだ。

6　たとえば、恐怖は頭よりも先にからだで感じるということ。原始的なシステムの方が、危険を察知してからの反応時間が短いからだ。見た

ⓑ
ぼくは、すっきりとうれしい気持ちになっていた。岩崎と最後に二人きりでこんな風に話ができるなんて、思ってもいなかったからだ。「あんなに反発していなかったらもっと親しくなれたのにって思うと、自分がちょっと嫌になるよ。正直に言うと少し後悔してる。」岩崎は今までになく素直な口調で言った。いいよ岩崎、時間なんてまだぼくらの前には無限に思えるほどあるんだから。もう少しぼくらが自由に動けるようになったら、きっとまた会うことができる……いや、ぼくは絶対にまたここに戻ってくるつもりだから。早い話、来年の三月にはあの注②廃屋でまた再会するのだから。

「吉田もな、時々羨ましいんだよ。」岩崎が言った。「俺と違ってストレートな奴《やつ》だから。」吉田のストレートに岩崎のくせ球。でもバッターを打ち取ろうと思ったらその両方をうまく㋑おり交ぜることが必要なんだ、きっと。

そのとき、車内放送がまもなく次の駅に到着することを告げた。岩崎はゆっくりと立ち上がった。「次で降りるよ。」それから岩崎は少し間を置いてから、「絶対にまた戻ってこいよ。」と言った。

3うれしかった。おそらく岩崎はこのことをぼくに伝えるためだけに、みんなと離れて、一人だけで、ぼくのいる列車に乗り込んできたのだろう。

ぼくも立ち上がり、「本当にありがとう。」と言いながら右手を岩崎の前に差し出した。岩崎はちょっと照れたような表情でぼくの顔と手を交互に見ていたけれど、やがておずおずとぼくの右手をとった。ぼくらは力強く握手をした。

(阪口正博《さかぐちまさひろ》「カントリー・ロード」より)

(注) ① 野球部の部員。佐藤が入部したことで、ピッチャーになれなかった。
② ここでは、友人たちとの再会を約束した場所のこと。

問一 二重傍線(‖)部㋐の漢字に読みがなをつけ、㋑のひらがなを漢字に直しなさい。㋐(　　) ㋑(　　り)

問二 次のア～エの中から、波線(～～)部と同じ構成の熟語を一つ選び、記号で答えなさい。(　)

ア 創造　イ 越境　ウ 速報　エ 禍福

問三 佐藤が傍線部1のような気持ちになったのは、どのようなことに対してか。その内容を、簡単に書きなさい。

(　　)

問四 次のア～エの中から、本文中のⓐで示した部分の表現の特徴として、最も適切なものを一つ選び、記号で答えなさい。(　)

ア 擬音語や擬態語を用いて、登場人物の心情や様子が表現されている。

イ 対句や倒置法などの技巧的な言い方が使われ、登場人物の感動が強調されている。

ウ 比喩表現を多用して、車窓からの眺めと登場人物の心情が印象深く表現されている。

エ 登場人物の心の中での語りかけが描写され、心情が分かりやすく表されている。

問五 佐藤は、岩崎に傍線部2のように感じさせてきたのは、自分のどのようなことが原因であると考えているか。次のア～エの中から、その原因であると佐藤が考えていることとして、最も適切なものを一つ選び、記号で答えなさい。(　)

ア みんなと離れても必ず再会できると信じてきたこと。

イ いつも傷ついたりイライラしながら生活してきたこと。

ウ 転校を繰り返す中で仲間をどの場所でも作ってきたこと。

# 国語

時間　五〇分
満点　五〇点

[1] 次の文章には、中学二年生で野球部員の佐藤が、十一か月を過ごした町から引っ越すことになり、友人たちに見送られた後のことが書かれている。この文章を読んで、あとの問いに答えなさい。

列車が速度を増し、みんなの顔がすごい早さで流れていった。吉田《よしだ》、杉本、森田、中野美香《みか》、小森瑞穂《みずほ》、辻内《つじうち》早苗《さなえ》……。

胸の中がぽっかりと(あ)空洞になったようで、それでいてぐっとひきつっているような感覚を覚えた。ぼくは大きなため息をついてから、再び車窓に目を向けた。

何も考えることができなかった。ただみんなの顔が浮かんでは消えていった。岩崎[注①]の顔が浮かんだ時、彼はとうとう今日、ホームに姿を見せなかったと思った。それが1唯一の心残りだった。五分ほどで次の駅に着いた。人影のないその駅から、一人だけ乗客があった。その乗客はゆっくりとぼくのそばに近づいてきた。

ⓐ
岩崎だった。あっけにとられて見つめているぼくを尻目に、岩崎はそのまま何食わぬ顔で、ぼくの前の座席に腰を下ろした。「勘違いすんなよ。」岩崎がいつものようにぶっきらぼうな調子で言った。「ちょうど用事があって、たまたま同じ列車に乗っただけだからな。」「でもうれしいよ、もう会えないのかなって思っていたとこだったから。」ぼくは岩崎に言った。岩崎はしばらくの間、ぶすっとした顔で車窓から外の景色を眺めていたけれど、突然、「何でだよ。」とぼくを見ずに、つぶやくように言った。「なんでこんなに早く行っちゃうんだよ。俺からピッチャーを取り上げといてさ。」「父さんが転勤だから仕方がないんだ。」ぼくがそう言うと、岩崎はちぇっと小さく舌打ちをした。「そんなことは、知ってるよ。」

ぼくは岩崎が何を言うつもりなのかわからなかった。「正直に言うと、俺、佐藤のことが気になりながらもちょっと憎らしかった。」「……。」「俺がいくらくってかかっても、2いつも悠然としてるってところがだよ。」

ぼくが、悠然としてるなんてことは全然ない。ぼくはぼくなりにいつも傷ついたり、イライラしたりしているのだ。でも、もしぼくのことがそんな風に見えるなら、ぼくは転校を繰り返すうちに、自分の感情を表に出すことがへたくそになっていたのだと思う。本当だよ、岩崎、ぼくは本当はそんなんじゃないんだ。ぼくは心の中でそう繰り返した。

「でも佐藤、なんでそんなに無理してるんだよ。」突然の岩崎の言葉だった。ぼくは思わず岩崎を見た。「なんでもっと怒らないんだよ。なんでもっと感情をむき出しにしないんだよ。」ぼくは、少しの間何も言えずに岩崎の顔を見続けていた。ぼくが自分の感情を押し殺しながら生きてきたことは確かだ。それが転校生として生きていく最善の方法のように思っていたからかもしれない。

「じゃあ、聞くけど、岩崎もけっこう無理してるだろ。」ぼくがそう言うと岩崎はえっという表情でぼくを見た。「いつも、自分を過剰にカバーして。」岩崎はしばらく黙っていたけれどすぐににやっと笑ってぼくを見た。「そのうちそれがこらえきれないというような笑いに変わっていった。「何がおかしいのさ。」ぼくは少し怒ったような口調で言った。「なんか似てるかもな、俺たち。」岩崎は笑いをかみ殺すようにしながら言った。「俺も佐藤と同じで、確かにかなり無理してるなあって、そう思ったら何だかおかしくなってきてさ。」

# 2021年度／解答

## 数 学

1 【解き方】(1) ア．与式 $= -3-9=-12$ イ．与式 $=4a^2\times\dfrac{1}{8a}\times 6b=3ab$ ウ．与式 $=$

$\dfrac{3(4x-y)-7(x+2y)}{21}=\dfrac{12x-3y-7x-14y}{21}=\dfrac{5x-17y}{21}$ エ．与式 $=5+2\sqrt{15}+3-9\sqrt{15}=$

$8-7\sqrt{15}$

(2) 与式 $=(4a+b)(4a-b)=(4\times 11+43)(4\times 11-43)=87\times 1=87$

(3) $x^2-5x+6=38-x$ より，$x^2-4x-32=0$ なので，$(x+4)(x-8)=0$ よって，$x=-4,\ 8$

【答】(1) ア．$-12$ イ．$3ab$ ウ．$\dfrac{5x-17y}{21}$ エ．$8-7\sqrt{15}$ (2) 87 (3) $x=-4,\ 8$

2 【解き方】(1) 点Aを通る直線AOに対する垂線と∠AOBの二等分線の交点がPとなる。

(例)

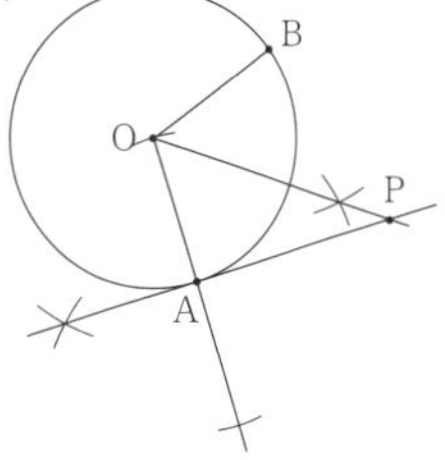


(2) ア．大きい方から $b$ 番目の数は，$14-b+1=15-b$ だから，$a+(15-b)=a-b+15$ イ．さいころの目の出方は全部で，$6\times 6=36$（通り） 円と六角形が残るのは，$(a,\ b)=(1,\ 5)$，$(1,\ 6)$，$(2,\ 5)$，$(2,\ 6)$ の4通り，六角形と長方形が残るのは，$(a,\ b)=(3,\ 1)$，$(3,\ 2)$，$(3,\ 3)$，$(3,\ 4)$，$(4,\ 1)$，$(4,\ 2)$，$(4,\ 3)$，$(4,\ 4)$，$(5,\ 1)$，$(5,\ 2)$，$(5,\ 3)$，$(5,\ 4)$，$(6,\ 1)$，$(6,\ 2)$，$(6,\ 3)$，$(6,\ 4)$ の16通りなので，確率は，$\dfrac{4+16}{36}=\dfrac{5}{9}$

【答】(1)（右図） (2) ア．$a-b+15$ イ．$\dfrac{5}{9}$

3 【解き方】(1) 各組とも中央値は小さい方から15番目と16番目の平均となる。アは，最大値が80cmから90cmで，中央値が60cmから70cm。イは，最大値が70cmから80cmで，中央値が40cmから50cm。ウは，最大値が50cmから60cmで，中央値が30cmから40cm。エは，最大値が60cmから70cmで，中央値が50cmから60cm。よって，求める答えは，3年1組がエで，3年2組がイ。

(2) 60人の記録の合計値は，$45.4\times 60=2724$ (cm)，上位10人の記録の合計値は，$62.9\times 10=629$ (cm) だから，残り50人の記録の合計値は，$2724-629=2095$ (cm) よって，求める平均値は，$2095\div 50=41.9$ (cm)

【答】(1)（3年1組）エ （3年2組）イ (2) 41.9 (cm)

4 【解き方】6月の可燃ごみの排出量を $x$ kg，プラスチックごみの排出量を $y$ kg とすると，$x=4y$……① また，5月の排出量は，可燃ごみが $(x+33)$ kg，プラスチックごみが $(y-18)$ kg だから，$\{(x+33)+(y-18)\}\times\dfrac{95}{100}=x+y$ が成り立つ。整理して，$x+y=285$……② ①を②に代入して，$4y+y=285$ だから，$5y=285$ よって，$y=57$，$x=4\times 57=228$

【答】（6月の可燃ごみ）228 (kg) （6月のプラスチックごみ）57 (kg)

5 【解き方】(1) 底面BCDと辺ADが垂直なので，直角なのは，∠ADBと∠ADC。

(2) △BCD ∽ △PQD となり，DB : DP = 12 : 9 = 4 : 3 なので，△BCD : △PQD = $4^2:3^2=16:9$ よって，$\dfrac{16-9}{16}=\dfrac{7}{16}$（倍）

(3) 中点連結定理から，LN ＝ KM ＝ $\frac{1}{2}$AD ＝ 4 (cm)，MN ＝ KL ＝ $\frac{1}{2}$BC ＝ 6 (cm)　LN ∥ AD，KM ∥ AD より，∠LNM ＝∠KMN ＝ 90° だから，四角形 KLNM は長方形となり，点 E から辺 MN に垂線 EH をひくと，EH ＝ $\frac{1}{2}$LN ＝ 2 (cm)　右図のように DH の延長と辺 BC との交点を I とすると，△DBI は 30°，60° の直角三角形だから，DI ＝ $\frac{\sqrt{3}}{2}$DB ＝ $6\sqrt{3}$ (cm)　DH：HI ＝ 1：1 だから，HI ＝ $\frac{1}{2}$DI ＝ $3\sqrt{3}$ (cm)　三平方の定理より，BH ＝ $\sqrt{\mathrm{BI}^2+\mathrm{HI}^2}$ ＝ $\sqrt{\left(12\times\frac{1}{2}\right)^2+(3\sqrt{3})^2}$ ＝ $3\sqrt{7}$ (cm)　したがって，BE ＝ $\sqrt{\mathrm{EH}^2+\mathrm{BH}^2}$ ＝ $\sqrt{2^2+(3\sqrt{7})^2}$ ＝ $\sqrt{67}$ (cm)

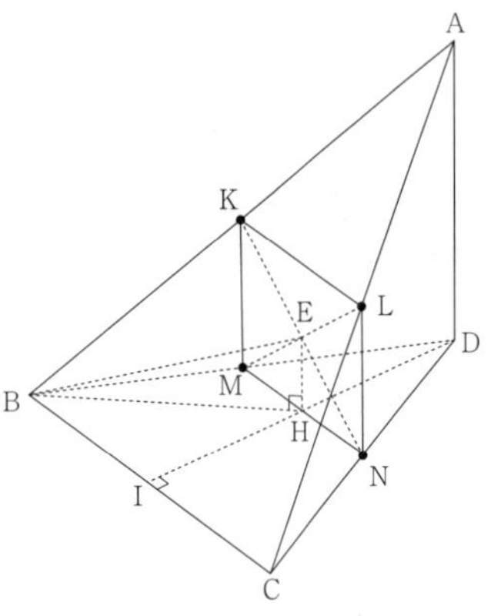


【答】(1) ∠ADB，∠ADC　(2) $\frac{7}{16}$ (倍)　(3) $\sqrt{67}$ (cm)

6 【解き方】(1) $y$ の変域の最大値は，$x = 0$ のとき，$y = 0$　最小値は，$x = 2$ のとき，$y = -\frac{1}{2}\times 2^2 = -2$
よって，$-2 \leqq y \leqq 0$

(2) C (4，0)で，点 D の $y$ 座標は，$y = -\frac{1}{2}\times 4^2 = -8$ だから，D (4，−8)　点 E は $y$ 軸について点 D と対称な位置にあるから，E (−4，−8)

(3) 点 A の $y$ 座標は，$y = a\times(-3)^2 = 9a$ だから，A (−3，$9a$)　点 B の $y$ 座標は，$y = a\times 4^2 = 16a$ だから，B (4，$16a$)　点 F の $x$ 座標は，4 − 3 ＝ 1，$y$ 座標は，$16a + 9a = 25a$ だから，F (1，$25a$)　ここで，直線 AB は，傾きが，$\frac{16a-9a}{4-(-3)} = a$ だから，式を $y = ax + b$ とすると点 B の座標より，$16a = a\times 4 + b$　よって，$b = 12a$ なので，G (0，$12a$)　直線 GD と直線 FC の傾きは等しいので，$\frac{-8-12a}{4-0} = \frac{0-25a}{4-1}$ が成り立つ。これを解いて，$a = \frac{3}{8}$

【答】(1) $-2 \leqq y \leqq 0$　(2) (−4，−8)　(3) ($a$ ＝) $\frac{3}{8}$

7 【解き方】(2) ∠CAD ＝ $a$ とおくと，(1)より，右図のような角の大きさの関係になるから，△OGD の内角と外角の関係より，$a + 2a = 72°$　よって，$a = 24°$ だから，∠AOD ＝ 180° − $2a$ × 2 ＝ 180° − 96° ＝ 84°　したがって，求める長さは，$2\pi\times 6\times\frac{84}{360} = \frac{14}{5}\pi$ (cm)

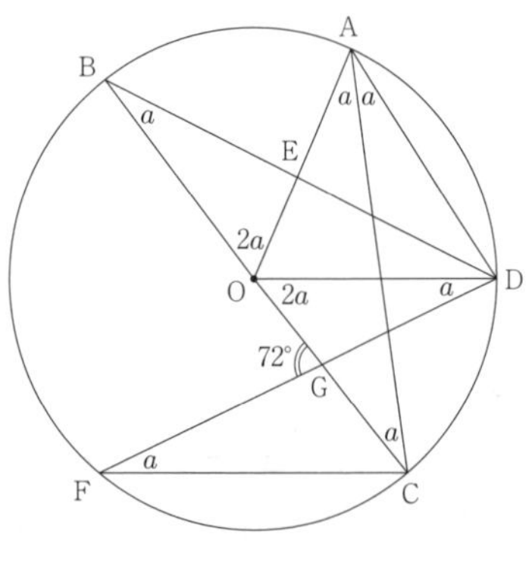


【答】(1) △BOE と△DOG において，円 O の半径だから，BO ＝ DO……①　$\overset{\frown}{\mathrm{CD}}$に対する円周角だから，∠OBE ＝∠CFD……②　OD ∥ FC より，∠CFD ＝∠ODG……③　②，③より，∠OBE ＝∠ODG……④　また，円周角の定理より，∠BOE ＝ 2 ∠BCA……⑤　△OCA は OA ＝ OC の二等辺三角形だから，∠BCA ＝∠OAC……⑥　仮定より，∠OAC ＝∠CAD……⑦　円周角の定理より，∠DOG ＝ 2 ∠CAD……⑧　⑤，⑥，⑦，⑧より，∠BOE ＝∠DOG……⑨　①，④，⑨より，1 組の辺とその両端の角がそれぞれ等しいので，△BOE ≡△DOG
(2) $\frac{14}{5}\pi$ (cm)

# 英 語

1 【解き方】(1) A ジョンは「昨日は数学を勉強した」と言っている。math =「数学」。B はるなはピアノのレッスンがあって都合が悪く，ともこと映画に行ったと言っている。C 由美は自分のクラスが1試合しか勝てなかったと言っている。D 由美とジョンが乗っている電車は，中央駅にとまったあと港駅までとまらないので，東駅に行くには次の中央駅で乗り換える。

(2) 質問1. 由美は将来，動物と一緒に働きたいと言っている。work =「働く」。質問2. 毎月2回，ポチを洗うことが由美の弟の仕事である。wash =「洗う」。twice =「2度」。質問3. 由美が先週の土曜日に驚いた理由は，父親がもう1匹犬を家に連れて帰ってきたからである。bring A B =「A を B に連れてくる」。

【答】(1) A イ　B エ　C ア　D イ

(2) 質問1. work　質問2. ⓐ washes　ⓑ twice　質問3. (例) her father brought another dog home

◀全訳▶ (1)

A

ジョン：こんにちは，由美。昨日は何の教科を勉強したの？

由美　：国語を勉強したわ。あなたもそれを勉強したの？

ジョン：いいえ。昨日は数学を勉強したよ。ねえ，今，君は何をしているの？

由美　：英語の宿題をしているのよ。それはとても難しいわ。

ジョン：僕はまず理科の宿題を終わらせるよ。そのあと，君を手伝うよ。

質問：ジョンは昨日，何の教科を勉強しましたか？

B

ジョン：由美，君はこの映画を見たいって言ってたよね？　明日，僕はたかしとその映画を見るつもりなんだ。僕たちと一緒に来ないかい？

由美　：ありがとう，でも私は先週の日曜日にその映画を見たわ。

ジョン：本当かい？　誰と行ったんだい？　はるなとともこかい？

由美　：はるなはピアノのレッスンがあって，その日は行けなかったの。だからともことだけ行ったわ。

ジョン：なるほど。

質問：先週の日曜日，誰が由美と映画に行ったのですか？

C

由美　：すべての試合が終わったわね。あなたのクラスは何試合勝ったの？

ジョン：全部勝ったわけじゃないけど，2試合勝ったよ。君のクラスはどうだった？

由美　：良くなかったわ。私のクラスは1試合だけしか勝てなかったので，2つのクラスが私のクラスより良かったの。もっと試合に勝ちたかったわ。

ジョン：そんなに悲しまないで。楽しかったよね？

由美　：もちろんよ。

質問：どれが由美のクラスですか？

D

由美　：私たちの電車はたった今，西駅を出発したばかりよ。私たちは20分後に東駅に到着するわ。

ジョン：乗り換えなしでそこに行けるかい？

由美　：いいえ。この電車は港駅に到着する前に中央駅にしかとまらないの。

ジョン：じゃあ，どうやって東駅に行くの？

由美　：次の駅で乗り換えるのよ。

ジョン：わかったよ。

質問：由美とジョンはどこで電車を乗り換えるつもりですか？

(2)

質問 1.　由美は将来何をしたいですか？

質問 2.　由美の弟はポチのために何をしますか？

質問 3.　由美は先週の土曜日，なぜ驚いたのですか？

私は動物とそれらを世話している人々を見るために，動物園に行くことが好きです。私は将来，動物と共に働きたいと思っています。だから，私は動物についての本を読んだり，それらに関するテレビ番組を見たりすることが好きです。

私の家族は動物が大好きです。私たちはポチと呼ばれている犬を飼っています。私たち一人一人がポチのために異なることをします。私の母はたいていポチにエサを与えます。私の弟は毎月 2 回ポチを洗い，私は毎日 30 分ぐらいポチを散歩に連れていきます。

先週の土曜日，私は公園にポチと散歩に行き，午前中そこで一緒にボールで遊びました。私は正午にポチと遊び終えました。家に着いて 1 時間後，私の父は家にもう 1 匹犬を連れて帰ってきました。私はそれに驚きました。

今では，私たちは 2 匹の犬を飼っていて，それらと生活を楽しんでいます。

2 **【解き方】** (1) ⓐ 現在完了の文で「～以来」を表す前置詞を入れる。ⓑ のれんが店の外にかけられている目的は，店の名前を見せるためである。show =「見せる」。ⓒ *noren* を先行詞とする主格の関係代名詞を入れる。

(2) A.　直前でベル先生が「最近新しいことを発見したの」と言ったことに対し，「それは何ですか？」と質問する。B.　空所の直後で「ラーメン屋さんはその色（のれんの色）を選ぶことができます」と拓真は言っているので，直前のベル先生の質問に対して，「そうでもないと思います」と否定的に答える。C.　空所の直後で「私はそれらを見るのを待ちきれないわ！」とベル先生が言っているので，直前の拓真の提案に対して「はい，お願いします」と肯定的に答える。

(3)「のれんのどの部分に興味があるのか？」と考えて英語に直す。「～に興味がある」= be interested in ～。

(4) 直後の拓真の「閉店する直前です」というせりふに合う疑問文は「そののれんはいつ店の中に入れられるの？」と考えることができる。受動態〈be 動詞＋過去分詞〉の疑問文なので，be 動詞が疑問詞 when のあとにくる。When is the *noren* put into the shop?となる。

(5) ベル先生の 6 つ目のせりふに着目する。ベル先生は，店が開いているのか閉まっているのかを伝えるために，のれんが「特別な方法」で使われているとわかった。

**【答】** (1) ⓐ エ　ⓑ ウ　ⓒ エ　(2) A.　ウ　B.　イ　C.　ア

(3)（例）What part of *noren* are you interested in?　(4) オ，ウ，イ，エ，ア　(5) a special way

**◀全訳▶**　（放課後，拓真とベル先生は教室で話をしています。）

拓真　　：先生は先月から日本に住んでいますね。ここでの生活はどうですか？

ベル先生：すばらしいわ！　日本人は私に親切なの。そして最近新しいことを発見したの。

拓真　　：それは何ですか？

ベル先生：それはのれんで，店のドアにかかっている布のことよ。のれんを知っている？

拓真　　：もちろん。のれんのどこに興味があるのですか？

ベル先生：のれんにはたくさんのデザインがあるわ。のれんはカーテンや看板みたいなものよね？

拓真　　：はい。カーテンのように，のれんは太陽から店の中の物を守ることができます。

ベル先生：その通り。また看板のように，のれんは店の名前を見せるために，いつも店の外にかけられているわ。

拓真　　：それはいつも店の外にかけられているわけではないんです。

ベル先生：それは知らなかったわ。そののれんはいつ店の中に入れられるの？

拓真　　：閉店する直前です。

ベル先生：なるほどね。人々はのれんがどこにあるのかを見ることによってその店が開いているのか閉まっているのか知ることができるわね。私はそのようなのれんの特別な使い方があるなんてまったく知らなかったわ。

拓真　：たった今，新しいことを発見しましたね！

ベル先生：そうね。それと最近たくさんののれんの写真を撮ったの。これらを見てください！

拓真　：わあ！　とてもたくさんののれん！

ベル先生：私はたくさんのラーメン屋さんを見かけたの。その店はすべて赤いのれんを使っていたわ。ラーメン屋さんの色はいつも赤なの？

拓真　：そうでもないと思います。ラーメン屋さんはその色を選ぶことができます。僕の大好きなラーメン屋さんは白いのれんを使っています。

ベル先生：私は他ののれんを見たいわ！

拓真　：僕の家には，美しいデザインののれんがあります。僕の母はそれぞれの季節に合うのれんをかけています。

ベル先生：家の中にのれん？　それは知らなかったわ。私はあなたの家で使われているのれんを見たいわ。

拓真　：のれんの写真をいくつか持ってきましょうか？

ベル先生：はい，お願いします。私はそれらを見るのを待ちきれないわ！

③【解き方】(1) インターネットで衣類を買うことが便利な理由を書く。「いろんな種類の服を短時間で見ることができるから」や「店に行く必要がないから」などが考えられる。

(2) 実際に店に行って衣類を買う方が良い理由を書く。「衣服について店員にたずねることができるから」や「試着できるから」などが考えられる。

【答】(例) (1) we can see many kinds of clothes in a short time. (11語)

(2) we can ask some questions about them and we can also try them on. (14語)

④【解き方】Thank you for ～ing（してくれてありがとう）や，I would like you to ～（あなたに～してほしい）などの表現を使って伝えたい内容を英作する。「～の間で流行している音楽」は music を先行詞とする主格の関係代名詞 which を用い，the music which is popular among ～と表せる。

【答】(例) Thank you for telling me about the music which is popular among young people in Canada. I am going to send you an email, so I would like you to answer it.

⑤【解き方】(1) ⓐ 直前の文で恵子の紹介が過去形で書かれており，それに続く文なので過去形にする。ⓑ before はここでは前置詞なので，直後に動詞がくる場合，動名詞の形にする。

(2) ① 質問は「なぜ早紀のタオルが彼女に恵子と話すチャンスを与えたのですか？」。第2段落の1・2文目を見る。恵子と同じタオルを持っていたことをきっかけに話しかけたことがわかる。② 質問は「恵子はバレーボール部の練習に何日参加しましたか？」。第3段落の後半を見る。「彼女はもう2日私たちと一緒に練習した」と書かれているので合計3日だとわかる。

(3) 空所の直後に「私たち二人ともが一緒にたくさん話した」とあるので，「私は恵子にたくさんのことについてたずねた」という意味の文が入る。

(4) 空所Aの直前の文で「彼女は何かもっと言おうとした」と書かれており，そのあとに逆接を表す接続詞 but があることから「何か言おうとしたが言うのを止めた」という流れになる。空所Bの直前の文で「彼女が何を言いたいのか，彼女が何部に入りたいのかわからなかった」とあり，直後で「彼女をバレーボールの練習に誘う」という内容が書かれているので，これらを逆接を表す接続詞 but でつなぐと意味が通る。

(5) 第5段落の前半を見る。「昨日は何をしたの？」という早紀の質問に対して，「私は吹奏楽部の練習に参加した」と答えている。

(6) 第5段落の後半に I found the thing she wanted to try was different from the thing I wanted her to

do.とある。be different from ～＝「～と違う」。the thing she wanted to try ＝「彼女が挑戦したいこと」。the thing I wanted her to do ＝「私が彼女にしてもらいたいこと」。

(7) ア．第1段落を見る。恵子は新入生としてクラスに挨拶をして早紀の隣に座ったことがわかるので誤り。イ．「恵子はバレーボール部の部員になるよう誘われたとき，それについて何も言わなかった」。第3段落の最終文に合う。ウ．第4段落の後半を見る。恵子はバレーボール部の練習に参加しなかったが，早紀はバレーボールの練習をしていたことがわかるので誤り。エ．「早紀がバレーボール部を辞めた」，「早紀が吹奏楽部に入った」という内容は本文で述べられていないので誤り。

**【答】** (1) ⓐ stood ⓑ going

(2) (例) ①〔Because she found that〕They had the same towel. ②〔She joined it〕Three〔days〕.

(3) ウ (4) ア (5) 吹奏楽部の練習に参加していた。(同意可)

(6) 恵子が挑戦したいことは早紀が彼女に望むことと違うということ。(同意可) (7) イ

**◀全訳▶** 夏休みが終わった初日に，私たちのクラスに恵子という新入生がやって来ました。彼女は私たちの前に立ち，「こんにちは，私の名前は恵子です。はじめまして」と言いました。私たちのクラスの全員が恵子に温かい拍手を送りました。それから，彼女は私の隣に座りました。

短い休憩時間のとき，私は恵子と私が同じタオルを持っていることに気付きました。だから，私のタオルは私に恵子と話すチャンスをくれました。私は「私のタオルを見て！」と彼女に言いました。恵子は「わあ，私たちのタオルに描かれているキャラクターは私のお気に入りよ！」と言いました。それから私は恵子にたくさんのことについてたずね，私たち二人ともが一緒にたくさん話しました。休憩が終わったとき，私たちは親しくなっていると私は感じました。私は「もっと恵子について知りたい」と思いました。

次の日，私は「私はバレーボール部に入っているの。以前にあなたは何のクラブに入っていたの？」と恵子に言いました。恵子は「私もバレーボール部に入っていたの」と言いました。そのとき，彼女は何かもっと言おうとしましたが，次の言葉を言うのを止めました。私は彼女が何を言いたいのか，彼女が何部に入りたいのかわかりませんでしたが，私は彼女をバレーボール部の練習に誘おうと決めました。私は「放課後，私たちと一緒にバレーボールの練習をしない？」と彼女に言いました。彼女は「わかったわ」と言いました。恵子はその日，私たちの練習に参加しました。彼女はバレーボールが上手でした。その週，彼女はもう2日私たちと一緒に練習しました。私たちは恵子と楽しい時間を過ごし，バレーボール部に入るように彼女を誘いました。しかし，彼女はそれについて何も言いませんでした。

次の週の月曜日，体育館に行く前に，私は「あなたは昨日バレーボールの練習に参加しなかったわね。今日は参加するの？」と恵子に言いました。そのとき彼女は「ごめん，早紀。バレーボールを練習するつもりはないわ」と言いました。私は「え，どうして？」とたずねました。恵子は「ええっと，私はすべきことがあるの」と言いました。彼女は急いで教室を出て，バレーボールの練習には参加しませんでした。バレーボールの練習をしていたとき，私は恵子のことしか考えていませんでした。

次の朝，恵子が教室に入って来たとき，私は彼女に話しかけました。私は「おはよう。ええっと，昨日は何をしたの？」と言いました。恵子は何を言うべきかを考え，それから彼女は「私は吹奏楽部の練習に参加したの。私はその部員になりたいの」と言いました。私は「なぜそれを言ってくれなかったの？」とたずねました。恵子は「私が前に通っていた学校には吹奏楽部がなくて，一度も入ったことがないのよ。だから私はうまくできるか自信がないの。その部員になることは大きな挑戦になるわ」と言いました。恵子の言葉を聞いたとき，私は，彼女が挑戦したいことは私が彼女にしてほしいと思っていることと違っているということに気付きました。放課後，私は「あなたは吹奏楽部に入るべきよ。あなたは良い経験をし，何か大切なことを学ぶでしょう。うまくいくといいわね！」と恵子に言いました。恵子は私の言葉を聞いてうれしそうでした。彼女は「わかった…やってみるわ」と言いました。

今，恵子は吹奏楽部で活躍していて，彼女は私の親友です。

## 社　会

1 【解き方】(1) a. イは鎌倉幕府の将軍の補佐役。ウは成人した天皇の補佐役。エは北九州の警備を内容とした兵役。b. 710年に元明天皇によってつくられた都。c. ① 表2から女子の税負担が租だけであることがわかる。② 口分田は死後に国へ返す決まりになっていた。

(2) b. アは1156年，イは1221年，ウは1185年のできごと。

(3) 勘合を持つ船のみを正式な日本の使者として認めた。

(4) 農民の一揆を防ぎ，耕作に専念させる目的があった。

(5) a. 質素倹約の奨励や上米の制の実施などで幕府の財政再建につとめた。b. 徳川吉宗は，実学を広めるために，内容がキリスト教に関係のない医学や天文学などの書物の輸入を許可した。

(6) a. 中華民国の袁世凱《えんせいがい》政府は，この要求を一部を除いて受け入れた。b. 男性が戦争に行っている間，国内に残った女性たちがこれまで男性のものと考えられてきた仕事をこなし，男性と同じように働けることに自信を持つようになった点が背景にある。

(7) 農地改革によって，地主が持っていた土地を強制的に政府が買い上げ，小作人に安く売り渡した。多くの小作人が自作農となり，農民の生産意欲が高まった。

【答】(1) a. ア　b. 平城京　c. ① 調・庸・雑徭の負担から逃れようとしたから。(または，男子の税負担が重かったから。)　② 口分田(または，班田)を返したくなかったから。(それぞれ同意可)

(2) a. 御家人　b. ア→ウ→イ　(3) 倭寇と区別するため。(同意可)　(4) 刀狩

(5) a. 徳川吉宗　b. (名称) 蘭学(または，洋学)　(内容) ヨーロッパの書物の輸入禁止をゆるめた。(同意可)

(6) a. ウ　b. 戦争が総力戦となり，女性も戦争に貢献したから。(同意可)

(7) 小作農家の割合が減少しており，地主の支配する力は衰えた。(同意可)

2 【解き方】(1) a. アは日本の東端，ウは西端，エは北端に位置する島。b. 1970年代以降，自国の資源を守るために各国が設定した水域。

(2) 内陸県なので漁業漁獲量は「0.0」。また，4県の中では最も人口が少ない。Aの埼玉県は最も人口が多いエ，Cの茨城県は漁業漁獲量が最も多いイ，Dの千葉県はウとなる。

(3) ⓐは内陸部に位置するので季節風の影響を受けにくく，一年を通して降水量が少ない。また，夏と冬の気温差も大きい。

(4) a. 北関東工業地域は，機械の組み立て工業がさかん。また，内陸にあるために金属工業や化学工業はさかんではない。アは化学工業の割合が最も高いので京葉工業地域，ウは総額が最も高いので京浜工業地帯。b. 電子機器や通信機器などの小型で軽く高価な品物は，運賃の高い航空機を使っても採算がとれることがポイント。

(5) b. 水もちが悪いので，稲作には向かず，畑作がさかん。c. つくば市の夜間人口よりも昼間人口が多いこと，地形図に「物質・材料研究機構」「筑波宇宙センター」「筑波大」などの施設があることに注目する。昼間の人口が多いのは，周辺都市からこれらの施設に通勤や通学で来ている人が多いからと判断できる。

【答】(1) a. イ　b. 〔排他的〕経済水域　(2) ア，栃木(県)　(3) ウ

(4) a. イ　b. 重量が軽い割に金額が高い。(同意可)

(5) a. エ　b. 関東ローム　c. 研究機関や大学があり，市外から通勤・通学してくる人が多い。(同意可)

3 【解き方】(1) a. 地図3で結んだ直線の経路（最短経路）を地図2上でたどると曲線になる。c. 経線は北極点と南極点を結んだ線であることがポイント。

(2) ⓐが高緯度のわりに温暖なのは，暖流上の暖気を偏西風が運んでくるため。

(3) a. アフリカやアジアの発展途上国で多く見られる。今後の食糧不足などが懸念される。b. Aはオーストラリア，Bはアメリカ合衆国。どちらもかつてイギリスの植民地で，イギリスをはじめヨーロッパやアジア諸

国などからの移民が多い多民族国家となっている。

(4) b. オーストラリアやアメリカ合衆国では，広大な耕地を大型機械などを用いて効率よく生産を行っている。

【答】(1) a. ㋐　b. 南極(大陸)　c. ウ　(2) エ　(3) a. 人口爆発　b. 外国からの移民が多いから。(同意可)

(4) a. APEC　b. 生産費を安くおさえて輸出するため。(同意可)

4 【解き方】(1) a. ① 日本国憲法第25条に規定があり，この条文では社会保障制度についても定められている。

② 労働組合は，労働者の生活改善や地位の向上などを求めて結成されることから考える。

(2) a.「立法」権を持つのは国会。国務大臣の過半数は国会議員から任命されなければならない。b. 内閣総理大臣は，国会議員の中から国会の議決で指名されなければならないことなどがその代表例といえる。c. 衆議院が解散されたときは，解散後40日以内に総選挙が行われる。

(3) 利点には，いろいろな業者を通さずに購入ができるので，価格を抑えることができる点もある。問題点には，人手不足や施設の管理・維持の難しさもあげられる。

【答】(1) a. ① イ　② 使用者に対して弱い立場にある労働者が，対等な立場で使用者と交渉するため。(同意可)

b. 労働基準法

(2) a. ウ　b. 議院内閣制　c. 衆議院を解散する。(同意可)

(3) (例) 鮮度などにこだわった商品を購入しやすいが，卸売業者を通して商品を集められる小売業者に比べて，地元産の商品が多い直売所は，商品不足がおこりやすい。(72字)

# 理　科

1 **【解き方】** (2) 質量パーセント濃度が 12 %の塩化ナトリウム水溶液 150g に溶けている塩化ナトリウムの質量は，$150\,(\mathrm{g}) \times \dfrac{12}{100} = 18\,(\mathrm{g})$　よって，塩化ナトリウム水溶液 150g に含まれる溶媒（水）の質量は，$150\,(\mathrm{g}) - 18\,(\mathrm{g}) = 132\,(\mathrm{g})$

(3) 地球の地軸が公転面に対して垂直になると，1 年中，昼と夜の長さが 12 時間ずつになり，太陽の動く道筋は春分，秋分の日と同じになる。よって，太陽の南中高度は 1 年中，春分，秋分の日と同じになる。

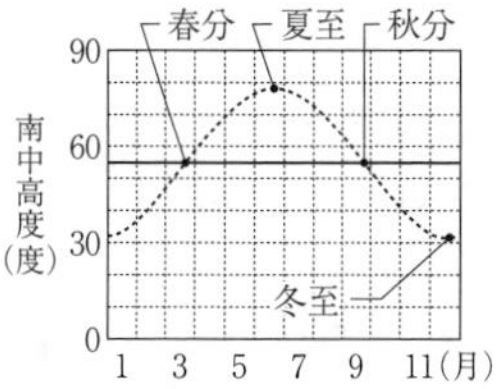


(4) 圧力の大きさは，力がはたらく面積に反比例する。A の面の面積は，$4\,(\mathrm{cm}) \times 6\,(\mathrm{cm}) = 24\,(\mathrm{cm}^2)$　B の面の面積は，$10\,(\mathrm{cm}) \times 6\,(\mathrm{cm}) = 60\,(\mathrm{cm}^2)$　よって，$\dfrac{60\,(\mathrm{cm}^2)}{24\,(\mathrm{cm}^2)} = 2.5$ (倍)

**【答】** (1) 恒温動物　(2) 132 (g)　(3) (右図)　(4) 2.5 (倍)

2 **【解き方】** (1) ① ア・イは裸子植物，ウはシダ植物。② b. 減数分裂によってつくられた精細胞や卵細胞の染色体の数は，もとの細胞の半分になる。よって，精細胞 1 個の染色体の数を $x$ とするとき，卵細胞 1 個の染色体の数も $x$。また，精細胞 1 個と卵細胞 1 個の核が合体してできた受精卵 1 個の染色体の数は $2x$。

(2) ② ソラマメの根が成長するとき，先端部分がほかの部分よりも大きくのびる。

(3) 分裂前に核の中の染色体が複製されて 2 倍になり（A），染色体が現れ（エ），中央に並び，それぞれが縦に分かれる（ア）。分かれた染色体が細胞の両端に移動し（ウ），染色体が見えなくなり，細胞の間にしきりができ（イ），2 個の細胞になる（B）。

**【答】** (1) ① エ　② a. ㋐ 柱頭　㋑ 精細胞が卵細胞まで移動する（同意可）　b.（卵細胞）$x$　（受精卵）$2x$

(2) ①（名称）根毛　（理由）土と接する面積が大きくなるから。（同意可）　② ウ　(3) エ→ア→ウ→イ

(4) 子は親と同じ染色体を受けつぐため，形質が同じ農作物をつくることができる。（同意可）

3 **【解き方】** (1) 質量 400g のおもりにはたらく重力の大きさは，$1\,(\mathrm{N}) \times \dfrac{400\,(\mathrm{g})}{100\,(\mathrm{g})} = 4\,(\mathrm{N})$　このおもりを，$60\mathrm{cm} = 0.6\mathrm{m}$ 引き上げる仕事の大きさは，$4\,(\mathrm{N}) \times 0.6\,(\mathrm{m}) = 2.4\,(\mathrm{J})$　この仕事を 12 秒でしたときの仕事率は，$\dfrac{2.4\,(\mathrm{J})}{12\,(\mathrm{s})} = 0.2\,(\mathrm{W})$

(2) ① 仕事の原理より，おもりを真上に 60cm 引き上げた仕事の大きさと，斜面に沿って 1.5m 引き上げた仕事の大きさは等しい。よって，斜面に沿って 1.5m 引き上げた仕事の大きさは 2.4J で，おもりを引く力の大きさは，$\dfrac{2.4\,(\mathrm{J})}{1.5\,(\mathrm{m})} = 1.6\,(\mathrm{N})$　② おもりが等速で引き上げられているので，運動エネルギーは一定で，位置エネルギーは増加していく。よって，力学的エネルギーは増加していく。

(4) ① スクリーンにうつる実像は，上下左右が反対になって見える。② a. 平面の物体の上端から出た光が凸レンズを通るとき，凸レンズの軸（光軸）に平行な光は焦点を通り，凸レンズの中心を通る光はそのまま直進する。これらの光は次図のように進むので，スクリーンにうつる像の高さは 4 cm。b. 物体を凸レンズから遠ざけていくと，凸レンズから像までの距離は短くなる。凸レンズを Y の矢印の方向に動かすと，スクリーンにはっきりとした像がうつる。このとき，スクリーンにできる像の大きさは小さくなる。

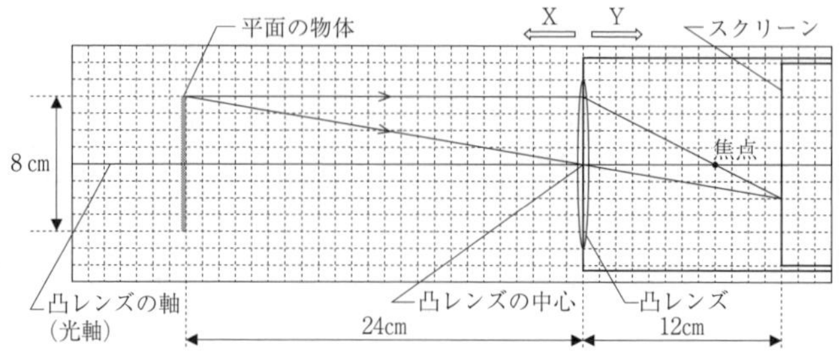


【答】(1) 0.2 (W)　(2) ① 1.6 (N)　② ア　(3) 電磁誘導　(4) ① イ　② a.　4 (cm)　b.　エ

4 【解き方】(2) ① 震源に近いところほど，地震が発生してからP波が観測されるまでの時間が短い。③ 地震が発生してからS波が観測されるまでの時間は，$\dfrac{73.5\ (\mathrm{km})}{3.5\ (\mathrm{km/s})} = 21\ (\mathrm{s})$　地震が発生してから緊急地震速報が発表されるまでの時間は，$21\ (\mathrm{s}) - 12\ (\mathrm{s}) = 9\ (\mathrm{s})$　地震が発生してからP波が観測されるまでの時間は，$9\ (\mathrm{s}) + 3\ (\mathrm{s}) = 12\ (\mathrm{s})$　よって，P波の伝わる速さは，$\dfrac{73.5\ (\mathrm{km})}{12\ (\mathrm{s})} \fallingdotseq 6.1\ (\mathrm{km/s})$

【答】(1) ア　(2) ① イ　② イ　③ 6.1 (km/s)

5 【解き方】(1) ① 等圧線は4hPaごとに引かれている。地点Aには，1000hPaから気圧が高い方に3本目の等圧線が通っているので，地点Aの気圧は，$1000\ (\mathrm{hPa}) + 4\ (\mathrm{hPa}) \times 3 = 1012\ (\mathrm{hPa})$　③ 低気圧である台風周辺の地表付近では，台風の中心に向かって，反時計まわりに風が吹きこんでいる。
(2) ① 小笠原気団は，日本の南の海上に位置するので，あたたかく湿っている。

【答】(1) ① 1012 (hPa)　② 停滞前線　③ ウ
(2) ① あたたかく湿っている。② 小笠原気団が発達しているから。(または，小笠原気団が日本列島をおおっているから。)(それぞれ同意可)

6 【解き方】(1) ① 水・硫化鉄・塩酸は化合物。③ 砂糖は非電解質。
(2) ② 図16より，0.4gの銅粉を質量が変化しなくなるまで加熱したときにできる物質の質量は0.5gなので，銅粉0.4gと化合する酸素の質量は，$0.5\ (\mathrm{g}) - 0.4\ (\mathrm{g}) = 0.1\ (\mathrm{g})$　同様に，銅粉0.6gと化合する酸素の質量は，$0.75\ (\mathrm{g}) - 0.6\ (\mathrm{g}) = 0.15\ (\mathrm{g})$　銅粉0.8gと化合する酸素の質量は，$1.0\ (\mathrm{g}) - 0.8\ (\mathrm{g}) = 0.2\ (\mathrm{g})$　これらの値を通る直線をかけばよい。

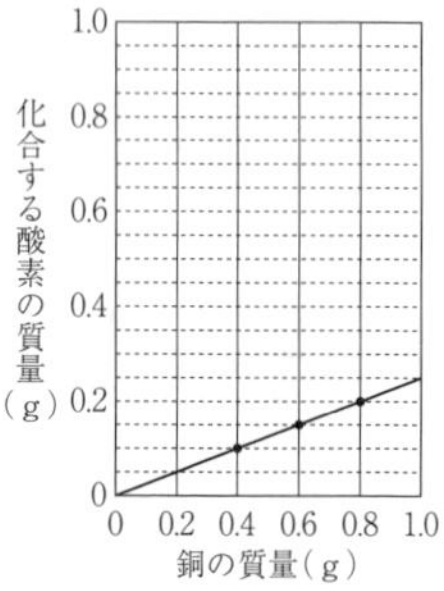


(3) ② 試験管Aにおいて，酸化銅2.0gと炭素粉末0.15gが過不足なく反応して，銅1.6gが生じている。試験管Bにおいて，酸化銅2.0gのうち，炭素粉末と反応した酸化銅の質量を$x$gとすると，生じる銅の質量は，$x\ (\mathrm{g}) \times \dfrac{1.6\ (\mathrm{g})}{2.0\ (\mathrm{g})} = 0.8x\ (\mathrm{g})$
炭素粉末と反応していない酸化銅の質量は，$2.0\ (\mathrm{g}) - x\ (\mathrm{g}) = (2.0 - x)\ (\mathrm{g})$　試験管Bに残った物質の質量は1.7gなので，$0.8x\ (\mathrm{g}) + (2.0 - x)\ (\mathrm{g}) = 1.7\ (\mathrm{g})$より，$x = 1.5\ (\mathrm{g})$　よって，未反応の酸化銅の質量は，$2.0\ (\mathrm{g}) - 1.5\ (\mathrm{g}) = 0.5\ (\mathrm{g})$

【答】(1) ① ア　② $CuCl_2 \rightarrow Cu + Cl_2$　③ イオンが生じないから。(同意可)
(2) ① 一定量の銅と化合する酸素の質量は決まっているから。(または，すべての銅が酸素と化合したから。)(同意可)　② (前図)
(3) ① 還元　② 0.5 (g)

## 国　語

1 **【解き方】** 問二．上の漢字が動作を表し，下の漢字がその対象を表している。アは，同意の漢字の組み合わせ。ウは，上の漢字が下の漢字を修飾している。エは，反意の漢字の組み合わせ。

問三．主語となっている「それが」は，直前の「岩崎の顔が浮かんだ時…姿を見せなかったと思った」を指している。

問四．「ぶすっとした顔」「ちぇっと…舌打ち」などの表現に着目する。

問五．悠然としていることは全然ないが，「もしぼくのことがそんな風に見えるなら…感情を表に出すことがへたくそになっていたのだ」と思っていることに注目。

問六．推測した内容を問われているので，直後の「おそらく岩崎は…列車に乗り込んできたのだろう」をおさえる。岩崎のこれまでの態度については，「あんなに反発していなかったら…」という岩崎の言葉に着目する。

**【答】** 問一．(あ) くうどう　(い) 織(り)　問二．イ　問三．岩崎がホームに姿を見せなかったこと。(同意可)

問四．ア　問五．エ

問六．反発してきた岩崎が，絶対にまた戻ってこいよと伝えるためだけに一人だけで列車に乗り込んできたこと。(48字)(同意可)

2 **【解き方】** 問二．「ない」をつけると，直前の音が「エ段」の音になる下一段活用。他は「ない」をつけると，直前の音が「ア段」の音になる五段活用。

問三．どちらのことわざも，窮地に追いやられると「ふだんは出ないような大きな力が発揮できる」という意味であることをふまえて探す。

問五．まず「恐怖」が「生死に直結する」情動であることを述べ，次に「想像力」が発達した人間が「未来におこりうるよくない出来事を予想し…恐怖を感じるようになった」と述べている。

問六．「本当の美」が存在するのは「熱帯雨林のような場所にだけ」と限定はしていない。

**【答】** 問一．(あ) 訪(れた)　(い) きみょう　(う) 複雑　(え) おそ(われて)　問二．イ　問三．交感神経系　問四．ウ

問五．生死に直結するだいじな情動として進化してきた恐怖に加え，想像力を手に入れたことで未来におこりうるよくない出来事を予想するから。(63字)(同意可)

問六．ウ

3 **【解き方】** 問一．受け身の表現なので「表示」を主語にし，動詞に受け身の助動詞である「れる」「られる」をつける。

問二．前段落とのつながりから「食品ロスという言葉」の意味を説明した文が最初にくる。次に「日本の食品ロス量」と「国連の食料援助量」との比較について，「まず」「次に」とデータが続く。

問三．アは，まったく力が及ばないこと。イは，困りきっていること。ウは，言われたことを受け入れづらいこと。

問四．相手への敬意を示すために，自分の「聞いた」という動作を謙譲表現に変える。

問五．「食品を買いすぎないこと」「作りすぎないこと」「野菜や果物の皮を厚くむきすぎないこと」が挙げられているので，円グラフの家庭系食品ロスの多さにも言及し，家庭での食品ロスを減らしていくべきという趣旨でまとめる。

**【答】** 問一．表示が掲げられていました(同意可)　問二．イ→ア→エ→ウ　問三．エ

問四．うかがった(または，お聞きした)(同意可)

問五．日本の食品ロス量の約半分を家庭が占めており，各家庭での工夫により食品ロス量を減らすことができます。(49字)(同意可)

4 **【解き方】** 問一．「ゑ」は「え」にする。

問二．「参上した」者と，周防守に「世間の評判」を言った者は茶屋長古。イは裁判の際に「非分に聞こゆる

方」，エは裁決する側の周防守が主語。

問三．理由を述べている部分なので「ゆゑに」がある，「非公事と見えたる者の面体を見れば…自らの怒りを発するゆゑに」と周防守自身が自分の気質について述べているところに着目する。

問四．長古からの世間の評判を聞いて，「向後は心得たり」と茶うすを回しながら訴えを聴くようにしたことから考える。

**【答】** 問一．ゆえ　問二．ア(と)ウ

問三．道理のない訴えと感じられた者の顔かたちを見ると憎くなって自然と怒りを生じるため，口べたな者が恐れるから。(同意可)

問四．イ

**◀口語訳▶**　周防守であった板倉重宗は，父の伊賀守の任務を受け継いで，二代の名誉を得た。ある時，茶屋長古という者が参上したところ，「私の事を，悪く言う批判を聞いたならば，（私に）言って聞かせよ。私の戒めになるのだ」と申されたので，長古は，「裁判の時，道理に合わないように聞こえる方を，お叱りになられるため，うろたえまして，話の内容が相違して，ますます道理に合わない訴えになりますと世間の評判でございます」と言ったところ，周防守は，手を打って，「よく言ってくれた。なるほど役所へ出て裁決をする時に，道理のない訴えと感じられた者の顔かたちを見ると，まず憎くなって，自然と怒りを生じるので，それに恐れて口べたな者は道理を説明する事が，できなくなるのだろう。今後は心得た」といって，それからは茶うすを用意して，これを回しながら訴え出た人の顔を見ずに訴えを聴かれたということだ。

5 **【解き方】** 挙げられている発言に対して，賛成と反対どちらでもよいので，それぞれの立場と理由を明確にしてまとめる。

**【答】**（例）私はこの発言に反対です。面白い本や素敵な景色に出会い感動した時などは，それを周囲の人にも知ってもらい，分かち合いたいと思うのは，人間の自然な感情だと思うからです。その喜びを共有することができれば，一人の時よりも楽しさは倍増するでしょうし，相手との距離もより近くなる気がします。身近な人には自分が見つけた楽しさを伝えたいですし，相手からも伝えてほしいと思います。(180字)

# 静岡県公立高等学校

## 2020年度

## 入学試験問題

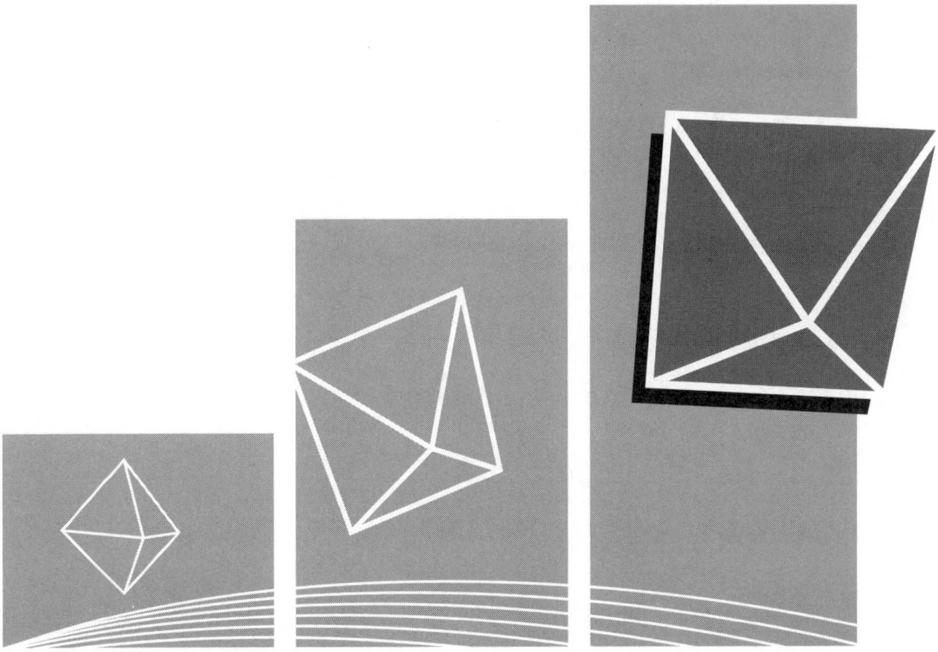

# 数学

時間　50分　　　満点　50点

1　次の(1)～(3)の問いに答えなさい。

(1)　次の計算をしなさい。

ア　$5+(-3)\times 8$　(　　　)

イ　$(45a^2-18ab)\div 9a$　(　　　)

ウ　$\dfrac{x-y}{2}-\dfrac{x+3y}{7}$　(　　　)

エ　$\dfrac{42}{\sqrt{7}}+\sqrt{63}$　(　　　)

(2)　$a=\dfrac{7}{6}$ のとき，$(3a+4)^2-9a(a+2)$ の式の値を求めなさい。(　　　)

(3)　次の2次方程式を解きなさい。(　　　)

$x^2+x=21+5x$

2　次の(1)～(3)の問いに答えなさい。

(1)　図1のように，2つの辺AB，ACと，点Pがある。次の□の中に示した条件①と条件②の両方に当てはまる円の中心Oを作図しなさい。

図1

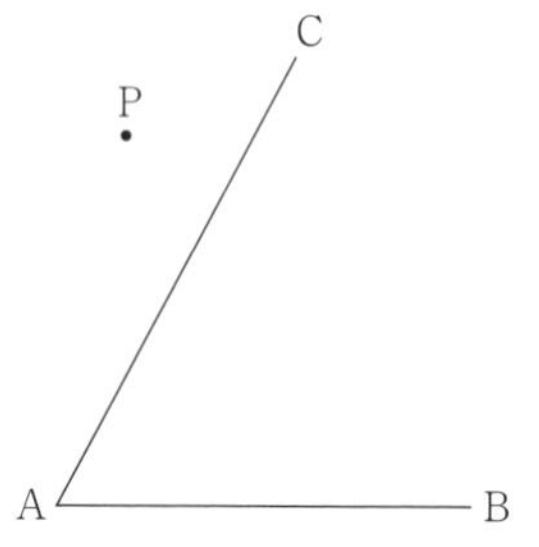


> 条件①　円の中心Oは，点Pを通り辺ACに垂直な直線上の点である。
>
> 条件②　円Oは，2つの辺AB，ACの両方に接する。

ただし，作図には定規とコンパスを使用し，作図に用いた線は残しておくこと。

(2)　図2は，半径2cmの円を底面とする円すいの展開図であり，円すいの側面になる部分は半径5cmのおうぎ形である。このおうぎ形の中心角の大きさを求めなさい。(　　　度)

図2

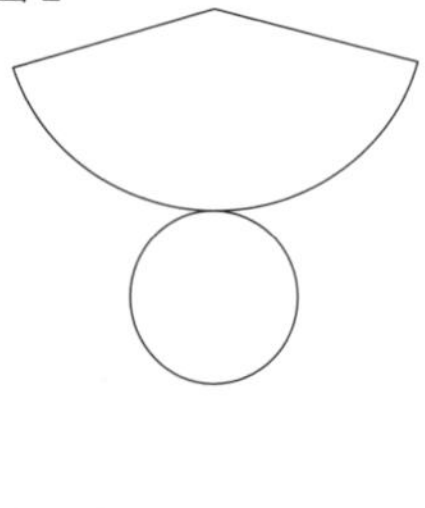

(3)　1から6までの数字を1つずつ書いた6枚のカードがある。図3は，その6枚のカードを示したものである。この6枚のカードをよくきってから同時に2枚引くとき，引いたカードに書いてある2つの数の公約数が1しかない確率を求めなさい。ただし，カードを引くとき，どのカードが引かれることも同様に確からしいものとする。(　　　　)

図3

| | | |
|---|---|---|
| 1 | 2 | 3 |
| 4 | 5 | 6 |

3　ある都市の，1月から12月までの1年間における，月ごとの雨が降った日数を調べた。表1は，その結果をまとめたものである。ただし，6月に雨が降った日数を$a$日とする。

このとき，次の(1)，(2)の問いに答えなさい。

表1

| 月 | 1 | 2 | 3 | 4 | 5 | 6 | 7 | 8 | 9 | 10 | 11 | 12 |
|---|---|---|---|---|---|---|---|---|---|---|---|---|
| 日数(日) | 4 | 6 | 7 | 10 | 7 | $a$ | 10 | 15 | 16 | 7 | 13 | 7 |

(1)　この年の，月ごとの雨が降った日数の最頻値を求めなさい。(　　　　日)

(2)　この年の，月ごとの雨が降った日数の範囲は12日であり，月ごとの雨が降った日数の中央値は8.5日であった。

このとき，次の□に当てはまる数を書き入れなさい。

$a$がとりうる値の範囲は，□ $\leqq a \leqq$ □である。

4　ある中学校の2年生が職場体験活動を行うことになり，Aさんは美術館で活動した。この美術館の入館料は，大人1人が500円，子ども1人が300円であり，大人のうち，65歳以上の人の入館料は，大人の入館料の1割引きになる。美術館が閉館した後に，Aさんがこの日の入館者数を調べたところ，すべての大人の入館者数と子どもの入館者数は合わせて183人で，すべての大人の入館者数のうち，65歳以上の人の割合は20％であった。また，この日の入館料の合計は76750円であった。

このとき，すべての大人の入館者数と子どもの入館者数は，それぞれ何人であったか。方程式をつくり，計算の過程を書き，答えを求めなさい。

(方程式と計算の過程)(　　　　)

(答)　すべての大人の入館者数(　　　　人)　子どもの入館者数(　　　　人)

5　図4の立体は，1辺の長さが4cmの立方体である。
このとき，次の(1)～(3)の問いに答えなさい。

(1)　辺AEとねじれの位置にあり，面ABCDと平行である辺はどれか。すべて答えなさい。(　　　)

図4

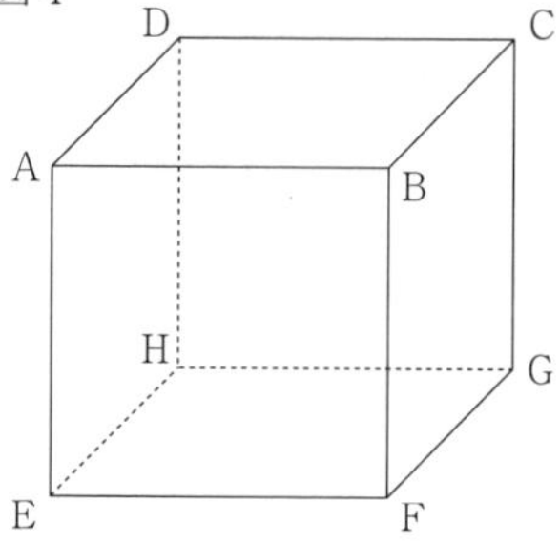


(2)　この立方体において，図5のように，辺EFの中点をLとする。線分DLの長さを求めなさい。(　　　cm)

図5

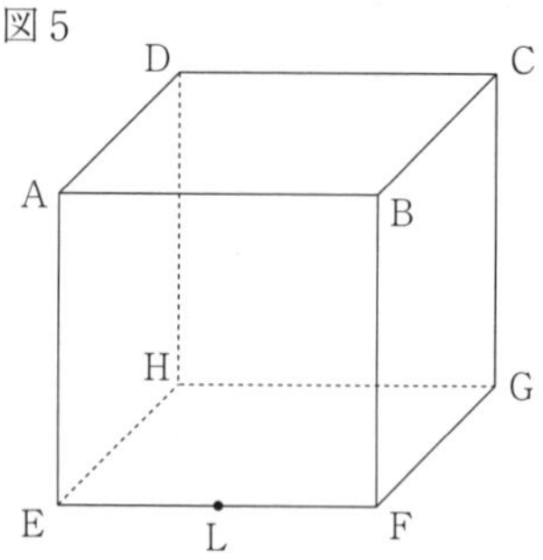


(3)　この立方体において，図6のように，辺AD，BCの中点をそれぞれM，Nとし，線分MN上にMP ＝ 1cmとなる点Pをとる。四角形AFGDを底面とする四角すいPAFGDの体積を求めなさい。(　　　$cm^3$)

図6

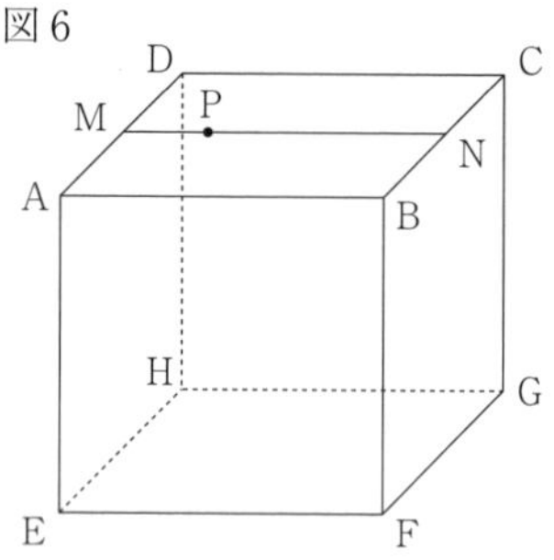

6　図7において，点Aの座標は$(2,\ -6)$であり，①は，点Aを通り，$x$の変域が$x>0$であるときの反比例のグラフである。また，②は，関数$y=ax^2$ $(a>1)$のグラフである。2点B，Cは，放物線②上の点であり，その$x$座標は，それぞれ$-4$，3である。

このとき，次の(1)～(3)の問いに答えなさい。

(1)　曲線①をグラフとする関数について，$y$を$x$の式で表しなさい。

(　　　)

(2)　関数$y=ax^2$において，$x$の値が$-5$から$-2$まで増加するときの変化の割合を，$a$を用いて表しなさい。(　　　)

(3)　点Dの座標は$(2,\ 8)$であり，直線ADと直線BCとの交点をEとする。点Bを通り$y$軸に平行な直線と直線AOとの交点をFとする。直線DFが四角形BFAEの面積を二等分するときの，$a$の値を求めなさい。求める過程も書きなさい。

(求める過程)(　　　　　　　　　　　　　　　　　　)

(答)　$a=$(　　　)

図7

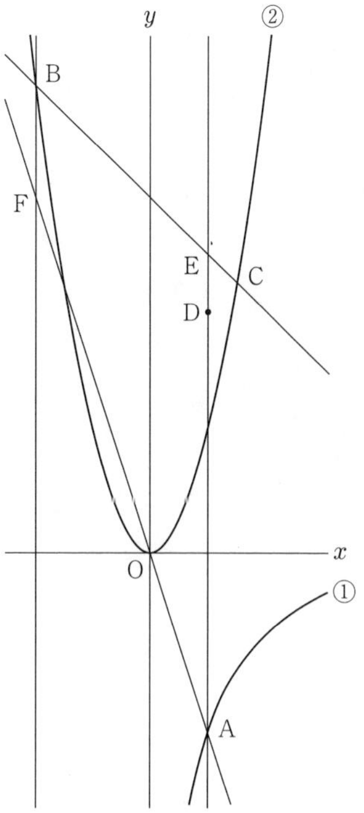


7　図8において，4点A，B，C，Dは円Oの円周上の点であり，△ACDはAC＝ADの二等辺三角形である。また，$\overset{\frown}{\mathrm{BC}}=\overset{\frown}{\mathrm{CD}}$である。$\overset{\frown}{\mathrm{AD}}$上に∠ACB＝∠ACEとなる点Eをとる。ACとBDとの交点をFとする。

このとき，次の(1)，(2)の問いに答えなさい。

(1)　△BCF∽△ADEであることを証明しなさい。

(　　　　　　　　　　　　　　　　　　)

(2)　AD＝6cm，BC＝3cmのとき，BFの長さを求めなさい。(　　　cm)

図8

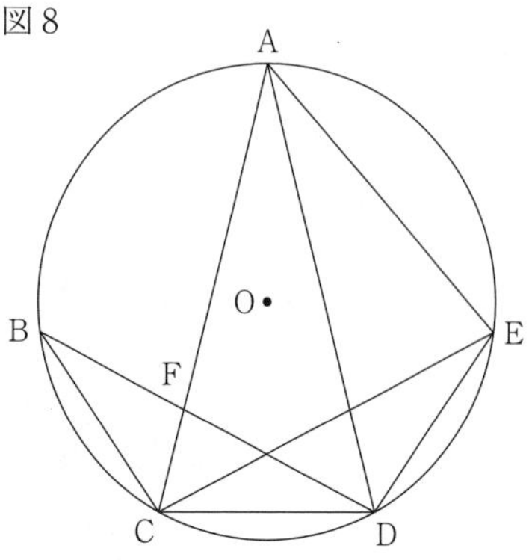

# 英語

時間　50分　　　　満点　50点

（編集部注）　放送問題の放送原稿は英語の末尾に掲載しています。
音声の再生についてはもくじをご覧ください。

1　放送による問題

(1)　寛太（Kanta）とジュディ（Judy）の会話を聞いて，質問の答えとして最も適切なものを選ぶ問題　A(　　　)　B(　　　)　C(　　　)　D(　　　)

A　ア　イ　ウ　エ

B　ア　イ　ウ　エ

C　ア　イ　ウ　エ

D

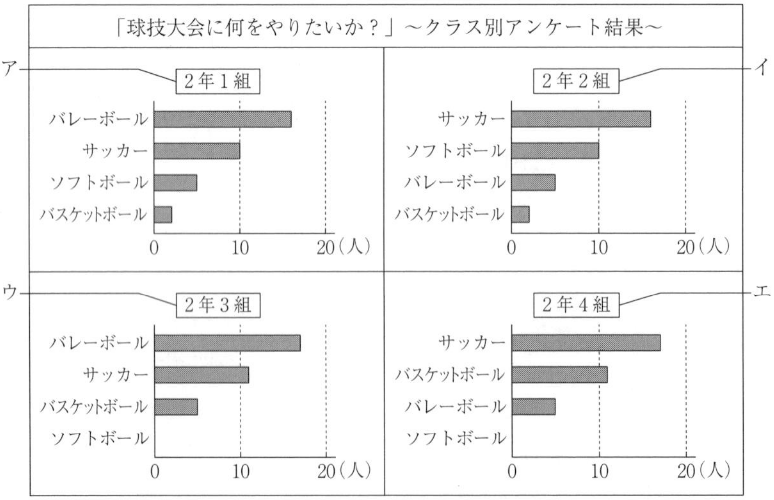

(2) 寛太の話を聞いて，質問に対する答えとなるように（　　）の中に適切な数字や語，語句を記入する問題

質問 1　When did Kanta begin to take guitar lessons?

When he was (　　　) years old.

質問 2　What was fun for Kanta in the guitar lessons?

It was fun for him to (ⓐ　　　) to play the (ⓑ　　　) song.

質問 3　Why was Kanta happy when he met his mother at the town music festival?

Because he (＿＿＿＿＿＿＿＿＿＿＿＿＿＿＿＿＿＿＿＿＿＿＿＿＿＿＿＿).

2　次の英文は，静岡県でホームステイをしているアメリカ人のジョン（John）と，友人の由紀（Yuki）との会話である。この英文を読んで，(1)～(5)の問いに答えなさい。

（*John and Yuki are walking in a park.*）

John：Wow, this park has many *sakura*. I think everyone from abroad should see *sakura*.

Yuki：[ A ] *Sakura* is a symbol of spring in Japan.

John：Look! Many people are watching *sakura* and having picnics under the trees.

Yuki：In Japan, this event is called *hanami*. Every year, many people have *hanami* with their family or friends. It's a popular event with a long history. So, many Japanese people can't imagine spring（ ⓐ ）*sakura*.

John：I see. In this park, [　　　].

Yuki：I think so, too. Oh, I want to show you some spring sweets. I don't think they can be found in your country. [ B ] Let's go!

（*At a department store.*）

Yuki：Look, there are many spring sweets! For example, *sakura* flowers are put on the cakes. Their flavor is good.

John：[ C ] I didn't know *sakura* flowers can be eaten.

Yuki：*Sakura* flowers are pickled, and then used in sweets.

John：Oh really? What is that food wrapped in a leaf?

Yuki：It's a *sakuramochi*, a Japanese sweet eaten in spring. That leaf is from a *sakura* tree. Japanese people have eaten *sakuramochi* for hundreds of years.

John：You enjoy spring in many ways. Um... I feel like buying a *sakura* sweet now.

Yuki：OK. What will you buy? You can buy cakes, *sakuramochi* and many other sweets. Can［ア　sweet　イ　which　ウ　decide　エ　to　オ　you］buy?

John：No. This department store sells too many sweets. It's difficult for me to（ ⓑ ）only one.

Yuki：OK. How about buying a few of the sweets? Then, you will enjoy spring more. Let's look around this floor and find（ ⓒ ）*sakura* sweets!

John：You look happy, Yuki. Are you going to buy some sweets, too?

Yuki：Of course! I like eating sweets more than just seeing flowers.

（注）symbol：象徴　picnic：ピクニック　sweet：甘い菓子　flavor：風味
pickle：～を塩水に漬ける　wrap：～を包む　leaf：葉

(1)　会話の流れが自然になるように，本文中の [ A ] ～ [ C ] の中に補う英語として，それぞれア～ウの中から最も適切なものを１つ選び，記号で答えなさい。

A（　　）B（　　）C（　　）

[ A ]　ア　I agree.　イ　Yes, please.　ウ　That's too bad.

[ B ]　ア　What's up?　イ　I can't hear you.　ウ　You'll be surprised.

[ C ]　ア　Did you?　イ　Is it?　ウ　Was it?

(2)　本文中の( ⓐ )～( ⓒ )の中に補う英語として，それぞれア～エの中から最も適切なものを1つ選び，記号で答えなさい。ⓐ(　　　)　ⓑ(　　　)　ⓒ(　　　)

( ⓐ )　ア　across　　イ　without　　ウ　against　　エ　through

( ⓑ )　ア　collect　　イ　cover　　ウ　change　　エ　choose

( ⓒ )　ア　fast　　イ　tired　　ウ　different　　エ　hungry

(3)　本文中の［　　］で，ジョンは，桜を見るには今週末が良いという内容を伝えている。その内容となるように，［　　］の中に，適切な英語を補いなさい。

In this park, (　　　　　　　　　　　　　　　　　　　　　　　　　　).

(4)　本文中の［　　］の中のア～オを，意味が通るように並べかえ，記号で答えなさい。

(　　)(　　)(　　)(　　)(　　)

(5)　次の英文は，ジョンがこの日に書いた日記の一部である。本文の内容と合うように，次の［　　］の中に補うものとして，本文中から最も適切な部分を3語で抜き出しなさい。(　　　　　)

Today, I went to a park and saw *sakura* with Yuki. Yuki told me about a popular Japanese event, *hanami*. Then, she showed me some spring sweets at a department store. One of them was a *sakuramochi*. It's a Japanese sweet that has ［　　］. Japanese people eat it in spring.

3　ルーシー（Lucy）と直人（Naoto）の会話に関する，(1)，(2)の問いに答えなさい。

(1)　次の［　　　］において，（　　）内に示されていることを伝える場合，どのように言えばよいか。［　　　］の中に，適切な英語を補いなさい。

（　　　　　　　　　　　　　　　　　　　　　　　　　　　　）

Lucy　：　I used the Internet and bought the thing that I wanted! The Internet is very useful.

Naoto：　I think so, too. ［　　　　　］(今の私たちに欠かせないね。)

(2)　会話の流れが自然になるように，次の［　　　］の中に，7語以上の英語を補いなさい。

（　　　　　　　　　　　　　　　　　　　　　　　　　　　　）

Lucy　：　Oh, I forgot to return this book to the library. I often forget to do things.

Naoto：　Really?

Lucy　：　What can I do to stop forgetting to do things?

Naoto：　［　　　　　］

Lucy　：　I see. I'll try that.

4　中学生の友恵（Tomoe）は，友人のマーク（Mark）に，旅先のロンドンから手紙を送ることにした。伝えたいことは，昨日ロンドンに着いて今日は市内観光をしているということと，見るものすべてにわくわくしているということである。あなたが友恵なら，これらのことを伝えるために，どのような手紙を書くか。次の［　　　］の中に英語を補い，手紙を完成させなさい。

Dear Mark,

Hello.

Your friend,

Tomoe

5　次の英文は，中学生の健（Ken）が，ボランティア活動（a volunteer activity）をしたときのことについて書いたものである。この英文を読んで，(1)～(7)の問いに答えなさい。

During the summer vacation, I visited a nursing home for four days to work as a volunteer.

In the afternoon of the first day, many residents were enjoying their teatime. Eight residents were sitting around a big table in the dining room. A care worker said to me, “Ken, come here. Why don’t you talk together?” I felt a little nervous. But I went to the table and said to the eight residents, “Good afternoon, I’m Ken. Nice to meet you.” Then, I ⓐ (sit) next to an old woman called Reiko-san. She smiled and said to me, “Hello. How old are you? Where do you live?” I answered, “Well, I’m fourteen. I live near this nursing home.” I was happy when Reiko-san talked to me. Then, I wanted to ask some questions about her, but I [ A ] what I should ask. So, I [ B ], and we kept quiet. I felt sorry for her

In the teatime of the second day, Reiko-san was drinking tea. When I saw her, I wanted to talk a lot with her. So, I told her about various things. But she just smiled and listened to me. I didn’t think Reiko-san was enjoying her time with me.

In the afternoon of the next day, I helped to clean the hall at the nursing home. When I was cleaning, I found many pictures painted by the residents. I stopped cleaning to look at the pictures because I liked painting. At that time, a wonderful picture caught my eye. I found Reiko-san’s name under it. I said to a care worker, “This picture painted by Reiko-san is wonderful.” He said, “Yes. She can paint pictures the ⓑ (well) of all the residents.” I was glad I found a topic to share with Reiko-san.

On the last day, I met Reiko-san. I said to her, “I saw your wonderful picture. Actually, I like painting pictures. Do you like painting, too?” Reiko-san answered, “Yes, I love painting.” Then, I continued, “Can I ask you [　　　]?” She smiled and answered, “Sure... since I was about forty years old.” We talked a lot about painting pictures. I enjoyed talking with Reiko-san. At the end of the day, she said, “Thank you.” I didn’t know why she said that. I just looked at her for a minute. Then, Reiko-san continued, “You told me a lot of things that I didn’t know. And, you gave me a chance to talk about things that I was interested in.” I was happy to hear that. I asked her, “Could you show me some other pictures?” Reiko-san answered, “Sure. I want to see your pictures, too. Can you visit me again and bring them?” I said, “No problem!” We smiled at each other.

I’m very glad I visited the nursing home as a volunteer. I’ll see her again soon.

（注）　nursing home：老人ホーム　resident：入居者　teatime：お茶の時間
dining room：食堂　care worker：介護福祉士　various：さまざまな　hall：大広間
paint：～を描く　topic：話題　actually：実は

(1)　ⓐ，ⓑの（　　）の中の語を適切な形に直しなさい。ⓐ(　　　　)　ⓑ(　　　　)

(2)　本文中の [ A ]，[ B ] の中に補う英語の組み合わせとして，次のア～エの中から最も適切なものを1つ選び，記号で答えなさい。(　　　　)

ア A：knew B：asked many questions

イ A：knew B：didn't ask anything

ウ A：didn't know B：asked many questions

エ A：didn't know B：didn't ask anything

(3) 次の質問に対して，英語で答えなさい。

① How did Ken feel before talking to the eight residents on the first day?

( )

② What did Ken do to talk a lot with Reiko-san on the second day?

( )

(4) 健は，老人ホームでのボランティア活動で礼子さん（Reiko-san）と出会った。そのボランティア活動の3日目に，健にとってうれしいことがあった。ボランティア活動の3日目にあった，健にとってのうれしかったことを，日本語で書きなさい。

( )

(5) 本文中の□の中に補う英語として，次のア～エの中から最も適切なものを1つ選び，記号で答えなさい。( )

ア when you started to live in the nursing home

イ why you didn't tell me about your picture

ウ how long you have painted pictures

エ how you painted the picture well

(6) 本文中の下線部で，礼子さんは，健に感謝の気持ちを伝えている。礼子さんが健に感謝していることをすべて，日本語で書きなさい。

( )

(7) 次のア～エの中から，本文の内容と合うものを1つ選び，記号で答えなさい。( )

ア On the first day, Reiko-san invited Ken to the afternoon teatime with the eight residents.

イ On the second day, Ken thought Reiko-san enjoyed talking with him because she smiled.

ウ On the third day, Ken told Reiko-san that he also liked painting pictures very much.

エ On the fourth day, Reiko-san asked Ken to meet her again to show her his pictures.

〈放送原稿〉

2020年度静岡県公立高等学校入学試験英語放送による問題

はじめに，(1)を行います。これから，中学生の寛太（Kanta）と留学生のジュディ（Judy）が，英語で[A]，[B]，[C]，[D]の4つの会話をします。それぞれの会話のあとに，英語で質問をします。その質問の答えとして最も適切なものを，ア，イ，ウ，エの4つの中から1つ選び，記号で答えなさい。なお，会話と質問は2回繰り返します。

では，始めます。

[A] Judy : Ah, I hope it will stop raining soon.

Kanta : It was sunny yesterday.

Judy : Yes. But the TV says we will have snow in the afternoon today.

Kanta : Really? How about tomorrow?

Judy : It will be cloudy.

質問　How was the weather yesterday?

（[A]を繰り返す）（6秒休止）

[B] Kanta : Thank you for giving me a birthday present, Judy. I like the bag very much.

Judy : I'm happy you like it. Oh, you're wearing a nice T-shirt today.

Kanta : This is a birthday present from my sister. And my mother made a birthday cake for me.

Judy : Great. But you wanted a computer, right?

Kanta : Yes, I got one from my father!

質問　What did Kanta get from his sister?

（[B]を繰り返す）（6秒休止）

[C] Kanta : Hi, Judy. The movie will start at 11:00. What time shall we meet tomorrow?

Judy : How about meeting at the station at 10:30?

Kanta : Well, I want to go to a bookstore with you before the movie starts. Can we meet earlier?

Judy : All right. Let's meet at the station fifty minutes before the movie starts.

Kanta : OK. See you tomorrow!

質問　What time will Kanta and Judy meet at the station?

（[C]を繰り返す）（6秒休止）

[D] Judy : Kanta, look at this! We can see the most popular sports in each class.

Kanta : In my class, soccer is the most popular of the four sports.

Judy : Soccer is popular in my class, too. But volleyball is more popular.

Kanta : I see. And many of my classmates want to play softball. I want to try it, too!

Judy : Really? No students in my class want to play softball.

質問　Which is Judy's class?

（[D]を繰り返す）（6秒休止）

次に，(2)を行います。これから，中学生の寛太（Kanta）が，英語で話をします。その話の内容について，問題用紙にある3つの質問をします。それぞれの質問に対する正しい答えとなるように，（　　）の中に，適切な数字や語，語句を記入しなさい。なお，先に問題用紙にある質問を2回繰り返し，そのあとで話を2回繰り返します。

では，始めます。

質問1　When did Kanta begin to take guitar lessons?（繰り返す）

（2秒休止）

質問2　What was fun for Kanta in the guitar lessons?（繰り返す）

（2秒休止）

質問3　Why was Kanta happy when he met his mother at the town music festival?（繰り返す）

（2秒休止）

続いて，話をします。

I like playing the guitar. When I was five years old, I got a guitar and began to take guitar lessons. My guitar teacher always said, "Let's enjoy playing the guitar." And she taught me a famous song. In the guitar lessons, it was fun for me to learn to play the song.

When I was seven years old, I joined the town music festival. I played the guitar in front of many people for the first time. I felt afraid, but I remembered the words of my guitar teacher. Then, I enjoyed playing the guitar. After I finished playing, I met my mother. She gave me her kind words. When I heard them, I was happy.

Now, I am continuing to practice the guitar. I hope I will become a great guitar player.

（繰り返す）（20秒休止）

これで放送による問題を終わります。

# 社会

時間　50分　　　　満点　50点

1　次の略年表を見て，(1)～(8)の問いに答えなさい。

| 時代 | 飛鳥《あすか》 | 奈良《なら》 | 平安 | 鎌倉 | 室町 | 安土《あづち》桃山 | 江戸 | 明治 | 大正 | 昭和 | 平成 |
|---|---|---|---|---|---|---|---|---|---|---|---|
| 日本のできごと | ①遣隋使《けんずいし》が派遣される | ②天平文化《てんぴょう》が栄える | ③藤原氏《ふじわら》が最も栄える | 鎌倉幕府が成立する | ④最初の土一揆《いっき》がおこる | 太閤《たいこう》検地が始まる | ⑤徳川家康《とくがわいえやす》が征夷《せいい》大将軍となる<br>⑥ペリーが浦賀に来航する | ⑦日露戦争がおこる | 第一次世界大戦に参戦する | 石油危機がおこる | ⑧バブル経済が崩壊する |

(1)　傍線部①に関するa，bの問いに答えなさい。

a　傍線部①は，中国の進んだ文化を取り入れるなどの目的で派遣された。傍線部①として派遣された人物を，次のア～エの中から1つ選び，記号で答えなさい。(　　　)

ア　中大兄皇子《なかのおおえのおうじ》　　イ　蘇我馬子《そがのうまこ》　　ウ　小野妹子《おののいもこ》　　エ　中臣鎌足《なかとみのかまたり》

b　図1は，現存する世界最古の木造建築を含む寺院を撮影した写真である。傍線部①が派遣されたころに建てられたとされる，図1の寺院は何とよばれるか。その名称を書きなさい。

(　　　)

図1

(2)　傍線部②は，聖武《しょうむ》天皇のころに最も栄えた文化である。傍線部②について述べた文として最も適切なものを，次のア～エの中から1つ選び，記号で答えなさい。(　　　)

ア　上方が中心の，経済力をもつ町人を担《にな》い手とする文化である。

イ　仏教と唐の文化の影響を強く受けた，国際色豊かな文化である。

ウ　台頭してきた武士の気風にあった，力強い印象の文化である。

エ　武家と公家《くげ》の文化がとけあい，禅宗の影響も受けた文化である。

(3)　図2は，傍線部③と皇室の関係を示した系図の一部である。藤原道長は，三条天皇を退位させ，まだ幼い後一条天皇を即位させた。藤原道長は，まだ幼い後一条天皇を即位させることで，何という職に就こうとしたと考えられるか。図2から読み取れる，藤原道長と後一条天皇の関係とあわせて，簡単に書きなさい。

(　　　　　　　　　　　　　　　　　　　　　　　　)

図2

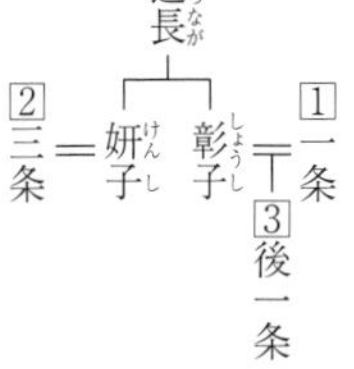


注　□内の数字は天皇の即位順を，二重線(＝)は夫婦関係を，それぞれ表している。

(4)　傍線部④に関するa，bの問いに答えなさい。

a　傍線部④は，近江国《おうみのくに》の運送業者が中心となっておこした。傍線部④をおこした，このころの

運送業者の名称を，次のア～エの中から１つ選び，記号で答えなさい。(　　　)

ア　座　　イ　馬借　　ウ　町衆　　エ　惣《そう》

b　傍線部④では，土倉や酒屋に加えて寺院も襲われた。傍線部④をおこした人々が寺院を襲った理由は，土倉や酒屋を襲った理由と同じである。傍線部④をおこした人々が寺院を襲った理由を，傍線部④をおこした人々が要求したことに関連づけて，簡単に書きなさい。

(　　　　　　　　　　　　　　　　　　　　　　　　　　　　　　　　　　　)

(5)　傍線部⑤が開いた江戸幕府に関するa，bの問いに答えなさい。

a　大名は，江戸幕府から領地を与えられ，その領地を支配した。大名が，江戸幕府から与えられた領地とその領地を支配するしくみは何とよばれるか。その名称を書きなさい。(　　　)

b　表１は，譜代大名と外様《とざま》大名が，徳川氏に従った時期を示している。図３の▒は，外様大名に与えられた領地を示している。表１から，江戸幕府にとって，外様大名はどのような存在であったと考えられるか。図３から読み取れる，江戸からみた外様大名の配置の特徴とあわせて，簡単に書きなさい。

(　　　　　　　　　　　　　　　　　　　　　　　　　　　　　　　　　　　)

表１

| | 徳川氏に従った時期 |
|---|---|
| 譜代大名 | 関ヶ原の戦い以前 |
| 外様大名 | 関ヶ原の戦い以後 |

図３

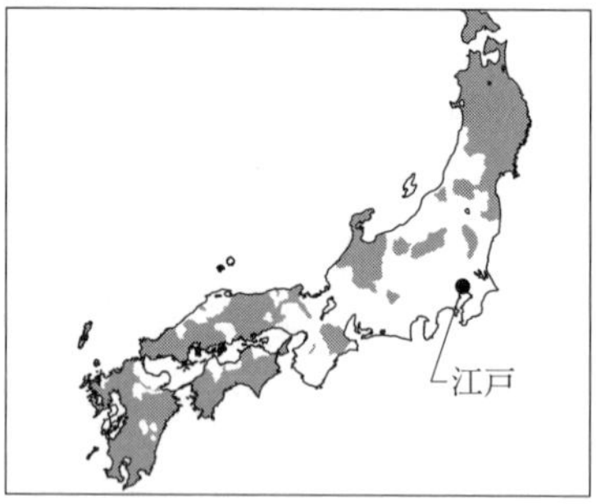


注　外様大名の領地は，1664年ごろのもの。

(6)　次のア～ウは，傍線部⑥以前におこったできごとについて述べた文である。ア～ウを時代の古い順に並べ，記号で答えなさい。(　　→　　→　　)

ア　アヘン戦争で清《しん》が敗れたことを知った幕府は，日本に来航する外国船への対応を改めた。

イ　幕府は異国船打払《うちはらい》令（外国船打払令）を出し，接近する外国船を追い払う方針を示した。

ウ　蝦夷地《えぞち》の根室に来航したロシアの使節が日本との通商を求めたが，幕府は要求を断った。

(7)　傍線部⑦に関するa，bの問いに答えなさい。

a　傍線部⑦の講和会議は，日本の求めに応じて講和を仲介した国で開かれた。日本の求めに応じて講和を仲介した国を，次のア～エの中から１つ選び，記号で答えなさい。(　　　)

ア　アメリカ　　イ　ドイツ　　ウ　イギリス

エ　フランス

表２

| | 死者（万人） | 戦費（億円） |
|---|---|---|
| 日清戦争 | 1.4 | 2.3 |
| 日露戦争 | 8.5 | 18.3 |

注「日本長期統計総覧」により作成

b　表２は，日清戦争と日露戦争の，日本の死者と戦費を示している。日本は日露戦争に勝利したが，1905年に結ばれた講和条約の内容に不満をもった人々による暴動がおこった。人々が講和条約の内容に不満をもった理由を，表２から読み取れることに関連づけて，簡単に書きなさい。

(　　　　　　　　　　　　　　　　　　　　　　　　　　　　　　　　　　　　)

(8)　傍線部⑧は，1980年代の後半におこり，1990年代の初めに崩壊した。傍線部⑧が崩壊した後の日本は，長い不況に入った。グラフ1は，1985年度から2017年度における，消費税と所得税の，税収の推移を示している。グラフ1の，消費税と所得税の，税収の推移から考えられる，国の税収にとっての消費税の利点を，景気変動に関連づけて，簡単に書きなさい。

グラフ1

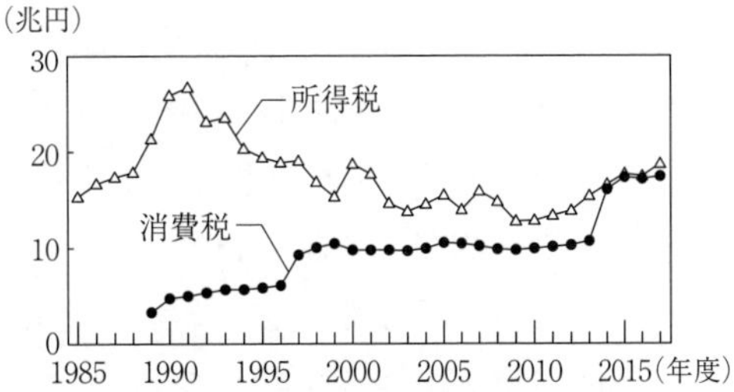


注1　財務省資料などにより作成
注2　消費税は，1989年4月1日に導入された。

(　　　　　　　　　　　　　　　　　　　　　　　　　　　　　　　　　　　　)

2　次の(1)〜(6)の問いに答えなさい。なお，地図1の中のA，Bは県を，Xは海を，それぞれ示している。

地図1

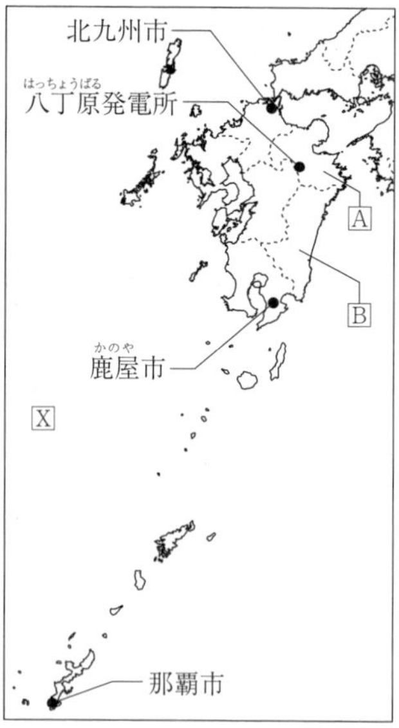


(1)　地図1のXは，九州と南西諸島，中国南部，台湾，朝鮮半島に囲まれた海である。Xの名称を書きなさい。(　　　)

(2)　Aに関するa，bの問いに答えなさい。

a　Aでは，豊富にわき出る温泉を利用した観光業がさかんである。Aの県名を書きなさい。(　　　県)

b　Aにある八丁原発電所では，火山活動を利用した発電が行われている。八丁原発電所で行われている発電方法を，次のア〜エの中から1つ選び，記号で答えなさい。(　　　)

ア　原子力　　イ　火力　　ウ　水力　　エ　地熱

(3)　図4は，地図1の鹿屋市の一部の地域を示した地形図である。このことに関するa，bの問いに答えなさい。

図4

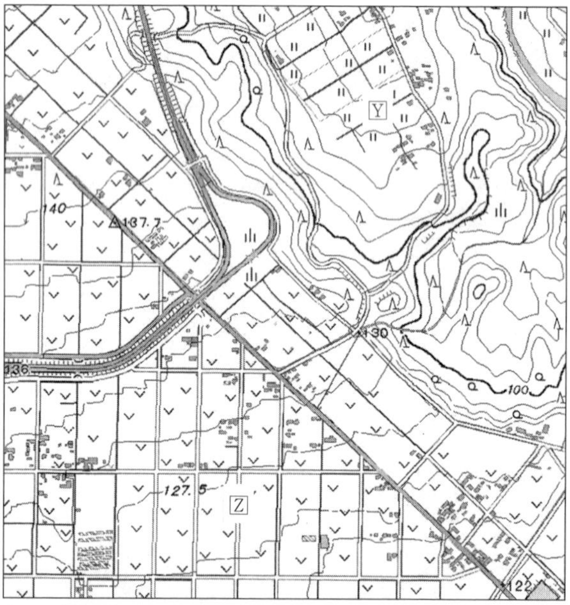


注　国土地理院の電子地形図（タイル）により作成

a　図4に関する①，②の問いに答えなさい。

①　図4を含む九州地方南部には，古い火山の噴出物によってできた台地が広がっている。九州地方南部に広がる，古い火山の噴出物によってできた台地は何とよばれるか。その名称を書きなさい。(　　　台地)

②　①の台地では，大雨による土砂災害がおこりやすい。そこで，鹿屋市では，災害による被害をできるだけ少なくするため，地域の危険度を住民にあらかじめ知らせる地図を作成し，公

開している。このような目的で作成され，公開されている地図は何とよばれるか。その名称を書きなさい。(　　　)

b　次の文は，図4の土地のようすや利用についてまとめたものである。文中の（ あ ），（ い ）に当てはまる語として正しい組み合わせを，あとのア～エの中から1つ選び，記号で答えなさい。(　　　)

Zは，北西から南東に向かうゆるやかな傾斜地で，Yに比べて標高が（ あ ）場所にある。また，Zの付近の土地は，主に（ い ）として利用されている。

ア　あ　高い　い　畑　イ　あ　高い　い　田　ウ　あ　低い　い　畑
エ　あ　低い　い　田

(4)　地図1のBでは，ピーマンの促成栽培がさかんであり，東京や大阪などに出荷している。グラフ2は，2018年の東京の市場における，B，関東地方，その他の道府県の，ピーマンの月別入荷量と，ピーマン1kg当たりの平均価格を示している。促成栽培を行う利点を，グラフ2から読み取れる，入荷量と価格に関連づけて，簡単に書きなさい。
(　　　　　　　　　　　　　　　　　　)

グラフ2

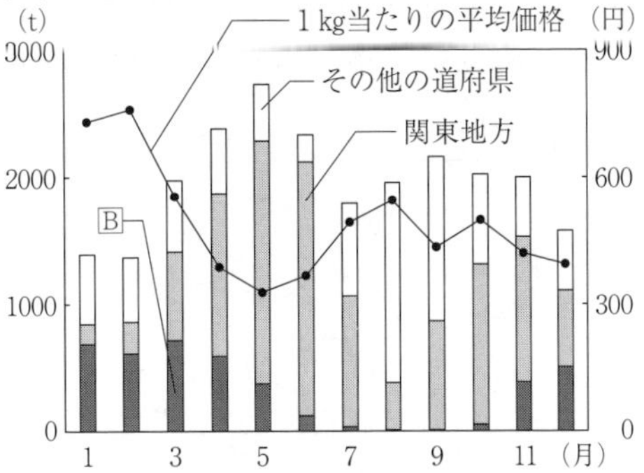

注　東京都中央卸売市場資料により作成

(5)　地図1の北九州市は，北九州工業地域（北九州工業地帯）の中心的な都市である。グラフ3は，1960年と2014年における，福岡県の工業出荷額と，工業出荷額に占める工業製品の割合を示している。図5は，2014年における，北九州市周辺の工場の分布を示している。グラフ3のⓐ～ⓒ，図5のⓓ～ⓕは，機械工業，金属工業，化学工業のいずれかを表している。グラフ3のⓐ～ⓒ，図5のⓓ～ⓕの中から，機械工業に当たるものを1つずつ選び，記号で答えなさい。グラフ3(　　　)　図5(　　　)

グラフ3

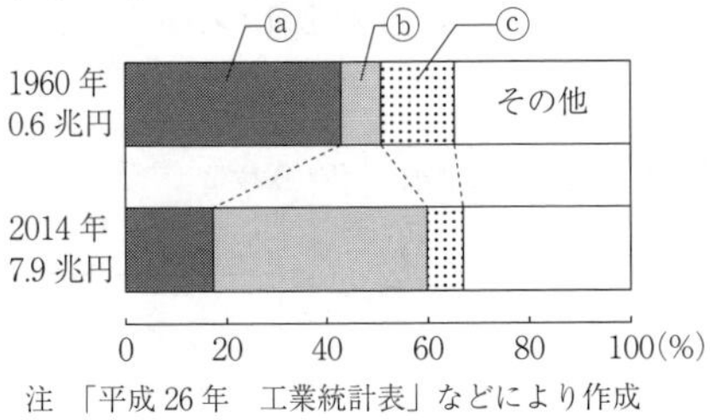

注「平成26年　工業統計表」などにより作成

図5

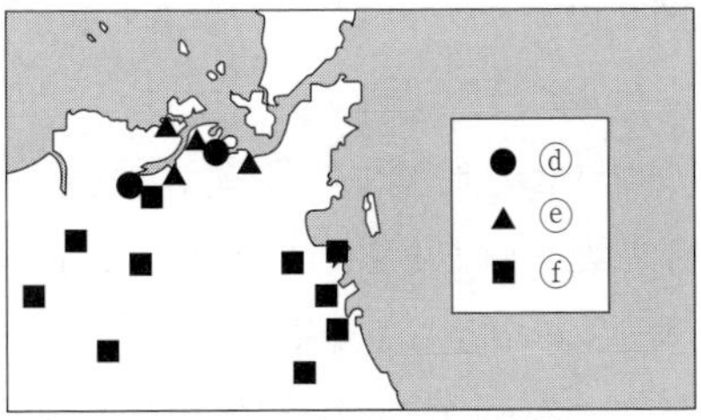

注「平成27年度版　福岡県の工業団地」などにより作成

(6)　表3は，沖縄県と沖縄県を除いた全国の，河川の長さの平均を示したものである。図6は，沖縄島南部の代表的な河川を示した図である。那覇市は，全国平均よりも年間降水量が多いが，人々は昔から水不足に悩まされてきた。そのため，那覇市では，建造物の屋根の上にタンクを設置し，雨水をためて使用することが広く行われている。全国平均よりも年間降水量が多い那覇市が水不足になりやすい理由を，表3と図6から考えられる河川の特徴に関連づけて，簡単に書きなさい。
(　　　　　　　　　　　　　　　　　　　　　　　　　　　　)

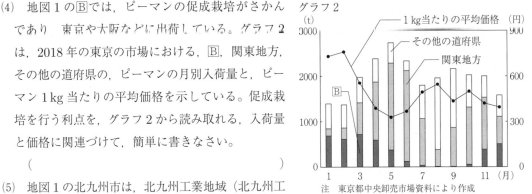

表3

| | 河川の長さの平均（km） |
|---|---|
| 沖縄県 | 7.0 |
| 全国 | 44.6 |

注1　国土交通省資料により作成
注2　河川の長さは，1級河川と2級河川の平均。

図6

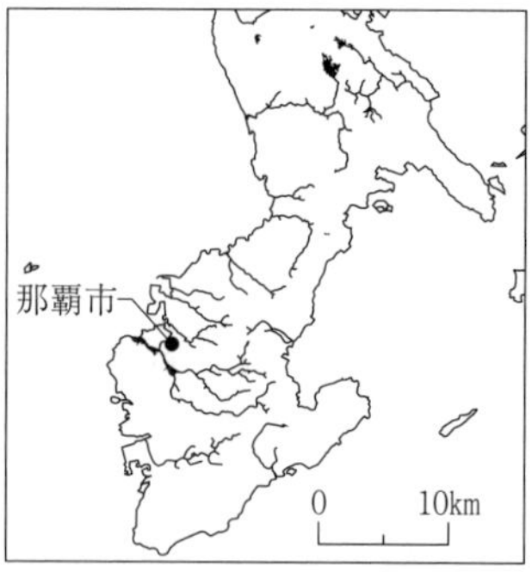


3　次の(1)～(4)の問いに答えなさい。なお，地図2は，緯線と経線が直角に交わった地図であり，地図2の中のA，Bは国を，ⓐ～ⓒは都市を，それぞれ示している。

地図2

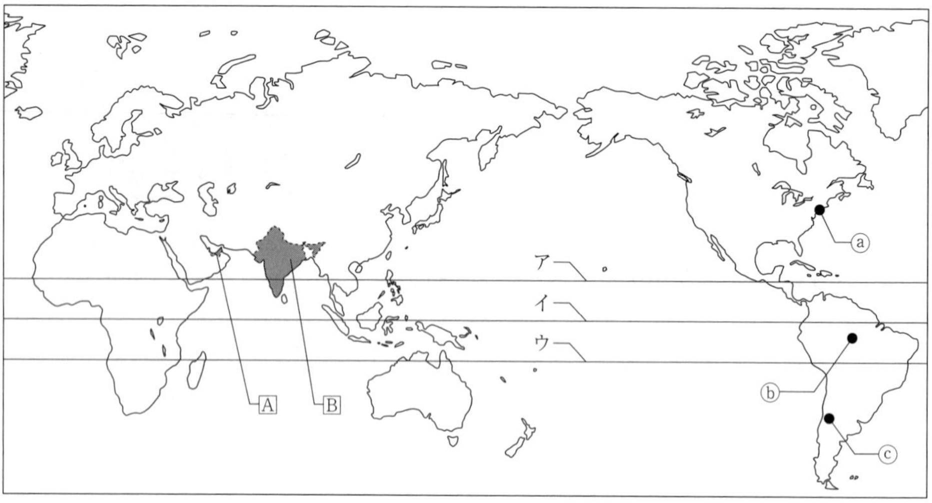


(1)　地図2のア～ウの中から，赤道を示しているものとして正しいものを1つ選び，記号で答えなさい。(　　　)

(2)　グラフ4は，地図2のⓐ～ⓒのいずれかの都市の，気温と降水量を示したものである。グラフ4に当たる都市として適切なものを，ⓐ～ⓒの中から1つ選び，記号で答えなさい。(　　　)

グラフ4

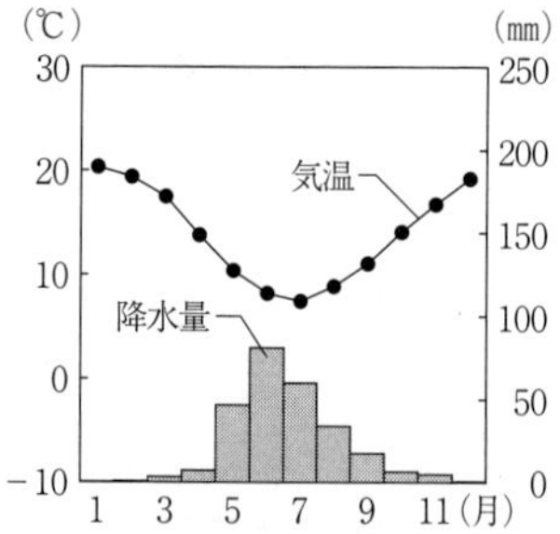


注「平成30年　理科年表」により作成

(3)　Bに関するa，bの問いに答えなさい。

a　Bの北側には標高8000m級の山々が連なる高い山脈がみられる。この山脈を含む，ヨーロッパからインドネシアにのびる造山帯は何とよばれるか。その名称を書きなさい。(　　　造山帯)

b　表4は，B，中国，ブラジル，オーストラリア，日本の，1990年と2016年における人口と，2016年における1人当たりの国民総所得を示している。表4の中のア～エは，B，中国，ブラジル，オーストラリアのいずれかを表している。ア～エの中から，Bに当たるものを1つ選び，記号で答えなさい。

(　　　)

表4

| | 人口(万人) | | 1人当たりの国民総所得(ドル) |
|---|---|---|---|
| | 1990年 | 2016年 | |
| ア | 117,245 | 140,350 | 7,963 |
| イ | 1,704 | 2,413 | 52,730 |
| ウ | 87,013 | 132,417 | 1,685 |
| エ | 14,935 | 20,765 | 8,467 |
| 日本 | 12,452 | 12,775 | 39,881 |

注「世界国勢図会 2018／19」により作成

(4)　西アジアに関するa，bの問いに答えなさい。

a　宗教に関する①，②の問いに答えなさい。

①　7世紀に西アジアでおこり，現在は西アジアを中心に，広い地域で信仰されている宗教がある。この宗教には，信者が聖地に向かって1日5回の礼拝を行うなどの特徴がある。この宗教は何とよばれるか。その名称を書きなさい。(　　　)

②　①の宗教には，この宗教の教えやきまりに適合していることを意味する「ハラール」という言葉がある。図7は，「ハラール」に当たる食品などにつけられているマークの1つである。①の宗教の信者にとって，図7のようなマークが食品につけられている利点を，①の宗教のきまりとあわせて，簡単に書きなさい。

図7

注　日本アジアハラール協会ホームページより

(　　　　　　　　　　　　　　　　　　　　)

b　Aのドバイでは，原油の輸出で得た豊富な資金などを使い，1990年代から，高級ホテルがある人工島をつくるなどのリゾート開発を進めてきた。表5は，1987年における，世界の原油の可採年数（採掘可能年数）を示している。グラフ5は，1987年と2017年における，Aの，輸出総額と，輸出総額に占める原油の輸出額の割合を示している。Aのドバイで，原油の輸出で得た豊富な資金などを使い，リゾート開発を進めようとした目的を，表5とグラフ5から考えられることに関連づけて，簡単に書きなさい。

(　　　　　　　　　　　　　　　　　　　　)

表5

| | 可採年数（年） |
|---|---|
| 原油 | 43.6 |

注「世界国勢図会 1990／91」により作成

グラフ5

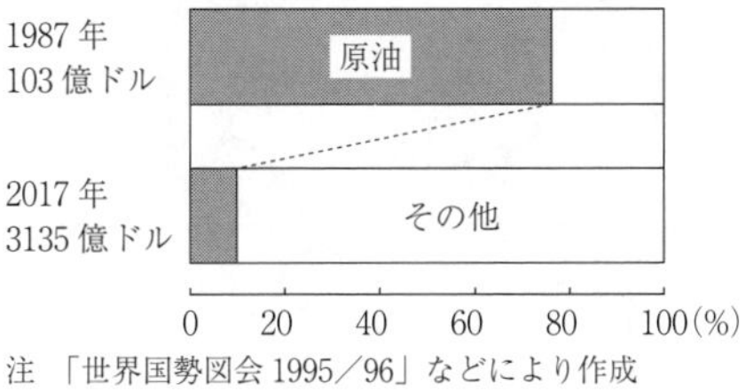


注「世界国勢図会 1995／96」などにより作成

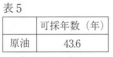

4 次の(1)～(4)の問いに答えなさい。

(1) 人権に関するa，bの問いに答えなさい。

a 日本国憲法は，法の下の平等を掲げ，誰もが等しく扱われる権利を保障している。職場での男女平等を実現するために，1985年に制定され，翌年に施行された法律は何とよばれるか。その名称を書きなさい。(　　　)

b 社会の変化とともに，日本国憲法に明確に規定されてはいない新しい人権が登場してきた。このような人権に当たるものを，次のア～エの中から1つ選び，記号で答えなさい。(　　　)

ア 請求権　イ 団結権　ウ 参政権　エ 環境権

(2) 国会に関するa，bの問いに答えなさい。

a 国会の仕事に当たるものを，次のア～エの中から1つ選び，記号で答えなさい。(　　　)

ア 内閣総理大臣の指名　イ 条例の審議　ウ 違憲立法審査

エ 衆議院解散の決定

b 政党は，国会で多くの議席を獲得することで，政権を担当しようとする。複数の政党が集まってつくる政権は何とよばれるか。その名称を書きなさい。(　　　政権)

(3) 1997年に採択された京都議定書では，1990年を基準として，2008年から2012年までの二酸化炭素などの削減目標が，数値目標として定められた。京都議定書が2005年に発効すると，2008年から2012年の期間中に，各国で二酸化炭素などの排出量を削減する取り組みが行われた。このことに関するa，bの問いに答えなさい。

a 二酸化炭素やメタンなど，地球温暖化の原因と考えられている気体の総称は何か。その総称を書きなさい。(　　　)

b 表6は，2008年から2012年における，国・地域別の二酸化炭素の削減義務の有無を示している。グラフ6は，1990年と2012年における，二酸化炭素の，世界の総排出量と，国・地域別の排出量の割合を示している。2008年から2012年の期間中に，各国が二酸化炭素の削減に取り組んだにもかかわらず，二酸化炭素の排出量を削減する取り組みが不十分になった理由の1つは，アメリカ合衆国が京都議定書から離脱したからである。このこととは別に，世界全体の二酸化炭素の排出量が増えている理由を，表6とグラフ6から考えられることに関連づけて，簡単に書きなさい。

(　　　　　　　　　　　　　　　　　　　　　　　　　　　　　　)

表6

| 削減義務 | 国・地域 |
|---|---|
| あり | 日本，EU25か国，ロシア，ウクライナ，アイスランド，ノルウェー，スイス，リヒテンシュタイン，モナコ，クロアチア，オーストラリア，ニュージーランド |
| なし | 発展途上国など計155か国 |

注1 環境省資料により作成

注2 アメリカ合衆国，カナダは京都議定書から離脱。アンドラ，パレスチナ，南スーダンは京都議定書に不参加。

グラフ6

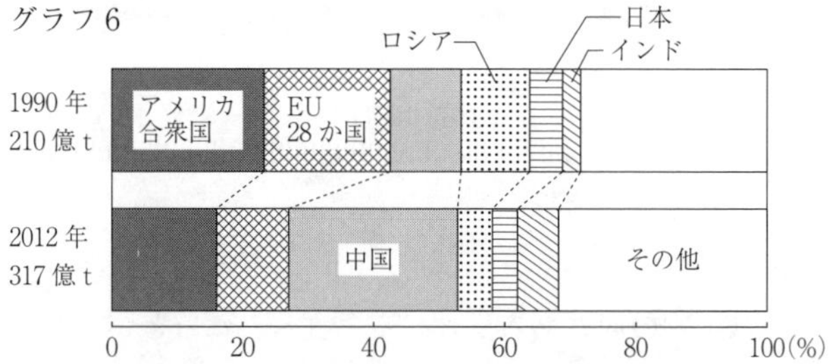


注1 「世界国勢図会 2015／16」により作成
注2 EU28か国は，表6の25か国に，マルタ，キプロス，クロアチアを加えたものである。

(4) 政府は，大阪・関西万博が開催される2025年までに，キャッシュレス決済比率を40％にする目標を発表し，キャッシュレス決済を推進している。キャッシュレス決済とは，クレジットカード，電子マネー，スマートフォンなどを使って，現金を使用せずにお金を払うことである。資料1は，キャッシュレス決済の推進の取り組みをまとめたものである。グラフ7は，2005年，2015年，2025年の日本の総人口の推移と予測を，年少人口（0～14歳の人口），生産年齢人口（15～64歳の人口），老年人口（65歳以上の人口）に分けて示している。グラフ8は，2015年における，各国のキャッシュレス決済比率を示している。キャッシュレス決済の普及によっておこる問題点はあるが，利点もある。資料1，グラフ7，グラフ8から考えられる，キャッシュレス決済が普及することで期待される，日本の事業者にとっての利点を，国内の雇用と外国人観光客の消費の面から，70字程度で書きなさい。

資料1

- 政府は，キャッシュレス決済に対応した端末やレジを増やすため，補助金を出す制度を整えた。
- あるレストランチェーンには，テーブルにあるタブレット型端末で注文を行い，テーブルでキャッシュレス決済を行える店がある。
- 観光地では，電子マネーやスマートフォンを使った支払いを取り入れた店が増えている。

注 経済産業省資料などにより作成

グラフ7

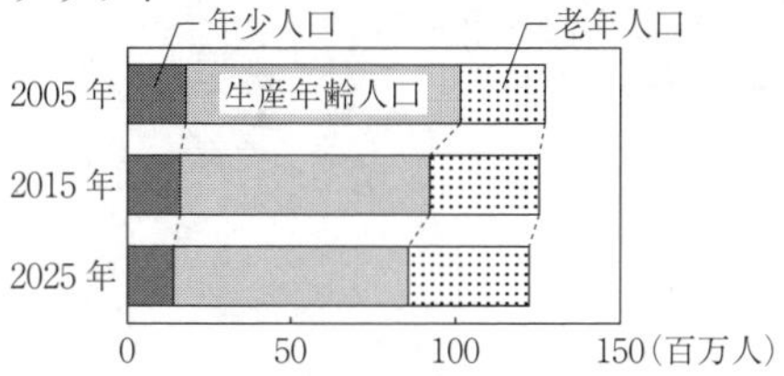


注 「日本の統計 2019」により作成

グラフ8

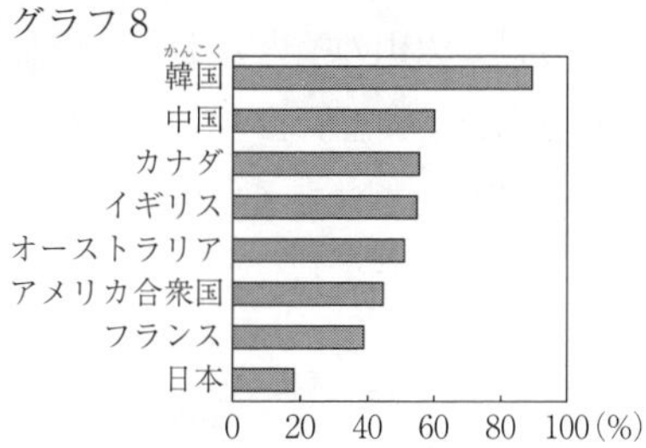


注 経済産業省資料により作成

# 理科

時間　50分　　　　満点　50点

1　次の(1)～(4)の問いに答えなさい。

(1)　自然界で生活している生物の間にある，食べる・食べられるという関係のつながりは，一般に何とよばれるか。その名称を書きなさい。(　　　)

(2)　次のア～エの中から，ろ過のしかたを表した図として，最も適切なものを１つ選び，記号で答えなさい。(　　　)

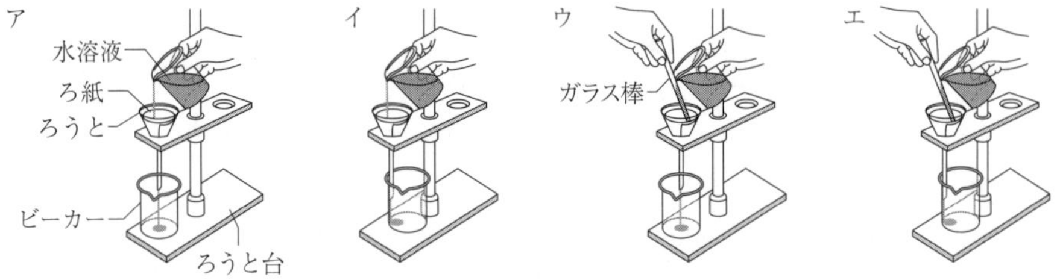


(3)　図１は，異なる高さに同じ大きさの穴をあけた，底のある容器である。この容器のＡの位置まで水を入れ，容器の穴から飛び出る水のようすを観察する。この容器の穴から，水はどのように飛び出ると考えられるか。次のア～ウの中から，適切なものを１つ選び，記号で答えなさい。また，そのように考えられる理由を，水の深さと水圧の関係が分かるように，簡単に書きなさい。

図１

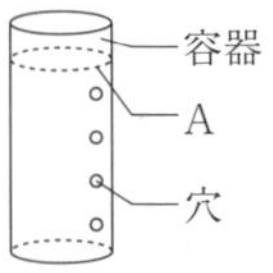


記号(　　　)　理由(　　　　　　　　　　　　　　　　　　　　　　　　　　)

ア　上の穴ほど，水は勢いよく飛び出る。
イ　下の穴ほど，水は勢いよく飛び出る。
ウ　穴の高さに関係なく，水はどの穴からも同じ勢いで飛び出る。

(4)　図２は，雲仙《うんぜん》普《ふ》賢岳《げんだけ》と三《み》原山《はらやま》の火山灰を，双眼実体顕微鏡を用いて観察したときのスケッチである。図２の火山灰に含まれる鉱物の色に着目すると，それぞれの火山におけるマグマのねばりけと火山の噴火のようすが推定できる。三原山と比べたときの，雲仙普賢岳のマグマのねばりけと噴火のようすを，それぞれ簡単に書きなさい。

図２

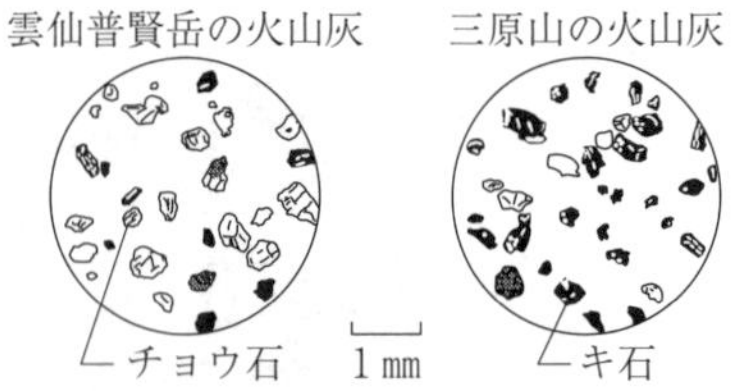


マグマのねばりけ(　　　　　)　噴火のようす(　　　　　)

2　植物の生活と種類及び動物の生活と生物の変遷に関する(1)，(2)の問いに答えなさい。

(1)　ツユクサの葉を採取し，葉のようすを観察した。

①　ツユクサの葉脈は平行に通っている。このように，被子植物の中で，葉脈が平行に通っているなかまは何とよばれるか。その名称を書きなさい。(　　　)

②　ツユクサの葉の裏の表皮をはがしてプレパラートをつくり，図3のように，顕微鏡を用いて観察した。

図3

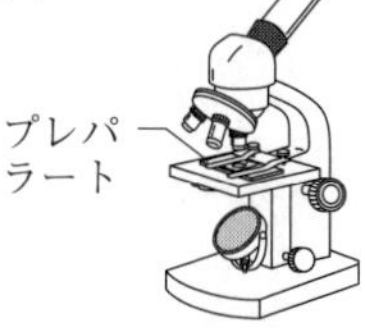


a　観察に用いる顕微鏡には，10倍，15倍の2種類の接眼レンズと，4倍，10倍，40倍の3種類の対物レンズが用意されている。400倍の倍率で観察するには，接眼レンズと対物レンズは，それぞれ何倍のものを使えばよいか。それぞれ書きなさい。

接眼レンズ(　　　倍)　対物レンズ(　　　倍)

図4

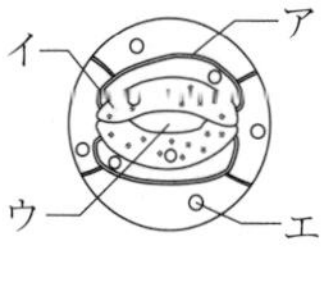


b　図4は，ツユクサの葉の裏の表皮を顕微鏡で観察したときのスケッチである。図4のア～エの中から，気孔を示す部分として，最も適切なものを1つ選び，記号で答えなさい。(　　　)

③　次の文が，気孔について適切に述べたものとなるように，文中の（ あ ），（ い ）のそれぞれに補う言葉の組み合わせとして，下のア～エの中から正しいものを1つ選び，記号で答えなさい。(　　　)

光合成や呼吸にかかわる二酸化炭素や酸素は，おもに気孔を通して出入りする。また，根から吸い上げられた水は，（ あ ）を通って，（ い ）の状態で，おもに気孔から出る。

ア　あ　道管　　い　気体　　イ　あ　道管　　い　液体　　ウ　あ　師管　　い　気体

エ　あ　師管　　い　液体

(2)　図5は，ヒトの血液の循環経路を模式的に表したものである。図5の矢印（⟶）は，血液の流れる向きを表している。空気中の酸素は，肺による呼吸で，肺の毛細血管を流れる血液にとり込まれ，全身の細胞に運ばれる。

図5

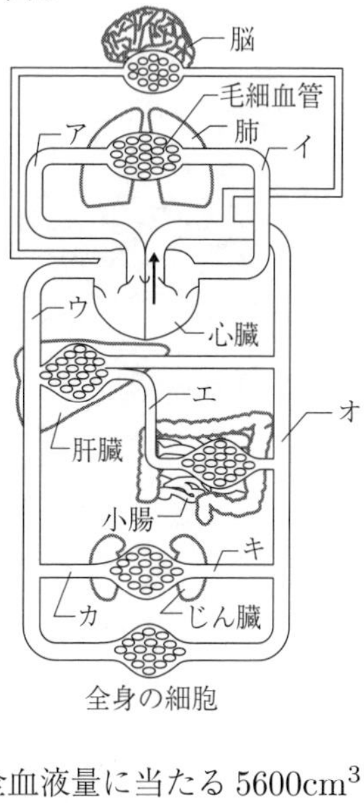


①　血液中の赤血球は，酸素を運ぶはたらきをしている。このはたらきは，赤血球に含まれるヘモグロビンの性質によるものである。赤血球によって，酸素が肺から全身の細胞に運ばれるのは，ヘモグロビンがどのような性質をもっているからか。その性質を，酸素の多いところにあるときと，酸素の少ないところにあるときの違いが分かるように，簡単に書きなさい。

(　　　　　　　　　　　　　　　　　　)

②　一般的な成人の場合，体内の全血液量は$5600cm^3$であり，心臓の拍動数は1分につき75回で，1回の拍動により心臓の右心室と左心室からそれぞれ$64cm^3$の血液が送り出される。このとき，体内の全血液量に当たる$5600cm^3$の血液が心臓の左心室から送り出されるのにかかる時間は何秒か。計算して答えなさい。

(　　　秒)

③　図５のア～キの血管の中から，ブドウ糖を最も多く含む血液が流れる血管を１つ選び，記号で答えなさい。(　　　　)

④　ヒトが運動をすると，呼吸数や心臓の拍動数が増え，多くの酸素が血液中にとり込まれ，全身に運ばれる。ヒトが運動をしたとき，多くの酸素が血液中にとり込まれて全身に運ばれる理由を，細胞の呼吸のしくみに関連づけて，簡単に書きなさい。

(　　　　　　　　　　　　　　　　　　　　　　　　　　　　　　　　　　)

3 化学変化と原子・分子に関する(1), (2)の問いに答えなさい。

(1) 試験管P, Qを用意し, それぞれに鉄粉と硫黄をよく混ぜ合わせて入れた。試験管Pは, そのままおき, 試験管Qは, 図6のように加熱した。このとき, 試験管Qでは, 光と熱を出す激しい反応が起こり, 黒色の硫化鉄ができた。

図6

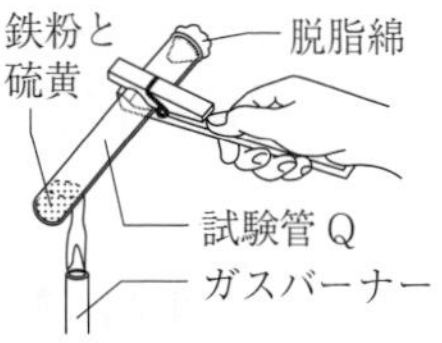


① 化学変化が起こるときに熱を放出し, まわりの温度が上がる反応は何とよばれるか。その名称を書きなさい。(　　)

② 鉄と硫黄が化合して硫化鉄ができるときの化学変化を, 化学反応式で表しなさい。

(　　　　　　)

③ 試験管Pと, 反応後の試験管Qに, うすい塩酸を数滴加え, それぞれの試験管で起こる反応を観察した。

a 次の文が, 試験管Pにうすい塩酸を加えたときに起こる反応について適切に述べたものとなるように, 文中の（あ）には言葉を, （い）には値を, それぞれ補いなさい。

あ(　　　) い(　　　)

塩酸中では, 塩化水素は電離して, 陽イオンである水素イオンと, 陰イオンである（あ）イオンを生じている。うすい塩酸を加えた試験管Pの中の鉄は, 電子を失って陽イオンになる。その電子を水素イオンが1個もらって水素原子になり, 水素原子が（い）個結びついて水素分子になる。

b 試験管Qからは気体が発生し, その気体は硫化水素であった。硫化水素は分子からなる物質である。次のア～エの中から, 分子からなる物質を1つ選び, 記号で答えなさい。

(　　)

ア 塩化ナトリウム　　イ マグネシウム　　ウ 銅　　エ アンモニア

(2) 5つのビーカーA～Eを用意し, それぞれにうすい塩酸12cm$^3$を入れた。図7のように, うすい塩酸12cm$^3$の入ったビーカーAを電子てんびんにのせて反応前のビーカー全体の質量をはかったところ, 59.1gであった。次に, このビーカーAに石灰石0.5gを加えたところ, 反応が始まり, 気体Xが発生した。気体Xの発生が見られなくなってから, ビーカーAを電子てんびんにのせて反応後のビーカー全体の質量をはかった。その後, ビーカーB～Eのそれぞれに加える石灰石の質量を変えて, 同様の実験を行った。表1は, その結果をまとめたものである。ただし, 発生する気体Xはすべて空気中に出るものとする。

図7

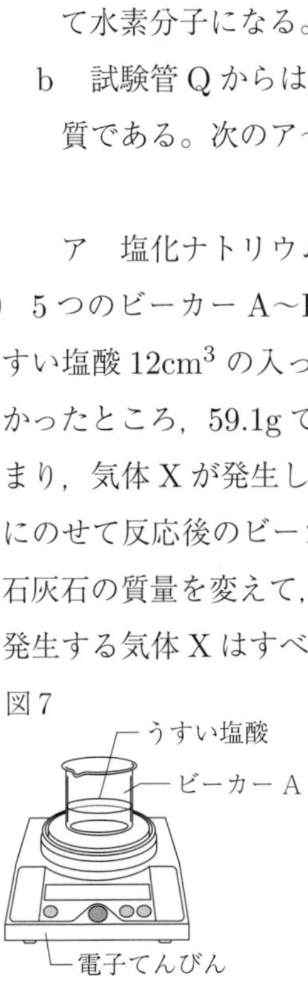


表1

| | A | B | C | D | E |
|---|---|---|---|---|---|
| 加えた石灰石の質量(g) | 0.5 | 1.0 | 1.5 | 2.0 | 2.5 |
| 反応前のビーカー全体の質量(g) | 59.1 | 59.1 | 59.1 | 59.1 | 59.1 |
| 反応後のビーカー全体の質量(g) | 59.4 | 59.7 | 60.0 | 60.5 | 61.0 |

① 気体Xは何か。その気体の名称を書きなさい。(　　　)

② 表1をもとにして, a, bの問いに答えなさい。

a　うすい塩酸 $12cm^3$ の入ったビーカーに加えた石灰石の質量と，発生した気体Xの質量の関係を表すグラフを，図8にかきなさい。

図8

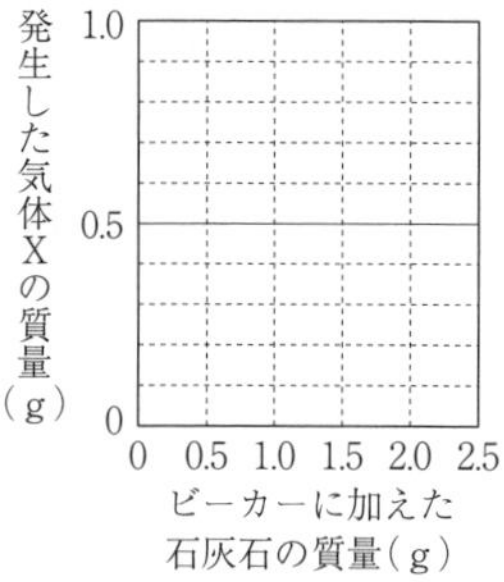


b　ビーカーFを用意し，ビーカーA～Eに入れたものと同じ濃度のうすい塩酸を入れた。続けて，ビーカーFに石灰石5.0gを加え，いずれか一方が完全に反応するまで反応させた。このとき，発生した気体Xは1.0gであった。ビーカーFに入れたうすい塩酸の体積は何 $cm^3$ と考えられるか。計算して答えなさい。ただし，塩酸と石灰石の反応以外の反応は起こらないものとする。

(　　　$cm^3$)

4　地球と宇宙に関する(1)，(2)の問いに答えなさい。

静岡県内のある場所で，ある年の3月1日の，正午に太陽を，真夜中に星を観察した。

(1)　図9のように，天体望遠鏡で投影板に太陽の像を投影して，太陽を観察した。

図9

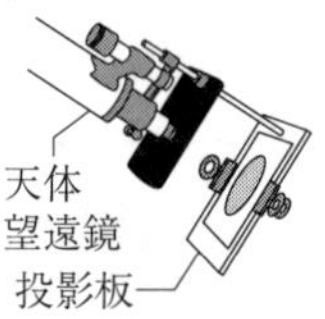


①　太陽は，自ら光を出している天体である。太陽のように，自ら光を出している天体は，一般に何とよばれるか。その名称を書きなさい。(　　　)

②　図10は，この日の正午に太陽の表面のようすを観察し，スケッチしたものである。図10のように，太陽の表面には，黒点とよばれる黒く見える部分がある。黒点が黒く見える理由を，簡単に書きなさい。

(　　　　　　　　　　　　　　　　　　　　　　　　)

図10

(2)　図11は，この年の3月1日の真夜中に南の空を観察し，しし座のようすをスケッチしたものである。図12は，この日から3か月ごとの，地球と火星の，軌道上のそれぞれの位置と，太陽と黄道付近にある星座の位置関係を表した模式図である。図11，図12をもとにして，①，②の問いに答えなさい。

図11

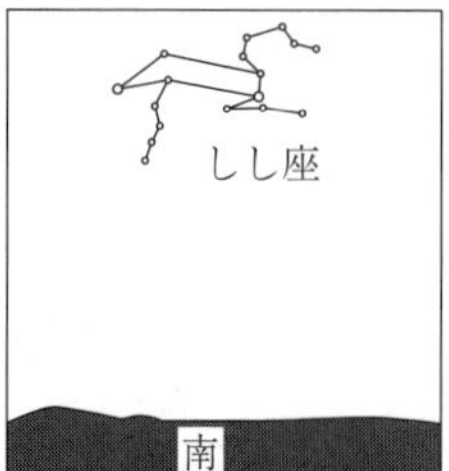


図12

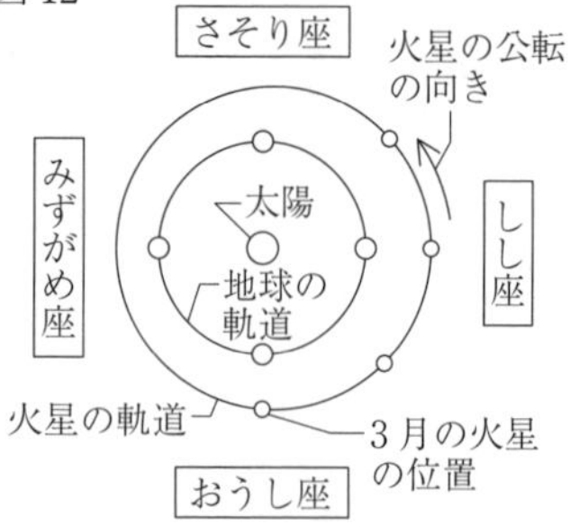


①　次のア～エの中から，この年の6月1日の真夜中に，静岡県内のある場所で，東の空に見える星座を1つ選び，記号で答えなさい。(　　　)

ア　おうし座　　イ　しし座　　ウ　さそり座　　エ　みずがめ座

②　次のア～エの中から，この年に地球から見て，一日中火星が観察できない時期を1つ選び，記号で答えなさい。(　　　)

ア　3月　　イ　6月　　ウ　9月　　エ　12月

5　気象とその変化に関する(1)，(2)の問いに答えなさい。

(1)　次のア～エは，それぞれ異なる時期の，特徴的な天気図である。ア～エの中から，梅雨の時期の特徴的な天気図として，最も適切なものを1つ選び，記号で答えなさい。(　　　)

ア
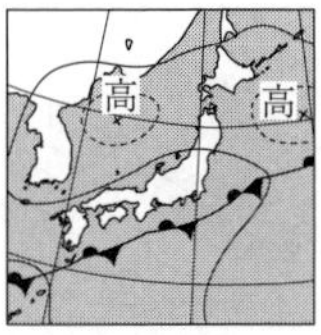


イ
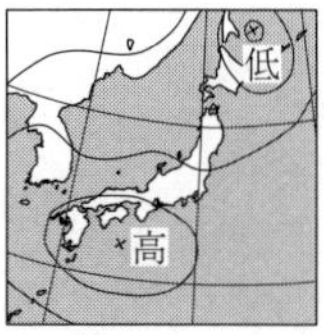


ウ
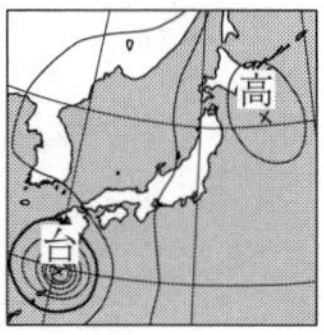


エ
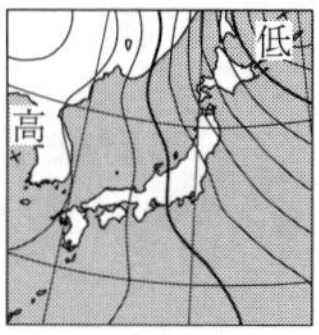


(2)　図13は，空気のかたまりが，標高0mの地点Aから斜面に沿って上昇し，ある標高で露点に達して雲ができ，標高1700mの山を越え，反対側の標高0mの地点Bに吹き下りるまでのようすを模式的に表したものである。表2は，気温と飽和水蒸気量の関係を示したものである。

図13
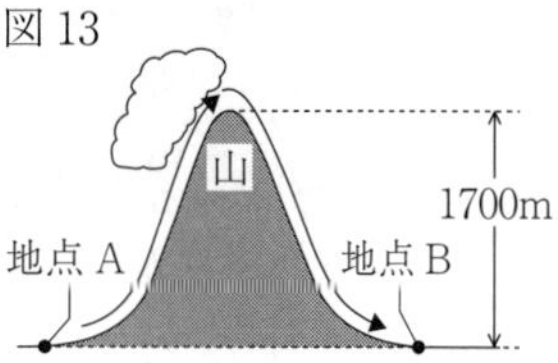


①　次の文が，空気のかたまりが上昇すると，空気のかたまりの温度が下がる理由について適切に述べたものとなるように，文中の（ あ ），（ い ）のそれぞれに補う言葉の組み合わせとして，下のア～エの中から正しいものを1つ選び，記号で答えなさい。(　　　)

上空ほど気圧が（ あ ）くなり，空気のかたまりが（ い ）するから。

ア　あ　高　　い　膨張　　イ　あ　高　　い　収縮

ウ　あ　低　　い　膨張　　エ　あ　低　　い　収縮

表2

| 気温(℃) | 飽和水蒸気量($g/m^3$) |
|---|---|
| 1 | 5.2 |
| 2 | 5.6 |
| 3 | 6.0 |
| 4 | 6.4 |
| 5 | 6.8 |
| 6 | 7.3 |
| 7 | 7.8 |
| 8 | 8.3 |
| 9 | 8.8 |
| 10 | 9.4 |
| 11 | 10.0 |
| 12 | 10.7 |
| 13 | 11.4 |
| 14 | 12.1 |
| 15 | 12.8 |
| 16 | 13.6 |
| 17 | 14.5 |
| 18 | 15.4 |
| 19 | 16.3 |
| 20 | 17.3 |

②　ある晴れた日の午前11時，地点Aの，気温は16℃，湿度は50％であった。この日，図13のように，地点Aの空気のかたまりは，上昇して山頂に到達するまでに，露点に達して雨を降らせ，山を越えて地点Bに吹き下りた。表2をもとにして，a，bの問いに答えなさい。ただし，雲が発生するまで，1$m^3$あたりの空気に含まれる水蒸気量は，空気が上昇しても下降しても変わらないものとする。

a　地点Aの空気のかたまりが露点に達する地点の標高は何mか。また，地点Aの空気のかたまりが標高1700mの山頂に到達したときの，空気のかたまりの温度は何℃か。それぞれ計算して答えなさい。ただし，露点に達していない空気のかたまりは100m上昇するごとに温度が1℃下がり，露点に達した空気のかたまりは100m上昇するごとに温度が0.5℃下がるものとする。標高(　　　m)　温度(　　　℃)

b　山頂での水蒸気量のまま，空気のかたまりが山を吹き下りて地点Bに到達したときの，空気のかたまりの湿度は何％か。小数第2位を四捨五入して，小数第1位まで書きなさい。ただし，空気のかたまりが山頂から吹き下りるときには，雲は消えているものとし，空気のかたまりは100m下降するごとに温度が1℃上がるものとする。(　　　％)

6　電流とその利用及び運動とエネルギーに関する(1), (2)の問いに答えなさい。

図 14 のように，棒磁石を台車に固定する。また，図 15 のように，斜面 P，水平面，斜面 Q をなめらかにつなぐ。

図 14

図 15

(1)　図 15 のように，図 14 の台車を，A に置き，静かにはなした。このとき，台車は，斜面 P を下り，水平面を進み，斜面 Q を上った。ただし，摩擦や空気の抵抗はないものとする。

①　台車が水平面を進む速さは一定であった。このように，直線上を一定の速さで進む運動は何とよばれるか。その名称を書きなさい。(　　　　)

②　図 16 は，図 14 の台車が斜面 Q を上っているときの模式図である。図 16 の矢印（⟶）は，台車にはたらく重力を表している。このとき，台車にはたらく重力の，斜面に平行な分力と斜面に垂直な分力を，図 16 に矢印（⟶）でかきなさい。

図 16

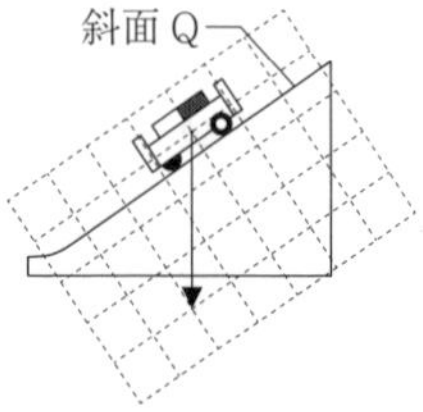


(2)　図 17 のように，コイルと検流計をつないだ。棒磁石の N 極を，コイルのⓐ側から近づけると，検流計の指針は左に振れ，コイルのⓑ側から近づけると検流計の指針は右に振れた。

次に，図 18 のように，図 15 の水平面を，図 17 のコイルに通した装置をつくり，図 14 の台車を A に置き，静かにはなした。このとき，台車は斜面 P を下り，コイルを通り抜け，斜面 Q の D で静止した後，斜面 Q を下り，コイルを通り抜けて B を通過した。ただし，摩擦や空気の抵抗はないものとする。

図 17

図 18

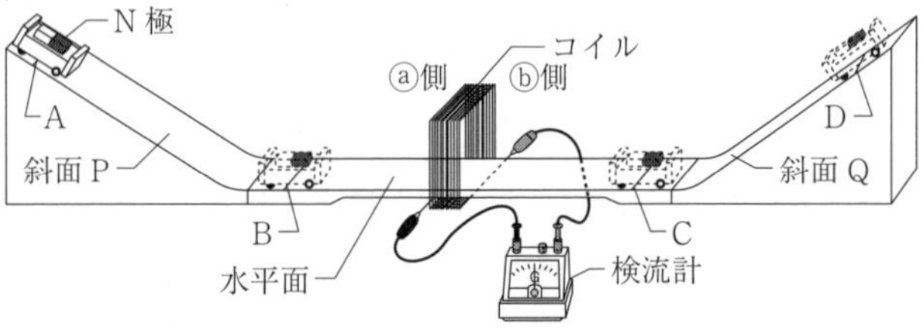


①　台車が斜面 Q を下り，C から B に向かってコイルを通り抜けるときの，検流計の指針の振れ方として最も適切なものを，次のア～エの中から 1 つ選び，記号で答えなさい。ただし，検流計の指針は，はじめは 0 の位置にあるものとする。(　　　　)

ア　左に振れ，0 に戻ってから右に振れる。　　イ　左に振れ，0 に戻ってから左に振れる。

ウ　右に振れ，0 に戻ってから右に振れる。　　エ　右に振れ，0 に戻ってから左に振れる。

②　図 18 のように，台車が，A から B，C を通過して D で静止した後，再び C，B を通過した。このとき，台車のもつ運動エネルギーはどのように変化すると考えられるか。次のア～カの中から，台車が A，B，C，D の，それぞれの位置にあるときの，台車の位置と台車のもつ運動エネルギーの関係を表したものとして，最も適切なものを 1 つ選び，記号で答えなさい。ただし，

水平面における台車のもつ位置エネルギーを0としたときの，Aにおける台車のもつ位置エネルギーを1とする。(　　　)

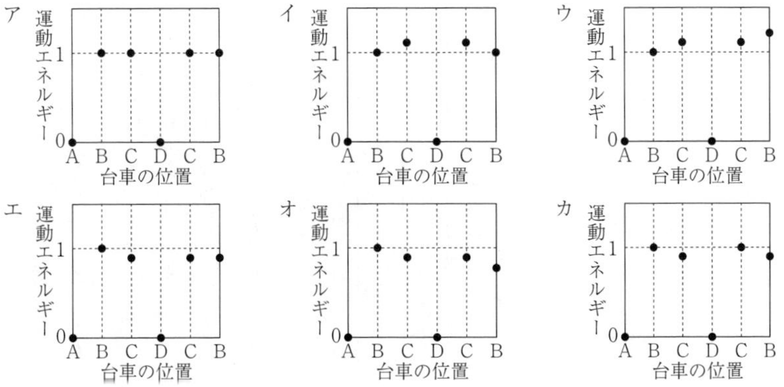


（注）　横軸の「台車の位置」は，台車が移動した順に並べたものである。

③　図19のように，図18の斜面Pを，傾きの大きい斜面Rに変え，斜面Rを水平面となめらかにつなげた装置をつくる。水平面からの高さがAと同じであるEから図14の台車を静かにはなした。

Aから静かにはなした場合と比べて，Eから静かにはなした場合の，台車が最初にコイルを通り抜けるときのコイルに流れる電流の大きさは，どのようになると考えられるか。次のア～ウの中から，適切なものを1つ選び，記号で答えなさい。また，そのように考えられる理由を，台車のもつエネルギーに関連づけて，簡単に書きなさい。ただし，摩擦や空気の抵抗はないものとする。

記号(　　　)　理由(　　　　　　　　　　　　　　　　　　　　　　　　　　　　　　)

図19
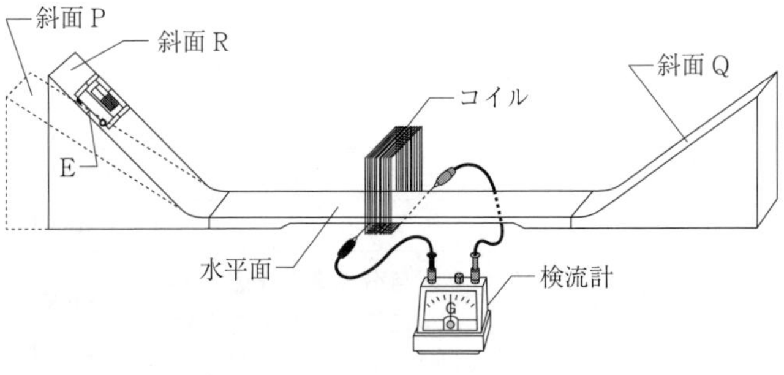


ア　小さくなる。　　イ　変わらない。　　ウ　大きくなる。

④　火力発電所などでは，コイルに磁石を近づけたときに起こる現象を利用して電気エネルギーをつくっている。照明器具は，この電気エネルギーを光エネルギーに変換しているが，その際，電気エネルギーは熱エネルギーにも変換される。

明るさがほぼ同じ，40Wの白熱電球と4.8WのLED電球を10分間点灯させたとき，白熱電球で発生した熱エネルギーは，LED電球で発生した熱エネルギーの何倍か。小数第2位を四捨五入して小数第1位まで書きなさい。ただし，白熱電球のエネルギー変換効率は10％，LED電球のエネルギー変換効率は30％とし，電気エネルギーは光エネルギーと熱エネルギー以外に変換されないものとする。(　　　倍)

5　あなたのクラスでは、国語の授業で、あとの［　　］の中の新聞記事が紹介された。

この記事について感想を述べ合ったところ、「**言葉がもつ本来の意味や使い方を大切にするべきだ。**」という発言をした人がいた。そこで、この発言について、それぞれが賛成、反対の立場に立って意見を述べることになった。あなたならどちらの立場で、どのような意見を述べるか。そう考える理由も含めて、あなたの意見を書きなさい。ただし、次の条件1、2にしたがうこと。

条件1　一マス目から書き始め、段落は設けないこと。

条件2　字数は、百五十字以上、百八十字以内とすること。

**「なし崩し」理解2割**

借金の「なし崩し」や、「げきを飛ばす」の本来の意味を理解している人が2割程度にとどまり、指揮をすることを意味する「采配を振る」を「采配を振るう」と認識している人は5割超を占めることが、文化庁の二〇一七年度国語に関する世論調査で分かった。

**慣用句などの意味や使い方**
（○が本来正しいとされる使い方・意味）

| | | | |
|---|---|---|---|
| 意味 | なし崩し | ○少しずつ返していく | 19.5% |
| | | なかったことにする | 65.6% |
| | げきを飛ばす | ○自分の考えを広く人々に知らせ同意を求める | 22.1% |
| | | 元気のない者に刺激を与えて活気づける | 67.4% |
| 使い方 | チームや部署に指図を与え，指揮する | ○采配を振る | 32.2% |
| | | 采配を振るう | 56.9% |

（二〇一八年九月二十六日付の新聞記事による。）

4　次の文章を読んで、あとの問いに答えなさい。

注①永田《ながた》佐吉《さきち》は、注②美濃《みの》の国羽栗《はくり》郡竹ヶ鼻の人にして、親につかふることたぐひ無し（つくすことにおいて他に比較するものがないほど優れている）。又、仏を信ず。大かた貧しきをア憐《あわれ》み（貧しい人を気の毒に思い）、なべて人に交じるに誠あれば（総じて人と付き合う時に真心を持って接するので）、誰となく仏佐吉とはイ呼びならしけり（通称として呼んだ）。幼《いと》けなき時（幼い時）、注③尾《を》張《はり》名古屋、紙屋某《なにがし》といふ家に僕たりしが（召し使われていたが）、暇《いとま》（休暇）ある時は砂にて手習ふこと（文字を習うこと）をし、又注④四書を習ひ読む。朋輩《ほうばい》の者（（仕事の）仲間の者）ねたみて、読書にことをよせ（読書のことを口実にして）、悪《あ》しき所に遊ぶなどウ讒《ざん》しければ（事実ではない悪口を言ったので）、主《あるじ》（家の主人）もエ疑ひて竹ヶ鼻にかへしぬ（帰した）。さ（そう）れどもなほ（であってもやはり）旧恩を忘れず、道の（道中）ついで（機会）であれば必ず訪《たづ》ね寄りて安否（無事かどうか）を問ふ。年経《へ》て後、其の家大きに衰へければ、又よりよりに物を贈りけるとかや（たびたび物を贈ったとかいうことである）。主の暇を得て（主人から解雇された）後は、綿の注⑤仲買《なかがひ》といふ業《わざ》（仕事）をなせしが、秤《はかり》といふものをオ持たず、買ふ時は買ふ人（（佐吉が）買う相手）に任せ、売る時は売る人（（佐吉が）売る相手）に任す。後には佐吉が直《すぐ》なる（正直なこと）を知りて、売る人（（佐吉に）売る人）は心して（気を配って）重くやり（与え）、買ふ人（（佐吉から）買う人）は心して軽《かろ》くはかりければ（（秤のおもりを）軽くしてはかったので）、いくほどなく豊かに暮らしける。

（三熊花顚《みくまかてん》・伴蒿蹊《ばんこうけい》「続近世畸人伝《ぞくきんせいきじんでん》」より）

（注）
①　江戸時代中期の人。
②　今の岐阜県羽島市の一部。
③　昔の国名。今の愛知県の一部。
④　儒教の経典である四つの書物。『大学』『中庸《ちゅうよう》』『論語』『孟子《もうし》』。
⑤　売り手と買い手との間に立って、物品の売買の仲介をして利益を得ること。

問一　二重傍線（‖）部を、現代かなづかいで書きなさい。（　　）

問二　波線（〰）部ア～オの中から、その主語に当たるものが同じであるものを二つ選び、記号で答えなさい。（　　と　　）

問三　傍線（──）部は、「仏のような佐吉」という意味である。これについて、次の⑴、⑵の問いに答えなさい。

⑴　佐吉は、竹ヶ鼻に帰されても、主から受けた恩を忘れることなく、「仏佐吉」にふさわしい行動を取っている。「仏佐吉」にふさわしい、主に対する佐吉の行動を、現代語で二つ書きなさい。

（　　）

（　　）

⑵　佐吉が「いくほどなく豊かに暮らしける」となったのはなぜか。その理由を、佐吉の人物像を含めて書きなさい。

（　　）

とが分かります。以上で発表を終わります。

問一　第一段落には、聞き手を意識して工夫した、効果的な表現がある。次のア～エの中から、第一段落にある効果的な表現を説明したものとして、適切でないものを一つ選び、記号で答えなさい。（　　）

ア　問いかけることで、聞き手の注意や関心をひきつける。

イ　はじめに、発表する内容の主題を聞き手に伝える。

ウ　語句の意味を説明することで、聞き手の理解を助ける。

エ　自分の体験を交えて伝え、聞き手の共感を得る。

問二　傍線部1を、助詞だけを一語直すことによって、適切な一文にしたい。傍線部1の中の、直すべき助詞を含む一つの文節を、適切な形に直して書きなさい。（　　）

問三　本文中の、第二段落において、第一段落の内容と重なりがあるために、ある一文を削除したい。その一文の、最初の五字を抜き出しなさい。［　　　　　］

問四　傍線部2を、発表を聞いている人に対する敬意を表す表現にしたい。傍線部2を、敬意を表す表現に改めなさい。（　　）

問五　あなたは、本文中の（※）の部分で、次の図1と図2を聞き手に示し、図2の工夫点が分かる一文を付け加えるとよいと考えた。本文中の（※）の部分に付け加えるのに適切な、図2の工夫点を伝える一文を、「図2には、」の書き出しで書きなさい。なお、説明は一文で書くこと。

（図2には、　　　　）

図1　一九六四年大会「柔道」

図2　二〇二〇年大会「柔道」

イ　斜面に置かれた机は安定しない。
ウ　旅立ちの場面で切ない気持ちになる。
エ　人口は増加傾向にはない。

問四　筆者は本文において、夢とはどのようなものだと述べているか。本文中から十五字以内で抜き出しなさい。

問五　次のア～エの中から、本文の構成について説明したものとして最も適切なものを一つ選び、記号で答えなさい。（　　）
ア　冒頭から同じ主張を繰り返し述べ、最後は読者に問いかける形で話題をさらに広げている。
イ　冒頭で一般に知られている現象を提示し、具体例と説明を加えながら主張を展開している。
ウ　はじめに提起した問題の答えを本文の半ばで述べ、根拠となる文献を引用して主張をまとめている。
エ　前半と後半で対照的な内容を示し、それぞれの比較を通して主張を明確にしている。

問六　筆者は、傍線（――）部について、想像が変われば風景も変わる理由を、本文を通して述べている。その理由を、ものを見る時の二つの過程を含めて、四十字程度で書きなさい。

3　あなたのクラスでは、総合的な学習の時間の授業で調べたことを、地域の人に向けて、班ごとに発表することになった。次の文章は、あなたの班の原稿である。あなたはこの原稿を推敲《すいこう》することになった。この文章を読んで、あとの問いに答えなさい。

私たちの班は、ユニバーサルデザインについて発表します。皆さんは、ユニバーサルデザインという言葉をお聞きになったことがありますか。この言葉には「すべての人が使いやすいように工夫された設計」という意味があります。

具体的には、建築や設備、製品や情報などの設計があります。あらゆる人が使用しやすいように工夫されたデザインなのです。ユニバーサルデザインの考えが表れたものとして、自動販売機を例に挙げます。1これまで、硬貨投入口の形式は硬貨は一枚ずつ入れる形でした。また、商品選択ボタンは、地面から高い位置にありました。ユニバーサルデザインの考えが反映された自動販売機では、受け皿型の硬貨投入口となっています。商品選択ボタンは、誰でも利用しやすいように、低い位置にも設けられています。

もう一つの例としてピクトグラムを紹介します。ピクトグラムとは、何らかの情報や注意を示すための絵文字のことです。皆さんも一度は、非常口のピクトグラムを2見たことがあると思います。東京五輪でも、一九六四年大会と二〇二〇年大会のそれぞれに、競技種目を示すピクトグラムが存在します。柔道のピクトグラムを比較してみると、二〇二〇年大会のピクトグラムの工夫点が分かります。

（※）このように、すべての人に内容を直感的に理解してもらう目的で作られたピクトグラムは、ユニバーサルデザインの一つであるこ

私たちが見るすべては、ひとまず光として眼から入ってくる。それは山や空であろうと、ビルや車であろうとその区別はなく、すべて光としてまとめて眼に飛び込み網膜(注⑤)に像を結ぶ。その像の情報は視神経を伝わって脳へ送られる。その情報が脳の中で記憶や感情とブレンド(注⑥)され、処理されたものを認識した時に、私たちは初めて「見る」ということを経験する。

つまり私たちは何かを見る時に、（い）純粋に眼から入る光を見ているわけではなく、同時に心のフィルター(注⑦)を通して見ているのである。だから視界には入っているが、それが見えていない時というのは、〝心が認知できていない〟状態である。錯視や錯覚とは、眼で捉えたものと、心が捉えたものの間にズレがある場合に起こる。

私たちが見る風景というのは、むしろこの心のフィルターの方が強く影響する。だから全く同じ場所であっても、どのような想像力を込めるのかによって、まるで違った風景に見えることがある。例えば子供の時に見た場所を大人になってからもう一度訪れると、同じ場所であってもまるで異なる風景のように感じる。その場所に対して抱いていたイメージが強い時ほど、実際にそこに立ってみた時に、記憶との落差が意識される。

この心の中の風景というのは、実は視覚以上に本質的であるのかもしれない。なぜなら私たちは眠っている時でも「夢」という風景を見るからである。夢は視覚的な光のインプット(注⑧)は全くなく、心の中の情報だけで見ている風景である。そして夢を見ている時にはそこに広がる風景を、私たちは確かな現実だと思い込んでいる。

目が覚めた時に、今まで見ていた風景が夢であったことに私たちはようやく気づくが、夢から覚めるまではそれが現実かどうかは分からないことが多い。そしてその感覚を延長していくと、夢から覚めた現実でさえも、本当の現実かどうかの確信を持つことは実は難しい。夢か現実かを確かめる方法は、それを抜けだした状態になるまでは、本来は分からないからだ。

つまり私たちは現実の風景を見ていると思っているが、その風景の半分は想像でできている。だから想像が変われば風景も当然変わるのである。この事実は当たり前すぎるため、普段改めて考えることはないのだが、実は人間にとって本質的な問題である。

（ハナムラチカヒロ「まなざしのデザイン」より）

（注）① 視覚における錯覚。
② 中立的。
③ 先入観。
④ 過程。
⑤ 眼球の内面を覆う膜。
⑥ 異なったものを混ぜ合わせること。
⑦ 物事を選び分ける際に、その判断のもととなる心情や観点。
⑧ 入力。

問一　二重傍線（‖）部（あ）、（い）の漢字に読みがなをつけなさい。

（あ）（　　）（い）（　　）

問二　次のア～エの中から、本文中の□の中に補う言葉として、最も適切なものを一つ選び、記号で答えなさい。（　）

ア　やがて　イ　まるで　ウ　もちろん　エ　たとえ

問三　本文中の波線（～～）部と、品詞の分類からみて同じものを、次のア～エの波線部の中から一つ選び、記号で答えなさい。（　）

ア　お互いに面識がない関係。

に読者に親近感を与えている。

ウ　短い文を多く用いてその場の状況を語ることで、臨場感を高める効果を持たせている。

エ　回想的な場面を挿入することで、何気ない日常と過去につながりを持たせている。

問六　傍線部3から、「少年」が喜んでいることと、その場にいた生徒たちが羨んでいることが分かる。「少年」が喜び、生徒たちが羨んでいるのは、どのような出来事があったからか。その出来事を、「少年」が喜ぶきっかけとなった紺野先生の行動を含めて、五十字程度で書きなさい。

2　次の文章を読んで、あとの問いに答えなさい。

経験的に理解できると思うが月が低い位置にある時と、高い位置にある時では大きさが異なって見える。これは「月の錯視[注①]」として古くから知られた現象である。これが(あ)幻であることは理解しているが何度経験しても不思議な風景である。

錯視がなぜ起こるのかには様々な仮説があるが、未《いま》だにその原因は解明されていない。というのも錯視の原因は錯視の数だけあると言われており、一概にその原因を説明することは難しいからである。しかしそれらに共通しているのは、私たちが何かを見る時に、目で捉えた眺めを脳が勝手に補正して認識することである。

こうした錯視の事例が何を教えてくれるのかというと、私たちのまなざしは世界をニュートラル[注②]に知覚するようにできていないという事実である。□程度の差はあるが、私たちが何かを見る時は、自分の都合に合わせるように世界を歪《ゆが》めて見ている。そうやって何かのバイアス[注③]がかかった状態で見ているにもかかわらず、私たちはそれを現実だと信じて疑わないのである。

現実を歪めて捉えてしまう大きな理由に、私たちがものを見る時には、「眼」の働きだけではなく、「心」が働くからである。心理学では、見るプロセス[注④]を「知覚」と「認知」の二つとして捉えている。「知覚」とは眼の場合は視覚であり、主に眼球の働きである。その他の五感においても耳や鼻や舌や肌の働きがあるが、これらの感覚器を通じて外の情報が入ってくるプロセスが知覚と呼ばれるものである。その一方で「認知」とは、主に心や脳がもたらす心理的な働きと考えてもいいだろう。眼や耳で知覚して捉えた情報を、脳の中で処理するプロセスである。この両方のプロセスがないと〝見る〟ということには至らない。

「先生、ハッチ・アウト[注⑧]はどうです。始まりましたか。」

島に住む、あの少年である。

「まもなくだよ。」

ちょうど、ひびが入り始めたので、紺野先生は送信機を卵のすぐ近くへ置いて生徒たちを呼びに行った。紺野先生が戻り、ほかの授業をしていた生徒たちが飼育器のまわりに集まったとき、卵の殻にはすでに小さな穴があいていて、ひな鳥のくちばしの先が見えた。無線機の少年が言う。

「先生、もしかしたら、殻の破れる最初の瞬間に立ち合ったのはぼくだけですか。」

「そのようだね。声を聞いたかい。」

3「ええ、もちろん。」明朗な声が答えた。その場にいた生徒たちが羨んだのは言うまでもない。それから、ひな鳥は休みながら少しずつ殻を破り、数十分かけてようやくクシャクシャの全貌をあらわした。やがて、ぬれてしぼんでいた羽がふくらみ、キャラコ[注⑨]の毛糸のようになった。

翌日は風がおさまった。紺野先生は無線機に耳をそばだてていたあの少年に、ひなが残した卵の殻を手渡した。少年は最初のひとかけらに違いない小さな一片を、愛《いと》おしげに手のひらにのせている。

（長野まゆみ「夏帽子」より）

（注）① ここでは、入り江に架けられた橋。
② 船を進めるためにかじを操作すること。
③ 小形の鶏。
④ 濃い青色。
⑤ 鮮やかな青色。
⑥ 船が通ったあとに残る水の筋。
⑦ 船をつなぎとめるために立てた柱。
⑧ 孵化。
⑨ 薄くて光沢のある綿布。

問一　二重傍線（＝＝）部あの漢字に読みがなをつけ、い、う、えのひらがなを漢字に直しなさい。

あ（　　）　い（　　まり）　う（　　いだ）　え（　　）

問二　傍線部1は、どのような意味の慣用句か。その意味を、「少年」が住む島の位置が分かるように、簡単に書きなさい。

（　　　　　　）

問三　傍線部2のように「少年」が翌日の天候を気にしているのは、いくつかの状況をふまえてのものである。その状況として適切でないものを、次のア～エの中から一つ選び、記号で答えなさい。（　）

ア　強い風が吹いて波が高くなること。
イ　飼育器の卵がもうすぐかえりそうだということ。
ウ　祖父が操舵する渡し船が出なくなりそうだということ。
エ　入り江の架橋が閉鎖され遠回りをすること。

問四　波線（〰〰）部の熟語は、上の漢字を訓、下の漢字を音で読む「湯桶《ゆとう》読み」とよばれる読み方をする熟語である。次のア～オの中から、「湯桶読み」をするものを二つ選び、記号で答えなさい。

ア　雨具　イ　番組　ウ　荷物　エ　若者　オ　着陸　（　と　）

問五　次のア～エの中から、本文中のⓐで示した部分の表現の特徴として、最も適切なものを一つ選び、記号で答えなさい。（　）

ア　文末に体言止めを多用することで、簡潔で引き締まった印象を与えている。
イ　比喩表現を用いることで、「少年」の心情を効果的に表すととも

# 国語

時間　五〇分
満点　五〇点

1　次の文章には、岬にある学校に、船で通学する「少年」の、三日間の出来事が書かれている。この文章を読んで、あとの問いに答えなさい。

架橋(注①)には、ちょうど真ん中に操作室があって、大型の船が入り江に入るときに水平可動する仕組みになっていた。その操作室の屋根に風見と風力計が取りつけてある。羽根車が勢いよく回転する日は、白ウサギの㋐跳躍に似た波が海面を走る。すると、紺野《こんの》先生の受け持つ生徒のひとりが、必ず学校を休んだ。

少年は、岬の一部をちぎって投げたような、1目と鼻の先にある小さな島に住んでいた。しかし、波が荒い日は渡し船が通わず、少年は島から一歩も出ることができないのである。ひと家族しか住んでいない小さな島で、定期船はなく、渡し船は少年の祖父が操舵(注②)《そうだ》する。

「先生、あの卵、あすには孵《かえ》るかもしれませんね。」

「そうだね、そろそろだから。」

学校の飼育器では、人工孵化《ふか》をしているチャボ(注③)の卵が、もうすぐ孵るはずだった。祖父の船で島へ帰る間際《まぎわ》、2少年はしきりに翌日の天候を気にしていた。暮れなずむ天《そら》は、うす紫と藍(注④)《あい》に㋑そまり、たなびく夕もやを突き抜けて火炎の帯が一筋走っている。無線から、快晴だが強風であるとの予報が流れた。春の海風は気まぐれで、風向きは安定しない。少年の祖父も予想がつかないと苦笑いした。

強風ならば、渡し船を出せないだろうとも言い、かたわらの少年は浮かない顔をして帰りの船に乗りこんだ。紺野先生は自分の下宿に少年を泊めてもよいと提案したが、彼の祖父は、孵化の場面に立ち合うのと同じくらい、望みが叶《かな》わないことを辛抱する気持ちも大事だと少年を諭した。夕闇のなか、群青(注⑤)《ぐんじょう》の水尾(注⑥)《みお》をひいて船は島へ向かった。

翌朝、紺野先生は早起きをした。入り江の架橋にある風向計のことが気になった。南西風が吹きつけ、勢いよく回転している。雲ひとつない快晴だったが、海面には白い角のような波が見えた。少年が案じていたとおり、船は渡れそうもない。次に、学校の理科室へ㋒いそいだ紺野先生は、飼育器の卵のようすを観察した。何ともいえないが、紺野先生の勘では今日中に孵化しそうである。その足で高台の気象観測所まで行き、岬の突端にあって見晴らしもよいその場から、少年の住む島を眺めた。

ⓐ

つないである船が見える。近くに人影があるように思い、観測所の双眼鏡を借りてのぞいた。やはり、あの少年がいる。鞄《かばん》を手に、落ちつかないようすで船の付近を行きつ戻りつしている。舫《もや》い杭《ぐい》(注⑦)の近くに取りつけた風力計は、ちぎれて吹き飛ばされそうだった。風が強い。そこへ少年の祖父も姿を見せて、ふたりで何やら話をしている。じきに並んで家のほうへ歩きだした。

飼育器の卵をずっと見守ってきた親代わりの生徒たちにとって、孵化の場面に立ち合うことは、どんなにか満足を覚えることだろう。あれほどの強度を持った殻を、まだ目もあかないひな鳥が、渾身《こんしん》の力をこめて毀《こわ》すのである。強風のために入り江の架橋も閉鎖され、遠回りを余儀なくされた生徒たちは、いつもより遅れて登校してきた。

その朝、飼育器の卵から、ひな鳥の鳴く声が聞こえた。皆がほかの授業を受けているときは紺野先生が見守っている。殻にひびが入ったら、知らせに行くと㋓やくそくをした。その紺野先生のところへ、無線機を使った通信が入った。

# 2020年度／解答

## 数　学

1 【解き方】(1) ア．与式$= 5 - 24 = -19$　イ．与式$= \frac{45a^2}{9a} - \frac{18ab}{9a} = 5a - 2b$

ウ．与式$= \frac{7(x-y)-2(x+3y)}{14} = \frac{7x-7y-2x-6y}{14} = \frac{5x-13y}{14}$　エ．与式$= \frac{42\sqrt{7}}{7} + \sqrt{3^2 \times 7}$
$= 6\sqrt{7} + 3\sqrt{7} = 9\sqrt{7}$

(2) 与式$= 9a^2 + 24a + 16 - 9a^2 - 18a = 6a + 16 = 6 \times \frac{7}{6} + 16 = 7 + 16 = 23$

(3) $x^2 - 4x - 21 = 0$より，$(x+3)(x-7) = 0$なので，$x = -3$，$x = 7$

【答】(1) ア．$-19$　イ．$5a - 2b$　ウ．$\frac{5x-13y}{14}$　エ．$9\sqrt{7}$　(2) 23　(3) $x = -3$，$x = 7$

2 【解き方】(1) 点Pを通り辺ACに垂直な直線と，∠BACの二等分線の交点が，点Oとなる。

(例)

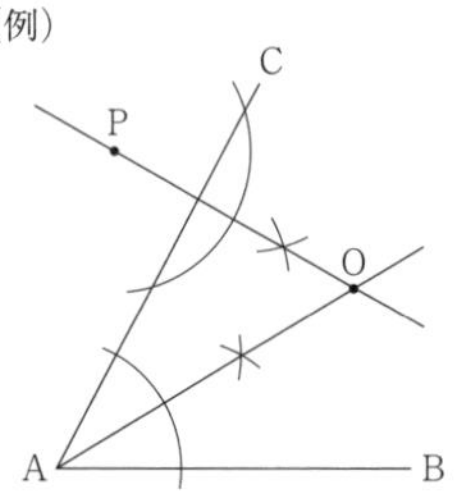


(2) おうぎ形の弧の長さは，底面の円の円周と等しいので，おうぎ形の中心角を$x$とすると，$2\pi \times 5 \times \frac{x}{360} = 2\pi \times 2$が成り立つ。これを解いて，$x = 144$

(3) 全体の場合の数は，(1，2)，(1，3)，(1，4)，(1，5)，(1，6)，(2，3)，(2，4)，(2，5)，(2，6)，(3，4)，(3，5)，(3，6)，(4，5)，(4，6)，(5，6)の15通り。このうち，2つの数の公約数が1以外にもある引き方は，(2，4)，(2，6)，(3，6)，(4，6)の4通りなので，その確率は$\frac{4}{15}$。よって，求める確率は，$1 - \frac{4}{15} = \frac{11}{15}$

【答】(1) (右図)　(2) 144 (度)　(3) $\frac{11}{15}$

3 【解き方】(1) 7日が4回で最も多く，次に多いのは10日で2回なので，$a$がいくつであっても，最頻値は7日となる。

(2) 日数の範囲は12日で，$a$以外の日数の最大値は16，最小値は4より，この範囲も，$16 - 4 = 12$であるから，$4 \leqq a \leqq 16$……①　12か月の中央値は，6番目と7番目の平均で，$a$以外の数を小さいほうから並べると，4，6，7，7，7，7，10，10，13，15，16となり，6番目は7，7番目は10だから，$(7 + 10) \div 2 = 8.5$より，$a$は7日以下ではない。よって，$10 \leqq a$……②となるので，①，②から，$10 \leqq a \leqq 16$

【答】(1) 7 (日)　(2) (順に) 10，16

4 【解き方】65歳以上の人の入館料は，$500 \times \left(1 - \frac{1}{10}\right) = 450$ (円)　この日の入館者数のすべての大人を$x$人，子どもを$y$人とすると，65歳以上は，$x \times \frac{20}{100} = \frac{1}{5}x$ (人)なので，それ以外の大人は，$x - \frac{1}{5}x = \frac{4}{5}x$ (人)　よって，人数について，$x + y = 183$……①，入館料について，$\frac{4}{5}x \times 500 + \frac{1}{5}x \times 450 + y \times 300 = 76750$より，$49x + 30y = 7675$……②となるので，②－①× 30から，$19x = 2185$　したがって，$x = 115$　これを①に代入して，$115 + y = 183$より，$y = 68$

【答】(すべての大人の入館者数) 115 (人)　(子どもの入館者数) 68 (人)

5 **【解き方】** (1) 面ABCDと平行なのは，辺EF，辺FG，辺GH，辺EHで，そのうち辺AEとねじれの位置にあるのは，辺FG，辺GH。

(2) △ADEは直角二等辺三角形だから，DE $= 4 \times \sqrt{2} = 4\sqrt{2}$ (cm)　EL $= \dfrac{1}{2}$EF $= 2$ (cm)より，△DELにおいて三平方の定理より，DL $= \sqrt{(4\sqrt{2})^2 + 2^2} = \sqrt{36} = 6$ (cm)

(3) 2点M，Nから辺EH，辺FGにそれぞれ垂線MJ，NKをひき，JとKを結ぶと，右図のように四角形MJKNは1辺の長さが4cmの正方形で，点Pから線分MKに垂線PIをひくと，PIが四角すいPAFGDの高さとなる。△PMIは直角二等辺三角形だから，PI $= \dfrac{1}{\sqrt{2}}$PM $= \dfrac{\sqrt{2}}{2} \times 1 = \dfrac{\sqrt{2}}{2}$ (cm)　四角形AFGDは長方形で面積は，AD × AF $= 4 \times 4\sqrt{2} = 16\sqrt{2}$ (cm$^2$)　したがって，求める四角すいの体積は，$\dfrac{1}{3} \times 16\sqrt{2} \times \dfrac{\sqrt{2}}{2} = \dfrac{16}{3}$ (cm$^3$)

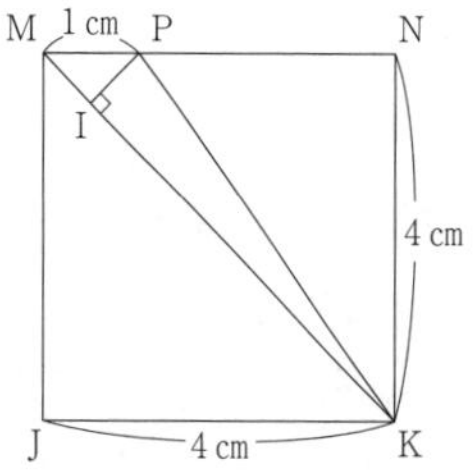


**【答】** (1) 辺FG，辺GH　(2) 6 (cm)　(3) $\dfrac{16}{3}$ (cm$^3$)

6 **【解き方】** (1) 式を $y = \dfrac{b}{x}$ とすると，A (2，－6)を通るから，$-6 = \dfrac{b}{2}$ より，$b = -12$　よって，$y = -\dfrac{12}{x}$

(2) $x = -5$ のとき，$y = a \times (-5)^2 = 25a$，$x = -2$ のとき，$y = a \times (-2)^2 = 4a$ より，変化の割合は，$\dfrac{4a - 25a}{-2-(-5)} = -7a$

(3) B (－4，16$a$)，C (3，9$a$)より，直線BCの傾きは，$\dfrac{9a - 16a}{3-(-4)} = -a$ なので，式を $y = -ax + c$ とすると，$9a = -3a + c$ より，$c = 12a$　よって，$y = -ax + 12a$ なので，点Eの $x$ 座標が2より，$y$ 座標は，$y = -a \times 2 + 12a = 10a$ だから，E (2，10$a$)　また，直線AFは，傾きが，$\dfrac{-6}{2} = -3$ より，$y = -3x$ よって，点Fの $x$ 座標が－4より，$y$ 座標は，$y = -3 \times (-4) = 12$ なので，F (－4，12)　四角形BFAEは台形で，BF $= 16a - 12$，EA $= 10a - (-6) = 10a + 6$，高さが，$2 - (-4) = 2 + 4 = 6$ だから，面積は，$\dfrac{1}{2} \times (16a - 12 + 10a + 6) \times 6 = 78a - 18$　直線DFでこの面積が二等分されるので，△ADF $= \dfrac{1}{2} \times (78a - 18) = 39a - 9$ となればよい。ここで，△ADF $= \dfrac{1}{2} \times \{8-(-6)\} \times 6 = \dfrac{1}{2} \times 14 \times 6 = 42$ より，$39a - 9 = 42$ が成り立つ。これを解いて，$a = \dfrac{17}{13}$

**【答】** (1) $y = -\dfrac{12}{x}$　(2) $-7a$　(3) ($a =$) $\dfrac{17}{13}$

7 【解き方】(2) (1)より，∠CBD ＝∠DAE なので，$\overset{\frown}{BC}=\overset{\frown}{CD}=\overset{\frown}{DE}$で，BC ＝ CD ＝ DE ＝ 3 cm △BCF ∽△ADE より，BC : AD ＝ CF : DE なので，3 : 6 ＝ CF : 3 だから，CF ＝ $\frac{3}{2}$ (cm) よって，AF ＝ AC － CF ＝ 6 － $\frac{3}{2}$ ＝ $\frac{9}{2}$ (cm) △BCF と△ADF は，∠BFC ＝∠AFD，∠CBF ＝∠DAF より，2 組の角がそれぞれ等しくなり，△BCF ∽△ADF したがって，BC : AD ＝ BF : AF なので，3 : 6 ＝ BF : $\frac{9}{2}$ だから，BF ＝ $\frac{9}{4}$ (cm)

【答】(1) △BCF と△ADE において，仮定より，∠FCB ＝∠ACE……① $\overset{\frown}{AE}$に対する円周角なので，∠EDA ＝∠ACE……② ①，②より，∠FCB ＝∠EDA……③ また，①より，$\overset{\frown}{AB}=\overset{\frown}{AE}$……④ AC ＝ AD より，$\overset{\frown}{AC}=\overset{\frown}{AD}$……⑤ ④，⑤より，$\overset{\frown}{BC}=\overset{\frown}{DE}$……⑥ 仮定より，$\overset{\frown}{BC}=\overset{\frown}{CD}$……⑦ ⑥，⑦より，$\overset{\frown}{CD}=\overset{\frown}{DE}$ 等しい弧に対する円周角だから，∠CBF ＝∠DAE……⑧ したがって，③，⑧より，2 組の角がそれぞれ等しいので，△BCF ∽△ADE

(2) $\frac{9}{4}$ (cm)

# 英　語

1 【解き方】⑴ A 寛太が「昨日は晴れていた」と言っている。B 寛太はジュディにＴシャツを褒められたとき，姉（妹）からのプレゼントだと言っている。C 映画は 11 時に始まる。ジュディは，映画が始まる 50 分前に会おうと言っている。D ジュディのクラスでは，バレーボールがサッカーより人気があり，ソフトボールをやりたがっている生徒はいない。

⑵ 質問 1. 寛太は 5 歳のときにギターのレッスンを受け始めた。質問 2. 寛太は有名な歌を弾くことを学ぶのが楽しみだった。learn to ～＝「～することを学ぶ」。質問 3. 寛太は母の優しい言葉を聞いたのでうれしく思った。

【答】⑴ A イ　B イ　C ア　D ウ

⑵ 質問 1. 5（または，five）　質問 2.（例）ⓐ learn　ⓑ famous　質問 3.（例）heard her kind words

◀全訳▶　⑴

A

ジュディ：ああ，すぐに雨がやんでくれるといいな。

寛太　　：昨日は晴れていたのにね。

ジュディ：そうね。でも今日の午後に雪が降るとテレビでは言っているわ。

寛太　　：本当？　明日はどう？

ジュディ：曇りになるわ。

質問：昨日の天気はどうでしたか？

B

寛太　　：誕生日のプレゼントをくれてありがとう，ジュディ。ぼくはそのかばんをとても気に入っているよ。

ジュディ：あなたがそれを気に入ってくれて私はうれしいわ。あら，あなたは今日すてきなＴシャツを着ているわね。

寛太　　：これは姉（妹）からの誕生日プレゼントなんだ。それに母はぼくに誕生日のケーキを作ってくれたよ。

ジュディ：良かったわね。でもあなたはコンピューターがほしかったのよね？

寛太　　：そう，父からコンピューターをもらったよ！

質問：寛太は姉（妹）から何をもらいましたか？

C

寛太　　：やあ，ジュディ。映画は 11 時に始まるよ。ぼくたちは明日何時に会おうか？

ジュディ：10 時 30 分に駅で会うのはどう？

寛太　　：そうだな，映画が始まる前に君と本屋に行きたいんだ。もっと早く会えるかな？

ジュディ：いいわよ。映画が始まる 50 分前に駅で会いましょう。

寛太　　：わかった。明日ね！

質問：寛太とジュディは何時に駅で会いますか？

D

ジュディ：寛太，これを見て！　それぞれのクラスで最も人気があるスポーツがわかるわ。

寛太　　：ぼくのクラスでは，サッカーが 4 つのスポーツの中で最も人気があるよ。

ジュディ：サッカーは私のクラスでも人気があるわ。でもバレーボールはもっと人気があるわね。

寛太　　：なるほど。それからぼくのクラスメートの多くはソフトボールをやりたがっているよ。ぼくもやってみたいな！

ジュディ：本当？　私のクラスでは誰もソフトボールをやりたがっていないわ。

質問：どれがジュディのクラスですか？

(2)

質問 1．寛太はいつギターのレッスンを受け始めましたか？

質問 2．ギターのレッスン中，何が寛太にとって楽しかったですか？

質問 3．寛太は町の音楽祭で母に会ったとき，なぜうれしかったのですか？

ぼくはギターを弾くことが好きです。ぼくが5歳のとき，ギターをもらいギターのレッスンを受け始めました。ぼくのギターの先生はいつも「ギターを弾くことを楽しみましょう」と言いました。そして彼女はぼくに有名な歌を教えてくれました。ギターのレッスン中に，その歌を弾くことを学ぶのがぼくにとっては楽しかったです。

ぼくが7歳のとき，町の音楽祭に参加しました。ぼくははじめてたくさんの人の前でギターを弾きました。ぼくは心配だったのですが，ギターの先生の言葉を思い出しました。それで，ぼくはギターを弾くことを楽しみました。弾き終えたあと，ぼくは母に会いました。彼女はぼくに優しい言葉をかけてくれました。ぼくはそれを聞いたとき，うれしかったです。

今，ぼくはギターを練習し続けています。素晴らしいギター演奏者になれたらいいと思います。

2 **【解き方】** (1) A．直前のジョンの「海外から来る誰もが桜を見るべきだ」という意見に対するせりふ。agree =「同意する」。B.「あなた（ジョン）の国でそれらは見られないと思う」というせりふに続くので，ウの「あなたは驚くでしょう」が適切。C．ジョンは桜の花が食べられると知らなかったので，由紀の Their flavor is good.というせりふに Is it (good)?と返している。

(2) ⓐ 由紀は初めに「桜は日本の春の象徴だ」と言っているので，「多くの日本人は桜『なしの』春を想像できない」とする。without ～=「～なしの」。ⓑ「あまりにもたくさんの甘い菓子を売っている」ので「1つだけ『選ぶ』のはぼくにとっては難しい」と続ける。It's ～ for A to …=「Aにとって…するのは～だ」。ⓒ 由紀は複数の甘い菓子を買おうと提案しているので，「『いろいろな』桜の甘い菓子を見つけよう！」とする。

(3) 解答例では，it's ～ to …（…するのは～だ）を使って「今週末に桜を見るのが良い」としている。

(4) Can you decide ～?=「あなたは～を決めることができますか？」。which sweet to buy =「どの甘い菓子を買うべきか」。

(5) 桜餅の説明をしている文。由紀が6つ目のせりふで「日本人は何百年間も桜餅を食べている」と言っていることから「桜餅は『長い歴史』を持つ日本の甘い菓子だ」とする。

**【答】** (1) A．ア　B．ウ　C．イ　(2) ⓐ イ　ⓑ エ　ⓒ ウ　(3) (例) it's good to watch *sakura* this weekend
(4) オ，ウ，イ，ア，エ　(5) a long history

**◀全訳▶**　（ジョンと由紀が公園を歩いている）

ジョン：わあ，この公園にはたくさんの桜があるね。ぼくは海外から来る誰もが桜を見るべきだと思うな。

由紀　：私も同意するわ。桜は日本では春の象徴なのよ。

ジョン：見て！　たくさんの人が桜を見て木の下でピクニックをしているよ。

由紀　：日本では，この行事は花見と呼ばれているのよ。毎年，たくさんの人が家族や友だちと花見をするの。それは長い歴史を持つ人気のある行事よ。だから，多くの日本人は桜なしの春を想像できないわ。

ジョン：なるほど。この公園では，桜を見るには今週末が良いね。

由紀　：私もそう思う。ああ，私はあなたにいくつかの春の甘いお菓子を見せたいの。あなたの国では見られないと思うわ。あなたは驚くでしょうね。行きましょう！

（デパートで）

由紀　：見て，たくさん春の甘いお菓子があるわ！　例えば，桜の花がケーキの上にのっているわ。風味が良いのよ。

ジョン：そうなの？　桜の花が食べられるとは知らなかったよ。

由紀　：桜の花が塩水に漬けられて，それから甘いお菓子に使われるの。

ジョン：へえ，本当？　葉で包まれているあの食べ物は何？

由紀　：それは春に食べられる日本の甘いお菓子，桜餅よ。その葉は桜の木からとっているのよ。日本人は何百年間も桜餅を食べているのよ。

ジョン：君たちはたくさんの方法で春を楽しむんだね。うーん…ぼくは今，桜の甘いお菓子を買いたい気分だよ。

由紀　：いいわよ。何を買う？　ケーキ，桜餅そして他にもたくさんの甘いお菓子を買うことができるわ。どの甘いお菓子を買うか決められる？

ジョン：いいや。このデパートはあまりにもたくさんの甘いお菓子を売っているよ。1つだけ選ぶのはぼくにとっては難しいな。

由紀　：そうね。甘いお菓子をいくつか買うのはどう？　そうすればあなたはもっと春を楽しめるわ。この階を見て回って，いろいろな桜の甘いお菓子を見つけましょう！

ジョン：君はうれしそうだね，由紀。君もいくつか甘いお菓子を買うつもりかい？

由紀　：もちろんよ！　ただ花を見るより甘いお菓子を食べる方が好きだわ。

3 **【解き方】**(1) necessary =「必要な，欠くことのできない」。

(2) 解答例では，How about ～ing?（～するのはどうですか？）を使って「あなたが何をするべきかノートに書いてはどうですか？」と提案している。

**【答】**（例）(1) It's necessary for us now.　(2) How about writing what you should do in your notebook?

4 **【解き方】**「～に到着する」= get to ～。「～を歩き回る」= go around ～。「A を B にする」= make A B。

**【答】**（例）I got to London yesterday and I'm going around the city today. Everything I see makes me excited.

5 **【解き方】**(1) ⓐ 前後の文にも said，smiled などとあるように，夏休み中に経験したことなので，過去形で表す。ⓑ 直前の the と後ろの「すべての入居者の中で」という表現から，「『最も上手に』絵を描くことができる」とする。well の最上級は best。

(2)「健は礼子さんに質問したかったが，できなかった」という文脈である。健は何を質問すべきか「わからなかった」ので，「何も質問しなかった」。

(3) ① 質問は「初日に 8 人の入居者に話しかける前，健はどのように感じましたか？」。第 2 段落の 4 文目を見る。彼は少し緊張した。② 質問は「礼子さんとたくさん話すため，2 日目に健は何をしましたか？」。第 3 段落の 3 文目を見る。彼はさまざまなことについて彼女に話した。

(4) 第 4 段落の最後の文を見る。健は礼子さんと分かち合える話題を見つけてうれしく思った。

(5) 直後で礼子さんは「私が 40 歳くらいだったときから」と答えている。健は「どれくらい絵を描いているのか」をたずねた。

(6) あとの礼子さんのせりふで，彼女が健に感謝していることが 2 つ述べられている。

(7) ア.「初日に，礼子さんは 8 人の入居者との午後のお茶の時間に健を招待した」。第 2 段落の前半を見る。介護福祉士が健を誘った。イ.「2 日目に，礼子さんが微笑んだので，健は彼女が自分と話をすることを楽しんでいると思った」。第 3 段落の最後の文を見る。健は礼子さんが自分との時間を楽しんでいるとは思わなかった。ウ.「3 日目に，健も絵を描くことがとても好きだと礼子さんに話した」。第 5 段落の前半を見る。健が絵を描くのが好きだと礼子さんに話したのは 4 日目だった。エ.「4 日目に，健が絵を見せるためにまた自分に会いに来てくれるよう，礼子さんは彼に頼んだ」。第 5 段落の後半を見る。正しい。

**【答】**(1) ⓐ sat　ⓑ best　(2) エ

(3)（例）① He felt〔a little〕nervous.　② He told her about various things.

(4) 礼子さんと分かち合える話題を見つけたこと。(同意可)　(5) ウ

(6) 知らないことをたくさん話してくれたことと，興味のあることを話す機会を与えてくれたこと。(同意可)

(7) エ

◀全訳▶　夏休み中，ぼくはボランティアとして働くために，4日間老人ホームを訪れました。

初日の午後，たくさんの入居者がお茶の時間を楽しんでいました。8人の入居者が食堂の大きなテーブルのまわりに座っていました。ある介護福祉士がぼくに「健，こっちに来て。いっしょに話をしよう」と言いました。ぼくは少し緊張しました。しかしぼくはテーブルのところに行って，8人の入居者に「こんにちは，ぼくは健です。はじめまして」と言いました。それから，ぼくは礼子さんと呼ばれている高齢の女性の隣に座りました。彼女は微笑んで「こんにちは。あなたは何歳？　どこに住んでいるの？」とぼくに言いました。ぼくは「ええと，ぼくは14歳です。この老人ホームの近くに住んでいます」と答えました。礼子さんがぼくに話しかけてくれたとき，うれしかったです。そのあと，ぼくは彼女について質問をしたかったのですが，何を質問すべきかわかりませんでした。それで，ぼくは何も質問せず，ぼくたちは黙ったままでした。ぼくは彼女に申し訳なく思いました。

2日目のお茶の時間に，礼子さんがお茶を飲んでいました。ぼくは彼女を見たとき，彼女とたくさん話したいと思いました。そこで，ぼくはさまざまなことについて彼女に話しました。しかし彼女はただ微笑んでぼくの話を聞いているだけでした。ぼくは礼子さんがぼくとの時間を楽しんでいるとは思いませんでした。

次の日の午後，ぼくは老人ホームの大広間を掃除するのを手伝いました。掃除をしているとき，ぼくは入居者によって描かれたたくさんの絵を見つけました。ぼくは絵画が好きなので，絵を見るために掃除することをやめました。そのとき，素晴らしい絵がぼくの目を引きました。ぼくはそれの下に礼子さんの名前を見つけました。ぼくは介護福祉士に「礼子さんによって描かれたこの絵は素晴らしいです」と言いました。彼は「そうだね。彼女はすべての入居者の中で最も上手に絵を描くことができるんだよ」と言いました。ぼくは礼子さんと分かち合える話題を見つけてうれしかったです。

最後の日，ぼくは礼子さんに会いました。ぼくは彼女に「ぼくはあなたの素晴らしい絵を見ました。実は，ぼくは絵を描くことが好きなのです。あなたも絵を描くことが好きですか？」と言いました。礼子さんは「ええ，私は絵を描くことが大好きよ」と答えました。それから，ぼくは「どれくらいの間あなたが絵を描いているかたずねてもいいですか？」と続けました。彼女は微笑んで「もちろんよ…私が40歳くらいだったときからね」と答えました。ぼくたちは絵を描くことについてたくさん話をしました。ぼくは礼子さんと話をすることを楽しみました。その日の終わりに，彼女は「ありがとう」と言いました。ぼくは彼女がなぜそう言ったのかわかりませんでした。ぼくは少しの間ただ彼女を見ていました。すると，礼子さんは「あなたは私が知らないたくさんのことを話してくれたわ。それに，あなたは私が興味のあることについて話をする機会を与えてくれたのよ」と続けました。ぼくはそれを聞いてうれしかったです。ぼくは彼女に「他の絵をぼくに見せてもらえませんか？」とたずねました。礼子さんは「もちろん。私もあなたの絵が見たいわ。またそれらを持って私を訪ねてきてくれる？」と答えました。ぼくは「いいですよ！」と言いました。ぼくたちはお互いに微笑みました。

ぼくはボランティアとして老人ホームを訪問して，とてもうれしかったです。ぼくはすぐにまた彼女に会うつもりです。

# 社　会

1 【解き方】(1) a. ア・エは，大化の改新の中心人物。イは，推古天皇に仕え，聖徳太子と協力して天皇中心の政治制度を整えようとした人物。b. 法隆寺は，聖徳太子により建てられた寺院。世界遺産にも登録されている。

(2) アは江戸時代の元禄文化，ウは鎌倉文化，エは室町時代の北山文化。

(3) もともと摂政は，天皇が幼いときや病気のときなどに，天皇の代理で政治を担った職。藤原氏は，摂政や関白（成人した天皇を補佐する）の職に就き，政治の実権を握る摂関政治を展開した。

(4) a. アは，営業の独占を認められた商工業者の同業組合。ウは，応仁の乱後の京都で，都市の政治を担った裕福な商工業者。エは，村のおきてなどを寄合でさだめる農民の自治組織。b. 土一揆は，惣をつくって団結を強めた農民らが，高利貸業者の土倉や酒屋などを襲い，借金の帳消しを求めることが多かった。

(5) b. 関ヶ原の戦い以後に従った外様大名を江戸から遠い地に配置することで，外様大名が江戸幕府に対して反抗することを難しくさせた。

(6) アは1842年，イは1825年，ウは1792年のできごと。

(7) a. 講和条約とはアメリカ大統領セオドア＝ルーズベルトが仲介したポーツマス条約。b. 日露戦争中の日本の国民は増税にも耐え，戦争に協力していたため，日清戦争後の下関条約のように賠償金が得られることを期待していた。

(8) グラフから，所得税収が減っている年度であっても消費税収が大きく変化していないことに注目する。

【答】(1) a. ウ　b. 法隆寺(または，斑鳩寺)　(2) イ

(3) 後一条天皇の祖父として，摂政に就こうとした。(または，孫の後一条天皇の摂政に就こうとした。)(同意可)

(4) a. イ　b. 徳政を要求しており，寺院が高利貸しをしていたから。(または，借金の帳消しを要求しており，寺院がお金の貸し付けを行っていたから。)(同意可)

(5) a. 藩　b. 江戸から遠い地に配置されており，警戒される存在であった。(同意可)　(6) ウ→イ→ア

(7) a. ア　b. 日清戦争と比べて死者や戦費が増えたが，賠償金が得られなかったから。(同意可)

(8) 景気変動の影響を受けにくく，安定した税収が得られる。(同意可)

2 【解き方】(2) a. 大分県には古くから栄えた温泉地が多く，国内だけでなく海外からも多くの観光客が訪れる。b. 地熱発電は，地下からの蒸気と熱水を利用して発電する。再生可能エネルギーである地熱を利用した発電の重要度は高まっているが，発電可能な場所が制限されているという難点もある。

(3) a. ① シラスが広がる九州地方南部は，土地がやせていて水もちが悪いため，稲作に適さず，畑作や畜産がさかんとなっている。② ハザードマップには，災害の被害の予測とともに，避難場所や防災関連施設の位置などの情報がのっている。b. 等高線より，Zはおよそ標高127.5m，Yはおよそ標高60m付近にあるとわかる。また，Zの付近の土地は傾斜地であることから，田には向いていない。

(4) Bは宮崎県。「入荷量」を供給量と置きかえて考えるとよい。

(5) 日本の工業の中心は機械工業となっており，福岡県でもその傾向は変わらない。機械工業は内陸部でも発達していることに注意。ⓐ・ⓔは金属工業，ⓒ・ⓓは化学工業。

(6) 沖縄には大きな河川がないことが大きな要因となっている。地下ダムの造成などの工夫もされている。

【答】(1) 東シナ海　(2) a. 大分(県)　b. エ

(3) a. ① シラス(台地)　② ハザードマップ(または，防災マップ)　b. ア

(4) 入荷量が少なく，価格が高い時期に出荷できる。(同意可)　(5) (グラフ3) ⓑ　(図5) ⓕ

(6) 河川が短く，降った雨の多くが海に流れてしまうから。(同意可)

3 【解き方】(1) インドネシア，ブラジル北部，ギニア湾の沖などを通っていることに注目する。

(2) 北半球とは季節が反対になっていることがわかるので南半球の都市のグラフと考える。ⓑは熱帯の気候なので，グラフ4のように気温の変化は大きくない。

⑶ b. Ⓑはインド。アの中国に次ぐ人口を抱えている。イはオーストラリア，エはブラジル。

⑷ a. ① 仏教，キリスト教と合わせて，世界三大宗教とよばれる。② イスラム教徒は，経典の「コーラン」により，豚肉や酒などの飲食が禁じられている。しかし近年，さまざまな食品や料理が世界中に広がり，食べられるものの判別が難しくなってきているため，マークの活用などが重要になってきている。b. 原油の輸出にたよるモノカルチャー経済では，原油がとれなくなったときなどに経済への影響が大きく出ることが心配されている。

**【答】** ⑴ イ　⑵ ⓒ　⑶ a. アルプス・ヒマラヤ(造山帯)　b. ウ

⑷ a. ① イスラム教(または，イスラーム)　② 食に関する細かいきまりがあり，食べられるものを簡単に選ぶことができる。(同意可)

b. 原油がとれなくなることを見越し，原油に依存する経済から脱却するため。(同意可)

④ **【解き方】** ⑴ b. 新しい人権には，自己決定権，知る権利，プライバシーの権利などもある。

⑵ a. イは地方議会，ウは裁判所，エは内閣の仕事。b. 一つの政党が持つ議席では議員定数の過半数に達しない場合などにつくられる。

⑶ a. 温室効果ガスには，フロンなども含まれる。b. 人口の多い中国やインドの割合が増加していることに注目する。

⑷ 国内の雇用の面では，グラフ7より生産年齢人口が減少し，労働力不足が予想される。外国人観光客の消費の面では，グラフ8より外国人のキャッシュレス決済比率が高いため，日本で観光する際もキャッシュレス決済を望むと予想される。以上のことを，資料1と合わせて考えるとよい。

**【答】** ⑴ a. 男女雇用機会均等法　b. エ　⑵ a. ア　b. 連立(または，連合)(政権)

⑶ a. 温室効果ガス　b. 削減義務がない国の排出量が増えているから。(同意可)

⑷ 今後，生産年齢人口が減る日本では，人手不足を解消する手段となり，キャッシュレス決済が普及している国からの観光客による，消費の増加も期待できる。(71字)(同意可)

# 理　科

1【解き方】(2) ろ過するときは，液をガラス棒に伝わらせて注ぎ，ろうとの足の長いほうをビーカーの内側の壁につける。

(4) 無色鉱物が多いほどマグマのねばりけが強く，爆発を伴う激しい噴火をすることが多い。

【答】(1) 食物連鎖(または，食物網)　(2) エ

(3) (記号) イ　(理由) 水の深さが深いほど水圧が大きくなるから。(同意可)

(4) (マグマのねばりけ) 強い。(または，大きい。)　(噴火のようす) 激しく爆発的。(それぞれ同意可)

2【解き方】(1) ② a. 顕微鏡の倍率は，接眼レンズの倍率と対物レンズの倍率の積。b. 気孔は2つの孔辺細胞に囲まれたすきま。

(2) ② 1分＝60秒より，1秒間に左心室から送り出される血液の量は，$64\,(\mathrm{cm^3}) \times \dfrac{75\,(回)}{60\,(秒)} = 80\,(\mathrm{cm^3})$　全血液が送り出されるのにかかる時間は，$1\,(秒) \times \dfrac{5600\,(\mathrm{cm^3})}{80\,(\mathrm{cm^3})} = 70\,(秒)$　③ ブドウ糖は小腸で吸収され，門脈を通って肝臓に運ばれる。

【答】(1) ① 単子葉類　② a. (接眼レンズ) 10(倍)　(対物レンズ) 40(倍)　b. ウ　③ ア

(2) ① 酸素の多いところでは酸素と結びつき，酸素の少ないところでは酸素を放す性質。(同意可)　② 70(秒)

③ エ　④ 酸素を使って養分からとり出されるエネルギーが，より多く必要になるから。(同意可)

3【解き方】(1) ③ b. 塩化ナトリウムやマグネシウムと銅のような金属は分子をつくらない。

(2) ② a. ビーカーAで発生した二酸化炭素の質量は，質量保存の法則より，$(59.1 + 0.5)\,(\mathrm{g}) - 59.4\,(\mathrm{g}) = 0.2\,(\mathrm{g})$　同様に，ビーカーBは，$(59.1 + 1.0)\,(\mathrm{g}) - 59.7\,(\mathrm{g}) = 0.4\,(\mathrm{g})$，ビーカーCは，$(59.1 + 1.5)\,(\mathrm{g}) - 60.0\,(\mathrm{g}) = 0.6\,(\mathrm{g})$，ビーカーDは，$(59.1 + 2.0)\,(\mathrm{g}) - 60.5\,(\mathrm{g}) = 0.6\,(\mathrm{g})$，ビーカーEは，$(59.1 + 2.5)\,(\mathrm{g}) - 61.0\,(\mathrm{g}) = 0.6\,(\mathrm{g})$　b. aより，うすい塩酸$12\mathrm{cm^3}$と1.5gの石灰石が過不足なく反応し，0.6gの二酸化炭素が発生する。よって，発生した二酸化炭素が1.0gのとき，ビーカーFに入れたうすい塩酸の体積は，$12\,(\mathrm{cm^3}) \times \dfrac{1.0\,(\mathrm{g})}{0.6\,(\mathrm{g})} = 20\,(\mathrm{cm^3})$

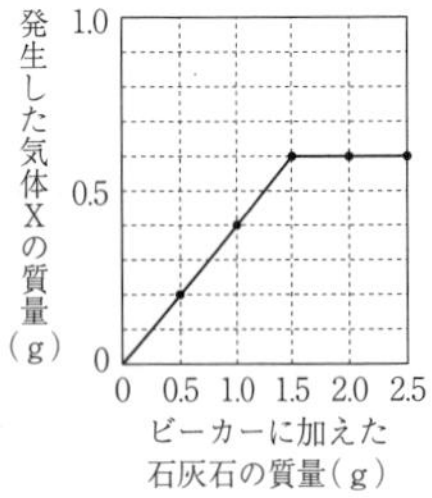


【答】(1) ① 発熱反応　② $Fe + S \rightarrow FeS$　③ a. ㋐ 塩化物　㋑ 2　b. エ

(2) ① 二酸化炭素　② a. (前図)　b. $20\,(\mathrm{cm^3})$

4【解き方】(2) ① 6月1日の真夜中に，南の空に見える星座はさそり座で，東の空にはみずがめ座が見える。② 9月の地球と火星は太陽を挟んで互いに反対の位置にある。このとき，地球から見た火星は太陽の方向にあるので，観察できない。

【答】(1) ① 恒星　② 周りより温度が低いから。(同意可)　(2) ① エ　② ウ

5【解き方】(1) アは停滞前線が見られるので梅雨の時期。イは太平洋高気圧が発達した南高北低の気圧配置なので夏。ウは台風が南西にあるので秋。エは西高東低の気圧配置なので冬。

(2) ② a. 表2より，気温16℃のときの飽和水蒸気量は$13.6\mathrm{g/m^3}$なので，地点Aの空気$1\mathrm{m^3}$中の水蒸気量は，$13.6\,(\mathrm{g/m^3}) \times \dfrac{50}{100} = 6.8\,(\mathrm{g/m^3})$　飽和水蒸気量が$6.8\mathrm{g/m^3}$になるときの温度は，表2より，5℃。地点Aの気温との差は，16(℃)－5(℃)＝11(℃)なので，露点に達する地点の標高は，$100\,(\mathrm{m}) \times \dfrac{11\,(℃)}{1\,(℃)} = 1100\,(\mathrm{m})$　山頂と露点に達した地点の標高差は，1700(m)－1100(m)＝600(m)なので，山頂までの温

度変化は，$0.5\ (℃) \times \dfrac{600\ (\mathrm{m})}{100\ (\mathrm{m})} = 3\ (℃)$　よって，山頂での空気のかたまりの温度は，$5\ (℃) - 3\ (℃) = 2\ (℃)$　b. 山頂での空気のかたまりの温度は2℃なので，飽和水蒸気量は$5.6\mathrm{g/m^3}$。地点Bまでの温度変化は，$1\ (℃) \times \dfrac{1700\ (\mathrm{m})}{100\ (\mathrm{m})} = 17\ (℃)$なので，地点Bでの空気のかたまりの温度は，$2\ (℃) + 17\ (℃) = 19\ (℃)$

気温が19℃のときの飽和水蒸気量は$16.3\mathrm{g/m^3}$なので，湿度は，$\dfrac{5.6\ (\mathrm{g/m^3})}{16.3\ (\mathrm{g/m^3})} \times 100 \fallingdotseq 34.4\ (\%)$

**【答】** ⑴ ア　⑵ ① ウ　② a.（標高）1100 (m)　（温度）2 (℃)　b. 34.4 (%)

6 **【解き方】** ⑴ ② 重力を表す矢印が対角線になり，斜面に平行な分力の矢印と斜面に垂直な分力の矢印が平行四辺形のとなり合う2辺になるように作図する。

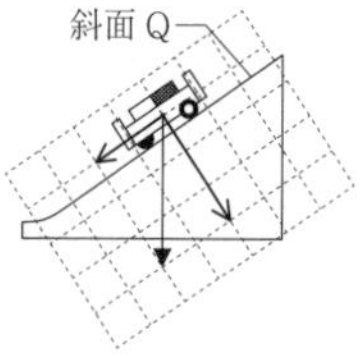


⑵ ① 台車がCからコイルに向かうとき，棒磁石のS極がコイルのⓑ側に近づくので，検流計の指針は左に振れる。台車がコイルの真下を通過するときに検流計の指針は0に戻る。台車がコイルを通り抜けてBに向かうとき，棒磁石のN極がコイルのⓐ側から遠ざかるので，検流計の指針は右に振れる。② 棒磁石がコイルを通過するとき，運動エネルギーが電気エネルギーに変換されるので，コイルを通過するたびに力学的エネルギーは減少する。④ 熱エネルギーに変換されるのは，白熱電球が，$100\ (\%) - 10\ (\%) = 90\ (\%)$，LED電球が，$100\ (\%) - 30\ (\%) = 70\ (\%)$なので，10分＝600秒より，白熱電球の発熱量は，$40\ (\mathrm{W}) \times 600\ (秒) \times \dfrac{90}{100} = 21600\ (\mathrm{J})$，LED電球の発熱量は，$4.8\ (\mathrm{W}) \times 600\ (秒) \times \dfrac{70}{100} = 2016\ (\mathrm{J})$　よって，$\dfrac{21600\ (\mathrm{J})}{2016\ (\mathrm{J})} \fallingdotseq 10.7\ (倍)$

**【答】** ⑴ ① 等速直線運動　②（前図）

⑵ ① ア　② オ　③（記号）イ　（理由）同じ高さからはなすと位置エネルギーが等しいため，コイルを通過する速さは等しくなるから。(同意可)　④ 10.7 (倍)

# 国　語

1 【解き方】問二．翌朝の場面に，「高台の気象観測所まで行き…少年の住む島を眺めた」とある。岬から肉眼で見えるほど近い場所を表す。

問三．「少年」は，紺野先生に「あの卵，あすには孵るかもしれませんね」と言っている。また，「強風ならば，渡し船を出せないだろう」とも言って「浮かない顔」をしている。

問四．イは上が音読み，下が訓読み。エは上下ともに訓読み。オは上下ともに音読み。

問五．「つないである船が見える」「やはり，あの少年がいる」「風が強い」のように，簡潔な文を重ねるようにして，紺野先生の見ている風景を説明している点に着目する。

問六．卵にひびが入り始めたとき，紺野先生は「送信機を卵のすぐ近くへ置いて…呼びに行った」とある。また，「生徒たちが飼育器のまわりに集まったとき…ひな鳥のくちばしの先が見えた」とあり，その状況を知って，少年は「先生，もしかしたら…立ち合ったのはぼくだけですか」と喜んでいる。

【答】問一．(あ) ちょうやく　(い) 染(まり)　(う) 急(いだ)　(え) 約束

問二．岬からの距離が近いこと。(同意可)　問三．エ　問四．ア(と)ウ　問五．ウ

問六．紺野先生が無線機の送信機を卵の近くへ置いたことで，少年だけが殻の破れる最初の瞬間に立ち合うことができたこと。(54字)(同意可)

2 【解き方】問二．世界を歪めて見ていることについて，「程度の差はある」と認めている。

問三．「ず」「ぬ」に置き換えられるので，打消を表す助動詞。ア・エは，「ず」「ぬ」に置き換えることができないので形容詞。ウは，形容詞「切ない」の一部。

問四．「眠っている時」に見る「『夢』という風景」について，くわしく説明している部分に着目する。「視覚」の情報が全くないという点を指摘している。

問五．最初に「月の錯視」の例を挙げた上で，「私たちのまなざしは世界をニュートラルに知覚するようにできていない」「心のフィルターを通して見ている」ということについて，「子供の時に見た場所を大人になってからもう一度訪れると…まるで異なる風景のように感じる」「眠っている時でも『夢』という風景を見る」という例を挙げながら，くわしく説明している。

問六．「『知覚』と『認知』の二つ」を「見るプロセス」として明示し，「この両方のプロセスがないと〝見る〟ということには至らない」と説明している。さらに，「私たちが見る風景というのは，むしろこの心のフィルターの方が強く影響する」と述べたことを根拠に，「だから…まるで違った風景に見えることがある」としている。

【答】問一．(あ) まぼろし　(い) じゅんすい　問二．ウ　問三．イ

問四．心の中の情報だけで見ている風景 (15字)　問五．イ

問六．〔私たちは〕知覚と認知の両方の過程でものを見ているが，むしろ認知の方が強く影響するから。(38字，または42字)(同意可)

3 【解き方】問一．まず「ユニバーサルデザインについて発表します」と述べた上で，その言葉の意味について聞き手に問いかけ，「この言葉には…という意味があります」と解説している。「自分の体験」は書かれていない。

問二．「形式は」「硬貨は」と，主語が二つある文になっている。「形式は」という主語に対して，「何を」を表す目的語に直す。

問三．第一段落で説明した「ユニバーサルデザイン」という言葉の意味について，第二段落でもう一度述べた一文がある。

問五．ピクトグラムとは「すべての人に内容を直感的に理解してもらう目的で作られた」ものだと直後で説明しているので，図2において「内容を直感的に理解してもらう」ために工夫されている点を挙げる。

【答】問一．エ　問二．硬貨を　問三．あらゆる人　問四．ご覧になった(または，見られた)

問五．（図２には，）競技の内容が具体的にわかる工夫があります。（同意可）

4 【解き方】問一．語頭以外の「は・ひ・ふ・へ・ほ」は「わ・い・う・え・お」にする。

問二．アは，「永田佐吉」について説明している。イは，佐吉を「仏佐吉」と呼んだ者なので周囲の人々。ウは，主に佐吉が「悪しき所に遊ぶなど」と悪口を言った「朋輩の者」。エは，直前にある「主」。オは，「主人から解雇された」後で「綿の仲買」の商売をした佐吉。

問三．⑴ 佐吉が「旧恩を忘れず」にしたことについて，「道のついであれば…安否を問ふ」「年経て後…又よりよりに物を贈りける」と示されている。⑵ 理由を表す「已然形＋ば」に着目する。「綿の仲買」をするようになった後，「佐吉が直なるを知りて…軽くはかりければ」と説明している。

【答】問一．たぐい　問二．ア(と)オ

問三．⑴ 機会があれば必ず訪ね寄って無事かどうかを聞いたこと。・主人の家が衰えた時にたびたび物を贈ったこと。⑵ 佐吉が正直なことを知って，売る人は気を配って重くして与え，買う人は気を配って軽くしてはかったから。（それぞれ同意可）

◀口語訳▶　永田佐吉は，美濃の国にある羽栗郡竹ヶ鼻の人で，親につくすことにおいて他に比較するものがないほど優れている。また，仏を信じている。いつも貧しい人を気の毒に思い，総じて人と付き合う時に真心を持って接するので，誰ともなく（佐吉のことを）仏佐吉と通称として呼んだ。（佐吉は）幼い時，尾張にある名古屋の，紙屋であるなんとかという家に召し使われていたが，休暇がある時には砂を用いて文字を習うことをし，また四書を読んで勉強した。（仕事の）仲間の者が佐吉をねたんで，読書のことを口実にして，悪いところで遊んでいるなどと事実ではない悪口を言ったので，家の主人も佐吉を疑って竹ヶ鼻に帰した。そうであってもやはり佐吉はかつての恩を忘れず，道中に機会があれば必ず（その家を）訪ねて寄って無事かどうか聞いた。年を経た後，その家はたいそう衰えたが，また佐吉はたびたび物を贈ったとかいうことである。佐吉は主人から解雇された後は，綿の仲介という仕事をしていたのだが，秤というものを持たず，買う時は（佐吉が）買う相手に任せ，売る時は（佐吉が）売る相手に任せるようにした。後々は佐吉が正直なことを知って，（佐吉に）売る人は気を配って（綿を）重く与え，（佐吉から）買う人は気を配って（秤のおもりを）軽くしてはかったので，（佐吉は）ほどなくして豊かに暮らすようになったという。

5 【答】（例）

私は「言葉がもつ本来の意味や使い方を大切にするべきだ。」という意見に賛成です。言葉のもつ意味や使い方は辞書に載っていて，皆が勉強するものです。だれもが好き勝手な意味で使うようになってしまっては，コミュニケーションもとりづらくなり，学ぶことの意義も薄れてしまうと思います。コミュニケーションの指標とするためにも，言葉の本来の意味や使い方を大切にすべきです。（177 字）

2025年度 受験用
# 公立高校入試対策シリーズ(赤本) ラインナップ

| | |
|---|---|
| 入試データ | 前年度の各高校の募集定員,倍率,志願者数等の入試データを詳しく掲載しています。 |
| 募集要項 | 公立高校の受験に役立つ募集要項のポイントを掲載してあります。ただし,2023年度受験生対象のものを参考として掲載している場合がありますので,2024年度募集要項は必ず確認してください。 |
| 傾向と対策 | 過去の出題内容を各教科ごとに分析して,来年度の受験について,その出題予想と受験対策を掲載してあります。予想を出題範囲として限定するのではなく,あくまで受験勉強に対する一つの指針として,そこから学習の範囲を広げて幅広い学力を身につけるように努力してください。 |
| くわしい解き方 | 模範解答を載せるだけでなく,詳細な解き方・考え方を小問ごとに付けてあります。解き方・考え方をじっくり研究することで応用力が身に付くはずです。また,英語長文には全訳,古文には口語訳を付けてあります。 |
| 解答用紙と配点 | 解答用紙は巻末に別冊として付けてあります。<br>解答用紙の中に問題ごとの配点を掲載しています(配点非公表の場合を除く)。合格ライン の判断の資料にしてください。 |

## 府県一覧表

3021 岐阜県公立高
3022 静岡県公立高
3023 愛知県公立高
3024 三重県公立高【後期選抜】
3025 滋賀県公立高
3026-1 京都府公立高【中期選抜】
3026-2 京都府公立高【前期選抜 共通学力検査】
3027-1 大阪府公立高【一般選抜】
3027-2 大阪府公立高【特別選抜】
3028 兵庫県公立高
3029-1 奈良県公立高【一般選抜】
3029-2 奈良県公立高【特色選抜】
3030 和歌山県公立高
3033-1 岡山県公立高【一般選抜】
3033-2 岡山県公立高【特別選抜】
3034 広島県公立高
3035 山口県公立高
3036 徳島県公立高
3037 香川県公立高
3038 愛媛県公立高
3040 福岡県公立高
3042 長崎県公立高
3043 熊本県公立高
3044 大分県公立高
3046 鹿児島県公立高

### 滋賀県特色選抜・学校独自問題

2001 滋賀県立石山高
2002 滋賀県立八日市高
2003 滋賀県立草津東高
2004 滋賀県立膳所高
2005 滋賀県立東大津高
2006 滋賀県立彦根東高
2007 滋賀県立守山高
2008 滋賀県立虎姫高
2020 滋賀県立大津高

### 京都府前期選抜・学校独自問題

2009 京都市立堀川高・探究学科群
2010 京都市立西京高・エンタープライジング科
2011 京都府立嵯峨野高・京都こすもす科
2012 京都府立桃山高・自然科学科

2025年度
受験用

公立高校入試対策シリーズ 3022

# 静岡県公立高等学校

別冊

# 解答用紙

- この冊子は本体から取りはずして
ご使用いただけます。
- 解答用紙（本書掲載分）を
ダウンロードする場合はこちら↓
https://book.eisyun.jp/

※なお，予告なくダウンロードを
終了することがあります。

英俊社

●解答用紙の四隅にあるガイドに合わせて指定の倍率で拡大すると，実物とほぼ同じ大きさでご使用いただけます(一部例外がございます)。

# 数　学　解答用紙

| 受検番号 | | 氏　名 | |
|---|---|---|---|

**1**

| | | | | |
|---|---|---|---|---|
| (1) | ア | | イ | |
| | ウ | | エ | |
| (2) | | (3) | | |

**2**

(1) 図1

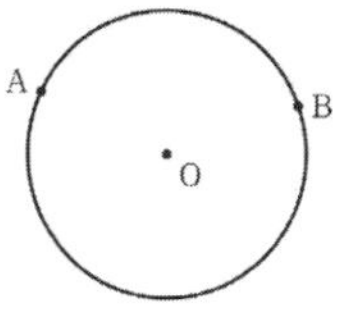


| | | | |
|---|---|---|---|
| (2) | | (3) | |

**3**

（方程式と計算の過程）

（答）きゅうり　　本，なす　　本

**4**

| | | | |
|---|---|---|---|
| (1) | | | |
| (2) | cm | (3) | cm$^3$ |

**5**

| | | | |
|---|---|---|---|
| (1) | | (2) | |

**6**

(1)

(2) ア　　≦ $a$ ≦

イ（求める過程）

（答）$a$ ＝

**7**

(1)（証明）

(2)　　度

英　　語 解答用紙

| 受検番号 | | 氏　名 | |
|---|---|---|---|

1 (1) A B C D

(2) 質問1（　　　）　質問2 ⓐ（　　　）　ⓑ（　　　）

質問3 ＿＿＿＿＿＿＿＿＿＿ in the village.

2 (1) ⓐ ⓑ ⓒ

(2) A B C

(3)

(4)

(5) ① ②

(6)

3

Hi, Joyce.　I'm in Nara.

Your friend,
Kei

4 (1) ⓐ（　　　）　ⓑ（　　　）

(2) ①

②

(3)

(4)

(5)

(6)

(7)

※実物の大きさ：173% 拡大（B4 用紙）

# 社　　会 解答用紙

| 受検番号 | | 氏　名 | |
|---|---|---|---|

**1**
(1) 名称 / 記号
(2)
(3) 記号 / ⓐ
(4)
(5) a / b
(6) a →　→ / b
(7) 記号 / 理由
(8)

**2**
(1)
(2)
(3)
(4) 記号 / 県名　県
(5)
(6) a / b ① ②

**3**
(1) a / b　大陸
(2) a 記号 / 国名 / b
(3) a / b

**4**
(1) a / b
(2) a / b 動き / 記号
(3) a / b
70

※実物の大きさ：173% 拡大（B4 用紙）

# 理　　科 解答用紙

| 受検番号 | | 氏　名 | |
|---|---|---|---|

**1**

(1)

(2)

(3)

(4) A

**2**

(1) ①

(1) ② 体表は

(2)

(3) ① a

(3) ① b

(3) ②

(4) g

**3**

(1) ①

(1) ② ＞　＞　＞　＞　＞

(2) ① →　→

(2) ②

(2) ③

(2) ④ a g

(2) ④ b

図 7

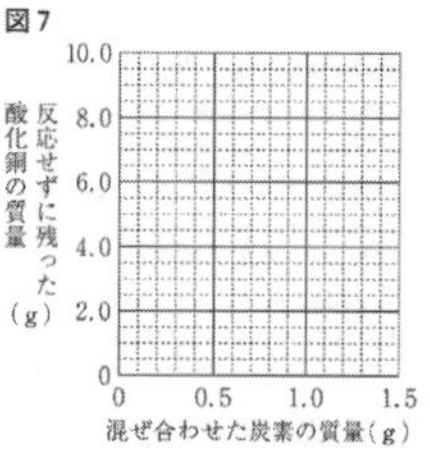


**4**

(1) ①

(1) ②

(2)

**5**

(1) ①

図10



(1) ②

(2) ①

(2) ②

**6**

(1) ①

(1) ② J

(2) ㋐　㋑　㋒

(3) ①

(3) ② cm/s

(3) ③ 区間

(3) ③ 理由

# 国語　解答用紙

受検番号　　氏名

一
問一 あ　い（する）
問二
問三 30
問四
問五
問六 60

二
問一 あ（われて）　い　う　え（く）
問二 と
問三 25
問四
問五 50
問六

三
問一
問二
問三
問四
問五 25

四
問一
問二 と
問三
問四

五
150
180

※実物の大きさ：173% 拡大（B4 用紙）

## 【数　　学】

1．2 点×6　2．2 点×3　3．5 点　4．⑴ 2 点　⑵ 2 点　⑶ 3 点　5．⑴ 1 点　⑵ 2 点
6．⑴ 2 点　⑵ ア：2 点　イ：4 点　7．⑴ 6 点　⑵ 3 点

## 【英　　語】

1．2 点×7　2．⑴ 1 点×3　⑵ 1 点×3　⑶ 2 点　⑷ 2 点　⑸ 1 点×2　⑹ 4 点　3．4 点
4．⑴ 1 点×2　⑵～⑺ 2 点×7

## 【社　　会】

1．⑴ 1 点×2　⑵ 2 点　⑶ 1 点×2　⑷ 2 点　⑸ 1 点×2　⑹ a．2 点　b．1 点　⑺ 3 点（完答）　⑻ 2 点
2．⑴ 1 点　⑵ 1 点　⑶ 2 点（完答）　⑷ 1 点×2　⑸ 1 点　⑹ a．2 点　b．① 1 点　② 2 点
3．⑴ 1 点×2　⑵ 1 点×3　⑶ 2 点×2
4．⑴ 1 点×2　⑵ a．1 点　b．動き：2 点　記号：1 点　⑶ a．1 点　b．4 点

## 【理　　科】

1．⑴ 1 点　⑵ 1 点　⑶ 2 点　⑷ 2 点
2．⑴ 1 点×2　⑵ 2 点（完答）　⑶ ① a．2 点　b．1 点　② 2 点　⑷ 2 点
3．⑴ ① 1 点（完答）　② 2 点　⑵ ① 2 点　② 1 点　③ 2 点　④ a．1 点　b．2 点
4．⑴ ① 1 点　② 2 点　⑵ 2 点　5．⑴ ① 1 点　② 2 点　⑵ ① 1 点　② 2 点
6．⑴ ① 1 点（完答）　② 2 点　⑵ 2 点　⑵ ① 1 点　② 2 点　③ 3 点

## 【国　　語】

一．問一．1 点×2　問二～問五．2 点×4　問六．3 点
二．問一．1 点×4　問二～問四．2 点×3　問五．3 点　問六．2 点
三．問一．2 点　問二．1 点　問三～問五．2 点×3　四．問一．1 点　問二～問四．2 点×3　五．6 点

# 数　　学 解答用紙

| 受検番号 | | 氏　名 | |
|---|---|---|---|

**1**

| | | | | |
|---|---|---|---|---|
| (1) | ア | | イ | |
| | ウ | | エ | |
| (2) | | (3) | | |

**2**

(1) 図 1

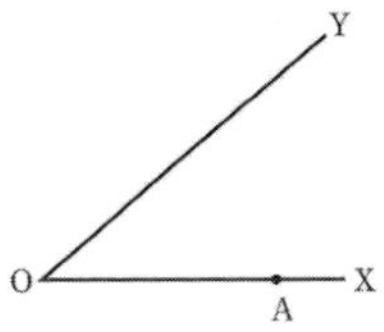


(2) 逆

反例

(3)

**3**

| | | | | |
|---|---|---|---|---|
| (1) | ㋐ | | 四分位範囲 | m |
| (2) | | | | |

**4**

（方程式と計算の過程）

（答）鉛筆　　　本，ボールペン　　　本

**5**

| | | | |
|---|---|---|---|
| (1) | | (2) | cm |
| (3) | $cm^2$ | | |

**6**

| | | | |
|---|---|---|---|
| (1) | | (2) | |

(3)（求める過程）

（答）$a=$

**7**

(1)（証明）

(2)　　　cm

※実物の大きさ：173% 拡大（B4 用紙）

# 英　　語 解答用紙

| 受検番号 | | 氏　名 | |
|---|---|---|---|

1 (1) A　B　C　D

(2) 質問1（　　）　質問2 ⓐ（　　）　ⓑ（　　）

質問3 ＿＿＿＿ after walking.

2 (1) A　B　C　　(2)

(3) ⓐ　ⓑ　ⓒ

(4)

(5)

(6) D

E

3

〈 To Alex 〉

〈 From Riku 〉

4 (1) ⓐ（　　）　ⓑ（　　）

(2) ①

②

(3)　　(4)

(5)

(6)

(7)

※実物の大きさ：173% 拡大（B4 用紙）

# 社　会　解答用紙

| 受検番号 | | 氏　名 | |
|---|---|---|---|

1
- (1)
- (2)
- (3)
- (4) a / b
- (5)
- (6) a / b
- (7) a / b
- (8) →　→
- (9) a / b

2
- (1) a　県 / b
- (2) a / b
- (3) a / b
- (4) a / b 理　由 / 土地の利　用 / c →　→

3
- (1) a / b
- (2)
- (3)
- (4) a / b / c

4
- (1) a / b
- (2) a / b / c
- (3) 70

# 理　科 解答用紙

| 受検番号 | | 氏　名 | |
|---|---|---|---|

**1**

(1)

(2)

(3)

(4) g

**2**

(1) ① a

b

②

③ a g

b

(2) ①

②

**3**

(1) ①

② a

b

③

(2) ①

②

図7

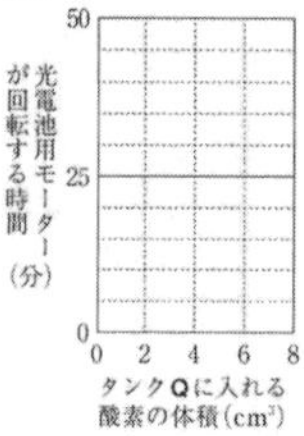


(3) cm$^3$

**4**

(1)

図10

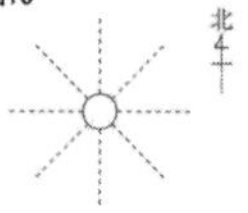


(2) ①

②

(3) g/m$^3$

**5**

(1) ①

② 記号

理由

(2)

**6**

(1) ①

② a

b

(2) ①

②

(3) ①

② 秒後

※実物の大きさ：173% 拡大（B4 用紙）

# 国語　解答用紙

受検番号　　氏名

一

問一　あ　い　う（んで）
問二
問三
問四（30）
問五
問六（50）

二

問一　あ（らして）　い　う
問二
問三
問四
問五（50）
問六

三

問一
問二
問三
問四
問五

四

問一
問二
問三
問四

五

（150）
（180）

※実物の大きさ：173% 拡大（B4 用紙）

## 【数　　学】

1．2点×6　2．2点×3　3．2点×2　4．5点　5．(1)1点　(2)2点　(3)3点
6．(1)2点　(2)2点　(3)4点　7．(1)6点　(2)3点

## 【英　　語】

1．2点×7　2．(1)1点×3　(2)2点　(3)1点×3　(4)〜(6)2点×4　3．4点
4．(1)1点×2　(2)〜(6)2点×7

## 【社　　会】

1．(1)〜(3)1点×3　(4)a．1点　b．2点　(5)1点　(6)a．1点　b．2点　(7)a．1点　b．2点　(8)2点　(9)a．1点　b．2点
2．(1)a．1点　b．2点　(2)1点×2　(3)1点×2　(4)2点×3
3．(1)1点×2　(2)1点　(3)1点　(4)a．1点　b．2点　c．2点
4．(1)a．1点　b．2点　(2)1点×3　(3)4点

## 【理　　科】

1．(1)1点　(2)1点　(3)2点　(4)2点　2．(1)①1点×2　②2点　③2点×2　(2)①1点　②2点
3．(1)①1点　②a．2点　b．1点　③2点　(2)①1点　②2点　(3)2点
4．(1)2点　(2)1点×2　(3)2点　5．(1)①1点　②2点　(2)2点
6．(1)①1点　②2点×2　(2)①1点　②2点　(3)①1点　②2点

## 【国　　語】

一．問一．1点×3　問二〜問五．2点×4　問六．3点
二．問一．1点×3　問二〜問四．2点×3　問五．3点　問六．2点
三．問一．1点　問二〜問五．2点×4　四．問一．1点　問二〜問四．2点×3　五．6点

# 数　　学 解答用紙

| 受検番号 | | 氏　名 | |
|---|---|---|---|

**1**

| | | | | |
|---|---|---|---|---|
| (1) | ア | | イ | |
| | ウ | | エ | |
| (2) | | (3) | | |

**2**

(1) 図 1

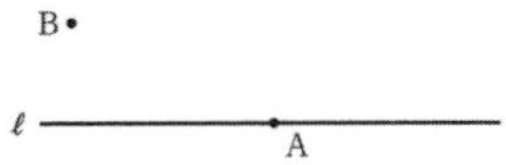


| | | | |
|---|---|---|---|
| (2) | | (3) | |

**3**

| | | | | | |
|---|---|---|---|---|---|
| (1) | 日 | | | | |
| (2) | 2010年 | 日 | 2020年 | 日 | |

**4**

（方程式と計算の過程）

（答）　　匹

**5**

| | | | |
|---|---|---|---|
| (1) | 秒後 | (2) | $cm^3$ |
| (3) | cm | | |

**6**

| | | | |
|---|---|---|---|
| (1) | | (2) | |

(3)（求める過程）

（答）$a=$

**7**

(1)（証明）

(2)　　度

※実物の大きさ：173% 拡大（B4 用紙）

# 英　語 解答用紙

| 受検番号 | | 氏　名 | |
|---|---|---|---|

1 (1) A B C D

(2) 質問1（　　　）　質問2　ⓐ（　　　）　ⓑ（　　　）

質問3　Because Kenta ______.

2 (1) A B C　(2) ⓐ ⓑ ⓒ

(3)

(4)

(5)

3 (1)

(2)

4

Hello, Lucy.

Bye,
Yumi

5 (1) ⓐ（　　　）　ⓑ（　　　）

(2)

①

②

(3)　(4)

(5)

(6)

(7)

※実物の大きさ：173% 拡大（B4 用紙）

# 社　　会 解答用紙

| 受検番号 | | 氏　名 | |
|---|---|---|---|

1
(1) a
b
(2)
(3) a
b
c
(4) a
b
(5) →　→
(6) a
b
(7) a
b

2
(1) a　県
b
(2)
(3)
(4) 果実の国内生産量
果実の輸入量
(5) a
b
(6) 記号
理由

3
(1)
(2) a
b　月　日　時
(3) a
b
(4) 記号
理由

4
(1) a　制
b
c
(2) a
b 名称
理由
(3)
70

# 理　　科　解答用紙

| 受検番号 | | 氏　名 | |
|---|---|---|---|

**1**

| | |
|---|---|
| (1) | |
| (2) | |
| (3) | |
| (4) | |

**2**

| | | | | | |
|---|---|---|---|---|---|
| (1) | ① | | | | |
| | ② | あ | | い | |
| | ③ | | | | |
| | ④ | 増加 | | | |
| | | 減少 | | | |
| (2) | 記号 | | | | |
| | 理由 | | | | |
| (3) | | | | | |

**3**

| | | | | | |
|---|---|---|---|---|---|
| (1) | ① | | | | |
| | ② | | | | |
| (2) | ① | | | | |
| | ② | あ | | い | |
| (3) | ① | | | | |
| | ② | | | | |
| | ③ | W | | | |

図14

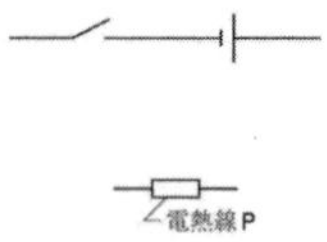


図15

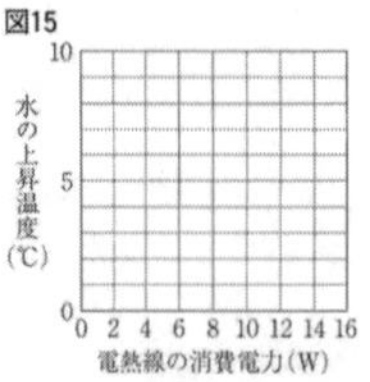


**4**

| | | |
|---|---|---|
| (1) | | |
| (2) | ① | |
| | ② | |
| | ③ | km |

**5**

| | | |
|---|---|---|
| (1) | ① | |
| | ② | |
| (2) | ① | →　→ |
| | ② | |

**6**

| | | | |
|---|---|---|---|
| (1) | ① | | |
| | ② | a | |
| | | b | |
| | | c | |
| (2) | ① | g | |
| | ② | | |
| | ③ | 個 | |
| | ④ | | |

※実物の大きさ：173% 拡大（B4 用紙）

# 国　語　解答用紙

受検番号　　氏名

## 一

問一　あ　い　う（えて）

問二

問三

問四

問五　40

問六

## 二

問一　あ　い（かな）　う（めて）

問二　と

問三

問四

問五

問六　50

## 三

問一

問二

問三

問四

問五

## 四

問一

問二

問三

問四

## 五

150

180

※実物の大きさ：173% 拡大（B4 用紙）

# 2022 年度　静岡県公立高等学校［配点］

## 【数　　学】

1. 2点×6　2. 2点×3　3. ⑴1点　⑵2点　4. 5点　5. ⑴2点　⑵2点　⑶3点

6. ⑴2点　⑵2点　⑶4点　7. ⑴6点　⑵3点

## 【英　　語】

1. 2点×7　2. ⑴1点×3　⑵1点×3　⑶〜⑸2点×3　3. 2点×2　4. 4点

4. ⑴1点×2　⑵〜⑺2点×7

## 【社　　会】

1. ⑴1点×2　⑵1点　⑶a. 1点　b. 2点　c. 1点　⑷a. 1点　b. 2点　⑸2点　⑹a. 2点　b. 1点　⑺a. 1点　b. 2点

2. ⑴1点×2　⑵1点　⑶2点　⑷2点　⑸a. 1点　b. 2点　⑹2点

3. ⑴1点　⑵1点×2　⑶a. 1点　b. 2点　⑷記号：1点　理由：2点

4. ⑴1点×3　⑵a. 2点　b. 1点×2　⑶4点

## 【理　　科】

1. ⑴1点　⑵1点　⑶2点　⑷2点　2. ⑴①1点　②1点×2　③2点　④2点　⑵2点　⑶2点

3. ⑴1点×2　⑵①2点　②1点　⑶2点×3　4. ⑴1点　⑵①1点　②1点　③2点

5. ⑴1点×2　⑵2点×2　6. ⑴1点×4　⑵①2点　②1点　③2点　④2点

## 【国　　語】

一. 問一. 1点×3　問二〜問四. 2点×3　問五. 3点　問六. 2点

二. 問一. 1点×3　問二〜問五. 2点×4　問六. 3点

三. 問一. 1点　問二〜問五. 2点×4　四. 問一. 1点　問二〜問四. 2点×3　五. 6点

# 数　　学 解答用紙

| 受検番号 | | 氏　名 | |
|---|---|---|---|

**1**

| | | | | |
|---|---|---|---|---|
| (1) | ア | | イ | |
| | ウ | | エ | |
| (2) | | (3) | | |

**2**

(1) 図 1

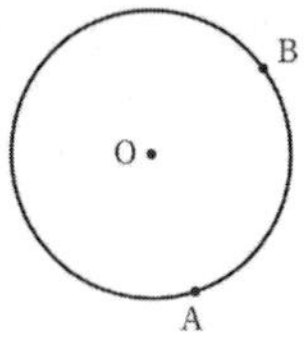


| | | | | |
|---|---|---|---|---|
| (2) | ア | | イ | |

**3**

| | | | | |
|---|---|---|---|---|
| (1) | 3 年 1 組 | | 3 年 2 組 | |
| (2) | cm | | | |

**4**

（方程式と計算の過程）

（答）
6 月の可燃ごみ　　kg
6 月のプラスチックごみ　　kg

**5**

| | | | |
|---|---|---|---|
| (1) | | (2) | 倍 |
| (3) | cm | | |

**6**

| | | | |
|---|---|---|---|
| (1) | | (2) | E (　　,　　) |

(3)（求める過程）

（答）$a =$

**7**

(1)（証明）

| | |
|---|---|
| (2) | cm |

英　語　解答用紙

| 受検番号 | | 氏　名 | |
|---|---|---|---|

1 (1) A B C D

(2) 質問 1 (　　　)　質問 2 ⓐ (　　　)　ⓑ (　　　)

質問 3 Because ＿＿＿＿＿＿＿＿.

2 (1) ⓐ ⓑ ⓒ　(2) A B C

(3)

(4)

(5)

3 (1)

(2)

4

Dear Cathy,

Shota

5 (1) ⓐ (　　　)　ⓑ (　　　)

(2) ①

②

(3)　(4)

(5)

(6)

(7)

※実物の大きさ：173% 拡大（B4 用紙）

# 社　会 解答用紙

| 受検番号 | | 氏　名 | |
|---|---|---|---|

**1**
(1)
a
b
c ①
②
(2)
a
b →　→
(3)
(4)
(5)
a
b 名称
内容
(6)
a
b
(7)

**2**
(1)
a
b
(2)
記号
県名　県
(3)
(4)
a
b
(5)
a
b
c

**3**
(1)
a
b　大陸
c
(2)
(3)
a
b
(4)
a
b

**4**
(1)
a ①
②
b
(2)
a
b
c
(3)
70

# 理　科　解答用紙

| 受検番号 | | 氏　名 | |
|---|---|---|---|

**1**

| | |
|---|---|
| (1) | |
| (2) | g |
| (3) | 図1 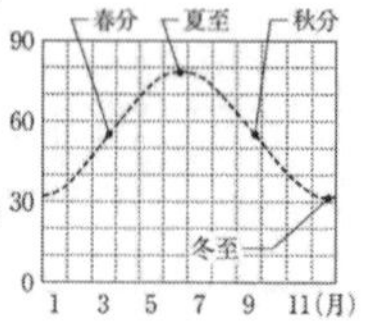 |
| (4) | 倍 |



**2**

| | | | | |
|---|---|---|---|---|
| (1) | ① | | | |
| | ② | a | あ | |
| | | | い | |
| | | b | 卵細胞 | |
| | | | 受精卵 | |
| (2) | ① | 名称 | | |
| | | 理由 | | |
| | ② | | | |
| (3) | → → → | | | |
| (4) | | | | |

**3**

| | | | |
|---|---|---|---|
| (1) | W | | |
| (2) | ① | N | |
| | ② | | |
| (3) | | | |
| (4) | ① | | |
| | ② | a | cm |
| | | b | |

**4**

| | | |
|---|---|---|
| (1) | | |
| (2) | ① | |
| | ② | |
| | ③ | km/s |

**5**

| | | |
|---|---|---|
| (1) | ① | hPa |
| | ② | |
| | ③ | |
| (2) | ① | |
| | ② | |

**6**

| | | |
|---|---|---|
| (1) | ① | |
| | ② | |
| | ③ | |
| (2) | ① | |
| | ② | 図17 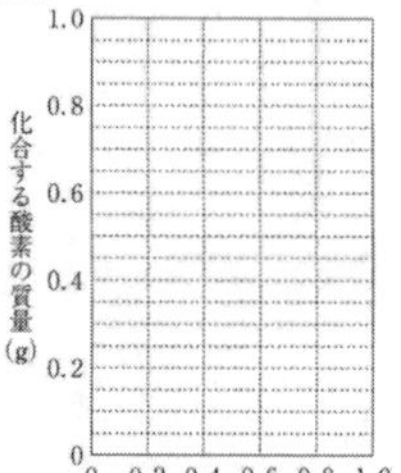 |
| (3) | ① | |
| | ② | g |



※実物の大きさ：173% 拡大（B4用紙）

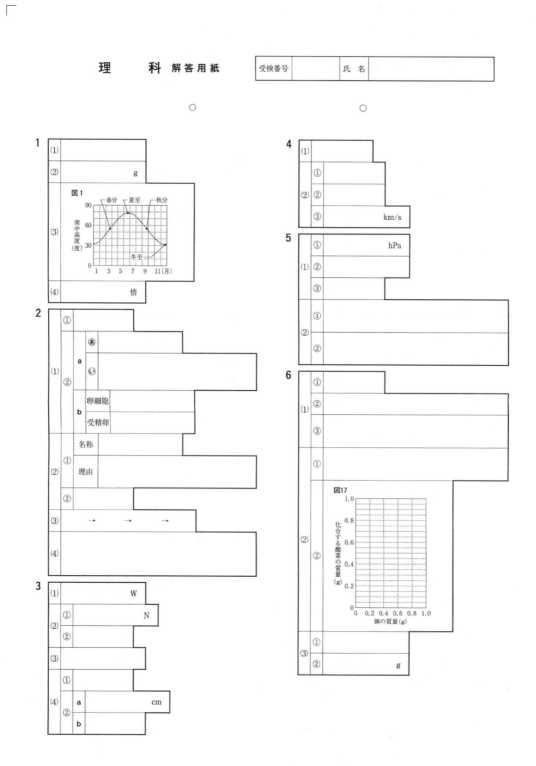

# 国語　解答用紙

| 受検番号 | | 氏名 | |
|---|---|---|---|

## 一

問一　あ　い　（り）

問二

問三

問四

問五

問六　50

## 二

問一　あ　（れた）　い　う　え　（われて）

問二

問三

問四

問五　60

問六

## 三

問一

問二　□ → □ → □ → □

問三

問四

問五

## 四

問一

問二　と

問三

問四

## 五

150

180

※実物の大きさ：173% 拡大（B4 用紙）

## 【数　　学】

1. 2点×6　2. (1)2点　(2)ア. 1点　イ. 2点　3. 2点×2　4. 5点
5. (1)2点　(2)2点　(3)3点　6. (1)2点　(2)2点　(3)4点　7. (1)6点　(2)3点

## 【英　　語】

1. 2点×7　2. (1)1点×3　(2)1点×3　(3)～(5)2点×3　3. 2点×2　4. 4点
5. (1)1点×2　(2)～(7)2点×7

## 【社　　会】

1. (1)1点×4　(2)a. 1点　b. 2点　(3)2点　(4)1点　(5)1点×3　(6)a. 1点　b. 2点　(7)2点
2. (1)～(3)1点×5　(4)a. 1点　b. 2点　(5)a. 1点　b. 1点　c. 2点
3. (1)～(3)1点×6　(4)a. 1点　b. 2点　4. (1)a. ①1点　②2点　b. 1点　(2)1点×3　(3)4点

## 【理　　科】

1. (1)1点　(2)2点　(3)2点　(4)1点
2. (1)①1点　②a. ㋐1点　㋑2点　b. 1点　(2)①2点　②1点　(3)1点　(4)2点
3. (1)2点　(2)①2点　②1点　(3)1点　(4)①1点　②2点×2
4. (1)1点　(2)①1点　②1点　③2点　5. (1)①1点　②1点　③2点　(2)1点×2
6. (1)①1点　②2点　③1点　(2)2点×2　(3)①1点　②2点

## 【国　　語】

一. 問一. 1点×2　問二～問五. 2点×4　問六. 3点
二. 問一. 1点×4　問二～問四. 2点×3　問五. 3点　問六. 2点
三. 問一. 2点　問二. 1点　問三～問五. 2点×3　四. 問一. 1点　問二～問四. 2点×3　五. 6点

# 数　　学 解答用紙

| 受検番号 | | 氏　名 | |
|---|---|---|---|

**1**

| | | | | |
|---|---|---|---|---|
| (1) | ア | | イ | |
| | ウ | | エ | |
| (2) | | (3) | | |

**2**

(1) 図1

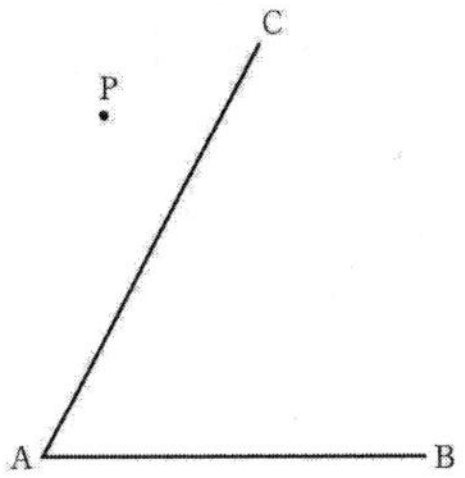


| | | | |
|---|---|---|---|
| (2) | 度 | (3) | |

**3**

| | | | |
|---|---|---|---|
| (1) | 日 | (2) | □ ≦ $a$ ≦ □ |

**4**

（方程式と計算の過程）

（答）
すべての大人の入館者数　　人
子どもの入館者数　　人

**5**

| | | | |
|---|---|---|---|
| (1) | | (2) | cm |
| (3) | $cm^3$ | | |

**6**

| | | | |
|---|---|---|---|
| (1) | | (2) | |

(3)（求める過程）

（答）$a$ ＝

**7**

(1)（証明）

(2)　　cm

※実物の大きさ：173% 拡大（B4 用紙）

# 英　語　解答用紙

| 受検番号 | | 氏　名 | |
|---|---|---|---|

**1** (1) A　B　C　D

(2) 質問 1 (　　　)　質問 2　ⓐ (　　　)　ⓑ (　　　)

質問 3　Because he ______.

**2** (1) A　B　C　(2) ⓐ　ⓑ　ⓒ

(3) In this park, ______.

(4)

(5)

**3** (1)

(2)

**4**

Dear Mark,
Hello.

Your friend,
Tomoe

**5** (1) ⓐ (　　　)　ⓑ (　　　)　(2)

(3) ①

②

(4)

(5)

(6)

(7)

※実物の大きさ：173% 拡大（B4 用紙）

# 社　会　解答用紙

| 受検番号 | | 氏　名 | |
|---|---|---|---|

**1**

(1) a
b

(2)

(3)

(4) a
b

(5) a
b

(6) →　→

(7) a
b

(8)

**2**

(1)

(2) a　県
b

(3) a ①　台地
②
b

(4)

(5) グラフ 3
図 5

(6)

**3**

(1)

(2)

(3) a　造山帯
b

(4) a ①
②
b

**4**

(1) a
b

(2) a
b　政権

(3) a
b

(4)

70

※実物の大きさ：173% 拡大（B4 用紙）

# 理　　科 解答用紙

| 受検番号 | | 氏　名 | |
|---|---|---|---|

**1**

(1)

(2)

(3) 記号 / 理由

(4) マグマのねばりけ / 噴火のようす

**2**

(1) ①
② a 接眼レンズ　倍　対物レンズ　倍
b
③

(2) ①
② 秒
③
④

**3**

(1) ①
②
③ a ㋐　㋑
b

(2) ①
② a

図8

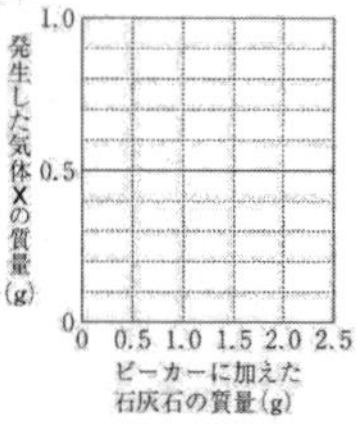


b cm³

**4**

(1) ①
②

(2) ①
②

**5**

(1)

(2) ①
② a 標高 m / 温度 ℃
b %

**6**

(1) ①
②

図16

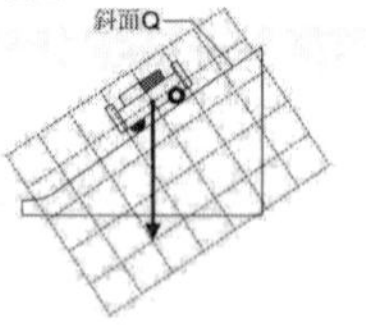


(2) ①
②
③ 記号 / 理由
④ 倍

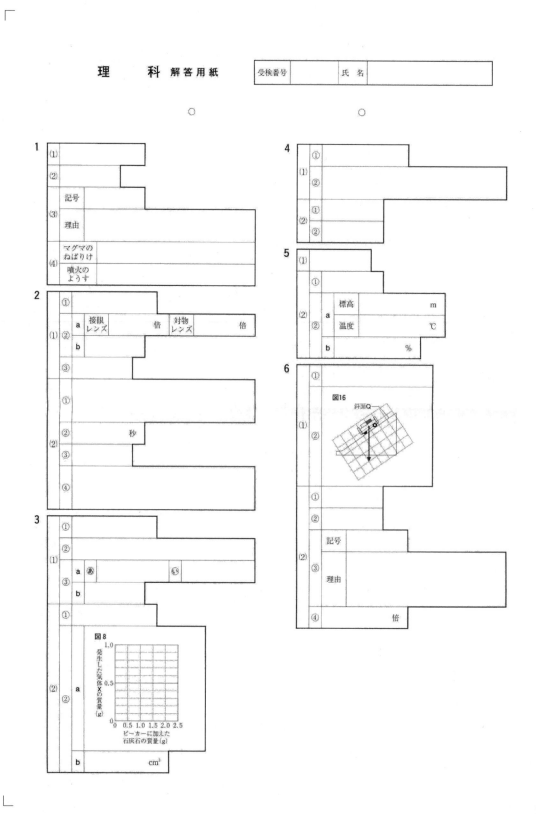

# 国語　解答用紙

受検番号　　氏名

一
問一 あ　い　(まり)　う　(いだ)　え
問二
問三
問四　と
問五
問六　50

二
問一 あ　い
問二
問三
問四
問五
問六　40

三
問一
問二
問三
問四
問五　図2には、

四
問一
問二　と
問三 (1) (2)

五
150
180

※実物の大きさ：173% 拡大（B4 用紙）

## 【数　　学】

1. 2点×6　2. 2点×3　3. (1)1点　(2)2点　4. 5点　5. (1)2点　(2)2点　(3)3点
6. (1)2点　(2)2点　(3)4点　7. (1)6点　(2)3点

## 【英　　語】

1. 2点×7　2. (1)1点×3　(2)1点×3　(3)～(5)2点×3　3. 2点×2　4. 4点
5. (1)1点×2　(2)～(7)2点×7

## 【社　　会】

1. (1)1点×2　(2)1点　(3)2点　(4)a. 1点　b. 2点　(5)a. 1点　b. 2点　(6)2点　(7)a. 1点　b. 2点　(8)2点
2. (1)～(3)1点×6　(4)～(6)2点×3　3. (1)～(3)1点×4　(4)a. ①1点　②2点　b. 2点
4. (1)1点×2　(2)1点×2　(3)a. 1点　b. 2点　(4)4点

## 【理　　科】

1. (1)1点　(2)1点　(3)2点　(4)2点　2. (1)1点×4　(2)①2点　②2点　③1点　④2点
3. (1)①1点　②2点　③1点×3　(2)①1点　②2点×2　4. (1)①1点　②2点　(2)1点×2
5. (1)1点　(2)①1点　②a. 1点×2　b. 2点
6. (1)①1点　②2点　(2)①1点　②2点　③3点　④2点

## 【国　　語】

一. 問一. 1点×4　問二～問五. 2点×4　問六. 3点
二. 問一. 1点×2　問二～問五. 2点×4　問六. 3点　三. 問一. 1点　問二～問五. 2点×4
四. 問一. 1点　問二. 2点　問三. 2点×2　五. 6点